发展教学学术 创构教学文化

——江西师范大学文学院教研教改文集

詹艾斌 ◎ 主编

图书在版编目（CIP）数据

发展教学学术 创构教学文化：江西师范大学文学院教研教改文集 / 詹艾斌主编. -- 北京：知识出版社，2017.12

ISBN 978-7-5015-9658-4

Ⅰ. ①发… Ⅱ. ①詹… Ⅲ. ①江西师范大学文学院—教学改革 — 文集 Ⅳ. ①G659.285.6-53

中国版本图书馆CIP数据核字（2018）第006417号

发展教学学术 创构教学文化
——江西师范大学文学院教研教改文集 詹艾斌 主编

出 版 人：姜钦云
责任编辑：万 卉 易晓燕 周 玄
装帧设计：周才琳
出版发行：知识出版社
地 址：北京市西城区阜成门北大街17号
邮 编：100037
电 话：010-88390659
印 刷：北京柯蓝博泰印务有限公司
开 本：710mm×1000mm 1/16
印 张：23
字 数：340千字
版 次：2017年12月第1版
印 次：2017年12月第1次印刷
书 号：ISBN 978-7-5015-9658-4
定 价：50.00元

序言

詹艾斌

　　江西师范大学文学院历经南昌大学中文系、江西师范学院中文系、江西师范大学中文系数十年的发展，于1994年正式确立学院建制。胡先骕、王易、姚名达、肖涤非、胡守仁、余心乐等一批著名学者曾先后在此执教。经过几代人的不懈努力，学院形成了鲜明的人文主义教育传统，人才辈出，已发展成为江西省高校学科特色鲜明、教师教育质量优良的重点文科院系，在全国同类院校中具有较大影响。

　　江西师范大学文学院中国语言文学学科为江西省高校重点学科、江西省高校中国语言文学学科联盟牵头学科。1981年，学院中国古代文学学科获全国首批硕士学位授予权。2005年，学院获批中国语言文学一级学科硕士点、文艺学二级学科博士点；2011年，学院获批中国语言文学一级学科博士点；2012年，学院获批中国语言文学一级学科博士后科研流动站。另外，学院还设有学科教学·语文（1999年）、汉语国际教育（2009年，全省首批）两个专业学位点，拥有江西省高校人文社会科学重点研究基地1个（当代形态文艺学研究中心，2003年）、江西省哲学社会科学重点研究基地1个（叙事学研究中心，2013年）。多年来，学院秉持优势发展、协调发展、特色发展理念，在中国语言文学学科上取得了较大成绩；其中，叙事学研究、当代文学批评研究在全国学界反响较好。根据武汉大学中国科学评价研究中心学科与研究生教育评价2017年最新数据显示，江西师范大学文学院中国语言文学学科位列全国高校中国语言文学学科第34名，百分位19.43%，为江西省14个四星级学科之一。目前，该学科已成功入选江西省一流学科。

江西师范大学文学院办有汉语言文学（师范）、汉语国际教育两个本科专业。汉语言文学（师范）是江西省高校首批品牌专业，2007年被确定为教育部"特色专业建设点"。汉语国际教育专业创办于2003年，是学校重点建设的特色专业，2016年开始招收本科留学生。近年来，基于时代性发展要求，学院经过不断的探索，在弘扬优良文化传统的基础上渐次形成了"坚持文化引领、学术为基、教学为先、学科为本、立德树人、整体发展理念，大力发展教师教育，致力于培养社会中坚人才，尤其是卓越中学语文教师"这一明确的办学方向，凝练和坚持了"本科为基、学科支撑、人文传承、实践创新"的专业发展道路，在本科教学工作中取得了一系列重要成绩。学院现有国家级教学团队1个、国家级精品视频公开课1门、省级精品课程5门、省级精品资源共享课程2门、省级精品在线课程1门。近十年来，学院获国家级教学成果二等奖1项（参与），江西省高校教学成果一等奖3项、二等奖2项。以学科为依托，汉语言文学（师范）、汉语国际教育已建设成为江西省高校同类专业中整体实力较强的专业，在2015年、2016年江西省高校本科专业综合评价中，均获得全省高校本科专业第一名。中国校友会2017年中国大学汉语言文学专业排行榜数据显示，江西师范大学文学院汉语言文学专业位列全国高校同类专业第22名（并列），为五星级专业。

学院坚持教学与科研深度融合发展理念，大力倡导教学学术，深度推进教学改革实践，着力探索更具科学性、合理性、当下性、创新性的人才培养模式。为集中展示多年来的教育教学研究与实践成果，进一步推进学院教学学术创新发展与教学文化建设，学院研究决定，整理出版一部教研与教改文集。无疑，这一举措是十分及时的。它对于彰显学院教育教学研究与教改实践"文脉"，在新形势下弘扬师德师风，强化教育教学研究，确立"课比天大"的理念，推进课程教学范式改革，优化教师评价机制，明确高校教学育人这一根本性价值导向等方面具有相当重要的意义。

在文集出版之际，按照惯例，需要说几句话。思虑再三，我觉得，表述得过多，其实也是没有必要的。下面，我就简单地谈几个方面的意思，它也是我在学院文化发展、学科建设、教育教学研究与改革实践尤其是专业建设方面所做的反思、探索，也是某种希冀、构想的阶段性体现。

其一，文学院事业的健康发展、汉语言文学（师范）专业、汉语国际教育专业的持续建设得益于国家对教育、对哲学社会科学包括人文基础学科的重视，也建立在学校教育深厚的人文主义传统的基础之上。这是学院各项工作包括汉语言文学（师范）与汉语国际教育专业建设顺利开展的基本前提。

其二，江西师范大学中文系、文学院、汉语言文学（师范）专业在学校有悠久的发展历史，在这个过程中，前人筚路蓝缕，后人开拓创新，为学院、学科、专业的发展做出了艰辛的努力。因此，我们说，今天的汉语言文学（师范）专业是从历史中发展起来的，它是学院历史积淀的产物。

其三，在汉语言文学（师范）专业以及后来的汉语国际教育专业不断取得进步和发展的历史进程中，在岗教师尤其是在岗的前辈教师，诸如傅修延、赖大仁、颜敏、刘松来等，敢为人先、甘为人梯、勤于奉献，彰显了教师德行，确立了育人典范。这是学院宝贵的精神财富，也是学院各项事业能够得以有效推进的重要力量。

其四，可持续的专业建设必须基于科学、合理的顶层设计，在实践中不断摸索，明确确立内涵建设的有效"抓手"。第一，凝练专业特色。专业特色的凝练，既与专业发展历史、专业发展实绩相关，又要注意到其与专业特质之间构成的深刻的内在关联，必须基于国家经济社会文化发展的需要确立其根本发展方向，尤其是育人方向。毫无疑问，这是大问题、根本性问题。第二，重视学科的支撑作用。基于辩证思维，采取切实、有效的措施，促进专业建设与学科建设的协调发展、均衡发展、特色发展。长期以来，文学院高度重视中国语言文学学科建设，如上所述，学院先后获批一级学科硕士点、博士点和博士后科研流动站，这为汉语言文学（师范）专业、汉语国际教育专业的发展提供了高水准平台，也是汉语言文学（师范）专业、汉语国际教育专业能够得以持续发展的基本保证。第三，力求做到教学与科研的深度融合。教学与科研工作是学院内涵建设的"双翼"，缺一不可，必须做到二者的有效统一和深层互动。这样，在当前高校更多还是惯性地坚持科研导向的环境下，大力发展教学学术、倡导和创构教学文化就成为一种必要，而且，这还是一项必须加以深度推进的工作。第四，重视教学质量保障体系建设。高校的根本工作是教学育人，而教学育人必须注重质量保障体系建设。质量保障体系的建设不仅仅是外显的相关条例的制订，它更内在地关涉到学校、学院教学育人工作的总方向、关涉到教师的科学合理评价、关涉到教师的专业发展、关涉到广大教师的价值选择与身份认同等这样一些重大问题。毋庸讳言，在这个方面，江西师范大学文学院还有很多工作要做，也需要不断地学习和积累经验，以谋求更好的发展。

专业建设永远在路上。我们清醒地看到，江西师范大学文学院汉语言文学（师范）专业、汉语国际教育专业在取得了一定的成绩的同时，也存在着一些颇为突出的问题，尤其是面临着不少发展中的困难。文学院将会一如既往地抓好专业建设，在改革中解决问题。当前，我们正基于教师的专业化，教学的卓越化，教育的现代化、国际化、信息化等理念，深化汉语言文学（师范）专业、汉语国际教育专业综合改革，结合专业性质，将中华优秀传统文化、思想政治工作、社会主义核心价值观等融入教育教学全过程，以德立人、以文化人、以美育人，着力打造学生特质。在具体实践中，以卓越中学语文教师培养计划项目的实施为基本抓手，寻求和确立卓越专业人才培养新模式，建设教学育人新常态与文学教育新生活。在"一流学科""一流本科"建设的道路上，江西师范大学文学院正做着切实的努力，期待进一步发展教学学术、创构教学文化，实质性提高中国特色社会主义新时代人才培养的质量。

最后，需要说明两点：一是在大体区分出的专题（各编次、节次）之下，本教研教改文集中的文章是依据作者姓氏笔画从少到多排列次序的；二是我指导的两位博士研究生周建福、马连君协助我整理了部分文稿，特此致谢！

二〇一七年十二月

目　录

第一编　语文教育教学的理论探索

第二编　基础语文教育教学研究与实践

第三编 高校语文教育教学研究与实践

第四编 语文教育教学专题研究与实践

（一）生态语文

（二）"真语文"

第五编 教育教学研究与实践漫谈

附 录

第一编　语文教育教学的理论探索

走近难点：语文教材人文内蕴开掘试探

王福河

一、一个长期未解决的难题

国家教委 1996 年颁布的《全日制普通高级中学课程计划》(试用) 和《全日制普通高级中学语文教学大纲》(供试验用，后简称《大纲》)，是新中国成立以后对语文的本质及教学目的、方法、方式探讨最深入的一个大纲。这个大纲对语文课承担"思想道德教育和审美教育""文化熏陶"任务作了极为明确的界定。《大纲》把"思想教育"与"语言教育"的结合作为一条教学原则，对此，教育界、文学界都没有争议。然而，如何把诸如"文化熏陶""思想教育"这类人文因素与语文技能训练有机地结合起来，教育界至今还没有一个各方满意的方案，没有一个让各界认可的范本。

人民教育出版社根据《大纲》编写的语文新教材，在全国语文教材编写史上具有多方面的突破，尤其在改革教材的体系、结构，在突出实用性、培养语文实用能力以及实施"语文能力训练"科学量化方面，都大大超越新中国成立后各套教材，是语文教材建设的一个里程碑。

然而，新教材在以语文能力训练为编写主要侧重点时，未能妥善解决人文精神与语文工具性教育相辅相成有机结合的难题。这主要表现在：从宏观角度而言，全套教材没有对所应承载的人文内容的范围、重点做出较为明确、清晰的表述；从微观角度而言，每一个单元、每一篇课文，基本上是从语文能力方面进行训练，缺乏针对学生思想现状进行人品、人格、伦理等方面有重点的指导。

一篇优秀的选文，必定是具有丰厚人文内蕴的文质俱佳之作。人文内蕴的发掘，并不需要强行贴上思想教育的标签，而是把能体现作品不同凡响的闪光人文理念，从芜杂的其他因素的泥沙之中淘洗出来，使之成为当代学生构建精神家园的砖石。

如韩愈的《祭十二郎文》，是新教材高中第三册第六单元的选文。教材、教参的单元说明、诵读提示、整体感知、鉴赏要点、习题设计、解题指导、教学建议、有关资料这几个组成部分，均是从"培养初步鉴赏古代散文的能力"入手编写。然而，这篇文章的"文化熏陶""思想教育""人文内蕴"，是否仅仅或主要体现在艺术鉴赏方面呢？不是的。如把《祭十二郎文》作为一个例子，它所体现的中华文化精神及韩愈的亲情观念、人伦观念是"本"，而行文的词语运用及文章写作技巧是"表"，仅从后者去开掘，或许是舍本求末。我们不能苛求包括课本在内的任何一个范文选本、任何一篇文章的解析都做到面面俱到，但我们至少应该顾及一篇优秀的古代散文的认识价值，应该顾及与"文"对应的"道"。而且，只有对《祭十二郎文》所体现的韩愈的悲情进行理性的条析，从韩愈思想深处牵引出哀泣之源，才能更准确地领会语言、篇章技能，进而了解古代散文的特点。

一篇课文中人文因素教育与语文技能教育所占的比重，应根据范文本身的人文内蕴的特点及厚重程度来确定。思想内容与语文训练的结合点的设计，历来是教材编写的难点。新中国成立初期的教材中的现代文，过于强调政治话语而挤占了语文能力训练，20世纪50年代中末期把语文分解成汉语、文学两个体系，本是深入开掘语文本质的举措，但由于政治因素，试验夭折；1963年教材是对第一套教材矫枉过正的另一面，思想因素或是硬贴或是取消；"文革"期间语文教材是政治话语的一统天下，当时也根本没有研讨"结合"的条件；改革开放之风吹绽思想解放之花后，言路才在语文界逐步打开，编写人文内蕴丰富、语文训练到位的教材才有可能。

二、语文教材人文内蕴开掘的突破点

人文教育与语文训练结合的难点首先在于语文课应予弘扬的人文精神有哪些，其次是这些"文化熏陶"采取什么形式才能让被商业文化搅乱了头脑的青少年们所接受。学术界经过20世纪80年代对新中国成立来思想文化领域中极"左"思潮的深入反思，对中国文化人文精华的分解已经甚为清晰，认识也趋于统一。尤其是在20世纪90年代中国经济建设中超越某些僵硬的意识形态而展示的中国文化所拥有的巨大凝聚力，使人们更为清晰地意识到中华文化的内核正是经历二千多年磨砺的儒家理念及其在各精神领域横向的扩展，并且纵向的与现代观念相结合所形成的"新儒家观念"。

具体而言，语文课所能够而且应当予以系统介绍的，应包括以下人文观念：

1. 以"人"为中心的文化观念。中国文化书面表述的源头是六经。其中，《诗经》反映的是当时社会生活及人际关系；《书经》以社会人事问题为主体；《易经》是卜筮之书，推算人事凶吉；《礼经》规范人的行为，《乐经》以乐养性，指导培养健康情绪，增进社会和谐；《春秋》是历史大事集汇。六经之后的先秦诸家争鸣焦点不是自然观，而是人生观、人性观、社会观、历史观、人伦观、价值观，并由此形成中国主要文化流派——儒、道、墨家，其中对中国历史进程影响最大的是儒家。儒家鼻祖孔子的学说，聚焦在对人生、道德、社会、历史这四大问题的探讨。儒学专家南怀瑾先生说：孔学是做人的学问。

君子务本，本立而道生，儒家以自身修养及完善伦理为本位，把道德推行到治家，继而推行到为政，确立"为政以德"（《为政》），"其身正，不令而行，其身不正，虽令不从。"（《子路》）由个体的"仁"与"礼"，推行到"仁政"、推行到更为广泛的天下博爱的思想、天下为公的理念。这种生生不息的道统，铸就了民族精神的脊梁，渗透到文学中，就形成从先秦到清的散文、诗歌中最为鲜明的内在精神主线。"文化"，首先是儒家学说中的精华部分，即在二千多年后才被西方重新发现的以"人"为认识世界的起点和施政终点的学说。

这一观念的延伸，是"治人"为本、"治物"为末的政治原则，是道德为本、智慧为末的伦理原则，是敬人为本、敬神为末的无神论原则。

2. 中国文化的重"和"的理念。古人把世界看成一个整体、一个系统，把人理解成人与人的关系的总和。

孔子说："君子和而不同，小人同而不和。"（《子路》）他说的"和"，是从差异中求一致与平衡；而"同"是排斥差异，追求绝对的同一。儒家理念不同于庄老，不同于道释。孔子强调"君子无所争"（《八佾》），提倡"己欲达而达人"（《雍也》）。他认为处理一切人际争端的原则只有两个字："忠恕"。忠是忠于自己的责任，恕即是宽恕，做到忠恕的关键是克制自己,求得整体的"和"。

这种理念,使中国文化具有广阔博大的襟抱,历史中的儒、道、释并存,典籍中的孔孟与庄老学说辉映,以至于五四运动后西风东渐,中西学交融,都体现了"和"的精神。这种精神在信息爆炸的知识经济时代显得尤其可贵,理应大力弘扬。

以"人"为中心的天人之和与人际之和的观念对形成稳定的社会、家庭关系起到重要作用。促成这种理念、情感和谐的重要手段是"乐""礼""诗"。"乐"含一切艺术形式,"礼"指既定的社会秩序和人的自我约束,"诗"为"诗教"。诗教本可以包含在乐教中,但孔子坚持单列,他说"兴于诗,立于礼,成于乐"(《泰伯》),把"三教"作为人际关系的融合剂、润滑剂,实现社会和人际关系的和谐共存的目的。这"三教"精神在文中无处不在,如高中第五册的《庄暴见孟子》,孟子就是以音乐谈王道、仁政。

广义的人文精神既包括精神文化方面,也包括科学、技术、经济各方面。语文课涉及的人文,应是狭义的人文,即中国文化的道德、伦理、文学、艺术、哲学、宗教方面,是创建21世纪中学生现代人格意识最为重要的营养,应是语文教材不可缺少的内容。

3. 作者的人格理念、创作思想、个性活动。分析课文要顾及作者的思想全貌,不回避特定历史条件投射在作者心灵上的阴影,树立起中国古今优秀知识分子真实的群像,给学生继承中国文人的人格品质中的精华部分创造条件。

《祭十二郎文》的教师参考资料,在"课文鉴赏说明"的"整体感知"部分,对韩愈的写作原因是这样解说的:"韩愈幼年丧父,靠兄嫂抚养成人。韩愈与其侄十二郎自幼相守,历经患难,感情特别深厚。但成年之后,韩愈四处漂泊,与十二郎很少见面。正当韩愈官运好转,有可能叔侄相聚的时候,突然传来十二郎病死的噩耗。韩愈悲痛欲绝,写下了这篇祭文。"在这本教师用书的"有关资料"部分,也仅仅是选辑了"祭文"的白话译文及几篇具体评析"祭文"的论文片段。

这样的"整体感知"失之于就文说文,没有着力揭示文章涉及的深厚人文内蕴,没有探究作者著文的更深层的用心,缺乏对文章及作者的"整体"认知。

韩愈"是个地地道道的儒者"[1]。他的一系列论著如《原道》《原人》

《原毁》《行难》《对禹问》《论佛骨表》《争臣论》等，贯穿了孔孟学说的精神主线。《新唐书》列传说韩愈的文章"与孟轲、扬雄相表里，而佐佑六经。"[2] 这是对韩愈在儒学学派中崇高地位的论定。同时，韩也认为自己是儒学传人，他在《原道》中提出道统观点，说"尧以是传之舜，舜以是传之禹，禹以是传之汤……文武周公传之孔子，孔子传之孟轲，轲之死不得其传焉"[3]，实际上他自视为孟轲的传人。这并非个人自封，宋代有影响的儒者柳开就说儒道是"孔子、孟轲、扬雄、韩愈之道"，把韩与孔孟并列。也正因韩愈具有强烈的儒家传人的意识，在皇权支持下的佛教势力急剧膨胀之时，他敢于冒着生命危险披逆鳞，挺身驳斥佛老护卫儒学，他的舍身殉道精神正是他著文立意高远磅礴大气的内在原因。他的作品承传儒学道统的主观意识非常清晰。避开弘扬儒学这一基本创作思想，就无法真正理解韩文。

韩愈是生前即有盛名的作家。他认为"文书自传道，不仗史笔垂"，每写一文，包括祭文、墓铭，都确信文章不仅影响当世，还将影响后代。同僚张圆之妻刘氏请韩愈为张圆写墓碣铭，刘氏信中说"夫子天下之名能文辞者，凡所言必传世行后"[4]可见就是韩愈的一般应酬之作，在当时亦有极大的社会影响。韩愈当然自信《祭十二郎文》也必将传世行后，所以写作此文，既是伤悼老成，又是儒学传人对宗亲、对后人、对人际关系等理念的一种宣泄，是亲情观念的"现身说法"。解析文章，应揭示这"字字是血，字字是泪"文采后面的理性内蕴。

作者悲情的由来，与韩门的家族不幸关系至大，韩愈"衔哀致诚"之"诚"，实则是"孝悌"观念的具体化。他在追忆往事时，点明自己幼年"惟兄嫂是依"，借用嫂所说的"韩氏两世，惟此而已"[5]来突出宗族因素，在表述自己得知噩耗后的悲情，反复哀叹"吾兄之盛德而夭其嗣"，作者是悲老成，又是悲兄嫂，悲宗族。文章最后部分，对后事安排细致而明确的表述，更清晰把悲情落实在今后的责任上。"教吾子与汝子""长吾女与汝女"，这是对老成的情，也是对兄嫂的回报，更是亲情责任的庄严承诺。

韩愈在表述自己悲情的同时，也是为当时及后世写下"情感教育""亲情教育"的范文，是作者人际关系理念的剖白。

儒家把立身作为持家的基础，把治家又作为"平天下"的基础，对人的态度与对社会、对国家的态度密切相关，表里一致，这是古代优秀知识分子的基本人格观念。

韩愈在东都判祠部任上，同作恶多端、为害民众的中官作斗争；为河南令时，与横行民间的奸猾之徒及其靠山抗争；任袁州刺史时，解救700多名因贫而即没为奴婢的穷人；文事中，他因为民请命写《御史台上论天旱人饥状》而获罪。诸"仁"皆因"人"而生，而对"人"的关注，又是对亲人倍加惜爱这种亲情的延伸，韩愈对老成之情，折射出他对世人的博爱。

因此，学韩愈之文，应学韩愈始终关心亲人，关心他人的爱心和责任心，学习他注重人际交往、注重精神生活的人生态度，学习他内仁外礼的处世原则。

课文后的五道练习，几乎没有涉及韩愈这情之所至的深层原因，或许是编者过于强调技巧鉴赏的单一性所致，笔者认为应予调整。

三、联系学生特点实施人文熏陶

教育心理学认为，人的成长过程中有两次重要的心理转变时期，第一次是三四岁期间，主要表现是身体要求自立的反抗，第二次是十四五岁期间，主要表现是精神生活自立的反抗；中国当代少年还多一特定因素——占青少年80%以上的独生子女们"以我为中心"的心态及常见的过于娇宠养成的生活能力低下而又自我意识特强的"小太阳综合征"。这种情态造成中学生中普遍存在对亲情的淡漠、对他人的淡漠。

有两件与北京大学有关的令人深思的案例。一是化学系高才生王小龙——一位来自重庆"品学兼优"的保送生，竟然由于一点点生活琐事，向两位同学下毒，下毒量超过资料记载致命量的3倍，造成有意伤害刑事案件。另一例当事人是北大物理系毕业后自费赴美留学的卢刚，他因怀疑老师在考试中故意为难自己，一怒之下，枪杀恩师，血溅校园。

最近北大校园又爆出一博士生残害同室的博士生之后畏罪跳楼的惨案。人们有权以此质询教育本身的失误。

血色的教训告诫我们：缺乏道德精神制约的自我膨胀会使人凶残到什么程度，缺乏道德涵养的高才生是多么可怕、可憎！

著名儿童文学作家秦文君在上海进行中学生情感世界调查后发现，"许多中学生谈及父亲，都带着一种不屑一顾的神情，缺乏我想象中的那份神圣和尊重"[6]，面对这样的学生，素质教育要补什么？

学生的亲情教育、感情教育已到亡羊补牢的最后时机。假如中华大地充斥王小龙、卢刚以及对父亲"不屑一顾"的人们,中华文明必会泯灭,大唐的太阳将永远沉沦。

我们可以而且应该把语文课中的人文熏陶与现实的做人教育结合起来。学习《祭十二郎文》,可以在练习中展开"韩愈为什么对十二郎的病逝痛不欲生","你在处理家庭关系中存在什么问题,本文对你有什么启示"之类的讨论。

香港导师出版社出版的供中六、七年级使用的教材《中国语文及文化》,六册书每册均包括"中国文化"及"语文能力训练"两部分,其中"中国文化"分六个专题,每专题既介绍人文,也评说中华人文的长处与不足并与西方文化进行比较,每文都设立课堂讨论及练习题。有一道课堂讨论题是:"中国文化精神首先重视人与禽兽的区别;而儒家人禽之辨就在于有'仁、义、礼、智',我们立足于现今的社会去谈论这个问题,你认为应该怎样理解人禽之辨的根本差别?"此题上溯孔孟,下联现实,中涉自身,程度好的不觉其浅,程度差的不觉其难,这样联系自身有助于学生形成正确的生活理念,有助于从根本上提高语文能力。我们的教材,应补充类似内容。

中国文化是世界上唯一的数千年从未间断过的特色文化,尽管其中值得反思、值得批判的成分甚多,但它必定能成功地经历社会转型的蜕变,成功地经历现代社会的挑战。中学语文,是守护、发展中华文化的重要基地,走近难点,完成文化熏陶与语文技能训练的完美结合,应是新世纪语文界的首项攻坚目标,擎着当年孔子在曲阜点燃的那团圣火,环顾各民族均在奋力争先的世界跑道,孔孟韩柳的后人将努力搏击,我们定然会看到,大唐的太阳,必将伴着太平洋的涛声在亚洲东方再度升起。

（原载于《江西师范大学学报》哲学社会科学版,2000 年第 3 期）

注释

1. 胡守仁. 韩愈叙论 [M]. 南昌:江西人民出版社,1989:41
2. 韩愈. 韩愈文选 [C]. 北京:人民文学出版社,1985:219
3. 韩愈. 韩愈文选 [C]. 北京:人民文学出版社,1985:165
4. 韩愈. 韩愈文选 [C]. 北京:人民文学出版社,1985:165
5. 秦文君. 中学生的情感世界 [M]. 上海:少年儿童出版社,1994:71
6. 秦文君. 中学生的情感世界 [M]. 上海:少年儿童出版社,1994:37
7. 导师出版社编辑委员会. 中国语文及文化 [C]. 香港:导师出版社,1993:53

从经验到科学：现代写作教学论之构建

予 锋

　　长期忽视写作教学理论的研究，使写作教学始终在感性或经验的层次上徘徊，导致了写作学科在整体建设上走向倾斜。

　　从当前尤其是高校写作教学实际状况看，由于缺少科学教学理论的管理与指导，写作教学基本上可以说是一盘散沙，教师方面是散兵游勇，各行其道，对教学过程内部诸层次的矛盾和规律、变量，习惯于经验层次模棱两可的表层估价。学生常常开始抱有强烈愿望而最终这种愿望并不能得到应有的满足，故此对写作课越来越丧失信心，甚至感到厌倦。虽然个中原因很多，但是最根本的一条恐怕不能不归结为，长期漠视对写作教学理论的科学探索的结果。所以，从经验论到建立科学的写作教学论，是写作教学最优化的需要。

　　"理论的高层次，训练的科学化"是近年写作界颇为流行的口号。值得我们注意的是，人们对它的理解分歧很大，其结果导致了两种偏向：一是把目光死盯在具有超前性的高层写作理论建设上，而置写作教学实践的"术"科特性于不顾，最终得出的理论却高踞"象牙之塔"，对实践很少起到应有的指导作用；二是注意训练体系的探索，但缺少理论层次的归纳和总结，致使到目前为止，训练体系建设方面只有"量"的积累，并无质的突破，大多停留在感性经验层次，结果是只能在狭小范围内和特定对象方面找到一种相对效益，并未获得普遍有效性。尽管如此，毕竟写作理论体系和训练体系的探索已引起普遍的重视。相比之下，对写作教学理论的研究就十分可怜了。事实上，现代写作学科"三位一体"的总构成正在为越来越多的人所认识，所接受。建立写作教学论，正是写作学科总体建构的需要。

写作学理论体系、写作教学理论体系、写作训练体系三者紧密相连又各有特质。写作学理论以写作行为的动态过程为考查对象，以写作主体为中心，着重探讨从产生"写作冲动"起，经感知、运思、表述定型到传播反馈整个动态系统中的矛盾及转化规律，以及诸种规律在不同文体写作过程中的特殊形态。它解决"写作是什么"的问题，属于写作学本体论范畴或被称为"原写作学"；写作训练体系着眼于写作学作为一门课程的自身特点——操作技术性与知识性的一体化，根据不同对象的心理特征、年龄特征、知识结构和智力——认知特性，研究具有科学性、系统性、最优化的具体训练内容、目标、环节、程序、方法等。它解决"怎样才会写"的问题，是写作学理论的操作化、程序化过程，是实践论范畴；写作教学理论则以写作教学为对象，以写作教学主体和受体为中心，考查写作教学过程中诸因素的结构联系，矛盾及变化规律（特别是高校写作教学系统工程中的诸现象和规律）。它以"怎样才能高效率、高质量地写作和科学测评"为问题核心，属于写作教学的管理范畴。三大体系均以培养学生写作能力为核心，以创造精神、人格全面发展为终极服务目标。

然而遗憾的是，写作教学理论至今少有人问津。即使有人主张建立"测评"体系，也很难说是将它自觉放在时代文化与写作教育——教学总体背景和坐标中加以考查的，因而澄清认识、结束这种严重的失衡状态，就成为写作学科总体建构所急于解决的问题。

我们以为，科学写作教学论体系的建立必须以辩证唯物主义为指导，运用现代系统科学的基本观点（如系统性、联系性、综合性和最优化等）对写作教学中出现的诸现象和本质规律进行透视，它必须着眼写作教学内部层的诸多要素结构联系、整体功能、基本序列，以写作教学主体与教学受体的基本活动为核心，以达成最优化写作目标为总体运行方向来确定相对稳定的范畴。应包括：

1. **写作教学总论（本质论和过程论）**。从一般教育、高等教育的规律出发，结合写作教学本体特殊的目的任务，从整体性和联系性具体考查写作教学过程的结构成分、基本环节、基本矛盾和最优地组织写作教学过程的基本条件，从而认识写作教学的基本规律，确立原则并确认其特性。

2. **写作教学主体论**。弄清写作教学主体（教师）在教学过程中的地位和作用，分析他所特有的网状智能结构基本构成以及基本类型（如作家型、学者型、教学型等）。他在智力、技能、素养等方面的特性。辨析不同时代教育思想对写作教学主体教学观念的影响及其在当代更新观念的重要性。

3. 写作教学受体论。着眼当代写作教学受体（学生）基本结构的复杂性，在教学中二重属性和在施控与反控、操作与反操作的矛盾前提下的整体协同关系，进入对不同受体在认知特点及其年龄差异、专业差异、个别差异与形成诸种差异的生理机制、心理机制、社会文化机制的深层研究，并根据现时代社会总趋势下教学受体学习写作观念（如"通过写作学习"）的变化，寻求写作教学决策的基础。

4. 写作教学内容论。这是写作教学中问题最多的地方。人们习惯于把写作学理论研究成果和教学内容混为一谈，实际并非如此。科学化、最优化的教学内容应在教学大纲、教材、教学计划三个层次体现出三种属性：一是相对稳定性；二是要能够表现时代社会文化不断更新的总要求，现代科学的新成就和本学科的最新进展，体现写作教学的总目的、目标分类、实施程序、步骤和必要的测评机制；三是同步性。而目前的事实是，虽然人们对落后于实践的旧有"八大块"的教学内容已深为不满，但新内容尚未获得相对稳定性和普遍承认，加之其他原因，就导致了目前各类大纲的功能失落，"八大块"理论仍然在绝大多数高校写作教学内容中安之若素，它长期为学生提供一种"厌恶性刺激"，极大地扼杀了他们学习写作的兴趣。

5. 写作教学方法论。写作是门"学""术"一体的课程，写作教学主体不但要有传授知识的本领，更需技术操作的能力。所以教学必须从综合性的观点出发，对方法、形式、诸种现代化手段进行选择。常用的教授、学习写作理论知识的方法有讲授法、讨论法；训练写作技术操作能力的方法有过程训练法、单项训练法、综合训练法；现代化的写作教学手段有幻灯、投影、电影、录音、电视和电脑等。此外，广大写作教学者在长期的写作教学实践中摸索总结出来的各种写作教学方法的体系，都无疑是值得写作主体参考与借鉴的，如写作智能—技能训练体系、写作知识—训练体系、写作教学系统工程、"题型写作"教学体系、"分格写作法"训练体系、作文三级训练体系、"信息交合快速作文法"训练体系、作文开放型五步训练教学体系等。

6. 写作教学情境论。现代科学启示我们，"整体大于部分之和"。写作教学过程整体尤其不等于内部诸因素的"机械总和"。教学过程的基本结构要素和其他必然性因素、偶然性因素等变量的有机联系便形成一种以教学双边为核心的功能整体认知场—写作教学情境。教学双边正是在这个情境"张力场"中达成关系，进行信息的输出、传递、输入、反馈，达成目标的，并非单纯的"刺激＋反应"模式。教学环境和教学中的道德—心理气氛不过是构成情境的两种必然性因素。此外还有写作教师的威信、作风、气质类型、生理特征等必然性因素，有光线、视听过敏、教学灵感等偶然性因素。情境的功能效应有正值、负值之分，对目标达成作用不同，须认真对待。遗憾的是，即使在以往的"大教学论"中，情境问题并未得到应有的重视。

　　7. **写作教学测评论**。测评问题在近年已引起写作界的注意，但建立具有科学可靠性的测评理论则是一个艰难的过程。我们坚信"凡是存在必有数量，既有数量即可测量"（桑代克·麦柯尔语）。教育测量学的成功经验和科学成分值得我们借鉴和研究。写作教学的测评体系也应有目标参照标准、常模参照标准、潜力参照标准。将三者有效结合，以对教学目标的"完满程度"和质量，教与学的成绩分布情形，教与学的全部潜力在单元教学、整体教学过程中的发挥程度进行科学测评。建立测评理论的当务之急在于以实验为基础和前提，在写作教学目标分类、潜力构成因素分类以及测评技术工具两方面下功夫。

　　从总体上看，写作教学论是在教育科学和写作教学的交叉点上产生的。它有两种走向：一是写作教学论，注意研究一般教学论内容在写作教学中的体现与运用；二是写作教育论，以写作教育—教学与一般教育—教学规律的种属联系和相互制约、影响为前提和思维的逻辑起点，重点在于对写作教学特异性内容、规律的挖掘。我们以为第二种走向才是写作教学论得以成立和独立存在的根本。写作教学过程是一个可控制的、动态的行为过程；是决策方案的设计、选择、实施、调控、内化、反馈的信息传播过程；是教学双边心灵情感撞击—— 一体化心理过程；是写作能力、创造精神在操作——实践中生成发展、测量评定的过程。它不可避免地要借鉴吸收管理科学、行为科学、思维科学、传播科学、创造工程学、教育测量学等等许多相关学科的最新研究成果和理论，建立起"对话"关系，在"我注六经"和"六经注我"的逆向创造中获得一种"同构性"，摆脱种种"落后情绪"和戒备心理而获得本体研究的多维视角、宽阔的思维空间和科学思维工具。同时，我们深深地感悟到，写作教学理论研究的实验方向是必须明确的。只有在实验中才能发现典型问题、特异现象，也只有通过实验，才能避免思辨的经验性、谬误性，通过对数据、材料的统计学研究，归纳演绎中科学的抽象和总结，增强理论的传真度。同时， 初步的理论也需进一步纳入实验程度做进一步定性—定量化研究及自身的测量评定， 所以冷静地讲，写作教学理论建设过程本身也将是渐进增值，螺旋式演进，静态与动态同构的过程。我们在这里不过是提出问题，以引起写作界对写作教学理论的关注。提出问题虽然往往比解决问题更重要，但我们深知，对真正的探索者来说，仅仅满足于提出问题阶段而不实际涉足理论荒原的纵横探索，不去体验追寻的苦乐和发现绿洲的激动，毕竟是难尽兴味的。我们期待着写作教学论体系的不断推进和最终建构。

（原载于《江西教育科研》，2007 年第 12 期）

文学教学之为艺术浅论

刘国屏

文学教学：多元的艺术结构

何谓文学教学？它的实质是什么？它区别于其他学科教学的根本性特征何在？我以为文学教学乃是文学的再创造，是在课堂上进行的综合性艺术活动。就其综合性这一特征而言，文学教学乃是一个多元而又整合的艺术结构。

首先，文学教学是在课堂上由师生共同进行的文学的特殊再创造，它具有一个完整的艺术过程，具有独特的艺术特征，具有特殊的审美机制和悠远的艺术魅力。这种在课堂上进行的文学的再创造，不仅是对原作品、理论与史料的提炼，同时还将许多文本之外的、社会与人生的真谛附丽其间，使得文学教学这一艺术流光溢彩，美不胜收。

其次，文学教学自身也是一种文化现象，还是文化传播的有效途径之一。从孔夫子到陶行知，中国几千年的文学教学传统乃是构成中华民族灿烂辉煌的文化的一个部分。推而广之，不同时代、不同国度、不同民族的教师在文学教学中（哪怕他们在事实上是在讲授同一部文学作品）所传达出的意境与旨趣是彼此相去甚远的，从中也不难见出教学者所传达出来的不同的文化背景。

文化是一个总体的概念，包括物质文化与精神文化，一定的精神文化从相应的物质文化中衍生出来。文学作品中体现出来的主要是社会的精神文化面貌，包括该民族所特有的价值观念、思维习惯、民族语言、风俗习尚以及特有的礼仪等。文学教学所凭借的正是这种社会文化之最好的、包揽无余的载体——文学作品。一部《人间喜剧》写尽了19世纪上半叶法国特别是巴黎上流社会的精神文化面貌，这是尽人皆知的事实。文学巨著《红楼梦》与脍炙人口的《阿 Q 正传》在传达各自时代的精神文化面貌方面更是不能彼此替代的。所以，文学作品乃是一个社会中精神文化面貌和特质的完美反映，文学教学则是利用文学作品对社会文化所做的曲折的反映。不过，文学教学所包含的文化内容一般都大于文学作品的文化内涵，因为在文学教学中还同时不可避免地传达出文学教师自身所具有的某种文化素质。

因此，我们应该如实地将文学教学看成既借助于一定的文学作品，同时又在一定的文化背景上进行，因而不能不反映出一定的文化传统、特质与成就的创造性的艺术活动。

同时，文学教学也是促进文化发展、活化文化传统的行之有效的渠道。在教学中立足当今，面向未来，放眼世界，可以通过比较、梳理与反思，更新文化观念，吸收外来文化精髓，充实民族文化内涵。

如上所述，在一定的文化背景与文化基础上借助文学作品进行的文学教学，它所体现出来的不限于文学作品自身所包含的文化内容，诸如作品所蕴含的社会历史的、伦理道德的、民族素质的诸般文化因素，我们还须特别看重文学教学者自身所特具的文化素质。因为一个缺乏文化素养的文学教师进行的教学，其内容之单薄与苍白乏力是不言而喻的。因此，为了提高教学的文化内涵，以便有效地提高学生的文化素质，教师先要提高自己的文化素养。

前些年，王蒙同志提出：一个作家应是一位学识渊博的学者。同样，一位文学教师，要想精通本门业务，必须成为一位博古通今、熟悉社会与人生、具有较高文化素养的学者。他应该多少懂得一些哲学、宗教、伦理学、社会学、政治学、经济学以及心理学、历史学、宣传学，乃至一定的自然科学的原理，比如需要多少懂得一些生物学、生理学和精神病理学等方面的知识。这样，他的文学教学就会具有丰富内容和较高质量。当然，文学教学中的文化因素，不是外加的某种哗众取宠的炫耀，而是文化对教学的渗透，是文学教学自身所固有的内涵。

其三，文学教学同时还是一种教育的手段和渠道，而且在严格意义上是一种行之有效的手段和渠道。它除了让学生对文学作品的内容与思想意义加深认识外，还使学生从教学中体味到人生的真谛，吸取道德和哲理的教训，能够鉴古观今而知所适从。这种教育除一般的思想政治和伦理道德等方面的内容外，还具有美育的功能；可以完善学生的审美观，陶冶他们的审美情趣，提高他们艺术鉴赏的能力。在文学教学中这种美的熏陶，正和音乐、美术以及其他文艺的审美效用相通，并且与之互相配合，成为美育教育的有机构成因素之一。

总之，在文学教学中，文学、文化与教育三种因素，作为文学教学的三个棱面，构成文学教学的三棱镜，促成文学教学中五光十色的奇妙的艺术境界。当然，这三种因素并不总是分量相等或同等重要的，但总是互相联系、互为补充、互相促进的。文学教学诸因素之中，文学，文学的再创造乃是第一义的，因为文学课首先就应该是文学课，缺乏文学根底和文学趣味的文学课只能是苍白无力的，丢掉文学教学的特质侈谈教学的思想性也就无异于缘木求鱼。但是，文以载道、教书育人，这是自古如此，将来也定然如此的。因此文学教学也必然具有内在的思想政治含义和道德的训诫，即具有不可或缺的教育因素。不过，在文学教学中教育渠道的畅通，必须通过文学教学的艺术感染而起作用，文以载道，道因情生，要使教育在艺术感染中落到实处。而文学的再创造和教学渠道的畅通又与教学中的文化因素密切相关，因为如果缺乏多元的文化深度，就势必找不到教学者与接受者之间、教学的文学因素与教育因素之间的最佳契合点，这样，文学与教育的功用就都会显得肤浅而不能落实。

由文学、文化与教育三种互相联系的因素构成文学教学的有机整体，只是文学教学得以成功的必要的前提或基础。真正成功的文学教学，还必须在此基础上，使三种因素的有机构成上升到文学教学的审美领域。只有使文学教学作为审美客体，即首先作为教学者的"主观存在"，通过教学语言的传导，使之成为具有客观存在品格的审美观照物，使它所呈现在听众面前的是一个艺术的整体，由于艺术的感染而使接受者进入一个美的境界，得到美的享受，才算完成了文学教学的终极任务。在这一个层次上，就使文学教学区别于其他一切学科的教学活动：通过其独特的审美机制发挥出美育的功能，从而使文学教学成为艺术，成为一种多元而又整合的艺术结构。

文学教学作为一种多元而又整合的艺术结构，不仅关乎教学者主体潜能的发挥，它还需要这种教学的接受者主体功能的配合，这里限于篇幅就不多所涉猎了。[1]

文学教学：精湛的语言艺术

文学教学之为艺术，究竟是一种怎样的艺术？窃以为，从接受者的角度看，文学教学乃是一门接近电影、电视或戏剧而又严格区别于它们的视、听兼具的综合艺术，是以听为主、以视为辅，二者相辅相成，融听、视为一体的综合艺术。所谓"先生讲，学生听"当然并不是准确的说法，不过"听"倒是毫无疑义的；"视"则主要是一种视觉效应，属于审美意象的范畴，是在听觉的基础上升华而成的一种艺术美感。换言之，所谓由视觉效应造成的审美意象，就是经由接受者的听觉，在接受者的脑海里造成一种意境，同时通过艺术联想这种心理过程，唤起的一种形象画面与某种情境的综合体。这种作为视觉效应的审美意象，是由教学语言所唤起的一种艺术创造。唯其如此，这种视觉效应——审美的意象才远比一般直观意义上的视觉具有更为广阔的艺术天地，它能扩大、增加接受者审美视觉的层面，并且使得这种审视可以突破在直接观照客观事物时所必然带来的时间和空间的限制，从而使文学教学成为一种时空结合艺术，在时间上可以延伸，在空间上可以拓展。发生在万里之遥的事件，出现在千年之前的人物，都可以经由教师的教学语言所唤起而被召到听课者面前，而且，哪怕只是昭示了事件或人物的某一个侧面或若干枝节，也可以使接受者进行整体的观照，从而呈现出审视时空的超越性。

如果说，影视艺术中呈现出来的画面带有某种虚幻性，但它毕竟还是客观物像的反映，那么在文学教学中，经由听觉所唤起的视觉效应，就是客观物像的二重模拟。这在美学上，正如庄子所云"大音希声，大象无形"，大实则虚，由虚而幻，由幻而真，生出一种高级的艺术真实感。这种虚实相生的辩证法，造成文学教学中高妙奇瑰的艺术境界。正是从上述的意义上，我们可以看出，文学教学乃是一种源于现实，高于现实的艺术，是经过二重模拟，从而虚实相生的高级语言艺术，是优美绝伦的听—视综合艺术。因此，文化教学作为艺术，乃是与音乐、美术、戏剧、文学等同样属于真正含义上的美的艺术，其间不存在任何比喻意义。

从教学艺术的创作主体即教师的角度看，文学教学乃是艺术的再创作。任何高妙的文学精品进入教学过程，都要经由这种再创作的过程。所以文学教学在任何严格意义上说来都是一种艺术再加工和创造。

　　文学教学作为艺术，它所凭借的是语言，这种语言，既非纯书面的，也不是一般口头的，而是教学的语言。文学教学所依托的是形象，是由教学语言塑造的教学形象。经由教学语言，造成教学形象，唤起视觉效应，进入艺术审美领域，这就是文学教学作为艺术的美学特征所在。

　　如果说，文学是语言的艺术，音乐是音响的艺术，美术是线条与色彩的艺术，影、视作品乃是语言、音响与图像的综合艺术，那么文学教学事实上也是一种综合艺术，是一种以语言为主的综合艺术，而不是单纯的语言艺术。因为文学教学除了运用语言以外，还包括一些其他的教学构成因素，主要是一些视觉因素，如图像的显示和板图、板书的应用以及对教师身态和心态的观照等。即使仅就文学教学的语言而论，它与文学作品的语言也是既接近又不能等同的两种艺术语言。文学教学语言中既含有文本中文学语言的成分，又添加了许多新的成分，因而使教学语言具有更强的直观性、更充分的描绘性和更强的说理性。描绘有助于教学直观性的呈现，但其本身不等于直观，所谓教学语言中更强的直观性，表现在它不仅诉诸学生的听觉，而且同时还在一定程度上诉诸学生的视觉。这是因为，教师在课堂教学中，用教学语言对某种事物进行描摹时，还不可避免地带上教师自身的好恶感情，这种感情色彩形诸教师的形体动作和面部表情，化成一种可见、可闻、可感、可以审度的美学评价。这种感情色彩中蕴含的评价态度如从语言角度看，可以直接表现为教师的语调，这种语调每每成为学生对教师所讲事物进行观照时情感走向的指南针。

　　书面的文学语言对事物的评价有其明朗的一面，但同时也有些潜在的因素，即在其中蕴含着一种可供发掘但却藏而未露的潜在情感状态，这种情感状态是伴随有声语言而来的衍生物。这种潜在情感状态在伴随有声语言而显露时，其情状和程度是因人而异的。比如，听两个具有不同文学素养和不同理解与表达水平的播音员播讲同一作品时，我们就会发现他们各自发掘并传达出来的，由可供鉴赏的情感状态化成的艺术因素显然是不同的。运用教学语言则将这种文学语言中原本潜在地存在着的情感状态与价值判断，以声音为媒介而让其充分地显露出来，成为似可触摸、可感知并可看得见的东西，使教学语言所传达的教学内容和它所塑造的教学形象具有很强的实体感，并充分显示其中蕴含的"戏剧"因素。当然，这种显露，其程度与色彩也会因人而异。

总之，文学教学作为语言艺术，其课堂教学语言较之书面的文学语言，在知觉化的程度上，特别是在艺术的感染效能方面，有显而易见的优越性。

书面的文学语言运用之高妙如列夫·托尔斯泰者，在他的文学作品中本已做到其形象仿佛可以触摸的程度，十分生动感人。课堂教学中，则使语言的这种描绘功能具象化。作为一定程度的声音的艺术（相对于音乐而言），教学语言可以做到使作品中的人物脱离作品，走进课堂，成为一种更为具体而真实的存在。若用教学语言描绘自然景色，则俨然峰回路转，曲径通幽；或"上下天光，一碧万顷""岸芷汀兰，郁郁青青"，每每令人乐而忘返。凡此者皆因教师在讲授中，运用教学语言，造成教学形象，赋予这种形象、情景以情感状态的实体性。

课堂教学语言之区别于一般的文学语言，还有另一方面，那就是课堂教学语言更接近于口语。按照语言学的意义来说，教学语言实则是一种教学言语。除非在概念、定理、原理方面的阐释中引用文本中的语言，属于不折不扣的文论或叙述的书面语言因素外，课堂教学中一般是忌用纯书面语言的，而要注重论辩性语言乃至纯文学语言的口语化。也就是说，课堂教学语言具有双重因素的复合性：它既是文雅优美动听的文学语言、雄辩的论证语言，又不是文本中书面语言的原样照搬。文本语言的原样照搬，哪怕是妙语连珠，也会造成听众与讲授者之间的情感间离。文学教学中讲求教学语言的口语化，但又不同于一般交际中的日用口语。由于文学教学中、教师与听众的对话，在接受者一方是以表情实现反馈的，因而使得文学教学语言具有较强的连贯性，这种连贯性会造成一种较大强度的语势。这种双重复合性的言语，就是文学教学语言的大体上的面貌。具体运用中，允许适量、适度地引进一些文本中的语言（这一般地属于书面语言），但须经过改造，使之带上引证性，并将这种引证性语言材料转化成教学语言中的有机叙述成分，而使这种教学语言成为教学言语。

教学语言从总体上是作为一种叙述结构而出现的。文本中人物形象的语言、作家对这形象的描绘、评论家和文学史家对此进行的评价以及教师本人的评价态度等诸般叙述因素，都要通过声音来传达，在传达时不能或很少能借助书面语言中的多重引号或特殊标点来加以辨别，但又要使学生一听就能明白其中的奥秘，这除了运用一定的词语加以表达外，在很多情况下，需要借助语感和词语的表情功能来表达一种曲折、复杂、多层次、多角度的叙述结构，必要时还需要借助于多级思维方式来处理。

教学语言含有一定数量的来自教师灵感成分即直觉思维的成果。这种语言成分的逻辑演绎力并不很强，但却每每成为教学语言的精粹，它能显出教师灵感思维的火花，看出教师的文化素养，给教学带来新的信息。这种语言成分，富有灵活性，每每是脱口而出，因而最易唤起学生的潜意识与潜感觉，易为学生所接受。

课堂教学语言的复合性，还表现为：除教师的有声语言而外，还具有体态系统的姿势语言和符号系统的板书、板图。这几种语言成分互相补充，而以口头的有声语言为其主体。

有文章指出，教师的口头语言应当准确、生动、通俗、感人，但在同时，这种语言应体现出很强的逻辑思维能力，"因为语言既是思维凭借的外壳，又是思维成果的载体，只有思维准确、灵敏、富有逻辑性，才能做到说话准确，反应迅速，条理清晰"。[2] 这当然是对的。但是作为教学语言，仅仅做到这一点犹感不足，它还必须善于处理好思维的逻辑性与事物、事理的形象性之间的关系，就是要使这种很强的逻辑性上升为抽象性，带上哲理性，同时避免平板的概念化，也就是要求将这种思维变为融逻辑思维与形象思维于一体的艺术思维，其间也并不排斥直感思维的可行性。当然，在艺术思维中，在叙述与阐释中，运用一定的概念进行一定的逻辑推理是必要的，但是这种概念务必精确地表达出事物、事理的本质特征，以便让学生一经接受这种概念，同时也就接受了它所确定地指代的事物和事理，而不是接受一些与形象无缘的单纯的概念。艺术思维的抽象性，就是将事物、事理的具象化上升到哲理的高度，使这种哲理成为可以从各个侧面和不同层次上进行观照的更高一级的形象，在任何侧面和层次上都可找到通向理解这一形象的契机。

言为心声，语言美要体现心灵美；以言传情，传达的应是高尚的感情。教学语言作为构成教学形象的手段，还要体现出教师美好的心灵和高尚的情操。我们在涉及文本中某些人物不健康的情感状态时，要同时传达出一种隐含但却明白无误的批判态度，这样就使得文本中丑的形象变成教学中的审美评断。

现今通行的一般教育学、高等教育学或教学论，都有关于教师教学语言的论述，许多看法无疑是正确的。但在论述教师为什么要这样做而不能那样做时，由于不是专就文学教学而言，故通常只是指向教师本人，即最终归结为塑造教师自身的形象。在教学中，运用文学教学的语言，塑造教师形象固然重要，而其最终目的还是为了构造教学形象。

在文学教学中，教师通过教学语言，诉诸学生的听觉，造成视觉效应，塑造教学形象，也跟文学作品通过书面的文学语言，诉诸学生的视觉，造成文学形象一样，有一个共同的归宿，这就是通过形象而使学生进行审美观照，接受美的熏陶。在文学的课堂教学中，语言作为信息的载体必须通过教学形象这一环节而起作用，或者毋宁说是教学形象作为教学信息的最佳载体，它不但在课堂上，即使在课后也可供学生琢磨与回味而充分发挥其作用。能否运用教学语言构成教学形象，我以为这是作为语言艺术的文学教学是否成功的终极标志。

文学教学：音乐的姊妹艺术

以上，我们说到了文学教学作为艺术乃是一种语言艺术，而又区别于书面的语言艺术，实质上它已成为一种声音艺术、听觉艺术，并在一定意义上还是一种表情艺术。音乐作为时间艺术，则是典型的声音艺术、听觉艺术和表情艺术。正是从这一点上，我们发现了文学教学与音乐结下的不解之缘，并视二者为最亲近的姊妹艺术。

"音乐和语言艺术具有最亲密的联系和相互作用。一些音乐作品的词语，也跟语言一样，体现出一定的艺术的、形象的思维。由于有了言词，声乐作品不仅用音乐的、文学的形象，而且用言词的概念去影响听众。"[3]所以，音乐的艺术思维是形象思维与逻辑思维同时结合进行的。同样，在文学教学中，言语、言词不仅具有概念，是进行逻辑思维的工具和通道，而且同时还是形象思维的工具和通道。在这里，形象思维与逻辑思维也是相伴而行的。

无论是音乐（这里指声乐）还是文学教学，作为艺术而给听众以影响的，都是这两种思维的综合效应。

如果说，标题音乐表现出音乐与语言的联系，并且具有相互作用的话，即由标题可以理解音乐的部分内容与含义，由音乐又可以充实对标题的理解的话，那么，我们的文学教学也总是在一定的"标题"下进行的，所不同的是，音乐毕竟是一种乐音的艺术，主要以音乐形象感染听众，而文学教学作为语言艺术，是由语言入手，创造形象（如前所述，这种形象乃是教学形象，它与文本中的文学形象不是一回事），并以形象去感染和启迪听众。音乐从乐音入手，经由音乐形象导向理解；文学教学则从语言入手，经由教学形象导向理解。总之，音乐与文学教学二者都需要经由形象这一至关重要的中介，都可以导致一种迷人的艺术境界，并且同样具有强烈的艺术感染力，正所谓殊途而同归，二者是名副其实的、内在相通的姊妹艺术。

音乐与语言还有更为内在的联系。如果说，语言艺术是一个母系统的话，那么，音乐可以说是语言艺术的一个子系统。音乐音调原本产生于人类言语的音调之中，音乐音调具有人类言语音调的本质特征，二者之间具有深层的内在亲缘关系，所以人声音调在形成音乐、音调方面具有决定性的意义。不同民族语言的音乐、音调中，其色调、旋律、和声、节奏都是不同于其他民族语言的音乐的。专家们认为，器乐中乐器的音色也是如此。

同样，文学教学作为语言艺术，言语音调在其中也具有至关重要的作用，这就是说，我们通常在运用一定的语种进行教学时，总要显示出这个语种所特有的语调、表情方式、节奏和韵律等。而且文学教学中的语调不同于一般交际中的语调，含有更接近于音乐音调的成分，像音乐音调一样含蓄、优美、动人。这就是说，文学教学要借助于在表情艺术、声音艺术中作用非常微妙的要素——一定的语调。

在实际的教学过程中，我们有时能看到，有时由于教师将日常交际中的语调运用于课堂教学，而没有注意运用更接近于音乐音调而为教学所要求的教学语调，于是教学语言就显得平板、散漫而缺乏必要的表现力，缺乏表情艺术的分子。

无论是音乐的音调，抑或是文学教学的语调，其任务都在于塑造形象，已如前述。但是，文学教学与音乐作为姊妹艺术由于各自的特质而具有特殊规律，因而音乐音调与教学语调之间也要显示出差别。二者之间的差别表现为：在教学语调中运用明显的抑扬顿挫，可以直接传达教师的心声，帮助表达教师的情感状态和是非善恶的立场。所谓言为心声，除了口语所传达的内容外，在文学教学中还包括教学语言中的语调所传达出的一个教师特定的内心态度。此外，教学语调在构造教学形象时近乎素描，轮廓分明，界限清晰，不容误解与分辩。音乐音调在构造音乐形象时，一般是避免过度的明朗化，只给以大体上的、整体性的勾勒，旨在突出作为一个又一个情感波澜的细部，以便用一系列色调和谐的情感波澜合成乐曲中舒缓柔和或急骤飞旋的曲调。或者说，音乐的音调是一种情感、情绪的自然流露，在这里，乐音与表情结为一体，有一条自己独特的固定的音调线索。文学教学中的语调，通常只能在叙述与逻辑推理过程中作随机的起伏，它自身很难形成一条固定不变的语调线索。音乐的音调通过演奏或演唱时乐音的音阶表现出来，文学教学不是演唱，它的语调在讲授中随语言的抑扬顿挫而表露。

"言语音调的巨大表情作用是人所共知的。不同的音调能改变一句话或一个词的性质、色彩，有时甚至改变了它的含义。在一定的极端情况下，甚至'是'这个字由于音调的关系听起来是'不'，'不'听起来是'是'。我们根据音调可以判断一个人的情绪，有时还可以判断他的意图。"[4] 这里讲到的虽是常识性的问题，但它对于教学，尤其是作为语言艺术之一的文学教学是至关重要的。文学教学中有许多属于情感状态的微妙的东西，甚至有些只可意会不能言传的东西，正是通过恰如其分、恰到好处的语调而被精确地表现出来的。而且，教师除了创造性地传达出文本中蕴含的情感色彩外，还需要传达出教师自身的情感状态，以表明他对所讲事物和人物的评价，这些无不需要通过教师的"言语音调"即教学语调来表达。对这些极其隐秘而微妙的艺术因素的发掘，往往可以表明一个文学教师独特的教学艺术的风格。教学语调所表明的情感状态，往往是直接进入学生的情感和审美领域，成为使他们心动神驰、心领神会，却无法如实地形诸文字的东西。而且唯其如此，文学教学就臻于完善。因为正是在这样的情况下，教学语言与教师的心态、表情融为一体，通过语调诉诸学生的听觉，使他们形成一种全面、整体、忘神的美的接收与享受。也许，文学教学作为艺术的美学特征之一，正是在这一方面得到了充分的体现，而这通常也就构成为文学教学的艺术魅力。

总之，文学教学是文学的再创造，是美的艺术，是语言的艺术，它与音乐艺术在美学的深层领域里是完全相通的。

（原载于《江西师范大学学报》哲学社会科学版，1987年第4期）

注释

1. 刘国屏 . 试论文学的过程及艺术魅力 [J]. 江西师范大学学报（哲学社会科学版），1987，（4）：66

2. 魏景伦 . 浅谈课堂教学艺术 [J]. 课程·教材·教法，1986，（11）：53

3. [苏] 克列姆辽夫 . 音乐美学问题概论 [M]. 北京：人民音乐出版社，1983：142

4. [苏] 克列姆辽夫 . 音乐美学问题概论 [M]. 北京：人民音乐出版社，1983：107

关于语文能力系统的思考

余应源

一、语文能力还只是一个泛概念

语文能力一词在我国已经用了几十年，但仍是一个尚未科学定义的泛概念，在大家头脑中含义虽大体相同，认识却并不一致。在日常生活中语义不严格界定影响不大，但若想使语文教学科学高效，改变当前语文教学认识混乱、内容杂乱无序、方法无一定之规、教学水平低下的混沌状况，就必须对语文教学进行全面认真、实事求是的科学研究，建构起汉语文教学的理论体系。这样，科学界定语文能力这一语文教学论的基本范畴、核心概念，就是当务之急。语文能力这一概念涉及心理学与语言学，对象是人类区别于动物的极其复杂的运用语言的言语活动。它关联着人类个体和社会活动的所有方面，内涵复杂，学术界至今认识并不一致，要进行严格的科学界定可能尚需时日。

从 20 世纪 60 年代到 90 年代，我国语文教学界对语文能力的认识不断有所进展，认识在步步深入。语文教学界中越来越多的人接受了语文能力应属言语范畴而非语言范畴的观点，科学高效培养能力的语文教学理论正在建构之中，语文能力的培养正在由感性经验性活动，逐渐向理性自觉性活动发展。但是，语文课程标准造出"语文素养""三个维度"等新词，造成了人们认识上的新混乱，能力的概念被淡化，技能与能力也区分不清了。课标的"创新"使得界定语文能力的内涵与外延的工作更加紧迫。

课程改革开始后，笔者参与了全国教育科研"十五规划"重点项目"小学生语文能力评价实验研究"课题的研究，负责小学生"语文综合能力"

评价的研究。在本课题中，我和国内知名的教育心理测试专家漆书青教授共同界定语文综合能力为：个体在交际过程中运用语言工具的整体性能力，由语感能力、言语交际能力、言语调控能力三要素构成。指出小学生语文综合能力是发展中的能力，其发展过程可划分为性质有异、渐次发展的低中高三个阶段。(参见我与漆书青教授合写的《小学生语文综合能力评价初探》一文，载《江西师范大学学报》哲学社会科学版，2005.1) 语文综合能力，这是一个全新的概念， 研究它有利于对语文能力认识的发展。构成语文综合能力的语感、言语交际、言语调控三要素当然就是语文能力的构成要素，但这仅是语文能力概念的局部研究，还需进一步研究语文能力概念的全部内涵与整个外延。

怎样进一步认识语文能力，这本身就是一个大问题。近年来我国学术界喜欢引进国外特别是西方的观点，诸如存在主义、后现代主义、建构主义之类，还爱叫"理念"。我为七十老朽，学不懂这些"理念"。我的方法是立足事实，尊重事实，从事实的共性、关系中找规律，而不套理论，不靠引用，扬弃那些标新立异的洋的或土的搬用或臆造的概念。就认识语文能力而言，我认为必须弄清人类千万年来话语活动的本身，坚持正本清源，返璞归真。(参见拙文《再论语文教学科学化》，载《教育研究》1994.7;《实事求是探求语文教学规律》，载《中学语文教学》2004.4) 从古至今一个不变的事实就是：语言是适应人类交往活动的需要而产生的，是人类社会特有的、实现人际交往的最重要的工具。承认这一事实探讨才能进行，否认这一事实讨论便失去了基础；否认这一事实就无法认清语文能力，不能建构语文教学的科学理论。

二、语文能力是个复杂的概念系统

基于人类言语交往活动的事实，运用一点系统论常识，我认为语文能力是一个系统概念。

数十年来国内学者一般认为：能力是相应活动所需的稳定的经常起作用的心理特征。语文能力就是语文活动所需的心理特征。心理特征是看不见摸不着的，是在相应的活动中积淀而成的；但言语活动的方式方法是外显的，将活动的方式方法加以规范化、固化就是技能，而技能则可以通过训练来掌握。能力与技能是两个相关而不同的概念。语文课程标准混淆两个概念，是个严重的常识性错误。

首先要弄清的是，"语文""语文活动"是什么意思。对此，我曾指出语文是言语，语文活动就是言语活动。因此，从人类语言的本源来认识语文能力，语文活动就是人类运用语言工具进行交往的活动。简言之，就是言语交往活动；那么，语文能力当然就是人类个体运用语言工具进行言语交往活动的能力。

人类最初只有口语，只有面对面你说我听、我说你听的口语交际，我们称之为人类运用语言工具的直接交往活动。交往的个体必须具备口语直接交往（交际）能力，这种能力自然分为说话能力、听话能力两个相关联的因子。人类的口语直接交往及相关能力、说和听的能力，该有很长一段的历史了。口语、口语能力使人根本区别于动物，为人的思维提供了平台，人的思维、认识能力得以发展，文化得以积淀传承。但由于口语的时空限制，人类文化的积淀与传承极其缓慢。而人类终因形象与抽象思维及创造能力的发展，创造出记录口语的符号——文字，出现了可以不面对面，不用口语而是通过文字的中介进行的间接的书面交往活动，掌握文字的个体开始具备书面间接交往能力，即写作能力和阅读能力，人类终于走出野蛮，开创了文明时代，人类社会由此得以不断加速发展，使人类几千年来的发展远大于此前的上百万年。

通过上面回返本源的回顾，我们得出，这个泛语文能力即言语交往能力，就言语交往活动方式而言，分为口语直接交往（交际）能力和书面语间接交往能力两个相关而又并行的方面：再进一步分解为说话能力、听话能力和写作（写话）、阅读能力四种单项子能力或说基本因素。以上所述基本上是数十年来语文教学界大多数人的共识，这里仅理了理关系而已。然而这还仅是语文能力系统的一个组成部分。

语言学、心理学都认为，言语与语言是两个相关而不同的概念，并且均指出语言是人类话语的社会共性部分，是指话语的民族共同词汇和语法系统，且语言存在于言语之中；而一个民族的个体要进行言语活动，就必须首先掌握这种语言，即掌握民族语言的基本词汇和语法。掌握民族语言也是人类语文活动的一部分，掌握民族语言也是一种能力，即语言能力，也应是语文能力系统的构成部分之一。

语文能力——言语交往活动能力中的语言能力，即语感。语感也是人类一种特有的心理特征。个体所掌握的用以言语交际的民族语言，是以语感形式存在于个体头脑中的。在《小学生语文综合能力评价初探》一文中我们提出"语感能力，简称为语感，是语文能力的最基本的因素"，"人们在言语活动中是凭语感来理解吸纳与表达生成的"；"语感就是个体对语言现象直觉感受、判别、领悟、贮存，以及在此基础上对表达生成的评估监控能力"；其实"语感就是民族语言在人们个体头脑中存在的基本方式，是对语言无须思维推理的直觉把握与运用"。语感也是一个极复杂的系统，就汉语语感来说包含两个基本因素：（一）字感、汉字感，包括词在内，用西方语言学来套就是词汇感。若回到能力，字感即汉字能力，它也包含两个因子，识字能力和写字能力。（二）语句感，包括西方语言学的语法感，即语句能力，同样包括两个因子，一为识别语句能力、一为构造语句能力。汉语根本不同于印欧语言，百年来用西方语言理论来套汉语，来指导汉语文教学，背离了民族传统，不符合汉语的实际，使汉语的研究与教学都走了弯路。对此我无力深入研究，这里推荐北京大学徐通锵先生的《基础语言学教程》一书（北京大学出版社 2001 年 2 月第一版），他完全正确地指出汉语的基本单位是汉字而印欧语言的基本单位是词句，在此基础上写出了这本全新的语言学论著，值得汉民族的语文工作者好好读一读。

构成人类用语言进行交往活动并与活动的方式、方法相应的还有一个重要方面，就是交往活动的内容是用语篇——在书面语中表现为文本来进行的。人们进行言语交往活动，无论是口语还是书面语都不是孤立的语句，更不是单个的字词，而是围绕具体交际意图由一串连贯语句构成的语篇、文本。语篇、文本是言语活动的基本组织成分。因此，运用语篇、文本能力同样是构成语文能力系统的重要组成部分。语篇（含文本）能力包括语境、语用与语体、文体两大方面。

（一）人们的任何言语活动都是在特定的语境条件下进行的，都要遵循一定的语用原则，无论是生成语篇文本还是解构语篇文本，都绝对离不开语境、语用规则。现代语言学对此已越来越重视了，已有很多论述、专著，是我们语文教师必须学习掌握的，这里不再赘述。语境与语用能力是语文能力系统中直接关联语意、关系交往目的实现的十分重要的构成因素，而语文、语文教学界长期以来对此认识重视不够，这一状况需尽快改变。语文工作者特别是教师需要大大加强心理学和以语用学为主的现代语言学的学习。

(二)语体与文体，是语篇、文本的基本构成因素，与之相应的能力，也是构成语文能力系统不可缺少的因素。语体与语篇、文本是相关而不同的两类概念。语体，我指的是人类千万年来在不同用语目的、不同语境条件下形成的基本的特征不同的言语类型。语言是因人类生活、生产中的交往需要而产生的，言语交往双方互相传递的一般是客观事物的情况、过程，反映的是人和事物的状态、自己的看法认识观点，其用以表述的言语特征是求实求真，我称之为写实的交际言语语体；同时语言一旦产生人们也用来宣泄自己的情感、表达自己的想象、虚构形象，形成了求美求善的文学言语即艺术言语语体。而随着人类抽象思维能力的发展，理性认识的发展，特别是科学的发展，人们要求更深刻、准确地把握事物的本质，在写实的基础上逐步形成了以抽象概念、准确判断为特征的科学言语语体。交际言语、科学言语和艺术言语就是人类所使用的三种基本语体。而语篇文本是语体的具体运用，一般写实为主的记叙文(下述之"文"包含口语语篇)主要运用交际言语，也可局部运用科学与艺术言语；而说明、特别是议论文的主体，应是科学言语和交际言语，当然也不排斥局部的艺术言语；而各种文学体裁的主体当然是由艺术言语构成，同样不排除科学言语的因素。运用不同语体、文体的能力当然是语文能力系统基本结构因素之一。而不论是写实求真的文章还是虚构求美的文学作品，所有的语篇文本，都具有共同的构成因素，即大家熟知的主旨(中心)、材料、结构、表达方式及语言，与之相关的能力同样是构成语文能力系统必须具备的元素。任何言语活动都是一个过程。由交际目的意图的形成、实施，到活动完结实现交际目的意图，整个过程交际双方所处的语境也是在不断演变的。为了更好地完成交际任务，交际者需要不断调控自己的言语行为，与此相应的言语调控能力也是语文能力系统的构成因素。

上述语文能力系统的诸因素、因子，有着内在的客观的有层次的逻辑关系。为既节省篇幅又便于理解，图示于下(注意，为使图形简洁，低层因素省去了"能力"二字)：

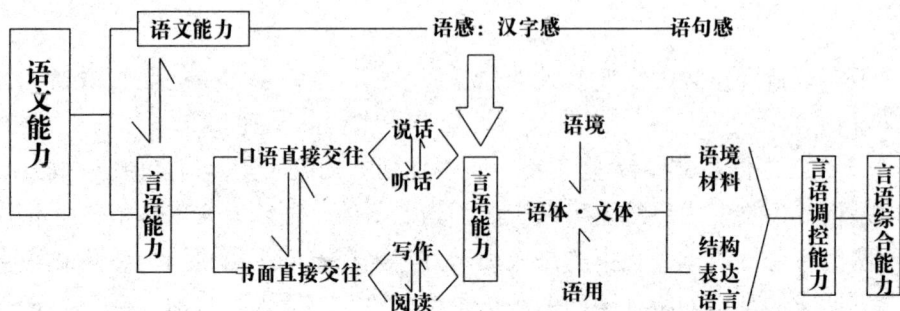

上述只是语文能力系统的一个基本框架。分解最多的部分也只分析到第四层，它的每一部分都还需进一步向深层剖析。特别是主体核心部分——言语交往活动能力，分解到说话、听话、写作、阅读是远远不够的，还需作多层分析，才能认清语文能力，才能找到培养语文能力相应的技能体系，才能建构起从低到高有序的教学内容体系。这里仅以阅读为例。阅读文本的基本方式是朗读与默读。往下均可细分，这里仅提默读。就对文本的读解程度而言，可分为精读、浏览和跳读（后两者可合称略读）；就速度而言，则分为缓读（一般阅读）和速读（一种需经过专门训练的真正眼脑直映的高速阅读方式）；就目的而言，又可分为理解性、评价性、欣赏性、搜寻性、查考性、消遣性等阅读类型。现在一些人倡导的创造性阅读应是一种最高层次的阅读，与上述各层各类阅读均不相同，因为它的注意中心完全发生了变化。上述种种类型阅读的注意中心，都是作者所写的文本，文本所表述的信息、观点，本质是读者在与作者间接交往；而创造性阅读注意中心却变为读者自身，读别人的文本的信息观点为着形成自己的信息观点，实质是准备与人交往。而且创造性阅读时要灵活综合运用上述各种各类阅读，是研究者采用的特殊阅读类型。这种阅读才是真正的探究，真正的创造性阅读；不能把理解过程中的一般性个性因素低俗地认定为创造性阅读。我们不可能要求一般中小学生特别是小学生进行什么创造性阅读！

三、语文能力系统内在关系及层级性

语文——言语活动是人类客观存在的活动，尽管极其复杂，涉及人类生存活动的所有方面，但却是有序有规律的。因为它是民族个体与个体、个体与群体、群体与群体间客观存在了成千万年的活动，它必定存在着共性，必有客观规律等待人们去认识。上述语文能力的方方面面就是一种共性，我想不会有人否定它们的存在。既是客观存在，它们之间的关系也同样客观存在，而众多因素间的关系也存在着并且有着层级性。层级性也是一种序。认清语文能力的内在结构、关系、序，便大大有利于认识语文教学，使之也成为有层次有序的理性活动。

语文能力系统由言语能力与语言能力两大基本层面构成。首先要区分语言与言语，区分语言能力与言语能力，长期的混同使我们误以为语法之类就是核心的语文知识， 结果是费时难学而无大用，教学得不偿失。其实语言是一种抽象认识、抽象概念，是存在于具体的言语中的。对个体而言，要的是言语而非语言。人们是通过言语、言语能力来掌握语言而非相反。至于从具体的言语活动中抽象出的词汇系统和理论语法是语言学者的创造，非一般人所必须。切记，文盲不学语法一样用语言交际，四五岁的孩子便初步掌握了民族约定俗成的规则、语感状态的本体语法。因此我认定，语文能力是以言语能力为本，为主体，语言能力从属于言语能力，而不能相反。

但又必须认识到：个体只有掌握了民族语言共同的基本词汇——汉字和规则（约定俗成的本体语法），才能进行言语活动。因此，我认为体现个体语言能力的语感、汉字感与语句感，是语文能力系统的基础层，或许可称之为前提性基础层面，对此应引起足够的重视。培养发展学生识字、写字能力万分重要，再也不该忽视。同样，造句特别是理解语句的能力应是整个语文教学的重点，句是表意的基本单位，应切实下大功夫培养才行。

语篇——文本能力， 也可称为篇章能力，也是语文能力系统的基础层面之一。多年来对篇章一般比较重视，对其内含的认识也较有基础（已形成一些相关学科）。不过一般是从篇章知识、写作知识角度去认识，要转换为能力角度并不困难，掌握运用这些知识的心理特征就是能力嘛。但语文课标公布后，片面强调"感悟"，不重分析，已造成对篇章知识、技能的淡化， 实际上就是对篇章能力的轻视，何况本来对语境、语用就认识重视不够。对此亦应引起高度注意。

语文能力系统的主体层面，当然只能是言语能力、言语活动能力，也即言语交往（交际）能力。人们一般把语文能力仅视为听、说、读、写能力，这种认识由于抓住了构成主体的基本因素因而是有合理性的。但是这种认识是不足的，需深入发展，写作拙文就为这个目的。仅是笼统地认识言语交际，仅是区分现代语与文言是不够的。今天要从语言的交往本质角度进一步加以分析。据此，我将言语能力分为低中高三个层级：

1. 低层，是言语能力的个体素质层。说、听、写、读四种能力是构成言语交往能力的基本因素，作为因素性能力是个体可以而且必须具备的。个体具有说话、听话能力，才能与其他个体进行口语直接交往（际）活动；只有具备写作、阅读能力，才能与人进行间接的书面交往（际）活动。应该注意到，听说读写活动及其相应能力是可以在个体身上独立存在的。虽是社会交往的构成因素，也可离开交往而存在。个体自言、自听、自写、自说，这也是一种活动，自己可以和自己"交往"嘛。故我称为言语交往活动能力的基础层、底层，构成的基因成分。

2. 中层，口语交际能力和书面语言交往能力为社会实践层。语言因人类个体之间的交往而产生，口语直接交际、书面间接交往，两者均是社会言语交往的实践层面，说听、写读是因这两种交往而分别形成的。口语交际是所有正常人天天要进行的活动，书面交际（注意！写作和阅读都是交际、交往）也是所有文化人少不了的活动。这两类交往活动常常是分别进行的。因为是现代人天天都要进行的活动，与之相应的能力是言语交往、交际的实施层，我称为中层，即中间层。

3. 高层，口头言语交际能力和书面语言交往能力综合运用层：言语综合能力，即《小学生语文综合能力评价初探》所述的语文综合能力。人类自从产生文字、形成书面语之后，便逐渐形成了同时综合运用口语和书面语的交往活动，而且社会越发展这种综合运用越需要，越显得重要。现代社会生活凡是较重大的交往活动，往往都需要同时运用口语和书面语，需要综合运用听说读写能力，求职、签订合同、公证、诉讼、会谈、访谈、研讨、论争等等均如此。语文综合能力——依据社会交往目的、任务的需要，择优组合听说读写方式、方法以便更好完成交往活动的能力，是一种最高层次的言语交往能力，它处于语文能力系统的顶端。

四、言语活动的范化和异化及语文能力的社会本质

这是一个正本清源的问题，指向当前语文教学片面强调个性的后现代主义倾向。近些年一些人片面宣扬"一千个人就有一千个哈姆莱特"、阅读"没有唯一答案"；滥用创造性阅读的概念，主张什么"个性化阅读"；

张扬所谓"个性化写作"， 写作只为自己不管读者， 简直由意识流变成了荒诞流！就是说，当前我国语文教学界涌起了一股片面夸张、强调言语活动中的个性，割裂交往双方，忽略、忘记言语活动社会共性、社会本质的错误倾向。它已经在把语文教学引向歧途，必须引起我们严重的关切。为此，必须重新认识言语活动与言语能力的社会性本质。

我们千万不要忘记一个人类区别于动物的客观事实：人类因群体内个体与个体间社会交往的需要而将一般动物的叫声发展为语言。语言成为人类最重要的交际工具，同时成为人类思维的工具、认识的工具、学习的工具，成为人类社会积淀传承文化、促使社会发展的工具。这是任何批判工具论、批判科学主义的人永远否定不了的客观存在的事实。这个事实告诉我们，语言是社会的，言语活动是社会个体与个体间的社会性活动，而非孤立的纯个体的个性活动。说与听是个体之间的社会性交际活动；记录口语的写作是为了给别人阅读， 阅读的是别人写的文本， 读写仍然是个体之间的一种社会性交往，只不过不是面对面（当然可以面对面写与读），而是通过文本作中介来进行的间接的交往活动，这仍然是社会性活动，与口语一样必须遵守语用原则。与言语交往活动相应的言语能力的本质，自然也应该是社会性言语活动心理，是社会心理学研究的对象。语文能力既是个体心理问题，更是社会心理问题。语文教师除应学习普通心理学外，还要学习社会心理学，可惜社会心理学对此的研究还很不足。

言语活动是个体间进行的社会活动，这样它就既具有个体性又具有社会性。这两重属性的关系如何，值得我们去深入认识。语言的产生与社会交往的功能决定它的社会性本质，此外，人类言语交际活动的双方，必须依托社会约定俗成的共性的字（词）汇与语法，必须遵循社会约定俗成的共性的语用规则，必须基于约定俗成的民族文化的共同语境，交际双方必须处于共同的由双方情况交织形成的具体的话语情境（语境），使用共知的能相互理解的表达方式……就是说必须遵守该民族言语交际的共同规则、社会性规则，使言语活动规范有效，我将此称为言语活动的规范化，简称范化。但也必须看到，交际双方都是具有鲜明个性的独特个体，个性必然渗透到共性的活动中。交际的共同规则会受到个性的冲击常常会发生变异，出现某种新的特质，我将此称为言语活动的异化现象。

范化和异化也是一对矛盾。这对矛盾的常态是范化处于主导方面， 异化处于次要被约束的地位,这样交际、交往才能进行。若双方都以个性的"理念"行事,我行我素,异化处于主导地位,不遵守共同规则,交往是不可进行的。但异化并非全是消极的。异化的结果是突破常规出"新"。不过一般说"新"有两种情况:(一)能适应具体交际语境,体现真善美,被对方、社会接受,这便是创新,影响所致可能成为新的言语交往规则,形成新的规范,推动着言语活动的发展;(二)背离具体的交际情境,给人以假恶丑,不能为对方、社会所接受,便会被社会所扬弃。因此,我们说合理的异化恰恰是言语活动发展的动力。

总之,我们必须坚持言语活动和言语能力的社会本质,坚持共性为主;但也必须承认它的个性,有区分地对待个性现象。要记住,千万人阅读的都是莎士比亚所创作的唯一的特定的哈姆莱特,一个要报父仇的王子。必须老老实实、正确理解作者创作的文本,认清文本意图、主旨、特别是形象的唯一性,读者读解文本时头脑中再造的形象具有差异性、个性,这是必然的,但不能背离作者文本这个"唯一"。至于一般写实的文章,特别是说明议论的文章,它的中心主旨、观点、内容都是唯一的,更不容读者个人任意曲解! 写作也必须考虑读者,遵循交际的基本原则、语用原则。要记住写作仅是间接交往的一方,与你对应的是读者一方。言语——语文活动的本质是社会性而非个性;言语——语文能力是基于个体心理,更是社会心理问题, 即使是对待个体言语心理因素也在于认识、把握个体心理的共性方面,而非纯粹的个人的个性因素。

五、语文能力概念系统是动态发展的

这主要包含两层意思:(一)言语活动是动态的过程,不论是直接还是间接的交往,它的构成因素一直处于变化运动之中,此不多言。(二)社会的言语活动、个体的言语能力,都是由无到有、由低到高不断发展着的。人类的言语活动,相应的言语交往能力,包括读写听说能力,是怎样由低到高发展的,至今研究不足,需加强研究。个体言语能力的形成发展,对语文教学而言更有直接的重大意义,对此同样认识研究不足,更急于加大研究力度。我们的语文教学长达 12 年!小学一年级学生与高三学生相差多么大啊! 他经历了儿童、少年到青年的变化,而我们的语文能力呢? 说来说去还只是"听说读写"！初小、高小、初中、高中，语文能力有什么不同？到底发展在哪里？有什么质的差异性？过去的教学大纲、现在的课程标准都不清楚！这样教学自然也清楚不了，这样教学水平怎么能高呢？在《小学生语文综合能力评价初探》一文中我们指出，小学生的语文综合能力是发展中的能力，经历着各具特点的三个阶段，由自我核心言语交往能力水平，经过你我之间言语交往能力水平，发展到初步社会言语交往能力水平；各阶段在语感、言语交际和言语调控三方面都各具特征，各阶段的发展有不同的核心、动力。低段的核心在汉字能力，中段的关键是真正养成阅读能力，高段则应注意初步的写作能力、篇章能力。我们所论的小学生语文综合能力的发展，实际上就是言语能力——语文能力的发展。

那么中学呢？中学生的语文能力当然在继续发展，那么它们的阶段特征和发展的核心、动力是什么呢？中学生的语文能力发展水平仍应与其生理、心理，特别是思维能力发展相应，分为有明显质的差异的两个阶段。初中，与生理迅速发育、抽象思维能力快速发展、独立自主能力开始形成相应，为社会交往能力全面基本形成阶段；高中，则与其生理开始成熟、理论抽象思维能力开始形成、社会自主性初步形成、将成为社会公民相应，语文能力进入综合运用全面扩展的阶段。

语文能力的发展与个体所能运用的言语语体的发展密切相关。或者说言语语体的演进，可以帮助我们更好地认清语文能力发展各阶段的特征，以便语文教学工作更好地促进学生语文能力的发展，形成更全面更系统更适应当代社会需要的言语——语文能力。依据自古以来汉民族儿童言语能力形成发展的实际，可分五个阶段，其特征如下：

小学分三段：初小，为充分利用艺术言语（韵文）集中识字，开始萌发书面语言交往能力的阶段；中小，则应交际言语（各种日常社会生活、科技等通俗读物）和艺术言语（童话、寓言、小说等读物）并重，但目的仍在于日常交际言语能力的发展；高小，在语体上与前段无明显差异，为继续发展阶段，不过要开始关注学生日常交际语体篇章能力和间接交往能力的发展。整个小学阶段重点都应在促进学生日常交往语体、日常交往能力的发展，艺术语体服务于交际语体，一般不必进行正面的艺术语体——文学的教学，而科学言语的因素正在逐渐积累中。

初中，应是日常交际语体——交际言语能力全面形成的阶段。这时艺术言语仍旧要服务于交际言语；但应开始文学常识的教学，使学生能正面区分交际言语与艺术言语。初中是科学言语能力正面发展的重要阶段，语文教学只有抓好以科学言语为基础的说明议论文的教学，才能真正起到基础课程的作用，才能有力促进其他学科的学习。初中是交际言语、交际言语能力与科学言语、科学言语能力并重发展的阶段，一定要基本完成社会言语交往能力的培养任务。

高中，应在社会交往能力、交际言语的自觉综合运用上下功夫，同时引领学生向科学言语（读写论文）、论证能力发展，还应向古代言语——文言文阅读能力及艺术言语能力的一个方面——文学作品的初步鉴赏能力扩展。这里应强调指出的是，多年来，特别是近年来，我们一直没有真正重视科学言语的教学。须知，当今是科学时代，社会、社会发展最需要的运用最广的正是科学言语。科学言语能力的培养是语文教学成败、语文教学能否适应社会需要的一个关键性问题。关于这个问题，《中学语文教学》今年第 5、6 两期连续发表了几篇相关文章（参见第 5 期的"说文论语"和第 6 期的"特别关注"），这里不再赘述。

（原载于《中学语文教学》，2005 年第 9 期）

语文教学：借助"工具"渗透"人文"

欧阳芬 王家伦

20世纪末的那场语文"大讨论"中，受应试教学的株连，"工具性"成了众人口诛笔伐的对象，甚至有人认为"人文性"是语文的基本属性。而今语文"新课标"认为，"工具性与人文性的结合，是语文课程的基本特点"，这是对那场讨论的总结。于是，"工具性"与"人文性"怎样结合就成了摆在语文教学工作者面前的重要课题，"文道相加""道以载文""文以载道"是其中颇有代表性的三种意见。

一、工具性和人文性必须"融合"

无论是《全日制义务教育语文课程标准（实验稿）》，还是《普通高中语文课程标准（实验）》，都认为"语文是最重要的交际工具，是人类文化的重要组成部分。工具性与人文性的结合，是语文课程的基本特点""但与其把它看成对学科性质的一锤定音，还不如把它视为对上世纪末关于语文教育大讨论的总结。"[1] 华东师范大学博士生导师倪文锦教授一针见血地道出了语文学科特点的真谛。关于语文"工具性"的内涵，语文是交际的工具、思维的工具、传承文化的工具早有定论；关于语文"人文性"的内涵，则诠释各异。但"工具性"与"人文性"之间的关系，就如古人所谓的"文"与"道"之间的关系，应该没有异议。有人认为，语文课（阅读教学）就是"写作特点"和"中心意思"，令人生厌。这真令人莫名惊诧，文本（主要指记叙类和议论类的文本）的"写作特点"就是言语形式，是"工具性"的体现，即"文"的体现；"中心意思"就是言语形式负载的内容，是"人文性"的体现，即"道"的体现。语文课不讲"中心意思"和"写作特点"，那该讲什么？语文课分析"中心意思"和"写作特点"是天经地义，"写作特点"与"中心意思"之间的关系就是言语形式与言语内容之间的关系，就是"文"与"道"之间的关系。于是，一些"文道结合"的语文课进入了我们的视野。一些语文教师设置教学目标时，第一课时的重点是使学生理解文本的"中心意思"，第二课时的重点是使学生掌握某一个"写作特点"，或者前后颠倒；对那些必须用一课时解决的文本，也是前半个课时解决"道"，后半个课时解决"文"，或者前后颠倒。他们认为，这样就是"文道结合"。可悲的是，这些语文教师未曾理解"结合"的真谛。这种结合应该是水乳交融的结合，而不是简单的二元相加。这种结合，应是"随风潜入夜，润物细无声"似的渗透，而不是"东边日出西边雨"式的简单相加。

二、借助"人文"无法掌握"工具"

为体现"新课程精神"，大量"很人文"的语文课吸引了我们的眼球。下面是笔者曾经观摩过的一堂语文课的概况，由一位教师借班执教《柳叶儿》（苏教版八年级课文）。文章讲述在三年困难时期，老百姓只能以柳叶充饥的艰难生活，表现了作者苦中作乐的情感。主要过程如下：

上课铃响，执教者就把该班原来的任课教师（一位三十余岁的女教师）和一位年近六十的资深语文教师请上讲台坐着，作为"嘉宾"。

第一环节：教师与学生讨论那个痛苦的年代，由那位资深教师介绍当年的艰苦情景。另外，执教者放了一段艰苦年代的录像。

第二环节：教师带领同学就"童心童趣，苦乐年代"进行讨论，重点是"作者写了什么苦，文中怎样体现的"和"作者写了什么乐，文中怎样体现的"。

第三环节：教师带领学生交流现代生活的苦与乐，先小组讨论，后全班交流。

这堂课，气氛较为活跃，教师如同电视节目主持人，大多时间内坐在"嘉宾"的对面，其形式不可谓不新鲜。然而，除了第二环节的一小部分与"文"直接有关外，其他环节尤其是占有三分之二时间的第一、第三环节早已变成了政治课！作为阅读对象的主体——文本，仅在第二环节让学生顺便翻了翻，其他时间内基本成了摆设。

我们知道，语文教学一方面要培养学生的读写听说能力，这是"工具性"的体现，即"文"的体现，具体为对文本写作特点的掌握；另一方面要培养学生健全的人格，这是"人文性"的体现，即"道"的体现，具体为对文本中心意思的接纳。前者较为明显，后者则较为隐蔽。我们能想象授课教师的初衷，或许，他企图借助"人文"以使学生掌握"工具"，就是使学生通过对那个痛苦年代的了解，以明白文本"怎样体现"。但是，事与愿违，由于授课教师教学设计的偏差，那位资深教师的深情叙说和教学过程的安排早已吸引了学生，学生根本没有时间也没有兴趣去学习"文中怎样体现"，也就是说，学生根本没有理解文中的"道"是怎样体现的，语文课已不成为"语文"课，成了政治课。事实证明，任课教师企图通过"人文"使学生掌握"工具"的预设没有成功。实际上，企图通过"道"来实现"文"的设想是难以成功的。当然，这里的成功指的是"语文"的成功。"如若说我们的语文是一座金字塔，那么'人文性'就是塔尖，而作为工具性的语言文字便是塔基和塔身。"[2]攀登金字塔，岂能从塔尖开始！"皮之不存，毛将焉附"，如果把语文比作一张毛皮，只能皮上附毛，绝对不能毛上附皮。

浙江师范大学王尚文教授说："语文课程对学生进行人文教育，不能离开语文本体而必须强调渗透，只有这样，人文教育在语文课程中才有它独特的优势和价值，从而收到语文教育和人文教育相得益彰的效果，否则必将导致语文、人文两败俱伤。即使仅仅着眼于人文教育，语文教学也必须走在语文的路上。"[3]

从另一个角度说，虽然至今语文还没有一个公认的知识体系和能力系统，但在有事业心的语文教师心目中至少都有一个颇为幼稚颇为"山寨"的知识体系和能力系统，况且建构公认的知识体系和能力系统是任何一个语文教学工作者的任务。只有进行有序的教学活动，才可能取得成功。但是，难道语文教师应该和政治教师、思想品德教师"抢饭碗"，去建构"人文"体系吗？以无序带动无序，最后的结果只能是"无为"。

总之，"道"难以载"文"！

三、必须借助"工具"渗透"人文"

如果我们站在哲学的立场，从事物个性与共性的角度来阐释语文的性质，就可以看出："人文性"是所有人文学科的共性之所在，"工具性"

才是语文的个性之根本。在语文实际教学中必须把握住这个度，从而正确把握语文教学的目标及任务。语文必须永远姓"语"，也就是说，"工具"是语文的本分，必须借助"工具"渗透"人文"。那么，该怎样借助"工具"渗透"人文"呢？

首先，必须明白语文的教学任务。语文教学既不是汉语教学，也不是文学教学，而是"言语"教学，文学教学只是语文的一部分。所以，教学目标的设置必须以"文"为主，教学过程必须是逐步培养学生理解和运用语言文字的过程，即培养学生读写听说能力的过程；就阅读教学而言，当然是主要培养学生阅读能力的过程，具体体现为对文本写作特点的理解与把握，在这个基础上潜移默化地培养学生的人文精神。至于领会文本的具体内容，不是终极目标。"仅仅关注课文'说什么'，不是语文课；即使着眼于'怎么说'，却旨在把握'说什么'，也不是及格的语文课；只有以课文的言语形式为纲，自觉而明确地指向提高学生正确理解和运用语言文字的能力，才是真正的语文课。"[4]"言语形式是语文课立科之本"。[5]在语文阅读教学的过程中，阅读是一个"因文解道，因道悟文"的过程，从某种意义上说，"道"的培养是"副产品"。

其次，教学目标的设置一定要具体明确。还是以读写听说能力培养的中心环节阅读教学为例，课堂教学的目标一定要设在实处，其原则是"一课（课时）一得（文道各一）"。"文"的设置必须具体，而且能作教学后的评价；而"道"的目标设置可以也只能比较抽象。

如只给一个课时教学鲁迅先生的《药》，就可抓住这篇文章的与众不同之处，设置的一对目标是"学习本文双线并行的结构"和"体会半殖民地半封建社会人民群众的愚昧"。前者比较具体，课后可以用写作文的方式进行评价；后者较为抽象，无法测评。所以在具体教学中，只能以前者为主，在前者达标的基础上，考虑使学生对后者有所体会。事实证明，这样的教学是行之有效的。如果以后者为主，其结果必然是前后都无法达标，语文教学就成了一句空话。要想借助"工具"渗透"人文"，必须坚持训练，不要怕被扣上"应试教学"的大帽，语文知识的积累和能力的培养必须通过训练才能完成，这符合量变到质变的哲学原理。练习题的设计必须根据教学目标和自己学生的实际情况，较为明智的做法是，将练习与"阶段验收"结合起来，因为这是落实教学目标的最为有效的方法，备课时就得考虑教学后评估，评估的方式不拘一格，只要能够测试出学生的"达标"程度即可。当然，这个达标主要是"文"的达标，不是"道"的达标。总之，必须在语文知识能力的培养训练过程中"兼顾"培养学生的"人文"精神。也就是说，必须是"文以载道"，而不是"道以载文"。

四、呼唤以知识能力组元的教科书

由于对"新课程"精神理解不透，由于对语文学科"人文性"解读偏差，由于不在语文教学第一线的有关人员的胡点乱拨，一般的语文教师很难体会语文教学必须"文以载道"的教学理念。据我们了解，绝大部分的语文教师手中，只有一套课本，以及围绕课本的教学参考书。所以说，如果能发挥好语文课本的"指挥棒"作用，就有可能使我们的语文教学走上正途。

目前的语文教科书究竟如何呢？就以通行的"人教版""苏教版"等九年义务教育初中"课标本"教科书而言，惊人相似地都以"人文"组元。就是说，教科书编撰者的出发点是希望通过"人文"使学生掌握"工具"，这实在是天方夜谭！事实胜于雄辩，"新课标"问世已经多年了，这些以人文组元的教材"垄断"市场也已经多年了。但是，我们的初中生的语文水平究竟提高了没有？没有人能做出肯定的回答。

所以，我们呼唤一套以知识能力组元的语文教科书的问世。这套教科书的编写，必须有语文教学第一线的教师或对当今语文教学实际深刻了解的有关人员参与，不能盲从于一些对当今语文教学实际不甚了了的所谓专家学者的瞎指挥。"他山之石可以攻玉"，编写者编写这一套教材，可以从 20 世纪八九十年代的 "人教版""苏教版 "中汲取营养。回顾历史并不等于简单的复古，科学实验证实，走了弯路再择昔日正确之路，也未尝不是明智的选择。

这套教科书的编写过程，应该是语文知识能力体系的建构过程。语文教师教学的过程，应该是以培养学生语文能力为主的教学过程。语文教材中的知识能力体系肯定不尽完善，但"山寨"的知识能力体系至少使具体教学者有章可循，而不是随心所欲让学生不得要领。更何况"山寨"的知识能力体系可以在今后的教学过程中逐步丰富、科学和完备。

这套教科书的单元提示，必须以"工具"培养为基本，必须起到"引人入胜"的作用，即真正意义上从"能力培养"的角度将学生导入对"工具"的学习和掌握，使工具与人文和谐统一。这套教科书的范文遴选，要从优秀文学作品、名家名篇和经典中解放出来，将符合语文特性、适合教和适合学放在首位，还可选中学教师、中学生的文章，甚至可以为某一个知识能力点而"定制"文章。当然，其前提是制订科学的知识体系和能力系统；否则，永远只能是空中楼阁。[6]前进的道路上必然有艰难险阻：或偏斜或摔倒。但是，走偏了拨正，摔倒了爬起来，只要不讳疾忌医，就有希望到达理想的顶点。

（原载于《中学语文》，2009 年第 12 期）

注释

1. 倪文锦. 我看工具性与人文性 [J]. 中学语文教与学（初中读本），2007，（12）：47
2. 曹振道. "人文性"与"工具性"纷争之我见 [J]. 小学各科教与学，2003，（12）：36
3. 王尚文. 语文教学要走在"语文"的路上 [J]. 中学语文教与学（初中读本），2005，（1）：9
4. 王尚文. 语文教学要走在"语文"的路上 [J]. 中学语文教与学（初中读本），2005，（1）：7
5. 欧阳芬. 言语形式是语文课立科之本 [J]. 中学语文教学，2002，（12）：23
6. 王家伦. 教材选文一定要名篇吗 [J]. 中学语文，2009，（2）：19

批判性思维培养是提高学生创造能力的必要途径

饶思中　宁　媛

批判性思维和创造性思维是推动未来知识社会前进的主要动力。批判性思维是创造性思维的源泉，没有批判性思维就没有创造性思维。批判性思维培养是提高创造能力的必要途径。

一、创造力的核心是创造性思维

创新能力和创造力究竟是什么？创造力（creativity）一词源于拉丁语（creare），意思是创造、创建、生产、造就。在英语中，创造力可以解释为"创造的能力，才艺智力的开发"。在心理学上，对于"创造力"的比较一致的看法是：根据一定的目的和任务，运用一切已知信息，开展能动的思维活动，产生出某种新颖的、独特的、具有社会价值或个人价值的产品的智力品质。[1]

创造力的核心是创造性思维。创造性思维是指思维结果具有新颖性、独特性和有价值的思维；[2]是产生各种有用、有价值的新观念、新思想的认识过程。"创造"意味着革新、发现、发明、创新、形成新东西。创新精神和创新能力的核心是创造性思维，创造性思维就是以感知、记忆、思考、联想、理解等能力为基础，以综合性、探索性和求新性为特征的心智活动。它是多种思维形式特别是形象思维与辩证思维的高度结合的结果。

创造力和创造性思维都是可以训练和培养的。除了少数心理学家认为创造力是神明的灵感，是超自然的力量，大部分心理学家都认为创造力是可以分析和训练的。创造力的成分一般可以分为六种：智力、知识、思维风格、人格特征、动机、环境，这六种因素互相影响，综合发挥作用。这六种因素都是可以训练的。

根据当代心理学和神经生理学最新研究成果而提出的关于创造性思维的"内外双循环理论模型"（DC 模型）[3]指出，创造性思维结构应当由发散思维、形象思维、逻辑思维、辩证思维和横纵思维等六个要素组成。所谓创造性思维结构就是这六个要素组成的有机整体。这六种思维形式都是有助于创造性思维的形成的。

创造性思维以创新为本质特征，但创造离不开现有的知识基础。创造性思维六个要素可以理解为两大部分：独立的认识阶段与向外扩展的阶段。作为独立的认识阶段，创造性思维主要存在于认识的高级理性阶段，揭示事物本质，构建思维模型。同时创造性思维也是内在思维模型向外扩展的过程。是我们运用已有知识、能力、观察力等能力向外部扩展超越的过程。是运用现有模式批判性地考查现实，从而达到创造性的结果。

根据信息加工心理学的观点，创造性思维是一个问题解决的过程，个体面对问题情境而没有现成的方法可以利用时，向于将已知情境转化为目标情境的认知过程，其最终结果是出现新的思维的结果。在这个过程中，要求个体优化组合已有的知识和技能，打破原有的规则，建立新的规则，学习新的知识和技能。

创造性思维常见的形式有两种：发散式思维、聚敛式思维。发散式创造性思维是指对同一事物从不同的视角、层面形成新观点的过程。聚敛式创造性思维是指对论证和观点进行合乎逻辑地评价，并选择最合适的观点的过程。聚敛式创造性思维已经有了批判性思维的因素。尽管它本身并不是创造性思维最根本的表现，但它是发散式创造性思维的基础和前提。

二、创造性思维的内在的必要条件是批判性思维

批判性思维与创造性思维是有着严格区别的，本身二者也不属于相同的思维阶段。一般来讲，批判性思维偏重于"破"，以确认问题、接受问题、辨析问题为目的，贯穿其全部工作中的精神是反思与评价，其性质是革命性的；而创造性思维则偏重于"建"，以解决问题、寻求答案、建立新观点为目标，强调创新，形成新观点和新知识，其性质是革新性、确立性的。但创造性思维的核心就是批判性思维，创造性思维离不开批判性思维。

首先，批判性思维是创造性思维的起点。创造必须是建立在对已有知

识的理解和接受基础之上的。主体进行认识活动并不是从无开始，而是在对已有的知识进行总结，他必须在已知的知识范围寻求不足，发现问题，只有这样，创造性思维才能有发展的可能。根据沃尔福克的观点，批判性思维是指通过系统地、逻辑地考查问题、证据和解决方法，进而评价结论的思维能力。发现问题和探明推理的偏差是批判性思维的关键成分。[4] 所以，如果学生缺乏批判性思维能力，就不可能提出更多的值得研究的问题，就不可能建立创造性思维的研究契机。实际上，没有批判性思维就没有创造性思维。爱因斯坦说："为了科学！就必须反反复复地批判"。批判性思维是创造性思维的基础和前提，批判性思维是创造性思维的源泉。

其次，创造直接来自于批判。很难设想一个没有批判精神的人，只知道被动地全盘接受观点和理论的人会有创造性思维。如果没有对权威和传统的批判，就不可能有伽利略的伟大发现，就不可能有牛顿的经典力学的理论，也不可能有爱因斯坦的伟大的相对论。所以，培养创造性思维的必经途径之一就是培养学生的批判性思维精神。没有批判就不会有创造，创造是从批判开始的。

再次，批判性思维有助于检验创造性思维正确与否。当我们提出了创造性的观点后，我们还必须对我们的观点进行批判与反思，并通过对自己的不断地批判而使创造更有效率和精度。只有不断地对自己的观点提出质疑，才能使观点更正确，更经得起时间的考验。从这一点上说，进行批判性思维的训练是达到创造性思维的必经之路。无论是创造性思维的开始，还是创造性思维的结束，始终不能脱离批判性思维的帮助。一个完整的思维过程是这样的：在理解问题、接受问题、确认问题这个阶段，批判性思维是主要思维方式，因为我们必须客观地考查问题，以及问题背后的背景，我们还必须考查我们自己的思想和环境，这是创造性思维的起点。在这个批判的过程中，批判之后我们又需要创建，这时就需要创造性思维，以期找到问题的所在，否则批判就没有结果，因为批判的目的毕竟是为了建构。找到了问题之后就要利用发散性思维和横向思维多角度地寻求各种解决方案，与此同时，在寻找解决方案的过程中，又必须要利用批判性思维对所设想的各种解决方案加以批判性地考查，从中选择出最佳的方案。之后又是创造性思维主导，去创造性地修改方案，设计出行动计划，行动的结果又需要利用批判性思维去反思。如此循环往复，人类的文明不断地进步。

可以这样说，批判性思维和创造性思维是互相渗透，互相依赖，是有机的统一的整体；批判性思维是创造性思维的基础，没有批判性思维就不会有创造性思维。

（原载于《江西教育科研》，2003年第12期）

注释

1. 刘爱伦. 思维心理学 [M]. 上海：上海教育出版社，2002：260
2. 刘爱伦. 思维心理学 [M]. 上海：上海教育出版社，2002：267
3. 何克抗. 创造性思维理论—DC 模型的建构与论证 [M]. 北京：北京师范大学出版社，2000：83
4. 庞维园. 研究性学习：教育心理观 [J]. 课程·教材·教法，2003，（3）：28

当今何以还需要文学教育

赖大仁

当今讨论人文素养与文学教育问题，可能先需要对包括文学教育在内的人文教育的现状有一个认识，然后则有必要思考和探讨当今何以还需要文学教育？而一旦涉及当今人文教育及文学教育的现状问题，显然是难以让人乐观的，从社会现代化的发展进程来看，科学（这里特指"科技"，下同）勃兴压倒人文似乎已成为一种明显的趋势。

从西方国家的情况来看早已如此。早在 19 世纪科学实证主义流行之时，英国社会学家赫伯特·斯宾塞在《论教育》中就曾预言，在未来的教育中，科学将日渐战胜艺术和文学而获得至高无上的地位。后来美国新人文主义者欧文·白璧德在《文学与美国的大学》中无可奈何地承认，斯宾塞的预言正毫无悬念地变成现实，他甚至发出感叹，西方社会的某些教育机构或者大学，正在稳步成为一些人所期望的那个样子——"科学大工厂"，文学艺术与人文教育根本难以抵御科学教育占压倒优势的挤压。及至 20 世纪，西方现代科技发展突飞猛进，科学主义思潮更是一路狂飙，在文化、教育等各个领域占绝对优势。在这种形势下，艺术和文学的生存面临前所未有的危机，而且艺术教育和文学教育也日渐萎缩，难以为继。从美国著名文学教授希利斯·米勒的描述中我们可以知道，在当今美国的大学中，选修文学课程的学生越来越少，大多改学电子信息传播之类的专业课程，随之教授文学课程的教师也越来越少，为了"饭碗"纷纷改行教别的课程。即便是仍然在开设的文学课程，在科学主义思潮占压倒优势和语言学转向的大背景之下，也带来了文学教育的"科学化"转向，即更多关注文学文本的语言修辞和叙述技巧，以这种眼光来看，文学不过是一种操弄语言符号魔方的"技术活"，文学教育也只是语言教育的一种延伸与附庸。除此之外，在后现代消费主义文化不断泛滥的形势下，文学本身也在不断"泛化"，成为科技主导下的消费文化的附属品。正是上述这些变化，使得一些西方理论家提出了"文学终结"的论断，既然文学本身"终结"了，那么文学教育又何以为继？尽管"文学终结"这个论断广受争议，但文学及其文学教育日益困窘的现状，却是谁也无法回避和否认的。

与西方社会比较而言，我国的文学艺术也许还没有遭遇如此大的危机，科学教育与人文教育（其中包含文学教育）失衡的状况也许还没有这样严重，但一个无可回避的事实是，西方哲人的预言也正在我们的现实中应验，科学压倒人文这种状况也已成为十分明显的发展趋势，因而也引起了人们的普遍关注和深切忧虑。比如在基础教育中，在应试教育背景下语文学科的地位不言而喻，而在高考改革的背景下，有些大学自主招生取消语文考试，如此一来语文很可能就要被"边缘化"了。再者，在当今语文学界，据说也存在"工具"论与"人文"论之争，而"工具"论似乎更占上风，认为语文是一门工具性学科，它的基本功能是培养学生的语言文字表达基本功，而不是为了培养作家，没有必要学那么多文学。一段时间以来人们所关注和热议的语文教材中"鲁迅大撤退""文学大撤退"等现象，便与这种语文教育观念的转变有关。那么大学教育中的情况又如何呢？首先从学科专业的整体布局来看，国家刚刚正式公布的《学位授予和人才培养学科目录（2011 年）》，其中 13 个大学科门类所涵盖的一级学科专业数量，工学类 38 个，理学类 14 个，医学类 11 个，农学类 9 个，艺术学类 5 个，文学、历史学、哲学三大类全部加起来的总数 7 个，由此不难看出孰轻孰重。从大学招生情况来看，每年理工类专业招生数都在三分之二以上，文科类专业则不到三分之一。另外，众所周知，在 20 世纪八九十年代各类大学里普遍开设的"大学语文"课程，如今在有些大学已不见踪影，另一些大学虽仍作为全校公选课开设，但选修的学生实际上寥寥无几，大多都选修那些实用性课程去了。与国外不同的是，中国的高等教育体系中毕竟还有一个中文专业，在过去很长时间里曾是文科中的领头专业，既被学校看重也被社会看好。如今随着社会对人才的需求偏重于实用技能，使得中文专业学生就业比其他专业更难，因而招生逐年下降，办学日益陷入困窘。为了应对这种不利局面，在"与时俱进"适应社会需求的名义下，一些学校开始调整改变中文专业的课程体系和培养模式，减少文学类课程，加强交际语言、实用写作、电子文秘等实用类课程；而在文学类课程教学中，也热衷与国外新潮"接轨"，追逐"科学化"转向。如此等等，科学压倒人文的总趋势可见一斑。

面对这样的现实，就不能不让我们产生一系列的疑问：科学压倒人文是不是社会历史发展的必然？或者说是人类不可避开和改变的宿命？这种状况究竟会带来什么后果？这种后果是我们愿意看到的吗？存在的是否必然是合理的？人类社会究竟应当如何合理健全发展？现实的不合理存在是否需要改变它？我们如何去改变它？具体落实到科学教育与人文教育的关系上来，我们应当如何对待？等等，这些问题不能不引起我们的充分关注和深刻反思。

为了避免误解，我想首先需要说明的是，这里指出科学压倒人文的现实，并对由此带来的问题进行反思，绝对不是要反对科学发展和科学教育本身，更不是要把科学与人文对立起来，为了人文而反对科学。实际上，科学与人文，并非天然对立，更不是非此即彼二者必居其一。对于人类社会发展来说，科学与人文如车之两轮、鸟之双翼，二者相辅相成、相得益彰，共同作用于人类社会的文明进步。问题只在于，如果承认科学与人文如车之两轮、鸟之双翼，那么二者就必然要求保持一定的平衡，否则就无法正常地发展前进，这道理不言而喻。如果说，在人类社会发展的某些特定阶段上，为了发展科技以提高生产力，尽快解决社会发展的物质条件和经济基础问题，因而更偏重科学发展的方面，也许具有一定的历史合理性；那么当社会的科技和经济已经得到比较快的发展，甚至形成"一边倒"的惯性与偏向，而人文精神的建设则明显滞后，在科学领先的挤压之下产生了明显失衡，并且带来诸多不良后果之时，那就必然要求调整两者的关系，要求充分重视人文精神的建设，以求得社会的平衡发展，这应当说是科学发展观的题中应有之义。那么从文化教育方面而言，科学教育与人文教育也需要保持一定的平衡，才能保证整个社会的平衡发展，这同样不言而喻。

而在整个人文教育体系中，文学教育是其中重要的组成部分，自有其不可忽视的价值功能。"文学是人学"，这就决定了文学教育的人文特性，同时也决定了它主要作用于培养人的人文素养。为什么在整个教育体系当中还需要有文学教育？以及在当今时代条件下文学教育何为？要回答这个问题，那就首先需要回答：我们的教育何为？

教育的本性在于培养人，培养人格健全和有生活本领的人，使人更加完善，使生活更加美好。对于学校教育是如此，对于整个社会的国民教育也是如此。特别是对于学校教育而言，通常我们说教育的目标是培养"人才"，那么实际上其中就包含两个方面：一方面是培养"人"，即着眼于人格培养，使每个人都成为正常的身心健康的人，成为人格健全、善良智慧、精神丰富的人；另一方面是培养"才"，即着眼于才能培养，使人具有一定的科学知识、专业技术和创造才能，有自食其力的生活本领和服务社会的能力。我们的教育应当是在立足于培养"人"的基础上，致力于培养"才"，使这两个方面有机统一，真正培养出德才兼备全面发展的"人才"。

在这方面，古往今来不少思想家、教育家、科学家表达了他们的真知灼见。比如哲学家雅斯贝尔斯在《什么是教育》中说："教育是人的灵魂的教育，而非理智知识的堆集。通过教育使具有天资的人，自己选择决定成为什么样的人以及自己把握安身立命之根。谁要把自己单纯地局限于学习和认知上，即使他的学习能力非常强，那他的灵魂也是匮乏而不健全的。"美国教育哲学家奈勒说，教育最重要的使命就在于培养个性自由发展和具有创造性的人，培养一批有个性的学生，有朝一日他们就能开始再造文明。科学家爱因斯坦说："我们切莫忘记，仅凭知识和技巧并不能给人类的生活带来幸福和尊严。""用专业知识教育人是不够的。通过专业教育，他可以成为一种有用的机器，但是不能成为一个和谐发展的人。要使学生对价值有所理解，并且产生热烈的感情那是最基本的。他必须获得对美和道德上的善有鲜明的辨别力。否则，他——连同他的专业知识——就更像一只受过良好教育的狗而不像一个和谐发展的人。"我国教育家蔡元培说："教育者，养成人格之事业也。""使仅仅为灌注知识、练习技能的教育，而不贯之以理想，则机械之教育，非所以施之于人类也。"竺可桢说："学习诚实做人，勤勤恳恳求学之外，最要紧的是要有一个清醒的头脑，这比单纯掌握一门实用技术更重要。"梅贻琦说，教育之目的，"确乎不在养成一批一批限于一种专门学术的专家或高等匠人"，而在于"培植通才"。潘光旦说，如果学校培养的只是有一技之长而没有人文情怀又自以为是的专家，这样的人只能是一个畸形的人，零碎的人，不健全的人，这样的人越多，合作就越困难，冲突也越多，国家的和谐康泰就越不可问。

先哲前贤们的这些教诲以及他们的人生实践，告诉了我们教育的本性和真谛是什么，让我们明白人格精神的培养甚至比学习知识技术更重要。

只不过现代社会的人们并没有以此为鉴，而是过于急功近利，在科技理性的支配下，科学教育压倒人文教育，一味追求培养"经济人""技术人""工具人"。这样的人虽然学到了干事挣钱的本领，却并没有明白做人的道理和人生的意义，没有养成应有的人文情怀，就很容易迷失人生方向，很容易把"人是万物的尺度"，变成"钱（利）是万物的尺度"。倘若如此，那无疑是教育本性的迷失和教育实践的偏差。近年来频频发生的学生凶杀案，如马加爵残杀同学案，药家鑫交通肇事杀人案，上海留日大学生小汪机场刺杀母亲案，还有在媒体上经常可以看到报道，未成年中学生结伙在社会上流浪并抢劫、强奸、杀人，还发生过多起中小学生在学校集体凌辱残害同学事件，等等。虽然这些只是一些极端化的个案，但其中反映出来的问题，是否与我们整个教育体系中人文教育的缺失有关呢？可以想象，如果一个人没有最起码的人性修养和道德良知，没有对自然界和人的生命最起码的尊重与敬畏，而是过于自私、冷漠、孤独、偏执，一旦遇到一点不如意便绝情怨恨，这样的人即使学到了一些本事，又能指望他做出多少有益于社会的好事来呢？而一旦为了自私目的，又有什么伤天害理的事情干不出来呢？

应当说，人的这种人性修养和道德良知，并不是天上掉下来的，也不是与生俱来自生自长的，而是要靠教育教化培养起来的。在中国的传统文化教育中，本来是非常注重修身和教化的，但在"反封建"的进程中不加分析地把这些文化教育传统也都反掉了，加以在现代化的进程中科学主义压倒一切，现代人文教育也一再萎缩，其结果便可想而知了。如果我们当今能够清醒地认识到这种教育的迷误和偏差，真正回到教育的本性上来，那么就有必要重新认识人文教育的重要意义，重新认识文学教育的人文特性及其特殊功能。笔者曾多次在中小学语文教师培训班上讲过，也曾多次发表文章阐述自己的基本观点，认为语文教育与文学教育并不矛盾，文学其实是更高级阶段的语文；语文的"工具性"与"人文性"也并非彼此对立，而是可以相互统一相辅相成的。如果说在语文学习的初级阶段，其"工具性"更突出一些，那么随着语文学习的提升，其"人文性"内涵也随之不断丰富和加强，在更高级的阶段上，语文的"工具性"与"人文性"将实现更完满的融合，就像一切好文章（包括文学作品）最终都将在更高境界达到形式与内容的高度融合一样。笔者甚至认为，即便是为了强化学生的语文基本功，仅仅在语言文字技艺的教学方面下功夫，让学生没完没了地做各种类型的语言文字练习题，恐怕也是难以奏效或者是事倍功半的。其实对于语文学习而言，最基本和最重要的是需要多读、多思、多写，古人说得好：读书破万卷，下笔如有神；熟读唐诗三百首，不会作诗也会吟。文学是语言的艺术，特别是那些经典文学作品或优秀作品，是运用语言文字表情达意的典范，只要勤于阅读，用心领悟，并且勤于动笔练习写作，那么阅读和写作能力就可以不断得到提高。而在这个扩大和加强阅读的过程中，也必定能得到作品中人文精神的滋养和艺术审美的熏陶，使学生的人文素养得到培养，这岂不是一举两得，何必要如此急功近利排斥人文教育与文学教育呢？

总之，我们的教育应当回归本性，从根本上来说就是应当回归其育人本性。而人的培养和成长，既需要重视科学教育，致力于学习知识掌握技能，同样也需要重视人文教育，致力于培养健全人格和人文关怀精神，在这方面，文学教育自有其不可忽视的意义价值。要问当今何以还需要文学教育？那么它最根本的理由和根据也许正在于此。

（原载于《文艺报》，2011 年 5 月 9 日，第 3 版）

论语文教育乃是言语交往教育

雷良启

一

近几年来关于语文性质的问题讨论得很热烈，什么工具性、人文性、知识性、文学性、综合性，等等，争论不止，纠缠未休。其实，这也不算什么新鲜事了，自从有语文一科以来，只要讨论起有关语文教育的事情，这个问题就会被拿出来唇枪舌剑一番，若干年就会有一次。但几乎每次都是不了了之，没有实效。有时反而徒增混乱，让躬耕教坛的语文教师一再失望。历史和现实的经验让人悲哀，值得反思：关于语文性质的问题是不是一个科学的真问题？我们可不可以像前些年的政治经济学界为倡行市场经济而跳出姓社姓资的争论那样，跳出语文教育这种无谓而没有休止的"姓氏"之争（其他学科似乎就没有这种争论），探讨一点真正的问题？其中，一个首要的问题就是语文何以而为语文，也即语文的立科原理问题。殊为奇怪的是，语文立科多年了，而对它的立科原理这个本体性的理论问题人们似乎不感兴趣，也因此而不甚了了。事物的属性依附于事物的本体或由本体所派生。不清楚语文本体，就只能瞎子摸象，昨天看到它的工具性，今天又摸到了人文性，后天再抬出个综合性来折中调和，不断地生出些是是非非来；本体清楚了，不但语文诸种属性及其相辅相成而非相左相敌的关系能不证自明，而且可以为人们认识语文教育的所有问题提供科学的逻辑起点。

二

我们认为，应当立足于人的培养和发展，从基础教育的课程结构、各门课程的分工职能，去把握语文教育的立科原理，准确而科学地定位语文课程。

　　按照马克思主义关于人的发展的学说，教育应当培养个性全面和谐发展的人；而教育心理学认为，人的发展是在人的实际存在的形式——活动中实现的，活动和发展是人的个性不可分离的两个方面，在活动的各个稳定方面中存在着个性发展的主要成分，通过这些成分就能达到包括心理机制在内的个性所有方面和谐的发展。教育的作用就在于能够因应人的活动的稳定方面而有效地组织相关的教育途径，恰当地设置相关的教学课程，去控制和促进人的发展。那么，人的活动有哪些稳定的方面？基础教育需要通过哪些相关的教育途径才能保证活动的各个稳定方面都能得到发展？与各种教育途径相适应、相吻合的教学课程又是哪些？对此，苏联教育学家B.C.列德涅夫在他的《普通中等教育内容的结构问题》（人民教育出版社，1984）一书中作过讨论。我结合自己的理解，这里把他对上述三个问题的基本分析归纳为一个"关系表"介绍于下：

活动的稳定方面	教育途径	相关课程
活动的认识方面	智育	数学、物理、化学等自然科学的基础课程
活动的价值—定向方面	倾向性教育	政治、历史、哲学、法律、伦理等人文社会科学的基础课程
活动的价值—工具方面	劳动教育	劳动课
交往活动	交往教育	语言方面的课程
活动的体力方面	体育	体育课
活动的审美方面	美育	音乐、美术等课程

人的稳定活动与教育途径、相关课程关系表

　　关系表从左至右，揭示的是人的活动在六个稳定方面的发展各自所需要的教育途径及相对应的教学课程；而从右向左，则是教育课程的设置所因应的相关教育途径和教育途径所因应的活动类型。换句话说，活动的六个稳定方面及与之分别对应的教育途径规定了相关的教学课程，是相关课程设置的依据和立科的原理。自然，教学课程及其结构随着科学、文化的发展和社会的需要会有所调整，但是，新的课程的设置总是生发于人的活动的某个稳定方面的需要并归位于某种相应的教育途径，这是没有疑问的。

对照关系表，我们能发现一个令人遗憾也令人尴尬的事实：我国长期以来的学校教育根本就没有"交往教育"这个词儿，这回事儿！理论上盲视，实践上（包括教育方针上）缺位，导致作为语言方面的课程而本应定位于交往教育的语文一直是"宿无定所"（错位），阴差阳错地或借宿于"智育"，或打发于"倾向性教育"（即今之所谓人文精神教育，实亦即德育），或挂靠于"美育"（历来都有人强调语文的文学分量，又主要是基于文学的审美因素），等等。这些导致人们不知道语文到底是什么。其根源在哪里？现在清楚了，就在对语文立科原理的认识空白，就在不知语文教育乃是交往教育。

要认识语文教育乃是交往教育，需要深刻地了解什么是交往，交往对于人类种系（社会）及其个体不可或缺的重要意义。作为一个通用词语，"交往"现今被用得很滥俗了；而作为反映人的一个稳定活动方面的科学概念，却是哲学、文学、心理学、社会学、语言学和文化人类学等多学科共同研究的重要对象。在这些学科看来，"交往基本上是一种生命活动的形式。交往的社会意义在于，它是文化和社会经验的传递手段"。人类种系的形成，是与人的交往现象的产生互为前提、相辅相成的，以交往的最重要的工具——语言的起源为标志；种系的维系和发展，社会物质文化和精神文化的生产、积累和传承，须以人的交往为基础和纽带。而作为社会个体的人，正是（也只能是）在交往中存在和发展：其物质、精神和情感生活须以交往为媒介；其认知、价值—定向、操作—工具、体力、审美等上文表列的其他稳定的活动方面须以交往为手段。[1]交往，使人从无知无识的生物个体质变而为社会个体，它决定着人之何以社会化，人之所以成为人。

"交往的手段是各种符号系统，首先是言语"[2]，人主要是"运用语言表达思想进行交际的。"[3]因此，交往主要指的就是言语的交往。而言语的交往则是"既包括说话、书写等表达过程，又包括听说、阅读等感受和理解过程"的"口语和书面语的交流"。[4]简言之，即人们通常所说的以说、写、听、读为形式的口头和书面表达与理解活动。

人的上述言语交往活动和人的其他稳定活动一样，并非天生就会。人不但要在言语交往中学习文化和社会经验，还必须在交往中学会交往，养成"运用语言进行社会交往的能力"[5]，即言语交往能力。经验和研究都表明，人的这种能力的养成，虽然是终其一生的事情，但关键是在儿童和少年时期[6]。先是在学龄前，大体靠自然状态下自发的日常口语的交往习得（即通常说的语言习得）；进一步的规范而专门性的口语尤其是书面语的交往能力，则要靠专设相关训练科目的自觉状态的交往教育。于是，这就有了语文教育，就有了学校语文课程的开设。以人的生存发展对于交往活动的内在需要为逻辑起点，以培养人的言语交往能力为根本职能和核心使命，这样的言语交往教育，就正是语文教育之根，就正是语文教育的灵魂所系、家园所在。

三

语文教育要真正归位到言语交往教育上来，在理念和实践上有两种偏误构成障碍：一是片面的结构主义、行为主义偏误，一是极端的人文主义偏误。前一种虽说重视听说读写（即言语交往）的技能训练，但囿于结构主义语言理论和行为主义学习理论根深蒂固的影响，只管盲目、片面地灌输和强化静态的语言知识，脱离言语交往能力与社会文化素养、逻辑思维能力和文学素养的关系，看不到语言动态运用的方面及其规律，造成听说读写训练的"依据偏误"。学生的言语交往能力无法得到自觉、高效的培养，整体教学质量常被社会责难。后一种偏误则是对前一种的极端性反拨：在将听说读写技能训练的"依据偏误"归咎于所谓的"重技术轻精神"的同时，无视语文教育作为交往教育的立科原理，夸大语文教育中的文化、思维和文学因素，甚至执拗地要将语文教育引到所谓人文精神教育、智育和文学教育的途径上去。其结果势必是语文教育的"角色偏误"——干这干那，就是不干自己分内的事。这种偏误以往曾发生多次，每一次（尤其是"文革"中的那一次）留下的都只有苦涩："种了人家的地，荒了自己的田"[7]，学生言语交往能力的养成"只得在课外、校外的'黑箱'状态下自发地潜移默化"，同样招致社会的责难。

应当指出，两种偏误各自强调的方面和因素，都是言语交往能力不可或缺的内涵。问题是，它们被人为地割离出了自己原在的本体，又被人为地摆到对立的位置上，然后让语文教育在二者此消彼长的轮回中去作或此或彼宿命性和悖论式的盲目选择，语文教育怎么可能走上正道？我们必须从中吸取教训，认清和把握言语交往能力的科学内涵，认清和把握一定的静态语言知识以及一定的文化、思维、文学素养内在统一于言语交往能力的基本道理，语文教育才有可能回归并安身立命于自己的家园。

言语交往能力是美国著名的文化人类学家和社会语言学家海姆斯针对乔姆斯基的"语言能力"（指人通过习得而内存于大脑的一种抽象的语言原则系统及其知识体系，而非运用语言处事能力）提出来的一个富于革命性的概念。它的提出标志和推动着语言研究由以往只重形式和静态的分析过渡到注重功能和动态的分析，或者说由只重纯语言的研究过渡到注重与社会文化、思维心理等因素不可或分的语言运用（言语）的研究，极大地充实了语言理论体系，更新了人们的语言观。语言观的更新必然导致语言教学观的变化。这一概念及其相关的理论成果很快就被应用语言学家接过来，使得以培养言语交往能力为根本职能和核心使命的教学理念成为许多语种的母语教学和外语教学界的普遍共识，并且在实践上对教学大纲的制订、教材的编写、教学活动的组织管理、教学方法的决定和教学质量的检测等产生了全面而深刻的影响。

那么，究竟什么是言语交往能力呢？上文提到我们的语文教育通常也有以听说读写为形式的口头与书面表达和理解能力的说法，但那只涉及它的体现方式和外延。海姆斯认为，言语交往能力是人在复杂的社会环境中使用语言达到种种交往目的的处事能力，除了必须具备一定的语言能力之外，还必须具备什么场合说或不说，与什么对象说、说什么和怎么说的能力。他还从理论上归纳了这种能力的四个参数：[8]（1）合语法性。话语在语音、词汇、语法等形式上是否可能，程度如何。这是基础性参数，决定着话语的正确性概率。（2）可行性。话语在心理机制上是否可行，程度如何。有的话语虽然在语言形式上可能是正确的，但由于处理语言的大脑在感知手段和短时记忆上有极限，对过于复杂、语速过快之类的话语处理起来有困难。（3）得体性。话语在语境中是否得体，程度如何。有的话语虽然符合（1）（2）两个参数，但与交际背景、交际主体、交际方式等不相协调，缺乏得体性。（4）现实性。话语在现实生活中是否实际出现，程度如何。有的话语虽然（1）（2）（3）项参数都符合，但实际交往中并未约定俗成，缺乏现实性。概言之，海姆斯理解的言语交往能力包括语言（合语法）、心理（可行）、社会文化（得体）和概率（实际出现）等方面的判断能力。以后，这一概念又吸收了英国功能语言学派关于语言的概念功能、人际功能和语篇功能的学说，使其内容更为明晰而科学。一般都认为，它包括四个方面的能力：（1）语言能力。这是对乔姆斯基概念的沿用，也即海姆斯的参数（1）。（2）社会语言能力。把握种种言语功能（如陈述、表态、宣告、指示、发问等）和言语功能变体（不同语体和言语风格）的能力。（3）话语能力。运用语篇（独白语篇和对话语篇）完成言语行为的能力。（4）策略能力。应对言语交往中的问题做出有效反应的能力（包括迂回表达和体态语一类的"交际策略"以及运用语义猜测、推理分析和监控手段一类的"认知策略"）。

由以上阐述可知，言语交往能力是关于语言运用的一个全息性概念。它内涵广泛、丰富，涉及语言、语用、社会、文化、认知、情感等诸多方面的因素。各种因素处于不同层次，互相依托又互相制约，形成极为复杂又有机统一的知识和技能体系。因此，把语文教育定位于以培养这种能力为取向的言语交往教育，天地广阔，大有可为；而以此观照和反思我们的现状，那种要么局促于结构主义和行为主义的"依据偏误"，要么夸大人文因素的"角色偏误"，将本来共存一体的相关因素割裂开来并使之相互挤兑和取代的做法，显然无异于坐井观天，作茧自缚。而要从自作的"茧"中摆脱出来，有必要依据言语交往能力的理论，重点针对被我们或者忽视，或者夸大了的文化、思维、文学等人文教育因素有机统一于言语交往教育问题，作点具体分析。

言语交往能力与文化　语言和文化的一般关系，人们讨论得很多。语言以文化为基础，"不脱离文化而存在，就是说，不脱离社会流传下来的，决定我们生活面貌的风俗和信仰的总体"[9]。这里的"语言"，既指静态的语言符号系统，也包括对这种系统的动态的使用即言语交往活动。后者的文化含量可能更为具体、更为丰富。在言语交往中，海姆斯所谓的说或不说，什么时候、什么地方、用什么方式对谁说什么，看起来是一种话语形式的选择，究其实，哪一个方面都无不受到文化价值观念和文化习俗、社会规约这一底座因素的支配和制约，从而形成言语交往本身的文化模式。对言语交往能力的内涵，海姆斯提出的四个参数中就有三个（可行性、得体性和现实性）实际上是社会文化参数；海氏之后的另一种表述所包含的社会语言能力、话语能力、策略能力，也都不是纯粹的语言能力，无不融合着社会文化因素。把握言语功能和功能变体，运用语篇完成言语行为，应对问题而作有效反应，这种种能力，都内含着复杂而具体的社会文化语境（底座）因素，都须臾不能离开对于这种语境因素的把握。可见，一个人的言语交往能力"天然"地内含着相应的社会文化能力。很难想象，一个不具备母语社团文化价值观念和背景知识的人会有怎样的言语交往能力，如何与同社团的人顺利地进行言语交往。言语交往能力与社会文化能力密不可分的关系还可证之以儿童的母语（主要是口语）习得。研究表明，母语习得作为社会化的过程，是一个确定自己的社会角色、接受母语文化的价值观念和社会规约的过程。在习得母语的同时，儿童也在学习一种看待世界和适应周围社会环境的方式。"儿童不是孤立地学习语言的，而是在认识周围的世界和自身，在学习有关社会的文化和社会行为规范的同时学习语言的。对儿童来说，语言不是一门孤立的'课程'，而是他学习到的全部知识的载体以及跟周围世界和自身交往的相互作用的工具。这就是说，儿童在掌握第一语言的过程中同时掌握了和这种语言有关的知识和行为规范。"[10] "工具" "载体"与有关的文化知识和行为规范融为一体，同时习得，可见社会文化能力和语言能力一样，是儿童形成、发展中的言语交往能力不可或缺的因素。

言语交往能力与思维　言语活动和思维活动的关系问题，是人类最古老又是当代许多学科最前沿的问题。"在与思维和语言有关联的所有问题中，这个问题也许是最复杂的。"[11] 到现在为止的研究公认，言语和思维不是一回事，"不是从一个模型中雕刻而成的。"[12] 无论在种系发生还是个体发生上，言语都有前智力时期，思维都有前言语时期；即便是成熟的思维和言语也是"差别要多于其相似性"。[13] 但是，对两者相似、相关（相互作用）的研究成果反倒相对要丰富具体得多，这对我们的讨论有直接助益。世界著名的认知心理学家维果斯基认为，言语活动和思维活动是在发展、演化中建构起二者的联结 (connection) 的。[14] 在这种"联结"中，言语活动对思维活动产生了作用，后者以前者为主要的控制手段，"言语的确切含义和严格的语法结构有助于把思考和表达的思想展开，思维过程会更加明确和透彻";[15] 当思维需要在个体之间进行交流和沟通的时候，言语形式的交往虽然不是唯一却是最佳的媒介和载体。据此，人们常把思维称作"言语思维"不无道理。在这种"联结"中，思维活动也对言语活动发生作用，后者离不开前者的分析、判断和推理等积极的加工作用。对此，可以从言语交往的表达和理解两个互逆而统一的方面得到说明。言语表达（产出）一般认为包括海姆斯所谓的说什么（构造）、怎么说（转换）和实际说出来（执行）这三个阶段,[16] 前两者又合称为计划阶段。[17] 计划者,思维也。这个阶段要受动机、情绪以及当前任务和文化背景等主客观因素的制约,还会涉及许多其他非言语的认知分析过程,又有对言语形式的复杂的选择、判断活动;这个阶段也不是一帆风顺的,时有"言出而谬"或"词不达意"的错误,需要在"监控"(通过自我意识和反馈)中随时加以纠正(修改计划),等等。可见,言语产出的活动是在思维活动的积极作用下而发生而展开的。言语理解(接受)则可分为接受言语听觉信号(口头)和视觉信号(书面)的"言语感知"和在接收言语信号基础上获取言语意义的"言语获知"(也称"意义建立")两个基本阶段。两者也不是顺向线性的过程,"而是边感知,边获知,由感受引起获知,而获知又反过来引导随后的感知"。[18] 由以前的获知引导随后的感知,这显然是由已知推导未知的猜测性判断,是思维活动。即使是"言语感知",也"不是一个被动接受声学(或光学—— 引者补,下同)刺激的过程,而是一个主动地利用句法和语意信息去辨认语音(或文字)的过程,各种语言的和非语言的因素都参与和影响这个过程"。[19] 所谓"参与和影响",实际就是思维利用大脑内存的语言和非语言知识对当前的言语信号所做的分辨和判断,从而形成正确的"言语感知"(不致"听走样"或"看走样")。如果说接收言语的感性信号都需要思维,那么,把握言语理性信息的"言语获知"所需要的思维就更为复杂。"言语获知"也不是被动地接受言语信息,而要在已有知识的基础上去发现和求解对方言语的字面意义、语用含义和意图、动机等,是一个主动建构意义的过程。这就需要积极的推理加工。[20] 而且,从言语的词义、句义到独白的话丛、话段、话篇和对白的话轮、话链和话次[21],意义错综复杂,形成网络,需要借助各种方式的推理,如关于语篇的"逻辑推导""连接性推理和修饰推理""情景推理"[22] 等去进行纵横往复(自下而上和自上而下相互作用)的加工整合。否则,言语意义的获知、理解就会寸步难行。言语交往中的思维推理问题,还得到了语用学(含新起的认知语用学)的交往原则(合作原则、礼貌原则)、关联理论、语义预设、会话含意、间接言语行为的实现等理论比较充分而具体的说明。总而言之,人的言语交往活动与思维活动密切联系、相辅相成。从这样的意义上,我们同样可以说,一个人的言语交往能力"天然"地内含着相应的思维能力;很难想象,一个不具备一定思维能力的人会有怎样的言语交往能力。

言语交往能力与文学 这对关系与上面两对不在一个层次上。文化和思维是言语交往的过程性因素，文学既有这种因素又是过程中物化了的现象（作品）。这种现象是言语表达（创作）的产物，又是言语理解（鉴赏）的对象。所以，文学现象也是言语交往现象；文学作品首先也是言语作品。而所有的言语作品，根据它们的交往目的、交往主体、交往手段和交往语境的不同，都划归不同的言语功能变体，即语体。正是在语体的范畴内，文学作品得以同其他的言语功能变体区别开来。它有自身的交往目的—— 美的创造和接受；自身的交往主体——作家和一定阶层、年龄、性别和文化的读者群；自身的交往手段—— 形象化（艺术化）的言语；一定的语境——既有现实的可能的，更有超现实超可能的。所有这些决定了文学作品作为一种言语功能变体的特质，构成所谓艺术语体，是一种言语的艺术。而唯其是言语的艺术，因而极富作家个人的言语色彩，运用同样的艺术语体（如抒情诗体）也会呈现出千姿百态的言语风格来。艺术语体言语风格，构成文学的要质。萨丕尔说过，当言语的"表达非常有意思的时候，我们就管它叫文学"[23] 可他又说，"我不能在这里确定地说哪样的表达才'有意思'到足以叫作艺术或文学"。[24] 其实，"有意思"从何而来，主要就来自艺术语体和言语风格。而把握不同语体和言语风格的能力，正好是我们上文揭示的"社会语言能力"。不同语体和言语风格自然是包括艺术语体和作家言语风格的。从这样的意义来说，对这种语体和风格的把握（就绝大多数人而言，不是创作表达而是理解欣赏，实际就是文学鉴赏能力），同样"天然"地包括在言语交往能力的内涵当中。此外，文学是社会生活和民族文化形象而集中的反映，有的作品甚至被视为一定社会文化的百科全书（如《红楼梦》），包含着宽广丰厚的社会文化内容。而一定的社会文化观念和知识，也正如上文已揭示的，是一个人的言语交往能力不可或缺的"底座"。文学就恰好能为建构和发展人的这种能力提供极为丰富的底座资源。不少人通过大量阅读文学作品而养成了较强的言语交往能力，正是因为他们在这样的阅读中提高了自己鉴赏艺术语体和作家言语风格的能力，提高了自己的社会文化素养，这为我们的分析提供了实证。

认清了言语交往能力的科学内涵和一定的文化、思维、文学素养与言语交往能力的基本关系，我们就不难认清，在语文教育中，文化、思维、文学以及静态语言知识和能力的传授和培养不可或缺、不能分离；而作为手段和途径，所有这些教育因素都有机融合于培养言语交往能力这个统一的目的，依附在言语交往教育的本体之上。建立起这样的基本理念，我们才有可能摆脱目的多元、失魂落魄的"角色偏误"和手段残缺、魂不附体的"依据偏误"的纠缠，确保语文教育归位于言语交往教育。根据当前"角色偏误"似将成为主要倾向的现状，有必要特别强调，一定的文化、思维和文学教育因素导入到言语交往能力的培养中来，必须遵循实用性原则。在语文教育中，只有关于言语交往能力的唯一的知识和技能体系，文化、思维和文学因素都不能成为与之并立的体系，只能根据培养言语交往能力的阶段性需要，缺什么随机性地补什么。而且，我们也不要忘记，这里所缺的大多是其他人文类或自然类课程作为各自的学科内容传授过的，或者是学生早就在家庭和社会中习得了的，拿来就是了（这对学生沟通各科的知识也极有好处），无须专门传授。即便无处可拿，要靠自己来补，也应当心中有数：这是预期的学生言语交往能力所必备的东西。有时的确会集中地讲些文化、文学之类的知识，但也是为了交往能力而讲的，始终以实用性为原则。否则在扭曲了的人文呼声甚嚣尘上的今天，语文教育极有可能又要重蹈"丢自己田、种人家地"的历史覆辙。

四

要使文化、思维、文学和静态语言知识等有机地纳入到培养言语交往能力的知识体系中来，首先得有这样一个体系，作为纳入的参照与框架。长期以来语文教育之所以东投西靠，六神无主，之所以动辄浮躁，深陷偏误，正是由于立科原理不甚了了，"因而没有建立起自己的知识体系"。而"一个学科没有自己的知识体系，就犯了软骨病、贫血症，就容易受到批评、指责"。[25] 课程原理是课程之魂，知识体系是原理之体（载体），魂依附于体，体制约着魂。语文教育要按照自己的立科原理，切切实实地归位于言语交往教育，就必须建构起与之相应的知识体系。我们认为，这样一个知识体系，应该是以言语交往能力的内涵为坐标，吸收当代语言运用（言语）研究关于语用原则、言语行为、语用结构、会话含意、语篇分析和语体等知识项目，遵循学生言语思维和言语习得的客观规律，按照精练、好懂、有用的原则而组织起来的言语知识和言语技能训练体系。对此，我们已有专文讨论[26]，兹不赘述。

五

依据言语交往教育的定位，以培养言语交往能力为视点，我们还能统一而科学地认识和回答语文教育的其他许多问题。

1. 课程类型问题 "语文课本质上应该是一门活动课。"[27] 那是因为言语交往是一种经验性行为，言语交往能力也就是一种经验性的实践能力。经验只有在活动实践中才能取得，交往（能力）必须通过交往（活动）才能学会。语言教育是要建立起自己的知识体系，但这个体系不是拿来分章分节地灌输给学生的，而是作为言语技能训练活动的参数和依据，必须融入学生的活动和教师对活动的指导过程中去，才能点点化为学生的能力。

2. 与课程类型相关的语感培养问题 言语交往能力作为一种经验性实践能力，内在基础是一种直觉状态的心理经验即语感。是语感而不主要是知识直接驱使人的言语表达和言语理解。经验证明，语感越丰富、越活跃，知识监控的程度就越小，言语交往能力表现得就越发突出。

3. 学生本位问题 言语表达和言语理解的主体是学生自己，教师无法越俎代庖。教师应当是在学生发展自己的言语交往能力，逐渐成长为合格和优秀的社会交往主体的过程中，凭借自己的一般修养和专业修养（如对言语交往能力形成和发展规律以及相关知识体系的娴熟把握），充当向导、顾问和裁判的角色。

4. 教材的文选型问题 语文教材历来是、也永远都会是文选型。其道理在于，各类选文，都是言语表达的成品和言语理解的对象，通过它联系起课外的表达主体（作者）和课内的接受主体（学生），这就无异于把广阔的社会言语交往缩微到小小的课堂上来，形成第二言语交往场。在这个场中，学生通过作为言语作品的文章进行间接性、模拟式的社会交往，涵养和积累自己的语感，发展未来步入社会所需要的言语交往能力。这或许与儿童语言习得的机制形式不同，实质上却有相似之处，儿童是在家庭和社会场中，通过"母亲的语言"[28]进行直接的、现实的日常交往，获得和积累言语的经验，养成初步的言语交往能力。

此外，语文教学的课堂组织、教学方法，例如，要以自我管理为主，自学为主，诵读为主，等等，都可以从上述依据和视点得到一体性的回答，就不展开说明了。

总之，立足于交往教育，语文教育就有了理顺复杂关系，建构知识体系和综合所有因素的"纲"，就有望成为一门真正自成体系的独立课程，就可能步入常轨，确保质量，免受或少受社会责难，无愧地自立于现代基础教育之林。

（原载于《江西师范大学学报》哲学社会科学版，2002年第4期）

注释

1. [苏]A.B.彼得罗夫斯基，M.T.雅罗舍夫斯基.心理学辞典[Z].上海：东方出版社，1997：175
2. [苏]A.B.彼得罗夫斯基，M.T.雅罗舍夫斯基.心理学辞典[Z].上海：东方出版社，1997：174
3. 荆其诚.简明心理学百科全书[Z].长沙：湖南教育出版社，1991：602
4. 荆其诚.简明心理学百科全书[Z].长沙：湖南教育出版社，1991：603
5. 祝畹瑾.社会语言学概论[M].长沙：湖南教育出版社，1992：35
6. 朱智贤，林崇德.思维发展心理学[M].北京：北京师范大学出版社，1986：386
7. 雷良启，余应源.吸收当代语言学的适用理论，建构语文教学科学化的言语知识体系[J].江西师范大学学报（哲学社会科学版），2000，（2）：113
8. 郭翠.国外交际能力理论研究综观[J].天津外国语学院学报，2000，（1）：51
9. [美]爱德华·萨丕尔.语言论[M].北京：商务印书馆，1985：186
10. 世界汉语教学编辑部、语言文字应用编辑部、语言教学与研究编辑部.语言学习理论研究[C].北京：北京语言学院出版社，1994：56
11. [苏]列夫·谢苗诺维奇·维果斯基.思维与语言[M].杭州：浙江教育出版社，1997：141
12. [苏]列夫·谢苗诺维奇·维果斯基.思维与语言[M].杭州：浙江教育出版社，1997：137
13. [苏]列夫·谢苗诺维奇·维果斯基.思维与语言[M].杭州：浙江教育出版社，1997：137
14. [苏]列夫·谢苗诺维奇·维果斯基.思维与语言[M].杭州：浙江教育出版社，1997：130-136
15. 孟昭兰.普通心理学[M].北京：北京大学出版社，1994：137
16. 王甦，汪安圣.认知心理学[M].北京：北京大学出版社，1992：358
17. 朱曼殊.心理语言学[M].上海：华东师范大学出版社，1990：257
18. 吴本虎.在言语交际中考察言语感知[J].浙江师范大学学报（社会科学版），1993，（1）：95
19. 朱曼殊.心理语言学[M].上海：华东师范大学出版社，1990：183
20. 徐志民.欧美语言学简史[M].上海学林出版社，1990：69
21. 刘焕辉.交际语言学导论[M].南昌：江西教育出版社，1992：246
22. 桂诗春.实验心理语言学纲要[M].长沙：湖南教育出版社，1991：372
23. [美]爱德华·萨丕尔.语言论[M].北京：商务印书馆，1985：199
24. [美]爱德华·萨丕尔.语言论[M].北京：商务印书馆，1985：199
25. 奚博先.百年语文教育的主要成就[N].中国教育报，2000，（5）：01-11
26. 雷良启，余应源.吸收当代语言学的适用理论，建构语文教学科学化的言语知识体系[J].江西师范大学学报（哲学社会科学版），2000，（2）：112
27. 余应源.语文是学科吗[J].中学语文教学，2001，（12）：19
28. 王初明.应用心理语言学[M].长沙：湖南教育出版社，1990：24

当下高校文学教育教学改革刍议

詹艾斌

在当下的高等学校教育改革大语境中，文学教育教学改革是一个颇为突出的问题。致力于推动文学教育教学改革或参与文学教育教学改革，是今天的每个高校文学教育者必须面对的重大工程，也是一项使命。人，终归是需要以一种积极的姿态介入和参与火热的当下社会生活包括教育生活的，这也是一个教育者对教育的责任之所在，换句话说，这意味着一定程度上的担当。

一是关于改革与文学教育教学改革的总体态度。 "改革"一直是舆论的关键词。党的十八届三中全会召开之前，媒体用"大变革"这个词早早地为它确定了基调，这其中表现出社会公众对这次大会的深切期待。基于三十多年的实践检验和民族未来发展方向的考量与展望，改革开放已然成为广泛的社会共识和国家信念。这一共识，体现出社会公众对改革开放道路的肯定，对国家未来发展的关切，也更内蕴着对个人幸福的渴望。新浪新闻中心十八届三中全会特别报道的主题句是：改革，为了我们希望的生活。是的，改革是为了我们希望的生活，换句话说，是为了我们理想的生活。面对这一国家意志和国家声音，对于改革，我们应该具备一种什么样的总体态度呢？2013年11月12日是三中全会闭幕的日子，当天的《中国青年报》第2版刊发了署名曹林的一篇文章——《需要一场酣畅淋漓的改革破除懈怠症》。文章鲜明地指出，改革是凝聚人心的"最大公约数"。十一届三中全会之后，"改革开放"成为中国政治舆论场的基调，改革更是论证政府行为和公共政策正当性的基本修辞。一直以来，中国社会没有停止过改革，人们也没有停止过对改革的期待和希冀，当前中国社会所取得的巨大进步，人们所享受到的制度红利，正是"摸着石头过河"的改革所带来的；然而，在当下，改革越来越困难，牵一发而动全身，这必然使得很多领域改革的步伐越来越慢，改革的速度远远赶不上公众日益增长的改革期待，于是滋生了很多社会问题。文章进一步分析说，改革的步子太慢了，喊着喊着，社会就会产生改革懈怠症和疲劳症，"改革"这个词就不再激动人心，而成为一些人挂在嘴边的套话了。这就是经济学家张维迎先生所描述的"只踩油门不挂挡"现象。这样，公众不免会懈怠，失去对改革的热情，甚至产生一种"无解的困惑"。我们不无尴尬和无奈地认识到，在今天，"体制问题"已经成了"无解"的代名词，无解的困惑必然会带来无力的迷惑，不知道该往哪个方向走，不知道怎么去用力，于是焦虑和无力感开始在公众心中弥漫。更大的问题是，不少官员也有改革懈怠症，一些地方和部门有一种观望等待、比下比坏的取向。文章特别点名指出，从教育到医疗改革，一些地方在驻足观望。这也就相当于说，教育领域出现和堆积的问题尤为严重和突出，其改革任重而道远。文章最后持论，当下的中国需要一场酣畅淋漓的改革以破除懈怠症，需要自上而下的顶层设计给改革挂挡，需要大的改革动作去让公众看到改革的决心和诚意，需要"自缚权力"的大智慧去啃那些硬骨头，需要大刀阔斧去破除那些"无解的困惑"，这就是民众对十八届三中全会最大的期待，也是这次重要会议给改革注入的最大活力。对此，笔者提出四点想法，这也可以理解为个人对于改革问题应该持有的总体态度：其一，我们无可置疑地生活在一个改革的年代，作为一个现代国家的公民，我们别无选择，也责无旁贷，必须投身于改革或参与改革；其二，要做好真正的改革，我们首先需要有一种明朗而合理的改革意识；其三，我们需要以一种明朗而合理的改革意识积极参与改革实践和介入社会公共生活，并在这一过程里深入把握国家改革事业的总体方向，且于此之中更为明确自身改革实践活动的根本指向与目标；其四，受制于阶层身份、社会地位、角色等因素，也许我们无法对国家整体改革问题进行更深层次的参与和介入，但至少是可以从改造自身开始的。在笔者看来，对待当下高校文学教育教学改革问题的基本态度亦应如此来确立。

二是当下文学教育教学的问题与改革的必要性和紧迫性。据央视 2013 年 11 月 13 日《新闻联播》节目播报，习近平总书记在中共中央 2013 年 9

月17日召开的党外人士座谈会上指出，改革是由问题倒逼而产生的，又在不断解决问题中而深化。这个判断和认识显然具有相当的合理性，是一种基于中国社会现实的深刻见解。我们谈高校文学教育教学改革，那也就意味着，在我们看来，一段时期以来的高校文学教育、文学教学出现了问题，甚至是出现了严重的问题。这就需要我们思考，当下高校的文学教育教学的问题到底在哪里？这些问题根本表现为什么？我们必须在这些方面形成共识，这个共识是让我们的讨论能够产生足够的有效性的基本前提。然而，这样的共识的形成恰恰又是相当困难的。

很显然，当下高校的文学教育、文学课程教学存在着严重的危机。明确地说，笔者很是担心在当代文学教育、文学课程教学中至少三种状况的出现：其一，受教育者不知文学与文学教育教学的真义，也缺乏去探究文学与文学教育教学真义的勇气和能力，从而也就有可能丧失创造性想象与愿望、丧失对于文学、人、自由、审美等之间存在密切关联的认知与情感体验、丧失对于人的未来合理设计和发展的希冀与向往；其二，面对种种矛盾与冲突，教育者放弃文学教育教学的理想和信念，放弃文学教育和文学课程教学的公共性与教育教学中人的公共情怀、公共理性和公共精神的培育；其三，文学教育、文学课程教学被平面化甚至是庸俗化理解，倾向于割裂它与塑造现代国家公民之间的关联，也倾向于阻滞文学教育、文学课程教学作为一种文化政治实践的可能性。在笔者看来，这些就是当前文学教育、文学课程教学中出现的基本问题，也是根本问题，我们需要由此而形成共识，以积极寻求解决这些问题的理念、方式和途径。这种解决不仅必要，而且无疑还是一项紧迫的工作，它涉及我们对于文学教育、文学课程教学的终极想象，更事关我国人文教育乃至国家整体教育改革的某些根本的方向性问题。

三是当前高校的文学教育教学改革需要立足于文学教育、文学课程教学的现实，同时亦需具备必要的理想态度。文学教育教学改革要立足于现实，这固然没错，因为，立足现实无疑是深化文学教育教学改革的重要支撑，甚至是文学教育教学改革研究的一个强劲生长点，但我们需要进一步明白和确认的是，作为哲学用语，"现实"一词具有两层基本含义：首先，现实，指一切实际存在的东西，亦即自然现象、社会历史现象和思想的总和，与"可能性"相对；其次，它又是指现有事物在发展过程中表现为必然性的东西，即作为合乎规律的存在,它与虽然存在但已失去必然性的事物和现象相对。这样,要达到对于现实的正确理解,就内在地要求着我们不仅要清醒地估计现实的全部复杂性,而且要认识到它的必然变化趋势。[1] 由此,我们说,文学教育教学改革需要立足于现实,但这显然不等于无限制地认同当下文学教育教学的现存事实,我们需要以一种向往的、探索的姿态积极寻求文学教育、文学课程教学的合乎其本身规律的必然性的发展,从这个意义上说,在当下高校文学教育教学改革进程中确立必要的理想态度就是不能没有的了。其实,教育本身就是一个需要合理的理想参与的行业和领域。文学教育者需要怀着必要的理想做事。在今天,过于理想,或者只谈理想,这显得有些不合时宜;然而,没有理想,或者不谈理想,教育教学也就没有了光,甚至人生也有可能失去光。以必要的理想姿态做事、以"理应如此"的态度做事是合适的。笔者希望个人的教育教学有点光,人生有点光,有点韵致,怀着必要的理想做事也就成了一种重要的考量。尤为重要的是,教育本身也是需要理想的,甚至需要乌托邦。文学教育、文学课程教学改革不应也不能拒绝这种基于现实之上的必要的而又合理的理想。也只有在这种态度与立场之下确立起来的高校文学教育教学改革的基本理念、方式、途径才有可能是更为合理的。

四是确立明确而合理的高校文学教育教学改革基本理念。习近平同志指出,改革必然遭遇思想观念的障碍和利益固化的藩篱。《中共中央关于全面深化改革若干重大问题的决定》(以下简称《决定》)第一项第 4 条要求,我们必须以更大决心冲破思想观念的束缚、突破利益固化的藩篱。传统的固有思想观念必须转变,这才具备了谈论改革问题的前提。在当前的高校文学教育教学改革进程中,我们同样会遭遇思想观念的障碍。我们需要从思想观念的自我省察与改造开始,从而明确确立文学教育教学改革的基本理念。无可否认,明确而合理的高校文学教育教学基本理念的确立,是因问题而生同时又是为解决问题而来的。在这个方面,我们需要形成思想的统一。思想统一或者一致,才能尽可能地凝聚教育教学改革的共识。正确的思想、观念、理念往往决定着我们的实践行为的合理性,当前高校文学教育教学改革实践的进行亦如此。

基于个人对教育、文学教育的根本理解,以及笔者对文学课程教学的必要的理想性期待和设置,在较长时期的文学理论课程教学实践中,我渐次形成了相对明确的基本理念：第一，加强文学理论课程教学的理论性，包括文学理论知识的系统性，以及学生理论表达能力、思维能力和创新能力的培养；第二，注重文学观念建构和文学价值导向，引导学生对当今多元的文学观念加以辨析，在多元文化情境下，加强对学生的主导文学观与文学价值观的引导，进而由是并兼及其他形成明确而合理的价值观念；第三，基于文学理论学科性质与现代课程教学发展方向，强化研究性教学、问题式教学、启发式教学，并以此培养、促进和增强学生的批判思维能力；第四，注重提升学生理论联系实际的思考分析能力，包括对文学现象的分析评价能力、对文学作品文本的读解评价能力、文学评论写作能力等，并在此过程中实现思维方式的必要而有效的转换；第五，注重激发学生的问题意识及其对文学理论前沿问题进行探讨的兴趣，增强其学术敏感性，加强其学术观的培植与引导，发现人才；第六，注重从文学研究中的前沿性问题以及当下世界和社会现实问题出发，适度培养学生关注世界和社会现实问题的人文情怀、责任意识、公共理性以及必要的理想态度，培育具有全球化素养的现代国家公民；第七，在知识与价值之间，实现规范价值的社会建构；第八，践行文学即人学观念与人文学和人文教育核心要求，关注生命，培育德行，追求实现人的全面自由发展的可能。笔者认为，以上个人确立的文学理论课程教学基本理念是合理的、先进的，也是与时俱进的；除了由于文学理论课程与一般性文学课程的性质存在一定的差异而需要因此而做出必要的局部调整之外，其总体精神特质与教学育人意图对于广泛的文学课程教学也是基本适用的。

五是推进当前高校文学教育教学改革基本方式选择中的几个重要方面，这也可以理解成是为有效支撑和真正深化当前高校文学教育教学改革而需要认识到的几个基本点。其一，综合改革、全面推动。这可以视为当前形势下进行高校教育教学改革包括文学教育教学改革的总体思维方式与操作策略。改革是一项系统性工作，必须统筹规划，协调、整体推进。《决定》这样指出：在全面深化改革的过程中，必须更加注重改革的系统性、整体性和协同性。这一论述具有很强的指导性价值。十八届三中全会确立了改革的总基调，即五位一体，综合改革，全面推动。其实，对当前高校教育教学改革的认识亦应如此。教育教学改革的实施和推进并不完全由教育教学实践活动说了算，它与高校的科学研究、教育教学研究、学科建设、领导班子建设、教师发展、师资队伍建设乃至学生工作、党建工作等之间都存在着极为密切的关联。我们需要改变以往单一的、形而上学的思维方式，这集中表现为就教育教学而谈论教育教学改革，其结果是可想而知的，也是有目共睹的。我们可以获得的一个基本认识是：当前的教育教学改革需要综合治理。高校的教育教学改革需要同学校的内涵式发展道路进行有效的对接，它与一个高校的未来发展息息相关。需要在此特别指出的是，综合式的高校教育教学改革的有力推进尤为重要，包括科学合理的教育教学评价制度以及更为整体意义上的健全的高校教师、人才评价机制和体系的创造性、科学性建立。在一定意义上说，这是深化高校教育教学改革包括文学教育教学改革的关键性一环，对这一环节的不尊重甚至是无视，那是不足于完全推动教育教学改革的深入开展的，还有可能把所谓的教育教学改革引向一条不合理甚至是错误的道路。其二，当前，高校在全面推动整体性改革的同时，需要确立教育教学改革的中心地位。正如《决定》指出的经济体制改革是国家全面深化改革的重点一样，教育教学改革也理应成为今天的中国高校全面改革的重心，这其中自然包括笔者所说的文学教育教学改革。全面推动，而又同时突出重心，这才能真正有效做到《决定》所指出的"整体推进和重点突破相促进"。这也就是说，唯有如此，才能真正有效深化教育教学改革，并做到教育教学改革和学校整体性改革的相互推动和促进。其三，当前高校文学教育教学改革的深入开展需要做好其顶层设计与具体教改实践的有效结合。《决定》指出，全面深化改革需要做到顶层设计与"摸着石头过河"相结合；同样的道理，当前高校教育教学改革包括的文学教育教学改革也应遵循和采纳顶层设计与"摸着石头过河"相结合的基本原则与途径。做顶层设计，必须整体谋划，它需要围绕着高校文学教育、文学课程教学到底要培养什么样的人以及怎样培养人这样的根本问题来进行。"摸着石头过河"更多的是要求重视现实经验，重视教育教学实践过程中经验的积累乃至规律的及时归纳和总结，并在此之中，探索性地开创高校文学教育、文学课程教学的新方向、新思路、新方式、新途径。二者的有效结合是真正推进当前高校文学教育教学改革的基本保证。我们明白，以上几个方面问题的讨论中蕴含着丰富的辩证法思维及其智慧，这无疑是我们深化探索、解决问题的有力"武器"。如果我们能够以这样的思维和智慧充分考量和认识当前高校文学教育教学改革基本方式选择中的几个重要方面，并基于鲜活的社会现实、教育现实付诸实际的、有力量的改革实践，那么，对于当前高校教育教学改革，包括在这里特别提出的文学教育教学改革，我们也许应该就不至于或较少遭遇到上文已然谈及的"无解"的困惑与无奈了。无疑，这是我们尤为乐意和希望看到的局面。

六是当前高校文学教育教学改革实践中教师的关键抓手及其实践行为的核心指向。在教育教学改革实践中，教师的角色和功能确认显然是一个起着至关重要作用的因素，教师直接影响、规范甚至是决定着教育教学改革的方向乃至于成败。作为教师，需要自觉地培育和增进社会关怀意识，在教育教学实践与社会活动中培植和壮大公共理性与公共精神。文学课程教师在文学教育教学改革实践中的出发点和着力点颇多，存有不同教育教学观念和理念的人也存在着有差异的选择，在此，笔者主要谈谈三个方面的重要问题。其一，追求卓越教学。在今天的文学教育教学实践中，经验教学甚至是惯性教学依然大行其道，不少教师缺乏追求卓越教学的果敢、能力和勇气，显然，这与文学教育、文学课程教学理应达到的理想性目标是不相匹配的。当然，追求卓越教学也是一个漫长的过程，甚至可以说它永无止境。具体而言，文学课程卓越教学存在一些基本要求，它至少包括以下几个方面：第一，教师能够积极确立与国家、民族的当代发展相适应的明确而合理的教育态度和立场，甚至是政治态度和立场；第二，教师能够自觉从事教育理论尤其是当代教育理论研究，关注当代中国社会与教育的整体性发展问题；第三，教育者能够积极从事文学专业研究，努力形成必要的较为深厚的学养，这是支撑文学课程卓越教学的内在要求，也是以科研带教学、以教学促科研从而推动教学与科研二者良性互动发展的必然要求；第四，教育者需在合理的教育教学理念下积极从事教学改革，实现教育教学研究、文学专业研究与教学改革实践的有效结合和统一；第五，教育者能够适时采取必要的教育技术与策略。我们期待在文学教育教学改革实践中追求卓越教学能够成为一种共识，而不只是一种虚无的向往。其二，谋划、践行温暖的有力量的文学教学，建构文学教育新生活。应该说，这是当前文学教育教学改革的合理方向，甚至可以说是正确方向，文学教育教学改革必须确保正确方向。我们需要认识到，教育是有力量的，也应该是有力量的；教育可以塑造人，推动人的成长与发展；教育者存有合理而明确的教育理念，也就可以塑造更为合理的人。那么，究竟应该如何谋划、践行温暖的有力量的文学教学从而在根本上建构文学教育新生活呢？对这个问题的回应需要我们积极思考：在今天何以还需要文学教育？我们到底需要什么样的文学教育和文学教学？对于诸如此类问题的回答自然涉及我们对于文学与人的关系的学理性审视，涉及我们对于今天的中国社会文化总体状况的基本判断，涉及当下我们对于文学的性质、价值与功能问题的追问，涉及我们对于文学教育教学的意义与力量的根本确证和诉求，涉及我们对于明确而合理的文学教育教学理念抑或是文学教育教学新理念的探索与确立。文学是人学，是社会现实中从事实际生活活动的人的"精神分析"学，是唯物史观视野下由人参与其中并构筑而成的流动着的社会存在的基本反映和体现，是人实现其自由自觉特性和确证其本质力量的基本方式；依凭它，人类可以艺术地掌握世界，而它也实践和呈现着人性的多样性和丰富性的展开。在漫长的人类文明发展进程中，文学已然渗透到我们的日常生活和精神生活之中，它构造着我们的社会生活、政治生活乃至于经济生活世界，也塑造着我们的身体、思想与灵魂。当代著名作家铁凝曾经这样指出：文学可能并不承担审判人类的义务，也不具备指点江山的威力，但它始终承载理解世界和人类的责任、对人类精神的深层的关怀。它的魅力在于我们必须有能力不断重新表达对世界的看法和对生命新的追问；必须有勇气反省内心以获得灵魂的提升。[2] 其实，这可以理解为一种关于文学的身份政治学言说。文学如是，文学教育教学的根本显然也就并不在于简单性的知识的积累与灌输，而更应该表现出对于建立在知识基础之上，在知识之内而又超越于知识之外，比知识更为重要的情感、道德、精神、历史性、思想、价值、信仰、自由等核心问题的深度关注。这样做的终极目的无疑是为了人的自由而全面的发展，也是文学教育教学力量的真正灌注的根本方式。这是一种具有合理目的性的教育，是责任教育，是铸就学生精神性品格的教育，是灯火式的教育，是跳跃着的有生命的教育，是温暖教育，也是有信仰的教育。当然，这只是当代文学教育教学改革发展的一种可能性方向，但在笔者看来，它也是一种因应时代变化及其自身发展要求的根本性的和终极性的方向。温暖的、有力量的教育，是幸福教育，也是可能中的美丽教育。教育中人理应在其位而有所作为，这是为了教育力量的绽放，也是为了美丽教育的实现；在其位而无所作为，引致的可能就是教育的颓败。其三，积极探索和推进文学课程教学范式改革。应该说，这是实现卓越教学、实施温暖的有力量的文学教学从而建构文学教育新生活的根本途径与基本保障。一般而言，课程教学范式是师生群体在课程教学领域内所公认的教学观点、价值标准和教学行为方式的总称，它理应存在一定的代表性、合理性甚至是先进性，它是课程教学改革的核心。新的范式的确立也就意味着原有范式的被排斥和被摧毁。围绕着对于课程教学范式的总体理解，渐次形成了现代课程教学范式的基本理念，这主要包括三个方面的内容，即：教学学术观、教学民主观、教学协作观。其中，教学学术观是指：教师是教学者，也是研究者，在教学实践中从事的是研究性教学、问题式教学、探究性教学；学生是学习者，也是研究者，在学习活动中参与和从事的是研究性学习、创造性学习；"教"和"学"的中心任务是启发学生形成问题意识、创新意识，敦促他们学会提出问题，学会面对问题时自觉运用必要的有针对性的研究方法，培养学生自主探究、独立探索和创造性解决问题的能力与素养。教学民主观是指：教学活动的开展需要建立在民主平等的基础上，教师不再是教学活动的唯一主宰者，他可以是引导者，但更多的是具体教学活动的构成者和参与者。教师要创设可能促使学生积极介入的教学活动，以让学生充分表达其对于教学对象、教学内容的分析、判断和评价，由此才有可能形成师生之间、学生与学生之间相对充分的思想沟通和交流，形成开放和谐的学习与学术讨论情境。教学协作观是指：不同于基础教育阶段，高等教育阶段大学生的学习是高级学习，教师教的书是最高深的书，学校育的人也应是最全面的人，这无疑需要师生协作。这种协作既包括教师之间的协作、学生之间的协作，也包括教师与学生之间的协作。通过协作形成学习和研究共同体，共同体成员相互启发，教学相长，以促进学习和研究顺利地在更高层次上进行从而达到理想的教学效果。以上关于课程教学范式和现代课程教学范式的基本理念的理解在教育界是存在较大共识的，当然，它也存在需要进一步深化认识和确认的可能，笔者在此不多作论证和阐释。需要强调的一点是，在当前高校的文学教育教学改革实践中，现代课程教学理念的完满贯彻和实现，在根本上有赖于我们所说的文学教育者对卓越教学的矢志追求，对温暖教学、有力量的教学和文学教育新生活的持续的积极建构。

七是当前高校文学教育教学改革的根本目标在于强化和提高高等教育

育人质量，推进高校内涵建设及其整体工作的可持续发展。确立教育教学改革的目标是必要的，这使得我们的工作具有了明确的目的性，而且，这个目的是合理的、令人感觉温暖和振奋的。《决定》指出，全面深化改革的总目标是完善和发展中国特色社会主义制度，推进国家治理体系和治理能力现代化。这是在积极应对当前复杂的国际国内形势的前提下，基于国家整体发展的需要而确立的根本目标。确立当前高校文学教育教学改革的总体目标也需要与此相适应甚至是相一致的思路。当然，在我们探索问题的视野内，更多的是需要充分审视和考量当前中国教育和文学教育的根本特质及其内在的发展要求问题。教育，说到底，就是教书育人。前文说到，高等教育中教的是最高深的书，那么，育人呢？我们认为，育人就是育最全面的人。这就涉及前文提到的教育到底要培养什么样的人这一根本问题的思考。陈家兴先生指出：教育首先应该培养完整的人，其次教育才能培养有用的人，而教育的最终目的应该是培养自由发展的人。"完整的人"不能没有现代理性和德行，有论者更是这样明确论述："要成为一个完整意义上的人，仅有一定专业知识是不够的，还应具备一定的人文素养，具备科学精神和人文精神，具有专业知识和审美情趣，具有法律义务和道德责任感，具有艺术品位和宽广心灵。"[3] 这样的看法和观念显然是很值得重视的；"有用的人"，也就是具有一定的知识、文化、技能，对国家的经济社会发展能够产生作用的人，并以此实现自我生存发展、自我价值意义；"完整的人"和"有用的人"，是人自由发展的双翼，在此基础上，人生的理想和信念、意义和价值、创造和创新、奋斗和进取，都变得明晰可循，自由发展的塑造，使个人与国家、民族、人民、社会的利益目标实现统一，在为国家民族奋斗的过程中促进人的自由全面发展，在促进人的自由全面发展过程中实现国家民族的目标，教育唯有在这个层次上，才能培养出大批一流的、杰出的人才。[4] 这样的人无疑是具有公共情怀、公共理想、公共价值、公共信念、公共目标和德行品质的现代国家公民。其实，培养这样的人也是当前实践进行中的现代公民教育的基本要求和旨趣。檀传宝先生持论：公民教育就其目的性而言，乃是全部现代教育的终极目标[5]；公民教育意味着当代中国教育和社会的整体转型[6]。这也就是说，中国教育的当代发展、中国社会的整体性转型和进步有赖于公民教育的实践与推进，只有"当中国社会的绝大多数公民个体，经过公民教育的培育和洗礼成中国特色社会主义建设事业的合格公民时，中国的社会建设才有希望得到实质性的进步，并由此获得持久的社会发展动力"[7]。在这个问题上，我们确实需要形成这样的共识。当前中国的高等教育尤为需要如此而确立其根本发展方向。在这样的人的培养和培育过程中，文学教育、文学课程教学因其我们在上文分析和确认的特殊的指向性而显得意义重大，当下高校文学教育教学改革需要适时适度践行现代公民教育理念，换句话说，当前的高校文学教育教学改革尤为需要依据和围绕这样的关于育人的顶层设计而确立自身明确的实践行为。由此，我们需要确认的是：真正提高育人质量。这是当前中国高等教育发展的生命线，是中国高校在普遍性的规模扩张之后走内涵式发展道路的生命线，也是当前高校文学教育教学改革的根本目标和生命线。如是，当前高校的文学教育教学改革才能有效参与并积极推动高等教育乃至中国整体教育和社会的现代转型。

注释

1. 冯契. 哲学大辞典 [Z]. 上海：上海辞书出版社，2001: 1633
2. 曹雪萍，金煜. 铁凝专访：大师的时代已然过去 [Z]. 中国经济网，2006-11-20，http://www.ce.cn/xwzx/xwrwzhk/peoplemore/200611/20/t20061120_9502636_1.shtml.
3. 汪振军. 人文素质教育与现代大学理念 [N]. 社会科学报，2006，(5): 07-27
4. 陈家兴. 教育应培养什么样的人？[Z]. 人民网，2010-7-29，http://opinion.people.com.cn/GB/12280160.html.
5. 檀传宝. 论公民教育是全部教育的转型——公民教育意义的现代性视角分析 [J]. 安徽师范大学学报（人文社会科学版），2010，(5): 497
6. 檀传宝. 公民教育：中国教育与社会的整体转型 [J]. 中国德育，2010，(12): 5-9
7. 张志明. 公民教育的缺失与呼唤 [J]. 理论学习，2011，(4): 41

语言与思想之于文学教育

颜 敏

　　也许，只有亲历过 20 世纪 80 年代的人，才能真正体验到什么是文学的黄金时代。比照当下文学的社会边缘状态，真有恍如隔世之感。不过，我既不会激愤地指斥这个年代文学的黄钟毁弃、瓦釜雷鸣，也不会天真地奢望文学黄金时代的历史重现。在这个功利而且多元的世界，似乎再也没有什么重要的东西永远地坚如磐石，尤其是当代中国，那些被反复强调的重要东西，往往是被现实社会漠视的对象。因而我认为，作为文学教育这个艺术城堡的看护者，与其怨天尤人地批判外在功利社会的见利忘义，向世人倾诉或者兜售这个艺术城堡的价值，还不如悉心地检视一下我们置身其中的这个城堡本身的问题：文学教育作为这个暧昧年代的精神城堡，果真像人们想象中的那么脆弱吗？问题的症结何在？

一、文学语言教育的历史与现状

　　据说，人类社会即将进入全媒体的时代，手机、网络和电视将会有机地连为一体，构成一个全能的音像资讯世界。这个由声、光、电构成的丰富多彩的世界向人们许诺，在给人们生活带来无比便捷的同时，还能提供越来越多难以想象的乐趣。我并不怀疑这种技术革命的灿烂前景，也能隐隐感受到它对文学世界构成的莫大威胁。即便如此，我也坚信，作为语言艺术的文学肯定会在这个巨无霸世界占有一席之地。理由很简单，从根本上讲，语言是拥有理性的人最有效的思维形式；文学也是必有一死的人渴望超越自身有限性的最古老也最可靠的生命表现方式。迄今，人类毕竟尚未发明可以完全彻底地取代语言的思维形式和表现符号。

因而，我们还是应该从这座艺术城堡的质料——文学语言说起。作家运用语言构筑文学艺术世界，读者也通过语言去感知和理解这个世界，进而体认与思考个体生命与社会生活。从这种角度讲，文学就是一种语言艺术，所以在文学教育中强调文学阅读与表达的语言感觉，以及文学话语的习得，尤为重要。

令人啼笑皆非的是，当代文艺理论和批评在相当长的一段时期内有意或无意地忽视文学语言。传统的文艺理论运用本质与现象的认知观念和方法论述文学世界，武断地将文学世界分割为内容与形式两个部分，并且在价值认定上明确地将内容置于形式之上。于是语言成了文学形式中一个无足轻重的因子。既然理论轻视文学语言，那么语言也就掉头而去，以致这种理论话语的语言本身，成为一个漂浮在文学世界之外的自足的话语体系。我手边正好有一本 1975 年十二院校编写的教材《中国现代文艺思想斗争史》，它让你很难相信自己的眼睛：这竟是一本文学教材！例如，关于现代文学第一个十年的"总结"，教材中写道：

> 陈独秀等资产阶级代表人物，站在资产阶级立场上，用资产阶级的世界观批判孔孟之道，终于转向尊孔；买办资产阶级反动文人胡适，始终是一个尊孔派，他以假批孔的伪装投革命之机，在"反孔"的招牌下推行尊孔复辟、崇洋卖国的反动路线，起了林纾之流所不能起到的破坏作用。……"五四"以来反孔与尊孔斗争的历史证明：一切反动派都是尊孔派，一切坚持剥削阶级立场的党派和人物，都主张开历史倒车，也都必定尊孔。只要还有阶级斗争存在，反孔与尊孔的斗争就会继续下去。坚持无产阶级的立场、观点和方法，彻底批判孔孟之道，将是文化路线思想斗争长期的历史任务。

稍有文学史知识的人便可发现，这种理论话语不仅有着鲜明的意识形态性，而且突显 20 世纪 70 年代中期"批林批孔"运动的政治痕迹。它不仅完全剔除了"五四"时期胡适一再强调的白话文学观念与周作人"人的文学"观念，而且将一场原本关于现代文化转型的思想论争，阐述为一场你死我活的阶级斗争与党派斗争。用黑格尔《精神现象学》的话说，这种话语"其内容，是一切概念和一切实在的颠倒，是对它自己和对于别人的普遍欺骗，而正因为内容是普遍的欺骗，所以述说这种自欺欺人的谎言骗语时那种恬不知耻，乃是最大的真理"。

当然，这里所以牵文拘字地引述教材中的"总结"，意在表明，学术话语是系统化的理性认知，原本是人类理性精神的结晶，但也可以异化为精神教化的产物；因而作为文学话语的语言既可以陈述和认知文学世界，也可以遮蔽和颠倒文学的历史现实。还想说明，当代文学话语曾是怎样被意识形态严重污染，又是怎样的粗暴与贫瘠。这种作为文学质料的语言如此低劣，以致根本经不起任何时代风暴的冲刷。其唯一的价值就是从负面上昭示：这座废墟曾经是一座当代文学教育的"学术殿堂"。其实，当代文学史已经清楚表明，当代文学人文精神沦丧的时期，正是文学语言贫瘠并且充斥暴力的时期。

新时期文学尽管起点如此低下，但一旦步入正常轨道，很快便呈现出生机勃勃的景象。文学创作从根本上摒弃了陈旧而专断的理论思维，猛力冲击着各种人为的思想禁忌，学术话语也逐渐摆脱政治附庸的地位而蔚然独立，文学教育则在逐步回归理性和审美的本位。按理说，与前辈相比，"90后"的大学生没有僵化思想束缚的精神历程，并开始接受"独立之精神，自由之思想"的现代学术思想训练，文学素质特别是语言感悟与表达能力应该超越前代人。但是文学教育的现实却远远没有人们想象的那么乐观，相对于当代文学创作与研究，明显呈现出滞后的状态。其中的原因固然复杂，但有一点是十分明确的，这就是当代文学教育受到来自教育思想和教育体制的各方面掣肘。从中小学语文教育开始，各类体制化的考试就植下人文教育危机的种子。我想提出的文学教育问题是，大学文科学生古今中外名著的阅读量，普遍达不到基本的要求；理论思维仍然受到单一性认知范式的束缚。整体而言，低年级大学生的写作思维仍有严重的模式化倾向，就是毕业论文写作，也存在着这种思维的残响余音。

这倒不是说人们没有意识到文学语言的重要性，其实新时期以来，无论是作家还是学界都越来越重视文学中的语言问题，也做了大量努力。汪曾祺在《中国文学的语言问题》中说，"写小说就是写语言"，从文学本体性的高度论述语言。但是我们必须承认，文学语言研究至今没有取得突破性的进展，显著的标志就是尚未形成普遍认同的文学语言教学的方法论。在大学中文教育中，语言教学与文学教学基本上处于分离的状态。我们曾经满怀信心地张开双臂拥抱文学教育的美好未来，如今虽说不是两手空空，但至少离我们曾经的乐观预期相距甚远。

二、文学思想教育的问题与症结

高校学生语言能力的现状表明，语言深处潜存着一个思想文化结构，故此语言既可表达人的思维，也可钳制人的思维，而且这种钳制往往是以不由自主的方式显现出来的。因而欲想深究文学教育本身的问题症结，还必须从语言与思想的关系切入。在此，我想以新生代作家的作品为例，审视当下创作的思想问题。

尽管在当下文学创作的价值论定上，文学知识分子尚缺乏同一性的认识，但就文学语言的表现力和想象力而言，还是取得了有目共睹的成就，即使被人视为"文学垃圾"的 20 世纪 90 年代的文学，也并非像有人想象的那样一无是处。譬如《像卫慧那样疯狂》中的那段常被人引用的话：

> 如果说对物质享受的过分追求有时让人倍觉彷徨，那么生活中简简单单的快乐却又是无处不在的，这种轻松就是实在、自足、可取的。即使有一天它不幸膨胀成昆德拉式的不能承受之轻，那也比暮气沉沉、教条的沉重的东西要棒。

所以我们的生活哲学由此而得以体现，那就是简简单单的物质消费，无拘无束的精神游戏，任何时候都相信内心冲动，服从灵魂深处的燃烧，对即兴的疯狂不作抵抗，对各种欲望顶礼膜拜，尽情地交流各种生命狂喜包括性高潮的奥秘，同时对媚俗肤浅、小市民、地痞作风敬而远之。

文本的叙述语言中，知性主体与感性生命水乳交融，犹如行云流水一般自然流淌。有时，它在你毫不经意之间闯入眼帘，让你清晰触摸到生命绿叶的茎脉——连同那绿叶的微凉湿润与清淡芳香。是的，你可以对作者的少不更事却故作深沉不以为然，也可以指责作者如此轻松地卸下社会重负而循入逃避，但是却不能不感叹：他们深谙生命价值与生活意义的辩证关系，对于业已知晓的人生层面自有把握。这种与他们的年龄不太相称的世故与平和，明显表现出创作主体的代际裂痕。不过，倘若细读他们的作品便不难发现，其叙述语言无论怎样蔓延和发散，均围绕着真实的个体生命流转，即使是日常生活的遭际，也蕴含着独特的个人体验；而且叙述往往聚焦于个体青春的悸动和敏感的身体，因而被称为"私人叙事"。也许可以这样理解这种叙事的思想逻辑：在他们眼中，曾经神圣的信仰光环已经消散，因而与其把生命的激情投向辽远、缥缈和虚妄的星空，不如转向真实可感的切己生命，以此填补自我的空寂。与此同时，现代社会是一个充满陌生面孔与疯狂追逐功利的欲望世界，他们似乎比任何时候都感到难以把握与身不由己，因而干脆将纷乱的思绪转换成对个体生命和世俗欲望的体认，自我表现本身也就成为文学的终极意义。

然而，私人叙事毕竟是现代社会精神危机的表征，因而他们的创作存在着两个值得关注的思想问题。一是叙述语言华丽流畅但却缺乏思想力度和深度。他们的叙述大多流连忘返地游移在个人主观感受层面，透露出一种把玩生命不能承受之轻的轻浮意味；叙述语言很少携带浑浊的生活重力，垂直地抵达坚实的思想基座。从表面上看，他们作为"在路上"的一代，难以确认稳固的精神栖息地，又无意重新整合被碾碎的理想碎片，甚至以嘲笑的方式抵制任何企图规劝他们的"他者"，因而安于这种无根的漂泊状态。但是作品不经意流露的末世感觉，还是掩饰不住命定的精神焦虑，诚如贝尔所说："醉狂终究要过去，接着便是凄凉的清晨，它随着黎明无情地降临大地"。这里需要正视的问题在于，私人化的写作倾向，在自我表现上几乎达到自恋的程度，以致遗忘复杂的社会现实。读者在他们的作品中寻觅不到普遍关注的人生悖论与时代的精神向度，这就致使原本趋向社会边缘的文学，与现实社会的联系更加纤细了。

二是道德底线问题。面临这个年代的混乱现实，他们深知个体的无力与卑微，因而刻意祛除上辈人的激情与悲壮，心安理得地行走在干净而繁华的城市街道上。如卫慧的《上海宝贝》："我一直都像吮吸琼浆玉露一样吸着这种看不见的氛围，以使自己丢掉年轻人特有的愤世嫉俗，让自己真正钻进这城市心腹之地，像蛀虫钻进一只大大的苹果那样。"这样摇曳生姿的感性语言，使人想起本雅明曾经说过的话："城市的奇迹不是在那些造成它的人群身上得到表现，相反却在那些穿过城市、迷失在自己思绪中的人那里被揭示出来。" 然而问题在于，现代式的自我逃避与委运任化，归根到底还是源于个人主义；而后现代文化语境中的这种自足的个人主体生不逢时，业已陷入本身难以克服的自由伦理的困境。因为现代人的自由倾向，偏向于道德上为自己立法；如果个体遵从感觉和欲望去把握生命意义，那么既有可能获得想象的自由，也有可能成为自己身体感觉的奴隶。在这种悖论式的生存情境中，如何把握个人的道德底线？

从新生代的私人化写作中可以发现，当下文学的语言质料，与以往的文学语言比较，在表现生命感受和情感意义上已经显现出较强的表现力和想象力；但由于缺乏思想基座的有力支撑，显得精致而纤细，难以真实而全面地表现我们这个时代复杂的现实生活。而且它从某种意义上揭示，在这个功利主义盛行而理想信仰式微的年代，文学很可能把对现有秩序的不满转化为一种不拒绝的理解、不反抗的清醒和不认同的接受。由此可见，文学教育的问题症结在于，文学思想的基座受到相对主义、虚无主义和现代犬儒主义的严重侵蚀。

总之，我认为当代文学教育自身的关键问题，还是语言与思想。倘若将我们这个时代的文学教育视为精神城堡，那么文学语言是城堡的质料，文学思想则是城堡的基座。就文学语言而论，文学教育任重道远：一方面要致力于教育思想和教育体制的变革，另一方面则要在文学语言研究的基础上，建构一种行之有效的文学语言教学体系。就文学思想而论，当代文化语境中任何关于重筑永恒的科学形而上思想基座的宏大设想，都是不切实际的美好意愿。也许，以普适的价值理念与底线道德，不懈地充实与加固既有的思想基座，才是契合时代的精神守望。

（原载于《文艺报》，2011年5月6日，第2版）

第二编　基础语文教育教学与实践

也谈"我们需要什么样的高考作文题"

刘松来 雷良启

《光明日报》"光明时评"栏2013年6月13日刊发教育部考试管理中心余闻先生《我们需要什么样的高考作文题》一文,讨论的问题极其重要,也表现出作者对高考作文高度关注的社会责任感和试图对作文命题丛生的乱象进行纠偏的良苦用心,值得充分肯定。然而细读全文不难发现,该文在基本事实和文章的基本依据上问题突出,有的甚至罔顾事实,导致针砭不当、观点失准。兹事体大,关系到高考作文命题的成败得失,需要斟酌和商榷。

一

我们不妨从基本事实和基本依据的问题谈起。先来看"孟子三乐"(2011年江西高考作文题)。余文认为这个题目"内容过深,超出大多数考生的思维和认知水平"。笔者认为,这是没有依据的。从这个题目的材料看,要求谈的实际就是亲情、问心无愧和育人之乐。对这"三乐",考生或自己有亲历,或身边有见闻,加上脑中有思考,完全与他们的思想、生活实际相符合,适合考场作文,或记叙或议论都不难成篇。事实上,当年的社会观感除了对"育人之乐"有所质疑,觉得考生没有经历外,对其他"二乐"反映良好。即便是"育人之乐",在试卷评阅中,也发现不少考生据自己见闻的老师的事迹,甚至是联想"长大后我就成了你(老师)",写成了优秀的记叙文。如果选择的是对该"乐"加以议论,则更不存在所谓缺乏经历的障碍了。特别需要加以说明的是,此题生发于考生都学过的教材《先秦诸子选读》（该省定为限选教材），教材中有道练习题要求学生概括自己从孟子三乐中得到的"认识或启发"。文题其实就是要求考生将这里的"认识或启发"扩展成文（或据以写作记叙文），实在是顺理成章之举：既在情理之内，不为难考生，又出乎意料，难以套押。另外，此类命题，还明显含有对读写结合的教学导向的考量。可见作者是在并不了解考生的思想与生活和现行的教材与教学实际的背景下撰就此文的。

再看"＿＿＿而知之"（2013 年天津高考作文题）。余文评述"该题内容过于玄乎，考生不易理解"，同样于实无据。其实，这也是从教材中衍生出来的一个较好的题目。考生学过、懂得"学而知之"，在课堂上、教材中还学过"学而不思则罔，思而不学则殆""质疑问难""慎思明辨""实践出真知"等。他们一定还听说过"玩中学""边做边学""学问学问，又学又问""理不辩不明"这样的大白话（其实是真道理）。于是，就很容易由"学而知之"迁移而为思而知之、问而知之、疑而知之、玩而知之、干（做）而知之、辩而知之，等等。填上一个合适的字眼，变成自己有"心得和体验"的题目，对考生来说算什么难事呢？"玄乎"云云，就不知从何而来了，这恐怕是作者的主观臆测，考生是不会也不应当觉得"玄乎""不易理解"的。既如上述，推论下去，余文所谓"尤其是（对）农村考生来说，要让他们谈'学而知之'以外的学习，恐怕也是很难的"，可以说更是没有充分依据的。广大的农村考生面对这种廉价的"同情"，恐怕不但不会有所领情，反倒会觉得伤了自己的尊严吧？

最后看所谓的"三怕"。余文说"2013 年某省作文题是对中学生学习中'奥数、英文、周树人'这'三怕'发表议论"，这里无视题目本身表述及要求，有断章取义之嫌。题目提供给考生的选择对象很清楚，除了"三怕"，还有对应的"三不怕"和"三喜欢"。同时，题目要求的是写议论文或记叙文，而不只是"发表议论"。怎么余文会对这些视而不见呢？此外，余文说材料所涉及的"并非是考生这个群体可以说得清楚的问题"，也与考生和实际颇有出入，需要具体分析。题目中的问题都是考生的问题，考生都是"问题中人"，就自己和身边的问题发言，不是"感同身受"，而是"感为身受"，本应最有话语权。至于是否能说清楚，试问，对那些问题，有哪个群体又真正说清楚过呢？按说，换个思路听听"当事人"的声音，或许能另辟蹊径。果然，卷面上就出现了一批见解独到的优秀作文。

倒是来自考生的声音提供了别开生面的参照和思路，新颖、纯真而可贵，更有其价值！由此还可见，这个文题，在高考命题中也体现出了新课标关于教育、教学要"以学生为主体"的基本理念，同时也印证了这一基本理念的正确性。的确，也有为数不少的考场作文是不合格的，这既不是因为余文所说的"说（了）些言不由衷的套话"，也不是因为"公众对此（有）颇多争议"因而难以"说得清楚"，更不是所谓的"牢骚和抱怨"。目前该省披露出来的这部分考生作文，实际上都只是说了些泛泛而谈、虚应故事之类的严重偏离题意的话（如真是所谓的"牢骚和抱怨"倒算是扣了题呢）。相当一部分考生对发生在自己身上和身边的事情以及本应十分熟悉的声音，好像十分麻木——"本应最有话语权"的，竟然无话可说！看似咄咄怪事，其实见多不怪，恰好反映了当下作文教学的问题所在：平时和考前不少指导者（多为押题者）和教师都习惯或热衷于把那些天下大事、中外名人、哲理圣言等按材料和主题分为大大小小的类型，让学生去背去记，同时针对背记的材料传授如何套押、如何"通吃"的"方术"，而不是训练真正的实实在在的写作能力。一旦"遭遇"到像今年这样贴近"地气"而远离"空气"的材料和题目，要"我手写我口"了，要写真情实感了，反而不适应，傻眼抓瞎，无从下手，连套也套得捉襟见肘了，是可想而知的事，不严重偏题离题才真叫奇怪。这实在是作文乃至语文教学的悲哀！

二

余文讨论"我们需要什么样的高考作文题"，整个讨论却与上述相关的种种事实不相符，或者说对考题、考情和教情、学情颇有隔膜，分析因而缺乏理据，失之粗疏和简陋，观点因而缺乏支撑，失之片面和武断，也就在所难免了。这样一来，余文本想对作文命题丛生的乱象进行纠偏，但由于实际存在的上述问题，却反而新添了或者说强化了某种乱象元素。主要表现在三个方面。

第一，仅凭主观臆测——脱离或不顾基本事实去讨论、评价文题内容方面的深浅、难易和能否说得清楚等问题，搅乱了本来客观公认的基准和经验，使人们徒增困惑（深浅难易等究竟怎样把握）。为此，上文已力陈理据加以廓清，兹不赘述。

第二，在内容方面的评价上，余文除了脱离基本事实，还很明显地依循陈旧过时的泛政治化、泛道德化的导向标准，与现行普通高中语文课程标准倡导作文要"对自然、社会和人生有自己的感受和思考"，要"鼓励学生自由地表达、有个性地表达、有创意地表达，尽可能减少对写作的束缚，为学生提供广阔的写作空间"的价值取向极不相符。比如判定某省的作文题"是对成人世界和社会生活的否定，会让青少年一代在即将步入社会之际产生一些消极的预设"等，就是如此。文题或考场作文也许会对某些社会不良现象和方面有所讽刺与批评，但既不是谩骂、侮辱，也不越道德和法律底线，本应加以肯定和鼓励，北京语文阅卷组长就说，"阅卷时发现针砭时弊，所论适当（的），还会给高分，这也是我们鼓励说真话，鼓励考生敢于表现个性与才情的一种体现"。[1]余文不加肯定和鼓励也就罢了，反而视其为"不够积极、阳光""思想导向存在偏颇"，指责为"引发抱怨、牢骚"。据此，上述课程标准的"取向"就更是难免有引发消极、乱套之嫌了。余文不是倡导作文要有所谓"合适的思辨"吗？何谓"合适"，把上述反思性、批评性和富于青少年个性特点的写作思维排除在外，是否"合适"？再不要戴着"有色眼镜"去衡文评题了，否则，一直以来影响巨大的泛政治化、泛道德化的乱象因素何日能休，让人深忧。

第三，余文讨论"我们需要什么样的高考作文题"，整个讨论却基本脱离高考作文的目的和功能，仅就写作的内容（即"写什么"）方面去作评价（而且还如刚刚所说偏狭于泛政治化、泛道德化的内容），而无视"怎么写"（写作能力）这一在高考作文上具有本质性意义的方面，真是明显的片面和偏颇。这对纠正当下高考作文一味扎在"写什么"上套题押题的普遍乱象，引导教师走出只教套押"方术"的误区，改变写作教学长期"低效、无效乃至反效"（福建师范大学文学院孙绍振语）的现状，显然有弊无益，甚至可以不夸张地说，还可能使乱象愈演愈烈，同样让人深长忧之！

三

那么，我们到底需要什么样的高考作文题呢？

这就首先需要问一问语文高考为什么要考试作文，或者说高考作文的目的和功能是什么，这应当是问题的前提和依据。课程改革前后的两个考用类和文学类文章"。除了对不同文章的文体称说有所不同，"能写文章"的要求是完全一致的。这就清楚无误地规定了作文高考的目的是要检测考生的写作水平和写作能力。这既是语文学科自身的定位、性质和任务决定的，其实也是仅凭人们的经验常识就能理解和接受的，近乎数学公理，是毋庸置疑的。于是，顺理成章，问题的答案显然就是：我们最需要的是能够有效地检测到考生真实的写作水平和写作能力的题目。只有这样的文题才具有考试学意义上的信度、效度和区分度，才真正符合教育部"有利于高校选拔人才，有利于推进基础教育课程改革，有利于中学实施素质教育"这"三个有利于"的高考命题方针。

众所周知，要命制出这样的高考作文题诚非易事。在这件总有遗憾的事情上，的确也是"没有最好，只有更好"，需要本着高度负责的精神和真正科学的态度，执着地坚守良知，冷静地总结经验，踏实地探索规律，不断提高水平。

根据十几年来全国卷和省市自主命题卷提供的一些范例和出现的某些失误，我们认为，要想命制出切合上述需要的高考作文题，关键之一是要妥善处理好两对紧密结合的关系：一是考查作文"怎么写与写什么"的关系，一是文题"开放性与限制性"的关系。依据考试大纲所规定的上述目的，不言而喻，考查作文"怎么写"（写作能力）是两对关系的主要方面和核心所在。对此，在观念上必须有清醒的认识。目前在高考作文题目上的某些纷扰的乱弹和丛生的乱象，归根结底是对这个"方面和核心"的忽视或背离造成的。而要考查"怎么写"，"写什么"又是先决条件。"写什么"涉及的是写作对象、内容和范围的方面。这个方面首先要讲"开放性"，让人进得来，能入题、有话说。否则，即便是能写七步诗的曹植当时如果遇到的是被余文叫好的"钻石切割"之类题目，恐怕也会因为无话可说，断头了事，何谈展现写作才华（能力）。当然，"写什么"上的开放性不是无边的，必须要有限度。否则，就会有海量的套押宿构乃至抄袭之作出现在考卷上（这是时下的顽症），那也不是考生真实写作能力的表现（而且还无疑会使我们的孩子潜移默化地习染上"假大空"的那一套，这倒是思想导向上严重的真问题，就不只是余文所谓的"消极"和"偏颇"了）。这又要求作文命题必须在写作对象、内容和范围方面具有相当的"限制性"，有如设置一道防火墙，把假话、大话、空话、套话阻挡在卷面之外。开放性与限制性结合的理想状态是考生能够且只能说出自己的话。达到了这种状态，一个省几十万，全国几百万考生自有差异的写作水平就都能得以真实的呈现,"怎么写"的能力也就会自然而然地反映到卷面上来。似此,才能够保证高考作文目的的达成和功能的实现。

根据以上高考作文的命题观念,我们不妨对曾经先后盛行过的标题(也多称命题)作文和话题作文形式为何渐次式微作点解析,以便引以为鉴。根本的问题在于对它们的把握易于失准:前者常在限制性上失之过严,导致部分考生无话可说;后者则相反,常在开放性上失之过宽,导致考场作文套押成灾。后果一样,都是难以检测到"怎么写"的实实在在的能力,有违作文高考的目的和功能。针对以上两种形式的弊端,便有新的材料作文取而代之,的确具有某种纠偏的作用,以致近两年来几乎一统高考作文命题的天下。但同时,也渐渐显露出它自身的不足。主要就是命题材料多义性、多解性比较突出,导致开放性过宽,极易像话题作文那样,撞在套押构宿的枪口上。比如,前面提及的2013年全国课标卷"钻石切割"一题,余文极力肯定其"体现出了知识、技术、勇气联合创造最大价值的思路,考生可以从这几个角度任选一个进行阐发"。殊不知,"知识、技术、勇气"其实就成了三个话题。而这三题,随便哪个考生都是囊中储备丰足,"批发"来的材料、"方术"甚至"成品"都有,一套一套的,凭以套押"通吃"就是了。题目如此"仁慈",部分师生、家长真要"鞠躬叩谢"吧!可是,高考必需的那些"度"、那些"有利于"又到何处去体现?余文所谓的"科学合理"又从哪里去找寻?谓予不信,去看看那些考场作文就知道了。应该清醒地认识到材料作文实际存在的这种负面倾向并设法加以遏止,否则,听任套押宿构,假、大、空、虚充斥卷面,就不只是余文所谓"降低了考查效果""影响了应有导向"的问题,而人们有理由质疑:这样的高考作文还有何意义,有无必要?这样看来,要体现上述命题观念,命题形式十分重要。而从以上讨论不难看出,哪种形式都不是尽善尽美的,尤其是某种形式长期单一化、扎堆式使用,势必导致训练的一窝蜂围堵(可见命题形式之误是上述乱象根源之一),自身的不足及使用的僵化就会暴露出来,好形式不出几年就走到了自己的反面。以上形式不都曾经让人耳目一新、对高考作文命题发挥过重大作用吗?历史经验启示我们,形式还是要多样性才好,同时又要相机创新。"多样性"是说只要有可能保证上述命题观念的实现,就可以根据当年的教学训练实际和题目所指向的写作内容等诸多复杂因素,相应采用恰当的命题形式,而不是固定和局限于某一种。至于说到"创新"，有必要再来略说几句余文很不看好的那几个题目。在高考作文命题形式上它们倒恰恰具有一定的创新意义。比如"孟子三乐"一题，有论者称之为"典型的多头型（多个话头共一个题目）作文题""是一种智慧化的新材料作文""大气而又机智"。[2] 所谓"三怕"一题则是这种"多头型"命题的又一次较为成功的尝试。而"＿＿而知之"作为半命题形式，中考题中多见，"拿来主义"，移植借用，有较好的考试效果，也利于高考题型的丰富和出新。只要不带偏见，就都能看出，这两种形式作为对现有材料作文形式的改进，主要是淡化了材料的多义性和多解性，限制性大为加强，又不失其开放性，两者的张力相对适度，这就比较接近于上述命题观念了。

常言道，说易行难。"说"（认识）本也不易，"行"就更加不易了。困难在于两对关系及与之密切联系的命题形式牵涉诸多复杂的因素，要不断去端正观念、加深认识，到某个题目具体的设计上更有许多动态的、微妙的因素要临机审视、把握和处理。要想通过一定的命题形式使两对关系的平衡协调在具体题目的设计、操作中完好地体现出来真是谈何容易！似此，命题者、研究者、指导者更应当把自己有限的精力、智慧和经验投入到此类实在的事情上来，多做点切实的建设性工作，切忌空论泛谈。

（原载于《语文建设》，2013 年第 9 期，署名"于稳"）

注释

1. 程翔. "真情实感"与"思想健康"[J]. 中学语文教学，2013，（1）：51
2. 胡家曙. 侧重个性与理性，凸显开放与多元——2011 年高考作文命题的立意透视与技术分析 [J]. 中学语文教学，2011，（7）：63

超越"默会"的文学教育

——由新课标语文学本《现代小说阅读》引发的思考

吴志峰

教育是人的再生产的一个环节。现代学校教育是集知识、技能和意识形态再生产为一体的社会系统工程。任何现代国家，为了自身社会的维持和发展，都会将教育机构视为最重要的国家机器之一。[1] 而语文教育，因具有工具性和人文性相统一的特点，不仅在知识、技能再生产中占有尤其重要的地位，而且在意识形态再生产，也即人生观、价值观和世界观的再生产方面，具有比其他科目更重要的地位。换句话说，语文教育不仅再生产着与语言文学相关的知识与技能，并且在进行这种知识与技能再生产的同时，再生产着国民的自我认同，从而决定着一国未来的走向。正因为如此，任何一个社会发生重大变化时，都会在广义的语文教育方面引发巨大的变化。比如晚清以降的教育革命和文学革命，新中国建立以后的教育革新等，无一不反映出语文教育与社会变革之间的密切关系。

20世纪末21世纪初发生的一场声势浩大的关于语文教育问题的大讨论，正是在改革开放国策引发巨大的社会变革之后不久。这场讨论一方面反映了中国当代社会的变化，另一方面极大地推动了当代语文教学改革的进程，成为我国语文教育史上的一个转折点。以历史的"后见之明"看来，这场关于中学语文教育的讨论，其实预示着中国的未来走向何方的不确定性与争议性。正因为如此，诸多大学教授甚至不少大知识分子，都参与到了这场关于中学语文教育的讨论中。讨论的结果是中学语文教育的改革，以及新的"语文课程标准"的出台。

在新语文课程标准中，我们发现一个重要的变化，就是它比以往更强调文学素养的提高。因为在新的国民观或身份认同坐标体系中，良好的文学修养被认为是现代国民应当具备的条件。与新语文课程标准相应，一时间涌现出一大批各具特色的语文教材和读本，它们普遍比以往更注重语文教育中的文学因素。具体说来，这些教材或读本在语文观念和选文标准方面与以往有着或多或少的不同，有的强调语文的开放性、创造性；有的侧重语文的人文精神和文化内涵；但其中有很大一部分由文学研究者所编，尤其注重语文教育中文学趣味的熏陶。相比此前被人诟病的语文教育的僵化和过于工具化，这当然是一个巨大的进步。然而，令人遗憾的是，虽然这是一场发生在教育领域的改革，但从那些新编教材或读本中，我们看到的更多的是体现在不同"选文"中的"语文观"或"文学观"的变化，而较少触及"语文"或"文学"的"教育观"。也就是说，人们更多地停留在"教什么"（其实是让学生学什么）上，而没有进一步在"怎么教"上下功夫。在我们看来，这一点至少没有在各种语文教材或读本中有关"文学教育"的那部分体现出来。

出于文学教育的特殊性，一直以来人们都宁愿强调文学的不可教，强调学生在文学学习中的"默会"。人们普遍认为文学教育是语文教学中最不可教的一块，如果硬要教，只会造成人们所普遍指责的后果：有趣的文学教育最终却成了无味的文学知识灌输或思想说教，人们甚至会举例说，鲁迅的作品在中学语文教育中的效果就是如此。面对这样的困境，人们更愿意承认：培养或提高文学鉴赏能力，只能靠学生的文学天赋，或只能通过学生自己多读作品。因而当下文学教育中的争论点，就更多集中于体现在"选文"中的"文学观"上。

总而言之，自上世纪末围绕文学教育所发起的争论，其实在更大程度上是关于什么是"文学"的争论，关于文学在社会中、在个体的人生中的"位置与功能"的争论。当然，这是一个更大的问题，应该放在更大的背景中去讨论。但值得指出的是，语文教育毕竟是一种"教育"，无论编选的教材中所体现的"文学"是什么，最终都必须针对所认定的"文学"有一个整体上的"教"的考虑：即就这种文学来说，怎么样才能最有效地对每位学生进行教育，而不是笼统地指望通过"熏陶"来提高学生的文学素养。要不然，我们在谈论的就始终只是"文学"，而不是"文学教育"。在我们看来，2004年9月华东师范大学出版社出版的一套"新课标语文学本"[2]，在强调语文教育中"什么可教"及"如何教"方面，迈出了可贵的一步。

尤其是其中有关文学教育的部分，可以说让人耳目一新。

以《现代小说阅读》为例，作为高中语文教材之一，编者试图超越以往"默会"的文学教育观，将文学阅读中"可教"的层面推到极致，力图最大限度地把可教的层面教给全体学生，而非仅仅少部分所谓的有"文学天赋"的学生。当然，要做到这点，并不是一件容易的事情。这需要编者不仅坚守教育本身所应遵循的公平公正原则（即文学教育的对象并非仅仅是一部分有文学天赋的学生，而是全体学生），更要求编者要有足够开放的文学视野，有丰富的阅读经验且能进行合理而有层次的综合，因为只有这样，才能厘清文学中可教的层面，使之系统化，并把这些层面分层次地具体化到教材的编排结构和文本选择上去。

我们都知道，小说作为文学的重要组成部分，并没有统一的模式。特别是现代小说，更是五花八门。不同类型的小说，有不同的追求和不同的内部结构，因而读不同的小说也要有相应不同的"读法"。当然，各种"读法"也可以在大量的阅读中通过不断的调整来获得，但如果在中学阶段就能通过范文教会学生各种"读法"，无疑能为更多的学生扫除阅读前的障碍，激发他们的兴趣，能使他们更好地去欣赏更多的小说。而且，正是在掌握了不同的小说的不同"读法"，并阅读了不同的小说之后，我们才能让学生从整体上理解什么是"现代小说"，以及小说与人生的真正关系。

要学会不同的"读法"，就要建构不同的"阅读图式"。什么是"阅读图式"呢？我们以电影为例来说明。现在流行立体电影（3D电影），这种电影里最精彩的部分往往不是里面的故事情节、画面或者音乐，而是当银幕上的人向你走来或者向你丢盘子的时候，你会感觉到他就要一脚踩在你头上或者脑门马上就要受到重重的一击，于是影院里一片尖叫，那是一种全新的体验。可是这时候也有人会莫名其妙，觉得人家太大惊小怪，因为他根本没戴立体眼镜，不知道其中的微妙所在。他只能傻傻地干瞪眼，在心里懊恼为什么花一晚上来看这么一场平淡无奇的电影，或者干脆掉头而去。当然，他也可以自欺欺人，跟着大家一起尖叫。可是如果他向身边的人借立体眼镜戴着看一会儿，马上就会改变刚才的看法，后悔自己在买票的时候为什么忘了买眼镜。当然，他戴上了眼镜也不一定就喜欢那样的电影，但他至少知道了那种电影究竟是怎么一回事，别人为什么会"尖叫"。可以说，在阅读小说的时候也常会有同样的情况：有的人只欣赏欧·亨利的小说，而读萧红的小说不过三段就觉得没意思；有的人看博尔赫斯能入迷忘饥，却对鲁迅的《在酒楼上》这样的小说毫无感觉，这里面当然还有其他的原因，但重要的一点是：他们不具备不同的"眼镜"，不知道不同的小说有不同的"看法"，正是这不同的"看法"才能让我们"看"出各种小说的门道和精彩所在。看小说当然不用戴眼镜的，但却需要一系列"内在的眼镜"，而这"内在的眼镜"，就是所谓的"阅读图式"。《现代小说阅读》的编者所追求的，正是通过具体而各具特点的小说文本，有针对性地、循序渐进地给学生培养一系列"内在的眼镜"——现代小说的不同阅读图式。

之所以说有"有针对性""循序渐进"，是指编者在教材的编排上有一个整体的设计，既有系统地培养学生不同阅读图式的大构思，又有从易到难、从简单到复杂的具体安排。就《现代小说阅读》来说，在第一单元，编者预先考虑到学生已有的阅读经验，把学生熟悉的小说基本要素"人物"与"情节"设为重点和起点，调动学生已有阅读经验，重温传统的小说阅读图式，并深化对这类小说中"人物"与"情节"的理解。在接下来的一单元，再引入"叙述与虚构"的维度，"变革"学生的"小说观"。在这样一种新的视野下，拓展学生对小说的理解，既让学生进一步从整体上理解"现代小说"的特性，又让他们能多一根"神经"，注意并欣赏到小说中除"人物"与"情节"之外的更多的东西。正如编者所说，"没有这样一种小说观的变革，没有'叙述与虚构'的视野，不少小说确乎也能读懂，有时候，也能够读得有滋有味。但是可以肯定，那样，你必然会错过小说的更多更精彩的'风景'"。在这一切的基础之上，编者设置了独创性的第三单元，通过精选的四组共十一篇中外小说，建构四种新的小说"阅读图式"：心理、荒诞、象征与反讽、写意。这样一轮"教"下来，许多本来要通过大量阅读才能或不一定能"默会"的东西，被"教"给了学生，从而让学生领会到，在读鲁迅的《孔乙己》、萧红的《后花园》、残雪的《山上的小屋》、沃尔夫的《墙上的斑点》等不同类型的小说时，应该适时调整自己的阅读期待，变换自己的阅读图式，以便更容易、更有效地进入文本。

可贵的是，虽然编者在编排方式和文本选择上精心凸显小说阅读的可教性及具体进程，但并没有因此将学本编成纯粹技术性的"小说阅读法"，把文学教育变成僵化的知识传授，而是通过点评和小节的方式时刻提醒学生注意到每篇小说的复杂性，并随处强调引导学生发挥主动性和创造性，强调文学与人生的密切关联。正如佛祖讲经，随举随扫，以防人们执于"方法"本身，编者也一面教给学生不同的阅读图式，一面又再三提醒学生："更需要我们牢记的是，阅读小说，首先不是去'解释'，而是把自己'摆'进去，带着自己的人生经验进入小说的世界。这是小说与'人生'之间最直接的关联，也是阅读一切小说的起点。"

因而，编者在建构不同的小说阅读图式时，并没有把不同类型的小说及其阅读图式一一对应，而只是在不同的单元、不同的文本中强调不同的侧面，以求系统地培养学生的小说阅读能力。这样一来，通过分解法各有侧重地对学生所进行的一系列的训练，会在学生阅读一部小说时同时产生作用，调动各方面的注意力。而且，获得这些能力之后，学生将更有效地理解小说与人生的复杂关系。这样，一切"可教层面"都为更深一层的"不可教层面"打下基础，既培养了全体学生基本然而又相对全面的小说阅读能力，又为有兴趣或有文学天赋的学生的进一步发展提供了更高起点。

如果说此前围绕中学语文教育所展开的讨论主要还集中在语文教育应该包括哪些内容，其中"文学"教育应该占多大分量的问题上，那么《现代小说阅读》则以读本的形式，把问题落实到了文学"教育"本身，从而开创了一种新的文学教育观，一种超越"默会"的文学教育观。也正因为如此，我们认为，这本学本是一部真正系统地教授中学生怎么阅读现代小说的教材，不仅对所有中学语文教师都具有巨大的参考价值，而且对我们进一步将世纪之交中学语文教育的讨论成果落实到教材编写和教学实践中，具有示范价值。

注释

1. 陈越. 哲学与政治：阿尔都塞读本 [C]. 吉林：吉林人民出版社，2003：320-375
2. 倪文尖. 现代小说阅读（新课标语文学本）[C]. 上海：华东师范大学出版社，2004：74

试论中学语文教学中的地域文化教学

张勇生 荣四华

地域文化是指不同地方在历史发展过程中所创造的包括历史文化、商业文化以及道德观念、地方风俗、思想行为习惯、活动方式、宗教信仰、文学艺术、法律规范、学术文化等因素在内的物质财富和精神财富的总和，是按照地域界定出现的文化类型。本文所涉及的地域文化主要包括地方历史、文学艺术与民俗活动。

语文教育的实质是文化传承、改造和创生的过程。[1] 地域文化教学，并不是说要将地域文化作为一门课程引入课堂，而是强调在教学实践过程中教师要有意识地引导学生关注地域文化，从地域文化中汲取营养，更好地达到育人的目的。

强调中学语文教育中地域文化教学的重要性，主要基于两个方面的考虑：一是 21 世纪以来，随着国家现代化、城镇化进程的加快，地域文化的生存环境遭到前所未有的破坏，很多优秀的地域文化日趋消亡。如何有效地传承、发展地域文化已成为当代社会面临的一个迫切问题。加强地域文化教学有利于地域文化的传承和发展，也是弘扬中华优秀传统文化的重要举措。另一方面，从人生发展的特点、规律来说，在中学阶段开展地域文化教学显得尤为重要。中学阶段是青少年心理、人格形成的重要时期，也是他们的世界观、人生观形成的关键时期。对中学生加强地域文化的教学，让他们认识到中华博大多彩的文化，尊重传统文化，吸取民族优秀文化的营养，有助于他们形成健康的心理和人格，树立正确的人生价值观。

一、地域文化的德性教育

郑玄有注：德性，谓性至诚者也。孔颖达疏：君子尊德性者，谓君子贤人尊敬此圣人道德之性，自然至诚也。可见，德性即人之道德品性。德性不是知识，也不是能力，不能够像学习知识一般理解掌握。[2] 德性教育需以学习活动、社会实践、日常生活、人际交往为基础，同经过选择的人类文化，特别是一定的道德观念、政治意识、处事准则、行为规范相互作用，经过自己的感受、判断、体验，从而生成道德品性，树立正确的人生观和社会理想。

地域文化是民族文化的重要组成部分，是孕育民族精神的基础。地域文化不仅是几千年来中国劳动人民生存智慧的结晶，而且包含了劳动人民的优良品格。作为社会文明载体的语文教育，是弘扬民族精神的重要渠道。挖掘中学语文教育中的地域文化，在语文教学中强化地域文化教学，让学生多方面领悟地域文化中蕴含的人文精神和传统美德，有利于纯化现代学生的心灵，陶冶其性情，培养正直诚信、豁达坦荡、乐观自信、积极向上、独立自主、吃苦耐劳、坚韧不拔的优良品格。《大禹治水》描写大禹婚后第四天就外出治水，后"三过家门而不入"，展现了大禹吃苦耐劳、先人后己、舍小家顾大家的优秀品格。《荷花淀》是一部充满了浓浓乡土气息和民俗风情的作品，小说选取小小的白洋淀的一隅，表现农村妇女既温柔多情，又坚贞勇敢的性格和精神；在战火硝烟中，夫妻之情、家国之爱，纯美的人性以及崇高的品格。沈从文《边城》展现了一幅质朴、纯净的湘西地域民俗画卷，作者以湘西作为背景，通过对湘西景物进行大量的描写，比如啼声婉转的黄莺、繁密的虫声、如银的月色……为读者勾勒出一幅静谧祥和的景象，使人有虽身处闹市，却心已沉静之感。文章讲述了和爷爷相依为命的翠翠与傩送、天保间的爱情故事，传达了外公对孙女、翠翠对傩送、天保兄弟对翠翠纯真的爱以及兄弟之间的手足之情，在作者描绘的这个世界里人人平等，真挚相待，试图通过湘西人的质朴告诉大家世间还有纯洁自然的爱，呼吁大家回归自然本性，使读者心灵得到了净化。

二、地域文化的情感教育

刘勰在《文心雕龙》"知音"篇中说："夫缀文者情动而辞发，观文者披文以入情，沿波讨源，虽幽必显。"创作者因为"情动"，所以创作了文章，其中蕴含着作者深厚的情感，或悲或喜，或怒或忧。而读者也因为"披文"，然后才了解创作者的感情。地域文化在情感教育中的重要性，在于学生本身也是地域文化的主体，是地域文化的参与者和观赏者。因此，通过渗透或引入地域文化教学，可以培养学生的主体意识、竞争意识。从这个角度讲，地域文化主体意识的培养，其实就是一个通过地域文化发现自我、了解自我的过程。例如，通过赣鄱文化的教育，学生能了解赣鄱文化的历史渊源、本土的地域文化性格，将更加清晰地认识自己；通过对本土山水风物的认识，学生将身临其境，并提升自己对身边人、事的理解和沟通能力。

在教学中，如果我们能充分利用课文中的地域文化信息，将有效缩短文本内容与学生现实生活的距离，使教学内容更加具体、亲切，从而激发学生的学习兴趣。在鲁迅的《祝福》这一教学过程中，根据文中所写的"祝福"情景思考我们本地过年有哪些习俗，与文中叙写的有哪些相似或不同的地方，学生顿时将兴趣盎然，纷纷发言。由此，很快地缩短语文教材与学生生活之间的距离，课堂气氛也会随即变得活跃起来。通过比较，让学生知道我们江西本地过年的习俗与江浙一带习俗的大同小异：从小年起，人们便开始忙过年，扫房子、贴春联、办年货、杀鸡宰鸭，细心地准备年夜饭、一家人吃年夜饭，互相祝愿、放爆竹辞岁、给小孩子压岁钱、亲朋好友之间互相拜年等。这样一引导，学生迅速进入"祝福"的情景之中去。接着引导学生去思考作者为什么要将祥林嫂的悲剧人生放在"祝福"的环境氛围里去展现，学生很快就能理解其中蕴涵的深刻道理。兴趣是最好的老师，在兴趣中学习，一切教学中的重点和难点都会迎刃而解。

《安塞腰鼓》中提及的"腰鼓"是陕北地区广泛流行的一种民间舞蹈形式，具有2000多年的历史，是陕北地域文化的一个代表，文中也不乏其他具有该地地域文化特征的事物，如：高粱地、黄土高原、山崖的酸枣树等。在教学中，教师可以采用现代多媒体教学设备，运用朗诵与视频相结合的方式，充分调动学生的视觉和听觉，激起学生的学习兴趣，让学生真切感受到腰鼓舞动时呈现出来的壮观情境，同时可以采取对比法，与同样描写舞蹈的《观舞记》来进行比较诵读：与《观舞记》中节奏舒缓、阴柔的印度舞蹈不同的是，《安塞腰鼓》表现出西北汉子的阳刚之气，节奏铿锵有力，让学生感受到作者对高原生命的歌颂和对祖国河山的赞美之情。同时，在一南一北、一柔一刚的对比中，学生也发现了不同地域所展现的文化的不同，通过感情的内化，学生的文化认同感也得到了增强。

三、地域文化的审美教育

审美教育，亦称"美感教育"，它是教育与审美的统一，其特点是通过各种美的形象和美的元素等去触动人的情感，使人的性情在情感的舒悦中受到美的陶冶。[3] 在语文教学中，美包含了许多方面，就存在而言，有社会美、人格美、创造美；就形态而言，有优美、壮美、崇高美；就风格而言，有柔和美、淡雅美、古朴美等。地域文化作为语文教学的重要部分，其美学价值是我们探求美的重要资源。德国著名美学家席勒认为，有促进健康的教育，有促进认识的教育，有促进道德的教育，还有促进鉴赏力和美的教育；而这最后一种教育的目的就在于，培养我们感性和精神力量的整体达到尽可能的和谐。

《社戏》是鲁迅先生以地域文化为背景的作品中一篇不可多得的具有极高审美价值的文学作品。文章通过描写双喜、阿发等农家孩子勤劳、淳朴、乐于助人的优秀品质，展现了人性美。比如，在归途中吃罗汉豆时，考虑到自己的豆子大，阿发主动叫大家摘他家的豆子。除此之外，文章还多角度地展现了自然美，比如：风吹来的豆麦、水草的清香；水汽里月色的朦胧；仿佛是踊跃的铁的兽脊的连山等。这些景象跃然纸上，不仅是一幅色彩绮丽的乡村风光图，更是一幅令人流连忘返的社会风俗画。

再如，我们可以通过北魏郦道元所著的《三峡》来感受大自然的壮美，文章中作者从不同的角度对水流流经的三峡地貌景观进行描述，有正面的"两岸连山，略无阙处，重岩叠嶂"，亦有侧面的"隐天蔽日，自非亭午夜分，不见曦月"；有俯察的"素湍绿潭，回清倒影"，亦有仰观的"绝巘多生怪柏，悬泉瀑布，飞漱其间"；还有以动衬静的"空谷传响，哀转久绝"。透过作者的笔触，我们无不被三峡的雄奇险拔、清幽秀丽所吸引和震撼。

在审美教育中，诱导学生在音乐朗诵的配合下细读并品味作品的感情基调，调动学生的想象力，让学生身临其境，教师再用简洁明了的言语分析文章的重点、难点，让学生由对审美的最初感受升华到对文章深层意蕴的把握，从而提高了学生对美丑的辨别能力、感受能力，发展创造美的能力，以使学生身心和谐。

四、结语

在中学语文地域文化教学的过程中，教师还可以巧妙地将书本里的地域文化知识与本土文化相结合来进行教授，比如，《观舞记》中展现的是阴柔优美的印度舞，而在我国某些地方还流行着具有驱鬼逐疫、祭祀功能的民间舞——傩舞，在这些地区的语文教学中，教师可以将印度舞和傩舞进行对比教学。这不仅会增加学生对家乡的认知，而且也将进一步增强学生对家乡的自豪感、认同感、归属感。

在地域文化教学中，情感教育、审美教育与德性教育相辅相成，缺一不可。学生在学习的过程中了解到各地的风土人情，也深化了自己的情感。地域文化作为华夏几千年文化的"活化石"，是文化中最鲜明的一部分。充分发挥地域文化在中学语文教学中的作用，不仅能有效达到教书育人的目的，而且，它也是我们保护和传承优秀传统文化的重要途径。

（原载于《读写月报》语文教育版，2016 年第 7 期）

注释

1. 冯江明. 语文教学视角的地域文化 [J]. 中学语文：教学大参考，2009，（7）：31
2. 陈立军. 让语文教学与德性教育同频共振 [J]. 基础教育参考，2014，（12）：39
3. 银喜实. 中学语文教学中渗透情感教育初探 [J]. 广西大学学报（哲学社会科学版），2009，（2）：317

中国文体学中"体制为先"观念对中学语文教育的启示[1]

汪群红

文体是文章赖以存在的生命形式，其内涵具有极大的包容性，"体"既有体裁之义，又有语体、体性、体式、体貌之义。中国文体学成熟很早，为中国古代文学批评的主体。近代以来，受西方文学观念的冲击，中国文体学日渐式微。自20世纪80年代起，中国文体学又得到学界重视，正如吴承学所说："中国文体学兴盛，标志着古代文学界的两个回归：一是对中国本土文学理论传统的回归，一个是对古代文学本体的回归。"[2]"所谓对古代文学本体的回归，即突出中国文学特有的语言形式与审美形式特点。"如何将传统文体学与当代文体学学科资源运用于中学语文教育，是值得探索与实践的工作。

总体而言，近年来在新课程标准下，中学语文教学淡化文体的倾向是比较明显的。《普通高中语文课程标准》（实验）对语文课程的性质作了界定："语文是最重要的交际工具，是人类文化的重要组成部分。工具性与人文性的统一，是语文课程的基本特点。"又认为课程的基本理念在于"全面提高学生的语文素养，充分发挥语文课程的育人功能"，"高中语文课程应帮助学生获得较为全面的语文素养，在继续发展和不断提高的过程中有效地发挥作用，以适应未来学习、生活和工作的需要"。然而新课标显然更强调语文课程的育人功能，对语文素养的构成并未加以系统论述。[3]而语文知识的学习是语文课程的核心，其中亦包括文体知识。文体知识的边缘化、碎片化[4]，与中国古代文体学强调学习写作当"体制为先"的观念有很大差距。

语文教育不等同于文学研究与文学教育，不过仍有很多相通之处。笔者认为所谓工具性与人文性，规范性与个性之争，实为中国文学史上反反复复"体制为先"与"性情为先"之争的再次上演。

一、中国文体学史上的"体制为先"观念的形成与发展

　　"体制为先"是中国古代文论的传统观念。中国人很早就有强烈的文体意识，对"文体"辨别贯穿各个朝代。文体的辨析，起于汉代经学注疏，《汉书·艺文志》亦有所体现。魏晋南北朝时期，各类文章的创作日益繁盛，文体淆乱的现象较为严重，辨体的重要性也就突显出来。这一时期的体制辨析侧重于文类的构建以及每一类型整体风貌的概括。《文心雕龙》集中体现了"体制为先"这一指导思想。刘勰认为文章体制的辨别在创作中起着重要的作用。文章的写作应"务先大体"（《总术》），"履端于始，则设情以位体"（《熔裁》），对文章的鉴赏，亦首先为"观位体"（《知音》）。一开始学习写作，就须取法乎上，即所谓"童子雕琢，必先雅制"（《体性》）。他概括"论文叙笔"部分纲领为"原始以表末，释名以章义，选文以定篇，敷理以举统"（《序志》），成为后代文人辨体批评的主要范型，对后世诗文辨体产生极为深刻的影响。

　　唐代"诗格"著作亦注重诗歌辨体，着重辨别诗歌风格及归纳篇章结构与句式，并对诗之对偶声律有更深入的探究。中唐之后诗学，由强调辨别体制、声韵，逐渐走向推崇"意格"。

　　宋代诗论随着文体的发展，体制之辨更为深细，如诗文之辨、诗词之辨等。北宋有名的体制之辨的案例是王禹偁的《竹楼记》与欧阳修《醉翁亭记》优劣之争。或传王安石称《竹楼记》胜欧阳公《醉翁亭记》，有人认为此非王安石之言，黄庭坚则认为，谓王安石出此言未失，黄曰："荆公评文章常先体制而后文之工拙。"如王安石尝观苏子瞻《醉白堂记》，戏曰："文词虽极工，然不是《醉白堂记》，乃是韩白优劣论耳。"言苏文不合记体规范。故黄庭坚曰："以此考之，优《竹楼记》而劣《醉翁亭记》是荆公之言不疑也。"[5]这个案例主要讨论文学创作的体制规范与变异的问题，黄庭坚对王安石文章写作要符合体制规范的观点持信服的态度，足见其文体意识之强。

　　以黄庭坚为代表的江西诗派，虽注重研讨诗歌的体式与作法，然更重字法、句法、章法的研究。刘克庄《江西诗派小序》曰："豫章稍后出，

荟萃百家句律之长，究极历代体制之变，搜猎奇书，穿穴异闻，作为古律，自成一家，虽只字半句不轻出，遂为本朝诸家宗祖。"[6]建炎年间许顗《彦周诗话》亦将"辨句法"看成诗话的首要内容。重视字法、句法、章法研究是北宋诗学较前朝进一步深细的表现。

南宋诗学风气有所转变，出现较多反对死扣句法、字法的诗论。南宋初张戒（—1158 前后）《岁寒堂诗话》论曰："论诗文当以文体为先，警策为后。"[7]他认识到诗歌创作与批评，当首先论其整体风貌，其次论其警策佳句。陈骙（1128—1203），绍兴二十四年（1154）进士第一，所著《文则》作于乾道六年，讲究文体规范，以"最为得体"作为批评标准，更重视为文之结构。又官至礼部尚书的倪思（乾道进士）有言："文章以体制为先，精工次之。失其体制，虽浮声切响，抽黄对白，极其精工不可谓之文矣。"[8]认为营造文章整体风貌，重于艺术技巧的使用。

理学家朱熹（1130—1200）则强调儒家诗教言志的功能，反对诗坛偏重诗艺的风气，其《答杨宋卿》曰："熹闻诗者，志之所之，在心为志，发言为诗。然则诗者岂复有工拙哉？亦视其志之所向者高下如何耳。是以古之君子，德足以求其志，必出于高明纯一之地，其于诗固不学而能之。至于格律之精粗，用韵、属对、比事、遣词之善否，今以魏晋以前诸贤之作考之，盖未有用意于其间者，而况于古诗之流乎！近世作者，乃始留情于此，故诗有工拙之论。而葩藻之词胜，言志之功隐矣。熹不能诗而闻其说如此。"[9]他认为诗有工拙之论，不利于发挥诗歌言志之功效。

朱熹还论及体制规范的重要性。《跋病翁先生诗》曰："此病翁先生少时所作闻筝诗也。规模意态全是学《文选》乐府诸篇，不杂近世俗体。故其气韵高古，而音节华畅，一时辈流少能及之。逮其晚岁，笔力老健，出入众作，自成一家，则已稍变此体矣。然余尝以为天下万事皆有一定之法，学之者须循序而渐进，如学诗则且当以此等为法。庶几不失古人本分，体制向后若能成就变化，固未易量，然变亦大是难事，果然变而不失其正，则纵横妙用何所不可，不幸一失其正，却似反不若守古本旧法以终其身之为稳也。"[10]朱熹《答巩仲至》又曰："来谕所云'漱六艺之芳润，以求真澹'，此诚极至之论。然恐亦须先识得古今体制，雅俗乡背，仍更洗涤得尽肠胃间夙生荤血脂膏，然后此语方有所措。如其未然，窃恐秽浊为主，芳润入不得也。近世诗人，正缘不曾透得此关，而规矩于近局，故其所就，皆不满人意，无足深论。"[11] 辨别古今体制，主要是去俗求雅。此论与严羽诗说已相当接近。

严羽（1197？—1241）为南宋诗学集大成者，对诗歌辨体具有自觉的意识，《沧浪诗话》曰："作诗正须辨尽诸家体制，然后不为旁门所惑。今人作诗，差入门户者，正以体制莫辨也。世之技艺，犹各有家数，市缣帛者必分地道然后知优劣，况文章乎？"[12] "辨家数如辨苍白，方可言诗。"又注曰："荆公评文章，先体制而后文之工拙。"[13] 严羽极力反对宋诗以文字为诗、以议论为诗的倾向，提倡"羚羊挂角，无迹可求"的审美境界，评"汉魏古诗，气象混沌，难以句摘。"[14] "建安之作，全在气象，不可寻枝叶。"[15] "唐人与本朝人诗，未论工拙，直是气象不同。"[16] 均体现出反对一味只论工拙的诗学观念。

元代出现很多将体制辨析与诗法结合起来的诗法诗格著作。如杨载《诗法家数》中"诗学正源""作诗准绳""律诗要法""古诗要法"几部分均论及各体诗的文体功能、组织形式与文体风格等体制规范的内容。托名于傅与砺的《诗法正论》，首言诗权舆于《击壤》、《康衢》，演迤于《卿云》、《南风》，制作于《国风》、《雅》、《颂》；次言《国风》、《雅》、《颂》、歌、行、引、吟、谣、曲之体；又次言苏李五言及魏晋以来之诗。又论"唐人以诗为诗，主达情性，于《三百篇》为近；宋人以文为诗，主立议论，于《三百篇》为远"，[17] 均属于对诗歌源流正变的概括。以上诸家都能在一定程度上结合体制辨析而论诗法，并开始注意体制的源流正变，可谓抓住了论诗的根本问题。

明清两代是古典诗文理论的总结时期，辨体观是其中最为重要的理论问题。[18] 其原因正如徐师曾所云"盖自秦汉而下，文愈盛；文愈盛，故类愈增，类愈增，故体愈众；体愈众，故辨当严"，[19] 辨体的理论意识愈来愈强，出现大量的辨体著作。有冠以辨体之名的，如《文章辨体》《文体明辨》《诗源辩体》等，有未冠辨体之名的，如《艺苑卮言》《诗薮》《唐音癸签》等，都以辨体为主要内容。这一时期亦多有"体制为先"的言论。有突出体制规范的，有重于溯源流、识正变的。如李东阳《怀麓堂诗话》云："予辈留心体制。"[20] 陈洪谟曰："文莫先于辨体，体正而后意以经之，气以贯之，辞以饰之。体者，文之翼也；辞者，文之华也。"[21] 李梦阳《徐迪功集序》曰："追古者未有不先其体者也。"[22] 吴讷曰："文辞以体制为先。"[23] 胡应麟《诗薮》曰："文章自有体裁，凡为某体，务须寻其本色，庶几当行。"[24]

明代诗学继承南宋以后以体明法的传统，亦往往将诗法与体制辨析结合起来。不过明人在严羽等人对诗歌自然浑成之美的推崇方面有更深刻的阐发。王世贞亦谈诗法，但他认为法之最高境界是无法。"风雅三百、古诗十九首，人谓无句法，非也；极自有法，无阶级可寻耳。"[25]"篇法之妙，有不见句法者；句法之妙，有不见字法者。此是法极无迹，人能之至，境与天会，未易求也。"（同上）胡应麟曰："盛唐句法浑涵如两汉之诗，不可以一字求。至老杜而后，句中有奇字为眼，才有此句法，便不浑涵。昔人谓石之有眼为研之一病，余亦谓句中有眼为诗之一病。"[26] 无论齐梁以艳字为眼，还是以奇字为眼，都不足取。因此由"体格声调"到"兴象风神"成为他论诗的基本路径。

在王世贞、胡应麟看来，论体格与章法、句法、字法同等重要，明末许学夷（1563—1633），是一位有较自觉的理论批评意识的诗论家，他明确提出论体气高于论字句的"举本统末"的批评原则：

> 诗有本末。体气，本也；字句，末也。本可以兼末，末不可以兼本。…… 大本既立，旁及支末，则凡六朝唐人所称佳句，多有可取，而于后人所谓诗眼者，亦间有可述。今之学者专心于字法、诗眼，于古人所称佳句已不能识，又安知有体气耶？[27]

所谓"本"，即"体气"，指体制与气格，是一个时代或一位诗人创作体现的整体风貌。"末"则是"字句"的语言构成因素。论"本"意识的确立，与"审其源流，识其正变"一致，也与他倡学汉魏盛唐高格古调、反对单纯模拟唐人字句有关。只有辨清诗歌的体格气象，才能把握住诗歌的本体精神。他认为只讲句法、字法而不讲气格、体制，是本末轻重倒置的做法。还反对将作文之法运用于诗论，而最反感用科举时文的讲解术语来论诗。

与举本统末的思维方式一致，在批评视角方面，许学夷提出了总体把握的主张：

> 古今人论诗，论字不如论句，论句不如论篇，论篇不如论人，

论人不如论代。晚唐、宋、元诸人论诗，多论字、论句，至论篇、论人者寡矣，况论代乎？予之论诗，多论代、论人，至论篇、论句者寡矣，况论字乎？（各卷中虽多引篇摘句，实论一代之体，或一人之体也。）[28]

只有总体考查每一代诗歌创作形式风格的特点，及重要诗人诗歌创作的独特风貌，才能把握诗歌发展与流变的历史。

注重体制辨析，必然重视对诗歌风格流变的梳理。用历史的眼光看诗体的演变在北宋极为少见，从南宋开始亦多有此类论述。如张戒《岁寒堂诗话》有诗"五等说"曰："国朝诸人诗为一等，唐人诗为一等，六朝诗为一等，陶阮、建安七子、两汉为一等，《风》《骚》为一等，学者须以次参究，盈科而后进，可也。"[29] 朱熹《答巩仲至》有诗"三等"说，罗大经《鹤林玉露》誉此论为"本末兼该"。严羽《沧浪诗话·诗评》曰："大历以前，分明是一副言语；晚唐，分明是一副言语；本朝诸公，分明别是一副言语。如此见，方许具一只眼。"[30] 张戒、朱熹等人已经很注重辨别上下古今体制的变化，而不是仅仅局限于本朝诗风；并且开始倡导作诗须取法高格，以盛唐为中心，向上追溯到汉魏古诗，向下将盛唐与中晚唐区分开来。四言以《三百篇》为宗，五言古诗以汉魏为尚，律诗以盛唐为尊，在他们看来，已为不易之论。严羽的四唐说大致亦由此逐渐发展而来。

诗体流变的历史至元明以后逐渐丰满而清晰起来。诗歌选本在其中承担重要角色。方回《瀛奎律髓》选唐宋诗，其中注语多为溯源流、辨体制。杨士弘《唐音》即为"别体制自始终，审音律之正变"之作。明代高棅《唐诗品汇》亦旨在"辨尽诸家，剖析毫芒"。明代中期以后胡应麟的《诗薮》、许学夷的《诗源辩体》等诗学著作亦是这个方面的代表成就。

二、"体制为先"与"性情为先"之争

"体制为先"是中国古代文学批评的基本原则。然而亦不断有学者主张文学创作与文学批评当以"性情为先"。

金代王若虚《文辨》篇有论："荆公谓王元之《竹楼记》胜欧阳《醉翁记》，鲁直亦以为然。曰荆公论文常先体制而后辞之工拙。予谓《醉翁亭记》虽涉玩易，然条达迅快，如肺肝中流出，自是好文章。《竹楼记》虽复得体，

岂足置欧文之上哉？"[31] 王若虚对是否得体显然不以为然，他更看重的是文章抒发真情实感的意义，因而对欧阳修重于抒情的《醉翁亭记》评价更高。"体制为先"与"性情为先"尤以明代最为激烈。明中后期，由于七子派末流模拟有余、创新乏术，"体制为先"又在理论上成为文学革新运动提倡"独抒性灵"的对立面。

上节所述朱熹、严羽既重视体制规范，又强调诗歌言志吟咏性情的功能。至明初高启论曰："诗之要三，曰格、曰意、曰趣而已。格以辨其体，意以达其情，趣以臻其妙也。体不辨则入於邪陋，而师古之义乖；情不达则堕于浮虚，而感人之实浅；妙不臻则流于凡近，而超俗之风微。三者既得，而后典雅、冲淡、豪俊、秾缛、幽婉、奇险之辞，变化不一，随所宜而赋焉。"[32] 在高启的诗学体系中体格、情意、妙趣是三位一体的。

前七子中李梦阳论述诗歌审美标准应是"格古，调逸，气舒，句浑，音圆，思冲，情以发之"（《潜虬山人记》），[33] 又曰："夫诗者，人之鉴者也。夫人动之志，必著之言，言斯永，永斯声，声斯律，律和而应，声永而节，言弗暌志，发之以章，而后诗生焉。……谛情、探调、研思，察气，以是观心，无庾人矣。"（《林公诗序》）[34] 他细致地阐述了情感与言、声、律等物质媒介相契合的生成特征，显然既重视向古人学习体制规范，又是分析情感发生论的高手。前七子中的徐祯卿（1479—1511）更强调情为诗之本源："情者，心之精也。情无定位，触感而兴，既动于中，必形于声。……盖因情以发气，因气以成声，因声耳绘词，因词而定韵，此诗之源。"[35] 他还提出"因情立格"的主张，认为情感是诗歌的核心，格调取决于性情，突出了"情"在创作中的主导地位。不过他又指出："诗贵先合度，而后工拙。纵横格轨，各具风雅。繁钦《定情》，本之郑、卫；'生年不满百'，出自《唐风》；王粲《丛军》，得之二《雅》；张衡《同声》，亦合《关雎》。诸诗固自有工丑，然而并驱者托之轨度也。"（同上）情感、格调在他的理论中实际上是并重的。

然七子派同时代人，对李、何、徐等人诗学主张已持反对意见。陆深（1477—1544），字子渊，松江人，弘治十八年（1505）进士，与李梦阳、何景明、徐祯卿有交游。他开始将模拟之风归咎于"体制为先"的观念，论曰："作诗一事，古人论之详矣。要先认门庭，乃运机轴，须发之性情，写乎胸次，然后体裁格律辩焉。方今诗人辈出，极一代之盛，大抵古宗《选》，律宗杜，可谓门庭正，机轴工矣。惜乎过于模拟，颇伤骨气。"[36] 他指出专工体制的弊病："诗之作，工体制者乏宽裕之风，务气格者少温润之气。"[37] 还反复强调"诗出于情，而体制气格在所后矣。此诗之本也"，认为《三百篇》"多出于委巷与女妇之口，其人初未尝学，其辞旨顾足为后世经。何则？出于情故也"，指出李、何近体创作在体制、格调方面并无突破："诗贵性情，要从胸次中流出。近时李献吉、何仲默最工，姑自其近体论之，似落入格套，虽谓之拟作可也。"[38] 张含（1479—1565），字愈光，云南保山人，正德举人，"杨门七学子"之一，曾师事李梦阳，有《禺山诗选》。他曾经与何景明论诗，何景明认为："行空之马，必服衔控。高才之诗，必准古则。"张含则认为，诗贵于神，不贵于古体之同，其曰："夫学诗，惟其神，不于其形。《诗》《骚》曰经，何景明则于古。故诗必自成其家，而后可传也。苟徒体规矩，以画方圆，则貌象虽符同，而性情咸隐矣。"[39] 这样性情与体制辨析之理论上的对立逐渐建构起来。

在晚明文学革新思潮中，树立诗文创作新风气最有代表性的作家群体是公安派。针对复古派反观传统，取法汉魏盛唐，公安派提出主"变"的文学发展观，为其倡导文学革新的理论基础。从所处时代出发，公安派深刻揭示了文学发展变化的必然性，探讨了文学发展的基本规律。如袁宏道认为，"文章新奇，无定格式，只要发人所不能发，字法句法调法，一一从自己胸中流出，此真新奇也"[40]，提倡字法、句法、调法与性灵的结合。其"独抒性灵，不拘格套"的理论主张，有力地扫荡了文坛的泥古风气。但是过分强调"不拘格套"，因而否定含蓄蕴藉诗学传统；在文学发展观上，只讲变，不讲通，对传统一概否定，均表明公安派文学理论具有一定的片面性。而在创作实践方面，公安派诗歌从整体看，偏于俚俗，过于直白；文章亦多流露出士大夫的闲情逸致，而缺少对时代、社会真正的关注。袁中道对此进行了修正，主张既要向汉魏盛唐学习，又要避免"浮泛之病"；既要学其兄"发抒性灵"，又要"力塞后来俚易趋习"[41]；还要注重法度。这些言论对公安派理论起到了救弊补偏的作用，但公安派亦随着异端思想的逝去而解体。

对于性情与体制关系，在理论上分析较为细致的还是晚明许学夷。首先，他认为"诗文俱以体制为主"[42]。有宗袁宏道者曰："诗在境会之偶谐，即作者亦不自知，先一刻迎之不来，后一刻追之已逝。"许学夷认为此论妙绝，在唐正是孟浩然、崔颢的境界，"然苟不先乎规矩，则野狐外道矣。规矩者，体制声调之谓也。"[43] 要达到情与境会的境界，必须首先掌握借以表现情境的艺术形式在体制声调等方面的基本特征，否则就会违背诗歌创作的基本规范。他认为学汉魏以下诗，均须"先体制后性情"，"不先体制而先性情，所以去古日远耳"[44]。许学夷又言"诗虽尚气格而以体制为先"，初唐诗虽气象风格初备，然仍承继六朝诗之绮丽宏肆，各种形式均为变而未定，体制不纯，如："初唐五言，古、律混淆，古诗既多杂用律体，而排律又多失粘，中或有散句不对者，此承六朝余弊，盖变而未定之体也。徐昌穀酷意仿之，而实无足取。"[45] 学诗者不能徒慕六朝、初唐诗人之气格，而不辨别其体制，一味模仿。许学夷认为杨慎、徐祯卿等人提倡学六朝、初唐诗，均为不辨体制的表现。

论诗"以体制为先"是否意味着与"文以气格为主"相对立，是否意味着诗歌创作不讲性情、声气？"体制为先"强调体制的重要性，重视艺术形式的规范要求，但从整个理论体系看，许学夷是既注重体制，又讲性情、声气。如其曰："风人之诗，其性情、声气、体制、文采、音节，靡不兼善。"[46] "风人之诗既出乎性情之正，而复得于声气之和，故其言微婉而敦厚，优柔而不迫，为万古诗人之经……正风如《关雎》等篇，皆哀而不伤，怨而不怒。学者苟能心气和平，熟读涵泳，未有不恻然而感，惕然而动者。于此而终无所得，则是真识迷谬，性灵梏亡，而于后世之诗，亦无从悟入矣。"[47] 从上所引来看，对体制规范、诗体源流的辨析，不可能排除对有无性情、气格高卑的评判。《诗经》之风人之诗为历代体制之源头，其性情之正、声气之和形成了体制上"委婉而敦厚，优柔而不迫"的特点。而对历代诗歌体格之高下的评定往往主要决定于其"性情"与"气格"。"体制为先"的辨体观念特别强调对体制规范、艺术风貌的辨析，这主要体现为诗学之学诗方面，论文章创作的发生仍然最为重视情兴。

由上所述，很显然，"体制为先"，虽然强调体制的重要性，重视艺术形式的规范要求，但其理论的对立面绝不是性情、声气。性情、声气正是影响诗体流变最主要的因素。

赵宧光天启三年刊刻的诗学著作《弹雅》将体制声调的雅化作为诗学的首要问题。他论及诗歌情真与雅化之间的关系，曰："情真、景真，误杀天下后世。不典不雅，鄙俚叠出，何尝不真？于诗远矣！古人胸中无俗物，可以真境中求雅，今人胸中无雅调，必须雅中求真境。如此求真，真如金玉；如彼求真，真如沙砾矣。大抵汉唐之真如此，宋人之真如彼；初盛之真如此，晚唐之真如彼。二法悬殊，不可不辩。"[48] 真情、真景不一定都能入诗，这就认识到诗歌语言与日常语言的不同，诗歌表现情感并非直接等同于作者的情感本身。

明清之际，钱谦益强调有性情才有诗，论诗当先论有诗无诗，而后论"妍媸巧拙"。其曰："所谓有诗者，惟其志意逼塞，才力愤盈，如风之怒于土壤，如水之壅于息壤，傍魄结橌，不能自喻，然后发作而为诗。凡天地之内，恢诡谲怪，身世之间，交互纬繣，千容万状，皆用以资为诗，夫然后谓之有诗，夫然后可以叶其官商，辨其声病，而指陈其高下得失。如其不然，其中枵然无所有，而极其捔撍之力，以自命为诗。剪彩不可以为花也，刻楮不可以为叶也。其或矫厉精气，寄托感愤，不疾而呻，不哀而悲，皆物象也，皆余气也，则终谓之无诗而已矣。"[49] 很显然钱谦益的诗论体系既与复古派针锋相对又有别于公安派。他从重塑儒家诗教的层面讨论情性，不同于袁宏道"独抒性灵"之心学渊源；在复古派诗学体系中，体格声调与性情是完整统一的，而在他看来形式风格是独立于性情之外的。然而七子派虽未将体格声调与性情对立起来，但在创作实际上，由于一般作者很难将二者统一起来，故其拟议以成其变化的诗学路径，不能单方面解决诗歌创作的根本问题。因而无论钱谦益对复古派的批评有多么偏激，他强调诗之本在于性情，都具有纠正时弊的重要意义。[50]

三、中学语文教育应当"体制为先"

综上所述，对文章体制各方面的把握具体包括：体裁分类、每一体裁的规范性要求、达到规范性要求的语言组织形式（章法结构、表现形式与修辞手法等，即语体）以及文章的体貌等。而文章的体貌又取决于作者的个性情感，因而文体是性情与文章组织形式的统一体，是语言建构的生命整体，我们不能把"体制"与"性情"对立来看。在进行写作之前，需对文章的体裁特点、写作要求，历代作家创作风格有所了解，而创作时，无疑又当"因情立体"，为情感的表达找到合适的体裁，为情而造文，非为文而造情。

回到当下中学语文教育的现状，笔者认为正如中国古代文体学史上的

"体制为先"与"性情为先"从根本上并不矛盾，所谓工具性与人文性，规范性与个性亦非截然对立的二维。解决的方法是，中学语文教育目标应当多元化，而以"体制为先"。"体制为先"，指中学语文教育应回归语文教育的本体，即树立提高学生语文素养的培养目标。语文素养中语言知识是基础，而阅读与表达能力的培养当以文体知识为主。所谓多元化，即指在文体知识的教学中将情感塑造与创造性思维培养贯穿其中。

在"体制为先"的语文教育理念下，笔者对中学语文教科书编写、教学重点、课程目标等方面，提出初步的建议，仅供大家批评。

其一，体制为先，教材编写则当以体裁分类为主，题材分类、表达方式分类为辅。

新课标指出语文教育应当"遵循共同基础与多样选择相统一的原则，构建开放、有序的语文课程。"然而如何建立语文课程的体系，则未明示。人教版高中语文必修与选修课程教科书编制在一定程度上体现了文体意识。人教版高中语文必修课的单元分类采用记叙文、抒情文、议论文、说明文等表达方式的分类方式，突出表达方式的训练，淡化体裁的特点与功能，从而削弱了语文日常应用的功能。

对此，笔者以为可以借鉴《昭明文选》的体例，编写教材，进而建构相应的课程体系。南朝梁代昭明太子主持编选的《文选》选录各体文共39种，《文选序》论及编排的标准云："凡次文之体，各以汇聚。诗赋体既不一，又以类分。类分之中，各以时代相次"。《文选》将文章分为赋、诗、骚、七、诏、册、令、教、文、表、上书、启、弹事、笺、奏记、书、檄、移、对问、设论、辞、序、颂、赞、符命、史论、史述赞、论、连珠、箴、铭、诔、哀、碑文、墓志、行状、吊文、祭文38类。而赋体又按题材分为：京都、畋猎、纪行、游览、物色、鸟兽、志、文、情等类；诗体按题材分为：献诗、公宴、招隐、游览、赠答、行旅、咏史、游仙、乐府、杂诗、杂拟诗等类。此种体例最充分地体现了文章写作的实际功能。

借鉴《文选》的分类方法，依据分层次教学的原则，笔者建议，小学语文教科书可以题材分类，初中语文教科书以叙事、抒情、议论、说明、描写等语言表达方式进行分类，高中语文教材则应当依据体裁分类而设计学习单元。

另外，体裁分类又不限于现代意义上的文学概念，而以采用大文学概念为宜。目前依据新课标编写的教材，主要依据现代文学概念，选入诗歌、散文、戏剧、小说、传记、新闻、科普文等文体。而在中国古代，"文"一般是大文学观念，包括各种文章体裁，实用性文体亦包括其中。诗歌、辞赋与诏策、章表、书记等文体都属于文的范围，功能不同，然均须文质彬彬，华实兼备。学习实用文，不仅因其实用，而是要学习好的实用文的表达。文章写作只有符合语言美的要求，才能更好地实现传达与交流的目的。

其二，体制为先，课堂教学当以文体规范要求为重点。语文课不仅要讨论文本写了什么，更要讨论是怎么写的。王荣生在《语文教育理论实践的汇流》一书中专列《依据文本体式确定教学内容》一节，已论及依据文本体式选择教学内容的重要性，指出"依据文本体式来解读文，来把握一篇课文的教学内容，是阅读的基础，"[51] 惜其所论略简。人教版选修课教材的文体意识较强，然教学参考书的编写总体上差强人意。如唐宋诗选读，只是选录一些鉴赏性的文章，对古诗特点做总体的介绍。笔者以为尚可以做进一步的细化。

如古诗可分为五、七言古体、五、七言近体，不同诗体，其体制特点，风格风貌，表现诗人情感的性质有很大不同。如元代杨载论绝句之法，"要婉曲回环，删芜就简，句绝意不绝，多以第三句为主，而第四句发之……承接之间，开与合想关，反与正相依，顺与承接之间……"[52] 杨载将起承转合称为律诗要法。他说："破题——或对景兴起，或比起，或引事起，或就题犯，要突兀高远，如狂风卷浪，势欲滔天。是谓之起。颔联——或写意，或写景，或书事，用事引证，此联要接破题，要如骊龙之珠，抱而不脱。是谓之承。颈联——或写意，或写景，或书事，用事引证，与前联之意相应相避，要变化，如疾雷破山，观者惊愕。是谓之转。结句——或就题结，或开一步，或缴前之意，或用事，必放一句作散场，如剡溪之棹，自去自回，言有尽而意无穷。是谓之合。"[53] 律诗言语精密，所叙之情应当细密深沉。

由此可知，了解不同体裁的特点，对把握作品的情感内容亦有很大帮助。胡应麟论五七言绝句之异曰："五言绝，尚真切，质多胜文；七言绝，尚高华，文多胜质。五言绝，昉于两汉；七言绝，起自六朝。源流迥别，体制自殊"，五、七言绝风格不同，表达的情感亦不同，然无论五绝或七绝，"至意当含蓄，语务春容，则二者一律也。"[54] 又如戏剧教学，突出悲剧与喜剧的不同，更有益于把握戏剧作品传达的感情，而目前编写的教材参考书，在这方面用力尚显不够。

另外，有不少专家主张以语体作为语文教学的重点。[55] 然语体是构成文体的语言组织形式，语体是依附于文体的。对语体的分析不能脱离文体的整体语境。正如《文心雕龙·知音》篇所论："是以将阅文情，先标六观：一观位体，二观置辞，三观通变，四观奇正，五观事义，六观宫商。斯术既形，则优劣见矣。"阅读文章首先审其体制、体类，然后才考查其用辞等方面的特点。因而语文课程的教学，应当在文体整体把握的基础上进行语体教学。如有关唐宋八大家散文的教学，应重视散体文与骈体文差异的比较，教科书应多选入一些骈体文，这有助于培养学生的语感，尤其是恰如其分地运用骈句与散句的能力。

其三，体制为先，有助于树立学生文章写作"破体"的创新意识。

强调"体制为先"并非不讲变化创造。文体辨析，既包括对正体的辨析，又包括对"变体"的辨识，"文体"有因变而盛者，亦有因变而衰者。尊体是破体的依据，通是变的基础。如李梦阳《徐迪公集序》曰："夫追古者未有不先其体者也。然守而未化，故蹊径存焉。"[56] 学古者以学习古代体制格调为先，但不能守而不化。明代王廷相强调博学的重要性，故而论创作的具体途径便强调从拟议到变化："工师之巧，不离规矩；画手迈伦，必先拟摹。《风》《骚》乐府，各具体裁；苏、李、曹、刘，辞分界域。欲擅文圃之撰，须参极古之遗，调其步武，约其尺度，以为我则，所不能已也。久焉纯熟，自尔悟入，神情昭于肺腑，灵境彻于视听，开阖起伏，出入变化，古师妙拟，悉归我囿。"[57] 他对诗歌创作从学习传统到悟入再到出入变化这一过程的描述是符合创作一般实际的。边贡 (1476—1532) 诗论亦强调守正出奇，其一文论曰："世之论诗者多厌正而喜奇，喜奇则难矣正，固不易造也。奇非正，则多失；正非奇，则茸然不振；其病均耳。守之以正，而时出其奇，非老将孰能当之！"[58] 正为常体，之后再追求变化出奇。拟议成其变化，守正出奇，在理论上与实践上都是言之成理的。

如词体教学，应对柳永、苏轼、李清照、辛弃疾等名家的词作多做比较，突显苏词、辛词以诗入词、以文入词、以赋入词的"破体"创新特点。又如游记体文，正体当以记游为主，王安石《游褒禅山记》则体现记游与议论结合的特点，教师应引导学生理解宋人作文尚理的特点；袁宏道《满井游记》则更注重对自然景物的描写，教师应引导学生体会晚明小品文特点及其与宋代游记重抒情议论相结合写法的不同。建议学生学习教材中所有游记之后，再将不同时期的游记加以比较，从而探究游记体名篇是如何不断"破体"创新的。

由此可见，本文主张中学语文教育"体制为先"，并非完全否定新课程标准。新课程标准强调语文学习过程中的创新意识，如"学习多角度多层次地阅读，对优秀作品能够常读常新，获得新的体验和发现。学习用历史眼光和现代观念审视古代作品的内容和思想倾向，提出自己的看法。在探究活动中，勇于提出自己的见解，尊重他人的成果，不断提高探究能力，逐步养成严谨、求实的学风"，亦是语文教育的重要原则，不可摈弃，强调"体制为先"的教育理念，与"自主、合作、探究的学习方式"并非矛盾，而是相辅相成的关系。而提倡"体制为先"的语文教育理念，将更有助于培养和提升学生的语言应用能力，中学语文教师应不断提高自己文体学方面的知识素养与各体文的写作能力。

（原载于《教育学术月刊》，2015 年第 11 期）

注释

1. 本文系江西省高等学校教学改革研究项目"中国文学学科'文体学'课程体系的建构"阶段性成果。
2. 吴承学. 中国古代文体学研究 [M]. 北京：人民出版社，2011：213
3. 王萍. 从百年课纲的演变看中学语文课程知识的发展 [J]. 湖南科技学院学报，2007，（7）：72
4. 陈雪虎. 所谓文体不限：当代语文教育文体意识的贫困 [J]. 文艺争鸣，2005，（1）：81
5 黄庭坚. 书王元之竹楼记后 [A]. 豫章黄先生文集 [C]. 四部丛刊本：卷 26
6. 丁福保. 历代诗话续编 [C]. 北京：中华书局，1983：478
7. 丁福保. 历代诗话续编 [C]. 北京：中华书局，1983：459
8. 潘昂霄. 金石例 [M]. 影印文渊阁《四库全书》本：卷 9
9. 朱熹. 晦庵集 [C]. 影印文渊阁《四库全书》本：卷 39
10. 朱熹. 晦庵集 [C]. 影印文渊阁《四库全书》本：卷 84
11. 朱熹. 晦庵集 [C]. 影印文渊阁《四库全书》本：卷 64
12. 郭绍虞. 沧浪诗话校释 [M]. 北京：人民文学出版社，1961：252
13. 郭绍虞. 沧浪诗话校释 [M]. 北京：人民文学出版社，1961：136
14. 郭绍虞. 沧浪诗话校释 [M]. 北京：人民文学出版社，1961：138
15. 郭绍虞. 沧浪诗话校释 [M]. 北京：人民文学出版社，1961：145
16. 郭绍虞. 沧浪诗话校释 [M]. 北京：人民文学出版社，1961：133
17. 张健. 元代诗法校考 [M]. 北京：北京大学出版社，2001：240
18. 许结. 中国明清诗话中辨体观分析——以许学夷〈诗源辩体〉为中心 [A]. 诗话学（第二辑）[C]. 韩国梨花图书，1999：127
19. 徐师曾. 文体明辨序说 [M]. 北京：人民文学出版社，1998：78
20. 丁福保. 历代诗话续编 [C]. 北京：中华书局，1983：1369
21. 徐师曾. 文体明辨序说 [M]. 北京：人民文学出版社，1998：80
22. 李梦阳. 空同集 [M]. 影印文渊阁，《四库全书》本：卷 52
23. 吴讷. 文章辨体凡例 [M]. 北京：人民文学出版社，1998：78
24. 胡应麟. 诗薮 [M]. 上海：上海古籍出版社，1978：21
25. 丁福保. 历代诗话续编 [C]. 北京：中华书局，1983：964
26. 胡应麟. 诗薮 [M]. 上海：上海古籍出版社，1978：87
27. 许学夷. 诗源辩体 [M]. 北京：人民文学出版社，1987：326-327

28. 许学夷. 诗源辩体 [M]. 北京：人民文学出版社，1987：326
29. 丁福保. 历代诗话续编 [C]. 北京：中华书局，1983：451
30. 郭绍虞. 沧浪诗话校释 [M]. 北京：人民文学出版社，1961：129
31. 王若虚：滹南集，影印文渊阁《四库全书》本：卷36
32. 高启. 高青丘集 [C]. 上海：上海古籍出版社，1985：885
33. 李梦阳. 空同集 [C]. 影印文渊阁《四库全书》本：卷47
34. 李梦阳. 空同集 [C]. 影印文渊阁《四库全书》本：卷51
35. 何文焕. 历代诗话 [C]. 北京：中华书局，1981：769
36. 陆深. 俨山续集 [C]. 影印文渊阁《四库全书》本，卷10
37. 陆深. 俨山集 [C]. 影印文渊阁《四库全书》本，卷48
38. 陆深. 俨山集 [C]. 影印文渊阁《四库全书》本，卷15
39. 张含. 跋杨太史邯郸才人嫁为厮养卒妇 [A]. 张愈光诗文选 [C]. 云南丛书初编本.
40. 袁宏道. 袁宏道集笺校 [M]. 上海：上海古籍出版社钱伯城笺校本，1979：786
41. 袁中道. 珂雪斋近集 [C]. 上海：上海古籍出版社，1989：458
42. 许学夷. 诗源辩体 [M]. 北京：人民文学出版社，1987：142
43. 许学夷. 诗源辩体 [M]. 北京：人民文学出版社，1987：323
44. 许学夷. 诗源辩体 [M]. 北京：人民文学出版社，1987：393
45. 许学夷. 诗源辩体 [M]. 北京：人民文学出版社，1987：153
46. 许学夷. 诗源辩体 [M]. 北京：人民文学出版社，1987：6
47. 许学夷. 诗源辩体 [M]. 北京：人民文学出版社，1987：2-3
48. 赵宧光. 弹雅 [M]. 明天启3年刻本：卷1
49. 钱谦益. 书瞿有仲诗卷 [A]. 钱牧斋全集 [C]. 上海：上海古籍出版社，2003：1557
50. 汪泓. 明代诗学"体制为先"观念的内涵及其演变 [J]. 江西社会科学，2007，（5）：228-236
51. 王荣生. 求索与创生：语文教育理论实践的汇流 [M]. 济南：山东教育出版社，2013：256
52. 何文焕. 历代诗话 [C]. 北京：中华书局，1981：729
53. 何文焕. 历代诗话 [C]. 北京：中华书局，1981：111
54. 胡应麟. 诗薮 [M]. 上海：上海古籍出版社，1978：101
55. 胡妍. 试论语体与文体的关联 [J]. 广州大学学报（社会科学版），2004，（4）：72
56. 李梦阳. 空同集 [M]. 影印文渊阁《四库全书》本：卷52
57. 王廷相. 与郭价夫学士论诗书 [A]. 王氏家藏集 [C]. 影印文渊阁《四库全书》本：卷28
58. 边贡. 题史元之所藏沈休翁高铁溪诗卷 [A]. 华泉集 [C]. 影印文渊阁《四库全书》本：卷14

母语教育功利化的突围：高考语文单独划线

陈　波　刘楚群

母语教育包括中学语文教育和大学母语教育。母语教育在国家的发展过程中处于重要的战略地位，直接关系到国家的强弱、民族的命运。在2005年上海世博会语言环境建设国际论坛上，专家呼吁，中国不但要成为经济强国，而且要成为语言强国。但今天我们的母语教育却遇到了空前的危机，导致国人母语学习的热情大大降低、母语水平普遍下降。探寻母语教育的出路是摆在国人面前的一个非常严峻的课题。

一、功利化藩篱下的母语教育

当今教育已经走上了一条功利化、快速化的轨道，这种功利化的教育，没有把"实现人的全面发展"这一教育的真正目的放在第一位，而是让教育实现利益最大化。据2010年9月20日的《人民日报》报道，复旦大学校长杨玉良院士认为，当今社会及教育界某些人存在明显的功利化心态，致使学生急功近利、教师心态浮躁。乌鲁木齐市高级中学校长程明轩认为，目前普遍存在的狭隘的功利化，使学生、教师、学校、家庭乃至一些官员个体和政府部门都深陷其中而难以自拔，且乐此不疲，往往过于看重结果而淡化过程。[1]总之，无论是中学还是大学，都笼罩在教育功利化的藩篱之下。教育功利化在中学集中表现为："升学就是一切、上好学校就是硬道理"。在教育功利化藩篱之下，语文教育最不受重视。因为语文是一门积累性较强的课程，要求学生对语文知识进行长时间的累积，而其效益往往不是短时间可以凸显出来的。语文"投入大、见效慢"，学生的语文分数在高考中基本上拉不开差距，所以无论是学生、家长、各级学校，还是有关教育部门，都不把语文当回事。什么素质教育，什么汉语言基础训练，什么唐诗宋词汉赋，统统得为应试教育、为升学让路。教育功利化在大学表现为，对经济利益的过分强调，忽视基础性学科的建设；对实用技能的过分追求，忽视人文素养的提升。在功利化理念的支配之下，大学把有限的教育资源大都投向了应用型、技能型的课程建设，而基础性的人文素质课程往往不受重视，这一点从几十年来《大学语文》课程的命运变化就可以清楚地看出来。20世纪80年代，《大学语文》是公共必修基础课，有100多个课时，现在基本沦为一门无人问津的选修课，30多个课时。[2]大学生也不愿意上《大学语文》，他们把大部分时间和精力都花在学英语、学电脑、学用人单位需要的各种资格证考试的内容上。总之，这种功利化的教育严重制约了母语教育的有效实施，不论是中学语文教育还是大学母语教育都受到了严重的影响。

母语教育功利化最直接的恶果是学生乃至全体国民的母语素质下降。南京大学鲁国尧教授认为，有些本科毕业生连一封信都写得词不达意。而至于理科生写文章"一逗到底"，文秘专业毕业生不会写公文，医学专业毕业生写不明白病理……更是司空见惯了。[3]华中师范大学汪国胜教授通过问卷调查发现，大学生的口语表达能力缺乏严格的训练，特别是普通话水平不够理想；学生的文字关没有过，书面语也不怎么理想，在语言方面的基本功不扎实。[4]社会各阶层的母语水平也难以令人满意，据2005年3月6日《光明日报》报道：中国气象局国家气象中心首席专家、研究员张德二委员认为，当前，我国青年科技人员的中文水平呈明显下降趋势。有相当一部分青年学者在日常生活中和做学术报告时，随意用英文单词置换中文；在他们的书面材料中，文字粗糙，语法错误、错别字、病句甚多，文理不通的问题也很普遍。如果对这种现象熟视无睹，其后果将不只是一代科技人员的语文水平低下问题，更将危及祖国语言文字的纯正和文化传承。总之，在教育功利化的藩篱之下，母语教育得不到重视，国人的母语水平出现了令人难堪的状况。

二、冲破母语教育的功利化：高考语文单独划线

尽管我们在母语教育领域也进行了很多探索和改革，但其尴尬状况并没

有得到实质性的改变，社会上批评之声仍不绝于耳，原因何在？最关键的原因就在于母语教育一直没能突破功利化的藩篱，没有办法改变中学语文在高考中"效益不明显"的现状，大学生母语水平的高低也不影响其找工作。在功利化的桎梏之下，学生感受不到母语学习过程的快乐，教师感受不到母语教育的成就，社会也感受不到母语教育的成效。

笔者认为，在目前条件之下，母语教育要冲破功利化的藩篱，最切实有效的一个办法是在国家政策层面提高语文教育这一学科的地位。具体而言，就是在高考中提高语文的地位，对语文进行单独划线，即在高校新生录取时对语文提出单独的要求，要求学生语文成绩达到一定的分数时才能被大学录取，就像在硕士研究生入学考试中对外语（主要是英语）进行单独划线一样。在高考语文单独划线的条件下，语文就成为高考是否成功的关键因素，语文成绩好不一定考得上大学，但语文成绩不好肯定考不上大学。这就促使学生、学校乃至全社会重视语文的学与教，把语文教学提高到其应有的地位。在高考中对语文进行单独划线意义重大，这不仅是关于母语教育的局部问题，也是关乎国家民族前途的全局性问题。

首先，目前国人的母语情怀正变得越来越淡漠，高考语文单独划线能够提升国人对母语的重视，并培养民族自尊自强的情怀。

新中国成立之初，党和政府就非常重视母语教育问题。《人民日报》于 1951 年 6 月 6 日起开始连载吕叔湘和朱德熙合写的《语法修辞讲话》，并发表《正确地使用祖国的语言，为语言的纯洁和健康而斗争》的社论。社论明确指出："正确地运用语言来表现思想，在今天，在共产党所领导的各项工作中具有重大的政治意义。"一时之间，在全国范围掀起了母语学习、母语教育的高潮。然而，在经济飞速发展的今天，我们的母语却遇到了来自英语的空前的挑战。中国人考大学、考硕士、考博士都要考英语，评定职称要考英语，录用人才要考英语，总之，在众多"关乎命运"的重要关头都需要英语来开山铺路，而母语水平如何则无关紧要。英语的地位在中国被抬高到了无以复加的程度。国家语委副主任、教育部语言文字应用管理司司长王登峰说："英语正逐步渗透到我们生活中，对我们传承好本民族语言提出了挑战。"确实如此，过分强调别人的语言，就会无意中淡忘自己的语言之根，影响到民族文化的纯洁性和可持续发展。法国大文豪罗曼•罗兰认为，语言是种族的特征，是血肉关系中最密切、最不容易泯灭的部分。在英语的强烈冲击之下，我们迫切需要提升母语的地位。在高考中对语文进行单独划线，就是从国家政策层面上提升母语的地位。在高考中对语文进行单独划线，其实是我们对待母语的态度问题，在一定程度上也表现出我们对国家的态度、对民族的态度。所以说，高考语文单独划线有利于增强国民的母语自豪感，有利于培育自尊自强的民族精神和民族情结。

其次，高考语文单独划线能促进大中学校重视母语教育，改变中学语文教学和大学母语教育的尴尬现状，从而有效提升大中学生的母语素质。

众所周知，母语教育是一切学科的基础，它不仅仅教授学生如何利用母语进行交际交流，更担负着启迪心灵、塑造灵魂、陶冶情操的重要作用。在功利化藩篱之下，中学的语文教育最不受重视，无论是学生、家长、各级学校还是有关教育部门都不把语文当回事。在他们看来，语文就像是可有可无的东西，因为语文与学生的"前途"关系不密切，语文成绩好也不一定考得上大学，而语文水平差的人也可以实现自己的大学梦。全国特级教师于漪老师认为，当前语文教学的危机表现为对语文不重视。如果在高考中能对语文进行单独划线，把母语水平作为大学录取的一条硬性标准，各级教育部门和学生都会把语文当成头等大事来抓，学生的母语水平一定会更上一个台阶。在功利化藩篱之下，大学母语教育也完全被边缘化了，无论是学科本身、课程地位，还是授课教师，都处于边缘化的位置。尽管大家都明白大学母语教育对全面提高学生素质有很大的帮助，但母语教育的课程（主要是《大学语文》）在大学中处于非常尴尬的地位，学科地位不明确，学生选课很少。北京师范大学王宁教授说，不少学校的"大学语文"处于十分尴尬的局面：开成必修课，不受欢迎，大家敷衍了事；开成选修课，门前冷落，只有一些学分实在不够需要填补学分的人才来选。[5] 这也都是功利化教育惹的祸。在大学生毕业的时候，学校对他们的外语水平有一定的要求，但他们的母语水平如何，就没人管了。在这种功利化环境之下，大学母语教育被边缘化也就成了必然。如果在高考中对语文进行单独划线，大学再顺其自然地延续这一政策，对大学毕业生进行母语水平等级测试，就像大学英语四六级考试一样。如果大学生的母语水平达不到一定的等级标准就不授予学位，这样，大学母语教育的现状就会得到根本的改观，大学生母语学习的积极性会大大提高，大学生的母语水平也自然会得到明显的改善。

复次，国民母语素质是提升国家科技水平的基础，是保证中国在激烈的国际竞争中处于不败地位的必要条件，而高考语文单独划线能切实提升国民母语素质，应当纳入教育改革的视线之中。

母语素质的高低在一定程度上往往能决定一个人的成败。联合国教科文组织强调，作为 21 世纪人才的基本素养，"第一是母语能力，第二是外语能力，第三是信息能力。""母语能力是第一位的。"[6]高考语文单独划线的最直接效益是迫使学生、学校、家长乃至全体社会都重视母语教育，从而切实提高学生乃至全体国民的母语素质。由此可见，母语不仅仅是一种交际交流的工具，同时也承载了大量的文化信息和民族的思维特征。母语对学习其他学科的发展也有很大的影响。教育部语言文字信息管理司原司长李宇明认为，一个人的思维只能达到母语思维的高度，如果母语不能够得到完善发展的话，就不能期望他能够进行很高级的学术创造，不能期望他能在科技、艺术上有重大突破。[7]早在 20 世纪 80 年代，著名数学家苏步青就写过文章《理工科学生也要有文科知识》。近年来的中外科学家也有过相关研究，2006 年 6 月 27 日新华网报道，中美两国科学家联合进行的一项研究表明，母语对人们处理数学问题的能力有显著影响；2010 年 7 月 19 日新浪科技栏目报道，美国科学家的一项新的研究显示，母语与人的音乐天分有着内在的联系。不管从事什么学科的工作，母语水平都必须达到一定的程度。从实践来看，在自然科学领域卓有成效的科学家的母语水平都很高，钱学森、李四光、杨振宁、丁肇中……撰写的《现代自然科学的基础学科》《人类的出现》《邓稼先》《应有格物致知精神》等都是文笔优美、简洁流畅的美文，且均已选入中学语文教材。

然而，今天新生代的科学家的母语功底已经很难与老一辈相提并论了。2004 年 4 月 14 日《文汇报》发表文章《经典名篇大都年代久远，当代新作难合学生胃口——语文教改难觅科普范文》，其中论及上海新编高中教材时竟然找不到反映当代最新科技的优秀科普时文。一些曾经拥有影响力的科学期刊不是文字质量下降，就是成了应试教育的牺牲品。勉强选入教材的文章让学生不是感觉索然寡味就是觉得太难懂。在目前身处科研一线的青年一代中，很少有人抽空撰写科普文章，即使偶有创作，其文学功底也远不及华罗庚、茅以升、谷超豪等老一辈科学家。可以毫不夸张地说，如果再不重视母语教育，切实提升国民的母语水平，我们的民族将会最终在今后日趋激烈的国际竞争中败下阵来。

总之，在目前教育功利化的藩篱之下，高考语文单独划线能够提升国人对母语的重视，培养民族自尊自强的情怀；能够改变中学语文教学和大学母语教育的尴尬现状，有效提升大中学生的母语素质；能够切实提高国民母语素质，从而夯实国家科技水平的基础，保证中国在激烈的国际竞争中立于不败之地。

三、高考语文单独划线的可行性分析

早在 20 世纪 80 年代，苏步青以复旦大学校长的身份提出了复旦大学招生要先考语文的主张。从某种意义上说，这其实就是要对语文进行单独划线。在今天看来，苏步青校长的思想是有远见的，也是可行的。

高考语文单独划线是实行"一票否决制"，即只要语文不达标就不能被大学录取，这看起来是在对高考进行伤筋动骨的改革，甚至可能会影响到高校的招生工作，其实不然。只要我们措施得当，执行科学，基本上不太会影响现行的高招工作。从高招实践来看，目前已有很多高校在录取时对语文成绩提出了相关要求。据 2011 年 1 月 27 日《京华时报》报道，在 2011 年招收艺术类专业的高校中，中央美术学院、中央戏剧学院等 31 所独立设置的本科艺术院校可自行划定本校艺术类本科专业分数线和文化课考试录取控制分数线。部分招生高校还会对语文、外语等单科成绩提出要求。我们也对 2012 年在江西招生的各层次本科院校进行了统计，发现已经有一些高校的某些专业对高考语文成绩提出了要求（见表一）。

这些学校的专业要求可以看作是高考语文单独划线改革的试验。根据相关数据分析可以发现，这些高校所提出的语文分数要求并不会影响其生源。江西省 2012 年高考的语文平均分是 93.3 分，三本以上的录取率是 47.8%。[8] 所以，如果以 90 分作为语文的最低分数要求，并不会对高校生源造成影响。从这个角度来说，高考语文单独划线带来的影响更多的是对全社会心理上的警示或震撼，让人们明白语文在高考中的重要性。如果达不到标准就不能上大学，迫使学生、学校、家长等都重视语文问题，从而愿意花更多的时间和精力来对待语文，而这就能在无形中提高大学入学新生的母语水平。

录取批次	招生院校与专业	对语文分数的要求
提前录取本科高	中国青年政治学院，汉语言文学专业	不低于90分
	中国青年政治学院，新闻学专业	不低于110分
	国际关系学院，国际政治专业	良好
	国际关系学院，法语专业	良好
第一批本科高校	北京体育大学，新闻学专业	不低于110分
	江西师范大学，汉语言文学专业	不低于90分
第二批本科高校	河北工程学院，汉语言文学专业	不低于105分
	内蒙古科技大学，汉语言文学专业	不低于90分
	内蒙古科技大学包头师范学院，汉语言文学专业	不低于90分
	内蒙古民族大学，汉语言文学专业	不低于90分
	吉林华侨外国语学院，对外汉语专业	不低于100分
第三批本科高校	昆明理工大学津桥学院，对外汉语专业	不低于90分
	江西财经大学经济管理学院，新闻学专业	不低于90分

表一

　　总之，在目前英语强势、母语弱势的状况之下，对高考语文进行单独划线本质上是从国家政策层面让母语的地位得以提升。这不仅仅是一个母语教育成效方面的局部问题，而且是关乎提高全体国民语文素养和提升民族自豪感的全局性问题。当然，高考语文单独划线是一个系统、复杂的工程，其具体做法有待深入研究。

（原载于《读写月报》语文教育版，2016年第1期）

注释

1. 程明轩. 论狭隘的教育功利化的表现及其危害 [J]. 新疆教育学院学报，2005，（3）：40
2. 王步高，张申平，杨小晶. 我国大学母语教育现状——三年来对全国近300所高校"大学语文"开课情况的调查报告 [J]. 中国大学教学，2007，（3）：19
3. 桑哲，鲁国尧. 提高语文素养，重视母语教学——访南京大学中文系鲁国尧教授 [J]. 现代语文，2006，（4）：5
4. 汪国胜. 语言教育论 [M]. 武汉：华中师范大学出版社，2006：235-241
5. 王宁，孙炜. 论母语与母语安全 [J]. 陕西师范大学学报（哲学社会科学版），2005，（6）：75
6. 王远新，双语教学与研究 [M]. 北京：中央民族大学出版社，2002：130-133
7. 李宇明，中国的语言生活问题——在中国修辞学会第12届年会上的讲话 [J]. 渤海大学学报（哲学社会科学版），2005，（1）：3
8. 江西省教育考试院公告 http://eea.jxedu.gov.cn/ksyptgk/zkkx/2012/08/20120816044105452.html.

与《故都的秋》的三重对话

邹花香 陈佰兴

读《故都的秋》，能赏鉴一地景，遇见一个人，洞悉一些文化心理。

《故都的秋》选自郁达夫的散文集《闲书》，是人教版高中语文必修二第一单元的一篇课文。1934年7月，郁达夫带着家眷从杭州上青岛，8月去了北平，8月16日郁达夫在《故都日记》的一章中写道："接《人间世》社快信，王佘杞来信，都系为催稿的事情，王并且还约定于明日来坐索。"17日又写道："晨起，为王佘杞写了两千个字。题名'故都的秋'。"郁达夫以清新的语言，将自己对北平秋味的入微体察和人生体验融合，通过对故都北平秋景的细腻描摹，抒发了对北平秋味的眷恋之情和内心的一丝落寞，体现了其当时的处境和浓重的"主观色彩"。《故都的秋》全文紧扣"清、静、悲凉"，通过"庭院清秋""秋槐落蕊""秋蝉蝉鸣""秋雨话凉""秋日胜果"等画面，以情驭景、以景显情，将自然的客观色彩（故都秋色）与作者内心的主观色彩（个人心情）完美融合，鲜明地体现出郁达夫的艺术个性和审美追求，成为现代散文史上的名篇。

于读者而言，品味郁达夫笔下的"秋味"的过程充满着对已有阅读经验的不断否定与丰富。接受美学观点认为，文本是作品与读者相互作用生成的，是动态的。阅读作品过程，是读者的"期待视野"——阅读作品时读者的文学阅读经验构成的思维定向或现在结构（各种经验、趣味、素养、理想等综合形成的对文学作品的一种欣赏要求和欣赏水平）与新作品从矛盾到统一，再从新的矛盾到新统一，这是一个不断打破平衡，建立新平衡的"效果"历史过程。文学阅读史就是作品和读者的期待视野相互作用，不断产生审美距离而发生期待视野改变，从而产生新作品的过程。根据其理论，笔者以为：作者个人意志有时可以满足读者期待视野，有时是不能的。当然，满足（实际是读者与作品或作者产生了共鸣）之后进一步印证了读者的生活体验或文学作品阅读经验，因此得到审美愉悦，更多是通过文学作品阅读对自身生活及内心需求进行观照；阅读《故都的秋》，作为中学生读者而言，依其生活体验或文学作品阅读经验，可能大多数还不能产生相应的满足，恰恰相反，很有可能会产生阅读理解的"矛盾"或"困惑"，这矛盾与困惑就是学生对作者独特审美体验的难以"共鸣"。

作者独特审美体验集中表现在两方面：一是作者选择的不是文学作品中悲秋常见之秋景秋物，而是寻常巷陌读者常见但又被忽视的秋景秋物，来表现自然景观的"清、静、悲凉"；二是作者对"清、静、悲凉"的秋味不但没有传统悲秋的情怀，反而生发出"我的不远千里，要从杭州赶上青岛，更要从青岛赶上北平来的理由，也不过想饱尝一尝这'秋'，这故都的秋味。""秋天，这北国的秋天，若留得住的话，我愿把寿命的三分之二折去，换得一个三分之一的零头。"

本文试图挖掘形成作者"独特审美体验"的深层次原因，以帮助学生解决矛盾困惑，使新作品和读者与原有期待视野从矛盾到统一，从而打破平衡，建立新平衡，一方面使学生读者产生新的"心理图式"，丰富文学阅读的经验，提升文学阅读水平；另外一方面，也可以"因为阅读产生新的作品，建构新的意义"。

一、自然景观之秋味——景色选择的独特

秋，不同气候看，不同时间看，不同地点看，不同关注点看，会有不同味道。作者表现北平秋味，在景的选择与描摹上体现出鲜明的个人意志。

作者于北平秋景中，选择"破败庭院""秋槐落蕊""残鸣秋蝉""凉秋雨"等物，细腻地描摹其色调、数量、声响、形状、温度，来呈现出北平"清、静、悲凉"的秋味。写所见——破屋、破壁腰中、牵牛花，写所闻——驯鸽飞声、蝉鸣声；写所为——喝浓茶，数日光，静观蓝朵，轻踏落蕊。作者没有选择传统写秋常见之物，而是用生活中常见又容易被忽视之物。徐西前、赵文峰分析："写槐写蕊，首着一'落'字。写蝉写声，首着一'衰'字。写雨写人，首着一'叹'字。写树写枣，首着一'风'字。故都之秋，天上地上，无论声色，无论人物，都贯以生命的音符，都伴以弱者的悲鸣，

从而合奏起生命的悲歌。"[1]

二、人生境况之秋味——作者个人的烙印

散文阅读作为一种审美阅读,其本质特征在于读出散文中的"我"(作者)。郁达夫说过,"现代散文之最大特征,是每一个作家的每一篇散文里所表现的个性,比以前的任何散文都来的强。……现代的散文,更带有自叙的色彩。"[2]当代散文研究著名学者刘锡庆曾对散文有一个精彩概括:散文姓"散"(散行成体),名"文"(文学),字"自我"(具有独特个性的真实作者)。

温儒敏说"郁达夫别具一种生活的'吟味力',他以自身体验乃至个性、气质去咀嚼漱涤万物,似乎可以与大自然产生情感交流。所以他笔下的景致,与其说是自然景物客观的拍照,不如说是抹上了主观色彩的风景画"[3]也就是说,他的作品体现出浓郁的个性特点和抒情色彩。

陈日亮认为,郁达夫在此文中"融进了太多只属于他个人的独特的审美感受。故都的秋,与其说是故都北平所独有的,不如说是专属于郁达夫的,全然只是郁达夫的秋"[4]所以,故都的"秋",其实是郁达夫的"秋",是具有强烈主观色彩、审美取向、文学追求和人生经历观照的非理性认知的"秋"。他笔下的秋味——清、静、悲凉,实乃其人生境况之"秋味"。而这种"秋"之味之所以清晰而浓烈,源于他对待人生的三种意识。

1. 平民意识

郁达夫的文学作品,有着强烈的平民意识。作者是以北京平民之心去赏鉴北平之秋的。他独爱那破败的庭院、驯鸽、牵牛花的蓝朵、鸣蝉、秋雨、槐树、枣树等,满眼之景是地道北京人生活常见之物。庭院喝浓茶,桥边话秋雨,闲看天空与落蕊,所为之事是平民日常之事。心中秋味之浓淡,也是用平民能极易感知的黄酒与白干、稀饭与馍馍、鲈鱼与大蟹、黄犬与骆驼来描摹;游人如织的地方必是北平著名之景观,郁达夫是不去的。他始终以一种平民的视角,来感知北平的秋味。

2. 文人意识

陈日亮说:"在《故都的秋》里,作者何尝对种种衰亡的生命有过赞美与歌颂?……他只是在抒写对秋的悲凉的主观感受,表现他作为一个文人的审美自觉。"[5]作者在文中刻意表现"种种衰亡的生命",是作者文人意

识自发的作用，是文人对生命感伤与哀怜的本能的情感态度，体现出文人的高度自觉。

文人意识还体现在对自己所爱之物的痴迷、疯狂。郁达夫不远千里，从杭州赶上青岛，更要从青岛赶上北平，就是想品够这故都的秋味；十年，在南方每年到秋天，总要想起北平的秋；若留得住北国的秋，愿意把寿命的三分之二折去，换一个三分之一的零头。这就是文人意识中对认可事物近乎偏执的爱的集中体现：爱就爱得深沉，爱得执着，爱得疯狂。

3. 苦难意识

孙绍振认为"历代秋的主题……都是把秋愁当作一种人生的悲苦来抒写的"，"在郁达夫的《故都的秋》中，传统的悲秋主题有了一点小小的变化，那就是秋天的悲凉、秋天带来的死亡本身就是美好的，世人沉浸在其中，并没有什么悲苦，而是一种人生的享受"。[6] "人生的享受"恰恰是郁达夫对人生"悲苦"趋于通达的认识。当作者坐在那一椽破屋中，眼见衰败的秋色，耳听秋蝉哀鸣，本应产生对生命的哀感；时世的艰难、半生的沧桑、人事的流逝，也足以让他在这秋日的景况中唏嘘感慨、自伤自怜。然而，通读《故都的秋》，我们在感受到一丝悲凉之余，似乎也能强烈地感受到一份喜悦，一份热情。而这种喜悦、热情，源于郁达夫对传统的皈依与超越：承受苦难，接受苦难，超越苦难。

人生的轨迹对于文人而言是抹不掉的。如何面对苦难，前人多有参照——或激愤，或消沉，或进取，或通达。郁达夫的人生是苦难的。对他而言，北平是国家苦难、家庭变故、个人困窘的聚集之地。郁达夫通过对北平秋味感受"清、静、悲凉"，却依然深深眷恋这种秋味，他向我们展示出他对苦难的理性认识：清醒认识，但绝不在苦难中消沉。所以文章中，郁达夫以文人的敏感捕捉到北平秋的悲凉之味，也以文人的理性和通达表达出对秋的热爱和重逢的喜悦。

三、文化传承之秋味——读者期待视野的满足

接受美学认为，阅读时读者读到的是那些文字在自我心灵的映象，这种映象因读者内心的气象而变幻无常。台湾散文家张晓风认为，读者在阅读散文时，希望读到好的文笔，好的修辞；希望读到对人生的观察和体悟；希望知道作者的生活、见识和心境；希望收获到"感性的感动"，也希望

读到"知性的深度"。

郁达夫的《故都的秋》所写北平的秋味虽有自己独特的审美体验，却能引起读者共鸣，其中重要的原因就是读者期待视野得到一定满足。

1. 恋旧情怀

易前良认为："《故都的秋》最能打动我的就是作者对历史和传统文化的悠悠的态度，以及由此而流露出的深切苍凉颓唐的美。"[7]肖震山也说："郁达夫散文笔下北平的秋天……在本质上，这是他对中国历史的深刻体认，对文化传统的深深眷恋，对理想主义与浪漫精神的执着守望……它传达了郁达夫悲秋心理背景下的文化乡愁。"[8]

《故都的秋》中的文化乡愁具体是什么？我想就是那深沉的故都之恋、故国之爱，对过去旧物的眷恋。而对"旧"的眷恋，是中国文化中极为重要的内容，也是一种读者普遍共有的阅读期待，极易引起读者的共鸣。

2. 悲秋情结

古人多写秋声秋色。如李清照《声声慢》"满地黄花堆积，憔悴损，如今有谁堪摘"，柳永《雨霖铃》"多情自古伤离别，更那堪，冷落清秋节"，《八声甘州》"对潇潇暮雨洒江天，一番洗清秋。渐霜风凄紧，关河冷落，残照当楼"，多寄寓了悲秋之情。

长江师范学院梁平先生认为，《故都的秋》从"文思"看，表现的"不是两种秋天，而是两种生命形态"；从"主题"看，"不是向往故都之秋，而是向往如秋的厚重人生"，"无论是故都之秋还是南国之秋，只是作者借以感发生命的媒介，它们本身并不是文章的终点和主旨。文章的最高意味在于，通过故都之秋与南国之秋的对比，象征性地表明了两种不同的生命形态，并选择、赞美像故都之秋一样'清、静、悲凉'的生命形态"。[9]自然之秋很容易与生命之秋勾连起来。"秋"的生命形态是一种怎样的生命形态？郁达夫说："秋，无论在什么地方的秋天，总是好的"，"有感觉的动物，有情趣的人类，对于秋，总是一样的能特别引起深沉、幽远、严厉、萧索的感触来。"在郁达夫眼里，"秋"的生命形态意味着"深沉、悠远、严厉、萧索"。

秋之所以易引发人们对人生的感触，是因为其处于一年中繁盛转衰之际，是生命的成熟与陨落的交接口。而人生之秋也是处于壮年转老年之际。自然之秋，可以无限循环，而人生之秋唯有一次轮回。比较自然之秋与人生之秋，其相似性在于都处于漫长的发轫、奋斗之后的蓬勃期，处于未来走向的转折期；不同之处在于，自然之秋具有永恒性和可重复性，而人生之秋具有未来结果的可预见性、必然性，有生命形态的不可逆性。

"睹落叶而悲伤，感秋风而凄怆"。读者对秋的独特感悟，形成了一种特殊的情结：相思、漂泊、怀远、感旧、不遇、失意、伤逝。类似于望梅止渴的心理预期，凡写秋之作品必能引起读者的共鸣。

3. 格物文化

"格物"就是推究事物的原理，是中国古代认识世界的重要方法。《现代汉语词典》（第六版）将"格物致知"解释为："推究事物的原理，从而获得知识。"格物致知是儒家思想中的一个重要概念，源于《礼记•大学》八目（格物、致知、诚意、正心、修身、齐家、治国、平天下）所论述的"欲诚其意者，先致其知；致知在格物。物格而后知至，知至而后意诚"。文人笔下不仅有对秋的体悟，还有对春的感伤，夏的阐发，冬的描摹。有对景的描绘，事的叙述，情的阐发，理的论述，这些很多源于对外在之物的"格"，而后获得"知"。

刘勰《文心雕龙•知音》说道："夫缀文者情动而辞发，观文者批文以入情，沿波讨源，虽幽必显。"作家创作，总是由内而外，即先有客观现实的感发而产生内在情态，这种情态通过辞章表达出来，阅读文章的人通过文辞来了解作者所要表达的感情，沿着文辞找到文章的源头，即使是深幽的意思也将显现，为人们所理解。《故都的秋》的"幽"在于郁达夫的独特审美体验，读者若从格物的角度去理解郁达夫的独特感悟，即使对北平的秋没有亲历，也可以体味蕴藏其中的情感。

人生可以从自然之物中窥见自己的影子，也可以把自己的情感倾诉予自然，但更重要的是超越物，回归自己的内心。这样，我们也就不难理解郁达夫的秋味的多重意蕴：自然之秋味、人生之秋味、文化心理之秋味。

（原载于《语文建设》，2016 年第 10 期）

注释

1. 徐西前，赵文峰 . 悲凉之美 生命之爱——再读《故都的秋》[J]. 语文建设，2009，(12)：52
2. 郁达夫 . 中国新文学大系·散文二集 [C]. 上海：上海文艺出版社，2003：2
3. 温儒敏 . 略论郁达夫的散文 [J]. 读书，1982，(3)：92
4. 陈日亮 . 如是我读 [M]. 上海：华东师范大学出版社，2011：54
5. 陈日亮 . 如是我读 [M]. 上海：华东师范大学出版社，2011：54
6. 孙绍振 . 名作细读 [M]. 上海：上海教育出版社，2009：69
7. 易前良 . 悠悠的态度，颓唐的情调——《故都的秋》赏析 [J]. 名作欣赏，2002，(5)：67
8. 肖震山 . 郁达夫悲秋心理背景下的文化乡愁 [J]. 湖南文理学院学报（社会科学版），2008，(3)：73
9. 梁平 . 两种生命形态的对比与选择——郁达夫《故都的秋》主题新探 [J]. 名作欣赏（下旬刊），2010，(6)：84

高考作文命题的"前世今生"

——以探析 2016 年浙江高考作文的"稳中之变"为中心

林 娜

高考语文作文的命题历来是社会各界关注的焦点，不仅是因其分值之重，还鉴于其综合性检测与选拔的重要功能，更在于其背后所隐含的社会价值、时代理念与教育导向给予人们的重要启示。中国自 2004 年开展普通高中新课程实验以来，各省市逐渐开始实行自主命题，以更好地适应本地区的学情、考情，至今已有 16 个省市采用自主命题形式，全国考卷也增至 9 套。从 2004 年开始，浙江高考语文自主命题至今已走过十几个年头，"走的是一条平稳发展、不乏创意、回归语文的路"[1]，而 2016 年的浙江高考语文作文题也大致沿袭了这一风格，并在"稳中求变"中展现了细微的价值导向。面对应试教育仍大行其道的当下，高考命题的走向总是一面不言而喻的"旗帜"，因此，分析、总结、探求与完善高考作文的命题十分必要，并且还需要持续进行，可谓是"任重而道远"。

一、命题形式之稳

目前，高考作文的命题形式呈现出多元化的局面，命题作文、材料作文、话题作文、半命题作文、材料式命题作文、新材料作文等题型都在各年各省市的语文高考卷中出现过，由于各题型或多或少都存在一定的命题缺陷，高考作文命题形式在各题型间相互取长补短、渗透融合中逐步走向复合型命题。恢复高考以来，浙江省高考作文的命题形式经历了"单纯命题作文—材料作文—话题作文—新材料作文—材料 + 命题—新材料作文"的缓慢调整轨迹，既追求命题在科学公正层面上的提升，也充分尊重学生的适应能力。今年的高考作文命题还是沿用 2012 年以来的新材料作文形式，而新材料作文的首次提出主要是针对 2006 年高考全国 I 卷、全国 II 卷和山东卷，其"新"是相对于20世纪80、90年代的材料作文而言的，两者虽都是以材料为核心，采用"材料＋要求"的基本命题结构，但是新材料作文不再限定文体，不再要求全面把握材料与引用材料。余闻曾说："旧材料作文强调在中心角度立意，新材料作文主张只要不脱离材料内容及含意的范围，在中心角度立意与在非中心角度立意，都视为符合题意。"[2]可见，新材料作文能够给予学生多角度思考与立意的自由，这不仅继承了材料作文的外在形式，还在命题作文的"过窄"与话题作文的"过宽"之间取得了一个比较好的平衡点，有助于学生发散思维，展现自身独特的文风。当然，任何事物都不可能达到完美无缺的境界，"新材料作文"依然无法完全避免"材料作文"中暴露出来的弊端，其原因在于作文立意的确立必须建立在对材料的阅读与分析之上，而且可观的作文评分往往被给予拥有中心立意的文章。如果学生在阅读分析理解材料的过程中有所偏差，依然存在高考作文偏题、离题的可能性。从另一方面而言，这也正是在高考中区分出不同层次学生的需要，但关键在于所选用的材料是否真正有效地实现了这个目标，而不是让绝大多数学生落入中低档次，造成两头极少、中间膨胀的不良局面。

浙江省高考作文于2009年第一次采用新材料作文命题形式，2012年重新开启沿用至今。这几年虽都是新材料作文，但每年具体的命题内容都有细微的变化，主要体现在命题材料之微调、文体意识之内化与理性思辨能力之强化等几个方面。这些细微的量变经过几年时间的积累足以产生内在的质变，而这质变便是作文命题的新导向，将指导中学写作课程乃至中学整个语文课程的教学改革。

二、命题材料之微调

唐朝白居易曾在《与九元书》中指出"文章合为时而著，歌诗合为事而作"，这既强调了读书人对现实社会应有的关注、关切与责任，也强调了文章对现实社会的指导作用。高考作为全国性选拔人才的重要形式也需要立足于现实，"任何一个时代的高考作文命题，都不能脱离时代而独存，始终体现着一个时代的主流价值观"[3]浙江高考作文命题材料从恢复高考时强烈的"政治色彩"到改革开放时的"关注社会"，再到世纪之交的"关注个人价值导向"，乃至近期的"关注人文素养和人的发展"，中国在发展时期所呈现出来的社会热点问题与各种思潮涌动的迹象都清晰可见。

2012年至2015年的命题材料都具有比较浓烈的文学性，采用蕴含深意的比喻、象征，或者是古文、哲理式语言，而2016年的材料则更为"接地气"，语言日常化，通俗而直观。

虚拟现实早已走进我们的现实生活，网络所带来的便捷随处可见，浙江省的命题正可谓是基于这一社会科技的发展趋势所做出的一种预先"调查"，被网友们称为最具"时尚感"的命题，也充分体现了浙江的特色。早在2014年9月，浙江大学校长林建华在本科新生开学典礼上所做的题为"在虚拟与现实之间"的讲话中就点明了未来社会这一发展趋势，并提醒新生们正确处理好虚拟与现实的关系，规划好自己的人生，毫无疑问的，这正是与今年的高考作文命题相照应的，我们也不能不猜想命题者是否从中得到了些许启示呢。针对今年的命题材料，有人认为"VR"是新词，提出了"对于农村孩子是否不公平"的问题。儿童文学作家鹤矾也认为有一部分学生天生不爱上网，还有一部分学生，没有条件上网，这两部分学生可能不太有内容写。对于他们的疑虑，现实社会中的确存在对科技和网络缺乏充分认识的学生，毕竟学生之间所处的家庭背景、学校环境有所不同，但这种认识的缺乏究竟对他们在高考作文应考中的发挥产生了多少的干预作用，我们无法简单地下定论。原题中对"VR"这一新词进行了注解，而后面的材料对虚拟现实设备所营造出来的场景也进行了详细的描述，结合自身日常生活中接触到的相关的影视媒体资料，大多数学生是可以理解题意的。但是，贫困地区的学生由于其先天环境的限制，可能对科技与网络的性质与两面性认识不清，影响其立意的深度。所幸的是，题中三种选择态度并不存在好与坏的差别，学生有足够的理由支持即可，这也可以视为是一种补救措施。公平性历来是高考的生命指标，然而世界上并不存在绝对性的公平，命题者所要考量的是公平的最大化。

三、文体意识之内化

面对每年社会各界对高考作文褒贬不一的评价，相当一部分学者指出了当下高考作文的诸多弊病，其中就包括了命题中文体意识弱化的状况。中学所学现代文的文体大致可分为记叙文、散文、议论文、说明文、应用文等几类，而高考作文所涉及的至多为前三者。在1999年话题作文诞生之前，浙江高考作文基本上是规定或要求学生写成议论文，而自2004年自主命题至2012年,浙江高考作文对文体的要求都是"除诗歌外,文体不限",这虽是基于发展"写作的主体性"这一良好愿望,但在一定时期内也形成了"淡化文体"的逆向潮流,造成高考作文文体"大解放"。这对于写作能力尚未成熟的高中生而言,是一种"还未学会走路就开始飞"的颠倒式行为。学生还未掌握写作的基本功,便尝试以体裁和形式上的"创新"来博得阅卷教师的眼球,所谓"杂感""文艺范"也多为片段的拼凑。湖南师范大学陈果安教授根据自己多年参与湖南省高考作文评卷的经历,认为"淡化文体容易导致基础文体训练的缺失,导致学生基本表达能力培养上目标的偏离,更为严重的,是'淡化文体'还可能导致学生思维能力培养的严重缺失,这可是影响几代人的事"。[4]

　　之后,各省市的高考作文命题陆续开始进行调整,相较于2005年北京、湖南、重庆的及时纠正,浙江直至2013年才在高考作文中提出明确的要求——明确文体,但不得写成诗歌。2016年,浙江高考作文要求中又删去了这一说明,深究其原因,一方面可能是由于学生的文体意识已得到内化,文体混乱的现象已基本得到有效的整改,另一方面可能是将"明确文体"的要求隐含在"写一篇论述类文章"这一表述中。那么,何为论述类文章?对于这个问题的回答,大多数学生可能会将论述类文章与议论文等同起来,其结果就是将本次作文写成议论文,这当然是一种比较切合题意而保险的选择,也便于学生去阐述自己的观点,同时也保证了不会偏离命题者的意图。深究却不尽然,论述类文章多指以论述、分析为主要表达方式,用以阐述事物的道理,表明作者主张的文章;而议论文则是以议论为主要表达方式,通过摆事实,讲道理,直接表达作者的观点和主张的一种文体,其中论点、论据与论证是不可或缺的三要素。两者虽相类似,但前者是一类文章,后者是一种文体,前者的范围显然要稍大于后者。"论述类文章"这样的表述的确存在指向不明的嫌疑,可能造成学生在选择文体时的疑惑,但若要保险起见,学生选择以议论文的形式来表述则是可行的。

四、理性思辨能力之强化

　　回顾过去的十年,随着语文课程改革的深入,充满人文性的感性思维被广泛倡导,而理性思维曾一度被忽视,这导致浙江高考作文在感性、强调真情实感的层面上逐渐走向极端。然而,理性思维主要指人的逻辑思维和辩证思维，包括判断、推理、分类、综合、比较等多项能力，孙绍振认为这"不但是为文之本，而且是为人之本"，"理论性的命题转化符合世界各国高考命题的共同取向"，"语文教学理应担负起培养学生理性思维的重任"[5]。在初中阶段，教师对学生写作能力的培养主要倾向于抒情与叙事，但是对于高中生而言，理应在感性思维的基础上对理性思维有所发展，这不仅是培养合格现代公民的必经之路，还是衔接大学系统理论学习的桥梁。

2012年浙江的高考作文还处于由感性向理性的过渡阶段，命题者在展示"路边鼓掌与路上奔跑"的材料之后，附加上"你可以讲述故事，抒发情感，也可以发表议论"的说明，这其实是暗示学生既可以采用偏向感性的记叙文、散文，也可以采用偏向理性的议论文。但从2013年开始，这一明确提示就删除了，学生需要分析材料以确定立意，从自身的思维优势出发，最终确定采用何种文体。事实上，从2012年开始，浙江高考作文的材料就开始显示出多元价值观下的多向选择，尤其是2014年与2015年的材料更具哲学性思辨的意味，前者是"门与路"，后者是"文品与人品"。而2016年的材料则更贴近社会生活，并提出"当虚拟世界中的'虚拟'越来越成为现实世界中的'现实'时，是选择拥抱这个新世界，还是可以远离，或者与它保持适当距离"这样一个现实性极强的问题。这为学生对虚拟世界的评定提供了拥抱、远离和保持距离三种态度，无论是选择何种态度，我们都无法简单地评价其对与错，因为高科技和互联网时代带来的还是未知的世界，只要学生有足够的理由支持自己的观点即可。但在这过程中，学生在做出选择时需要一定的理性思辨能力，对自己所熟知的各方面因素进行综合考量，而在论述过程中更需要缜密的逻辑思维。从"门与路""文品与人品"到对虚拟世界的态度，浙江高考作文对学生理性思辨能力的考查逐渐从对社会人生形而上的思考转向现实性操作，这在原有基础上又迈出了宝贵的一步。于漪认为，议论文能反映一个人的思想水平、知识水平和运用语言文字的能力。[6]议论文的写作是对学生抽象思维、逻辑思维、理性思维能力的训练。从暗示多种文体到删除暗示，乃至2016年明确指出采用"论述类文章"，浙江高考作文的命题正在不断强化理性思维能力的地位，逐步显示出向议论文倾斜的发展趋势。

工具性与人文性的统一是语文课程的基本特征，高考作文的命题也应体现语文学科这一特质，既要展现深厚的文化积淀，又要蕴含现代社会的人文关怀，还要抒发对社会和个体的关照。浙江省高考作文的命题一直在稳定中缓慢地发展着，虽还存在诸多不足，也始终坚持"回归语文"的原则不断地探索着，从而试图以更加科学合理的姿态去引领中学语文课程的改革。

（原载于《读写月报》语文教育版，2016年第7期）

注释

1. 程继伍. 深析得失 展望改革——2012年浙江省语文高考趋势之我见[J]. 教学月刊（中学版），2012，（3）:7
2. 余闻. 传统与创新兼备——2007年全国高考语文课标卷试题解析[J]. 中学语文教学，2007，（7）:68
3. 俞贵娟. 浙江高考作文命题发展轨迹浅析[J]. 教学时空，2012，（4）:53
4. 陈果安. 高考作文对文体应作适当的限制[D]. 湖南教育，2016，(1):9-10
5. 孙绍振. 高考作文命题呼唤理性思维[J]. 语文建设，2013，（25）:7
6. 于漪. 于漪文集[C]. 济南：山东教育出版社，2001:25.

美国阅读教学的特点及其对中国语文阅读教学的启示

黄爱平 谷 燕

语文学科是普通教育中最基础的学科，语文课程教学质量的高低会直接影响其他学科的教学和发展，因此，语文学科具有举足轻重的地位。"他山之石，可以攻玉"。诚然，每一个国家或每个民族的语文教育都有自己的特点和特色，但是作为母语教育，它们必然有相同或相似的地方。今天，当我们站在 21 世纪的制高点上，用全球视野来看待和思考我们的语文教育，许多问题值得我们进一步去探究和深思。

阅读是人类社会认识世界的最基本方法之一。通过阅读，人们可以获取打开通向理性世界大门的钥匙。本文从《山狗对顶点》这个具体案例出发来分析美国语文阅读教学内容实用性、形式多样性、策略操作性、过程"人本"性的特点，以期获得有益的借鉴，并进一步去拓展中国语文教改的新思路。

一、美国语文阅读教学内容注重实用性

美国语文阅读教学内容主要包括两个方面：

一方面，阅读报刊文章、教科书、百科全书条目和专著等；要求了解文体格式的特征（如图标、脚注、曲线图、副标题、表格）；要求有把握主要信息的能力（如浏览一本杂志，或者从一份调研计划里快速获取所需信息）。

另一方面，包括阅读各类文件规章，如汽车或火车时刻表、游戏规则、教室或实验室使用条例、单联、保险单、菜单等；需要具备理解这类文件

规章的结构及其目的的能力，以便在阅读时寻找所需信息，理解其意义并进行正确的操作；需要读者不仅能读懂文章，理解信息，还要具有根据信息所获得的资讯进行相应操作的能力。

从美国语文阅读教学的主要内容和要求中可以看出，其阅读教学内容的实用性强，突显学生的动手、动脑及其行动能力，锻炼学生在生活中的应用能力，与生活密切相关，贴近实际生活的应用。

如《山狗对顶点》以幽默的方式，用一篇法律诉讼案给学生讲述法律实用知识，实用性中透着快乐，而不是干巴巴的说理、强调，这是值得我们借鉴的。

而中国的阅读教学内容好像是一位正襟危坐的先生以庄严的方式训导学生，首先以威严之姿，以高高在上、居高临下、盛气凌人之态，似乎要在气场上压倒学生，这个才是它胜利的喜悦。殊不知，学生的青睐才是真正的胜利，这是中国人的传统，也怪不得自古以来，中国的教书先生的形象就是这样子的，不论从孔子，还是到鲁迅三味书屋中的先生，或是现在的老师，胜利属于他们，不属于孩子们。这种阅读教学内容无形中拉开了书本与学生的距离，难以产生亲密接触之感，让学生"想说爱你不容易"。

同时，美国阅读教学选材体现时代性，《山狗对顶点》以一个法律诉讼案形式呈示给学生，是符合时代需要的材料。紧跟时代要求，与时代同步，把当代最新的文学领域、文学动态拿出来，推出阅读教学材料。这是与中国比较存在的一个很大的差别。比如，我们没有谁把郭敬明、韩寒的文章用来做学生的阅读教学素材，拿来教学，我们总是要包揽中国作为文明古国的悠久历史，认为文化就得沉重，压着才有历史使命感。是的，经典固然需要，但我们不必沉醉在经典中无法自拔，有时候历史是一种负担，轻装上阵也许更能让人更快更好前行。

关键是我们在阅读教学中怎样让学生既学到知识，又玩得快乐，且锻炼了思维能力。下面拟看《山狗对顶点》的教学案例能引发我们怎样的思考。

亚利桑那州，坦贝西南区，美国
地区法院第 B19294 号案件
原告：怀尔.E.山狗
被告：顶点公司

山狗先生的律师哈罗德·萧夫先生的开庭陈述：我的委托人怀尔.E.山狗先生，一位亚利桑那州和临近州的固定居民，对顶点公司——一家各种产品的制造商和零售商，与德拉威尔公司合并，并在各州、地区经营的公司，提出伤害罪的起诉。根据《美国法典》第15项，47章，2072节，（a）小节的产品责任相关法律，山狗先生要求上述公司对以其行为和／或恶性忽视为直接原因造成的个人伤害、经济损失和精神损失进行赔偿。

一种滑稽与莞尔一笑，戏谑中带有严肃，玩乐中学习知识，让孩子们体会到：原来法律知识也那么有趣。知识不是严肃的，快乐的知识是孩子天性的喜好，教材不是板着脸孔训人，而是心与心的交流与对话。只有孩子们爱上课本，爱上阅读教学，爱上教学中生动活泼的画面，爱上课堂教学，教学才能成功。趣味性、实用性、贴近生活事实的知识总是容易受孩子们的欢迎。阅读教学中，用实用性材料，加以充分的教学手段，这必定是一个成功的教学样式，也能达到阅读教学的有效性。

二、美国语文阅读教学形式呈现多样性

美国语文阅读教学形式多样性体现在：阅读教学文本的多样性；阅读教学方法的多样性；阅读教学评价形式的多样性。

文本的多样性表现在：有文学欣赏型阅读，包括小说、短故事、诗歌、戏剧以及散文；有了解信息型阅读，包括报刊文章、教科书、百科全书条目和专著等；有实用型阅读，包括各类文件规章，如汽车或火车时刻表、游戏规则、教室或实验室使用条例、单联、保险单、菜单等。

《山狗对顶点》是一篇法律诉讼案体裁的文章。

山狗先生陈述他于12月13日通过邮寄包裹收到被告的一个顶点火箭雪橇。山狗先生的意图是使用火箭雪橇来辅助他追逐猎物。收到火箭雪橇时，山狗先生把它从木质包装箱中取出来，当他看到猎物还在远处时，发动了雪橇的点火装置。当时山狗先生抓着把手，由于火箭雪橇突然猛烈加速，把山狗先生的前肢拉到了约15米的长度。结果，山狗先生身体的其余部分被猛烈地抛向了前面，导致

他后背和脖子严重扭伤，并使他毫无思想准备地跨在了火箭雪橇上。火箭雪橇消失在地平线那边，速度快得在它经过的路上留下了一道慢慢变浅的喷气轨迹，这很快就使山狗先生与他的猎物并肩前进了。就在这时，他追赶的动物突然右转。山狗先生用力地试图跟随这个动作，但是由于火箭雪橇设计低劣、满是缺点的操纵装置或是根本就不存在刹车装置，导致他力不从心。此后不久，火箭雪橇就毫无阻拦地带着山狗先生一起撞上了一座平顶山。

医学博士欧内斯特·格拉斯卡帕医生提供的主治医生报告（物证B）中的第一段详细叙述了山狗先生由于这次碰撞所受的多处骨折、挫伤以及组织损伤。修复这些伤处需要头部整体绷带包扎（耳朵以外）、一个颈箍以及四条腿的全部或部分石膏固定。

《山狗对顶点》将一个法律诉讼案的形式呈现给学生，同样要求教师以合理的方式介绍给学生，让学生大致了解诉讼的基本章程，了解生活中我们怎样去维权，……法律诉讼案的形式突破循规蹈矩的文学题材，把生活中的实例应用于教学，这是美国阅读教学形式多样性的体现。同时这篇诉讼案又是以动画片的题材来阐述诉讼案，认真地玩了一把现实中法律的严肃性，突破陈规，把动画的超乎想象的夸张应用于教学，更是其阅读教学形式多样性的体现。玩转严肃，玩转生活，生活不必太严肃，严肃过度只会让人们生活在窒息中。这与中国阅读教学的题材是大有区别的。连以动画片为题材的文本都能用作教学文本，其他类型的更不例外，这正体现出美国阅读教学形式的多样性。

方法的多样性表现在：注重语境学习；注重评论性阅读；注重阅读和写作的关系；注重阅读课堂上口语表达的作用；注重阅读中的技术。

评价形式的多样性表现在：注重多元性评价、注重形成性评价。

如：在《山狗对顶点》一文的提问中：你认为弗拉茨尔写作这篇文章的目的是什么——他是仅仅为了逗笑还是在发表议论？为你的回答做出解释（评价）。如果你是这个案件的陪审团成员之一，你将会做出怎样的建议？解释原因（做出判断）。这些题目是开放性的，答案是多元的，解答是一个过程的体现，老师对学生的评价基于学生的思考过程，学生思想火花的碰撞。

三、美国语文阅读教学策略体现操作性

美国阅读教学策略，如：11~12 年级的学生在阅读理解方面需达到如下要求。

1.掌握实用性材料的结构特点。分析不同类型的公文，如政策声明、演讲、辩论、政纲等的特征、修辞手法，以及撰写者是怎样使用这些特征和手法的。

2.理解和分析适合本年级水平的文本。分析文本思想的组织模式、层次结构、反复叙说、句法、词语选择是如何对明确意义产生影响的。

3.说明性评论。评论公文中所提出论点的说服力、有效性和真实性；评论对友好的或敌对的听众的劝说，评论这些论点在多大程度上预料到并针对了听众所关心的问题和反对意见（或借助推理、权威、情绪和感情）。而相比较而言，中国的阅读教学策略往往大而笼统，比如：

> 阅读是搜集处理信息、认识世界、发展思维、获得审美体验的重要途径。阅读教学是学生、教师、教科书编者、文本之间的多重对话，是思想碰撞和心灵交流的动态过程。阅读中的对话和交流，应指向每一个学生的个体阅读。

由此可见，美国阅读教学策略操作性很强，具体、细致。

在阅读教学中，他们给词汇或概念写定义的方法很特别，比如对一个词语的解释，一般不按照词典的意思，他们一般不要求学生死记硬背一些知识，而是特别强调根据上下文语境判断词语的意思。怎样给概念下定义，要求学生必须知道基本方法。学会下定义，需要掌握以下三个要点：

一是概念的类别：它是什么？　二是概念的内涵：包括哪些具体的例子？三是概念的特征：它像什么？可以用插图或例子来说明。

学生下定义的过程更是一种逻辑思维能力的锻炼，看下面学生下的定义：

Direct quotation: when writing it's when you repeat someone else's words and put them in quotation marks.

直接引用：写作的时候你重复别人的话语，并且用引号标明。

Indirect quotation: when writing it's when you repeat what somebody else said but in your own words. EX: Danielle said that it is hot.

间接引用：写作的时候引用别人说过的话，但是，用的是自己的语言。比如，Danielle 说天气很热。

这是一个思维过程，而不是一个结果。这些概念的定义不采用词典的解释，而是学生自己经过分析、归纳出的结论，这样使学生对概念的内涵与外延都有一个比较清晰的把握，而不是去死背它的标准定义。其阅读教学策略的可操作性和应用性在这个过程中体现得很充分。

下面看在《山狗对顶点》的思考设置中的提问：找出证据解释为什么虽然顶点公司的 85 件产品都没有正常发挥作用，但怀尔.E.山狗先生还是一直从顶点公司购买东西。（证据支持）

这是一个对思维的挑战性问话，学生会想：是啊，为什么呢？怀尔.E.山狗先生这是疯了吗？遭受如此多打击还买他的产品，题目的设置就会让学生意想不到地悬疑，即使他没有先看课文，但这个题目至少让学生有兴趣一探究竟。

与此对照，中国语文的习题设计注重双基训练，以期达到"纠错"的目的，例如《桃花源记》的课后习题有："芳草鲜美，落英缤纷"描写的对象是哪里？有什么作用？参考答案为：桃林，衬托出环境的美好优越。

需要强调的是，美国阅读教学同样强调听、说、读、写能力的训练，不过比能力更重要的是素质。如果说阅读是一种能力，那么创造则是素质；判断是一种能力，则自学就是一种素质；概括是一种能力，则价值判断就是一种素质。可贵的是，美国语文将能力的训练和素质的提升巧妙地融合到一起，使任何一方都没有偏废。美国阅读教学是引导学生发现问题，中国语文则引导学生得出答案，一个贵"疑"，一个贵"确"。沿着不同的教育思维方式播下的种子，会有不同的收获。阅读中培养学生的创造性，扩展学生的思维空间，挖掘孩子的思维潜质，这正是美国阅读教学策略可操作性的体现。

四、美国阅读教学过程展示"人本"性

美国阅读教学过程体现人性化，以人为本，尊重学生生命个体。

真正的教育在出发时是未知的，只有在相遇时，在共同参与中，在对话

的过程里，意义才日渐清晰起来。教育是一个过程，而不是结果。没有真善美的生长，教育就沦为训斥与操练。教育领域最容易遭受强制与文化压迫，对人性的扭曲和其他有罪的图谋，时常也以教育的面目出现，这是对教育的双重损害。当教育的价值受到贬损时，损害更为严重的是人类的福祉与未来。教育的危机就是人类文化和信念的危机，我们失去的将是光明、身份和尊严。

美国宾夕法尼亚州对阅读的定义是：阅读是一个读者与文本相互作用，构建意义的动态过程。构建意义实质是读者激活原有的知识，运用阅读策略适应阅读条件的能力。

阅读教学是对话，是沟通，是过程，是人性美挖掘的地方。《山狗对顶点》中有一段文字：

虽然受到这些创伤的妨碍，山狗先生却还必须自谋生路。于是，他从被告处购买了一双火箭溜冰鞋作为行动的辅助工具。然而，当他试图使用这一产品时，他又一次遇到了和使用火箭雪橇极其相似的故事。被告再一次毫无规范、不加警告地出售了这种没有安全防范设备、装有强有力的喷气式发动机（在这种情况下是两个）的产品。山狗先生在沉重的石膏的拖累下，穿上火箭溜冰鞋后很快失去了控制，撞到了路边的广告牌上，居然在这块广告牌上留下了一个他全身轮廓形状的大洞，可见撞击有多猛烈。

山狗先生还申述，类似这种情况数不胜数，无法在这份申述词中一一列举。他曾经遭到从被告方购买的炸药引起的灾祸，其中包括：顶点"小巨人"爆炸竹，顶点自我导航航空炸弹，等等。

《山狗对顶点》以调侃的笔法，用法律诉讼案方式呈现给学生，在玩转中给学生传授基本的法律常识。学生既学会了诉讼案的过程、理解了其基本要素，又娱乐了一把，何乐不为？可以说，美国阅读教学过程是人性的量化与人性张显的结合。它注重给学生足够自由的时间与空间去思考文本问题，尊重学生思想的自由，给他们足够的发挥空间，人性化教学跃然课堂，这是值得我们思考的。

阅读教学过程是让孩子们在玩乐中去寻觅知识的路径，走一条适合自己的道路，去看那美丽的朝阳冉冉升起，去体会生命的乐趣。从《山狗对顶点》的文段中可以看出美国的阅读教学正体现出这一点。它让学生发挥想象的空间特别大，文字中就隐现出一幅幅滑稽可笑的图片。轻松快乐的课堂氛围，让孩子沉浸其中，这是阅读教学中人性美很好的体现。

　　"他山之石，可以攻玉"，我们可以把美国的阅读教学作为中国语文阅读教学的借鉴和参照。美国语文阅读教学内容注重实用性，形式呈现多样性，策略体现操作性，过程展示"人本"性，给中国的阅读教学以很大的启示意义。希望我们的阅读教学能在充分吸收国外先进教学理念的基础上探索出一条具有中国特色的新路子，我们相信中国的语文教育一定能甩掉"少、慢、差、费"的落后帽子，从而加快语文教育改革发展和人才培养的速度。

心理学视域下的语文阅读教学内容重建

曾 洁 万明华

对于阅读教学，一线教师最需要明确的是"教什么"。任何一位听过由不同语文教师教授同一篇"课文"的人都会震惊：语文阅读教学往往是语文教师凭借自己个人的语文知识在从事教学，学生所学的内容是由不同语文教师择取或制造的不同东西。要改变语文阅读教学随意、即兴、无理据的个性化局面，对语文阅读教学内容进行一番历史和现状的考查，探察语文阅读教学内容的合理性，并在此基础上从学理上重新建构语文阅读教学内容体系是一项有重要现实意义的工作。

一

纵观现代语文教育发展的历史，阅读教学内容始终在课文意义读解及言语形式启示间徘徊。单纯以意义读解为目的的语文教育可谓是长盛不衰。这一方面是文学批评思潮对语文教学的冲击使然，另一方面也足见古代语文教育义理传统的根深蒂固。随着文学批评思潮的发展，现代语文教学先后出现了以追溯作者原意为目标的讲解分析教学，以明了课文意义为目标的语言品味教学，以及当代以生成读者意义为目标的对话讨论教学。前者有风靡于 20 世纪 60 年代的"红领巾教学法"为代表，中者有崛起于 20世纪 80 年代的以于漪、钱梦龙老师为代表的致力于作品细读的语文教改为证，后者则由一批被称之为"新生代教师"的群体所为，如郭初阳、郑逸农、铁皮鼓、袁卫星等。尽管这三种意义阅读教学的外在形态有很大不同，也遑论他们在意义读解上的切入点有何不同，单就他们的语文教学呈现而言，意义读解是他们教学的全部内容。可以说，这是一种完全立足于言语内容的语文教学。

与此相对，语言学自始至终也裹挟着一股强劲的力量冲击着现代语文教学，与文艺学思潮对语文教学的影响分庭抗礼，它们形成了一种立足于言语形式的语文阅读教学。"因文悟道，因道悟文"是这种阅读教学的真实写照，在由"形式－内容－形式"教学中，意义读解成为阅读教学的手段，获取意义的传递方式才是阅读教学的目的。它们不排斥意义的读解，但不以意义的读解为旨归，准确地说，这是一种立足于言语形式知识的教学。它们负载着语文教育工作者由篇达类、以一驭十的科学语文教育的理想。受语言学自身发展影响，现代语文教学先后出现过立足于现代汉语、文章学、语用学的阅读教学。立足于现代汉语的阅读教学，通过意义的读解，学生学习的是对构词、造句、修辞等方面的语法知识。而20世纪80年代出现的立足于文章学的阅读教学，通过意义的读解，学生领悟的是结构文章的知识。而90年代以后，受功能主义语言学影响，也曾有余应源、雷良启、韩雪屏等学者呼吁立足于语用学进行阅读教学，结合语境区分不同语体交际功能是这一类教学的重点。但较之前两种静态的言语形式的教学，后一种动态的言语形式教学在语文教学远未成气候，更多只是以一种语文教育理想的面目出现。

来自艺术的文学与来自科学的语言学所形成的语文阅读教学内容的分化，在历经了上世纪末激烈的"工具""人文"大讨论及新一轮课改的阵痛与反思后，对语文阅读教学到底"教什么"的思考业已成为语文教学研究的重要内容。目前，能广为人们所接受的观点是语文教学（主体是阅读教学）是立足于言语形式的教学。这其中，既有一线教师依据语文教学经验所做出的直观选择："中学语文阅读课在教材使用上与中学政治课、历史课、地理课、数学课、物理课、化学课等有一个区别，那些课程都把掌握教材直接陈述的知识作为教学目标，而语文阅读课则不然。语文阅读教材的核心是课文，但掌握课文直接陈述的内容知识并不是主要的教学目标，如《师说》中的'师道'观念，《南州六月荔枝丹》中的荔枝植物学知识，语文阅读课的主要教学目标被确定为认识和掌握课文语言文字运用和思想内容的表达规律。"[1] 也有学者从学理上进行阐释。浙江师范大学王尚文教授从言语形式与言语内容关系着眼，指出"因为一定的言语内容生成于一定的言语形式，一定的言语形式实现一定的言语内容。因此，比之言语内容，言语形式是更本质、更关键、更主要的东西。"[2]而江西师范大学教授余应源则从日常一般阅读与课堂语文阅读的活动形态的不同着眼，将语文阅读从日常一般阅读中剥离开来，从根本上区分了一般阅读与语文阅读的不同目标定位，指出"一般阅读是通过理解字词去理解思想内容；语文性阅读则要通过阅读弄清一定的思想内容，如何运用一定的字词句，一定的言语形式来表达。""总之，语文性阅读目的在学语文，立足于语文——语言形式……而一般阅读目的在于获得思想内容。"[3]

当然，有必要说明的是，目前立足于言语形式的语文教学观更多还是停留在观念上，实践上立足于言语内容的教学俯拾皆是，即便是公开教学或优质课比赛也不能幸免。这一方面与自觉接受读者反应理论和接受美学影响的语文新课改即语文教育义理传统的现代再生有关，一方面也可能与我们对"立足于言语形式"的片面理解有关。诚然，获取语言运用的知识或规律是"立足于言语形式"的阅读教学的关注点，但立足言语形式并非架空言语内容，而是学生在"因文悟道"、又"因道悟文"的基础上更深入地理解了课文的意义，实现人文精神的陶冶和言语形式启迪的双丰收。由是观之，新课改对话讨论教学中经常出现的"空降"和"空泛"现象[4]，是值得我们警惕与避免的。前者抓住课文只言片语做脱离具体内容的讨论；后者则脱离课文具体描写单就作品内容进行讨论。正如架空言语内容的言语形式教学不可取一样，架空言语形式的言语内容教学同样也不可取。课文读解如果仅看重"内涵解析"，而无视"形式解析"，或者仅仅把"形式解析"看成排除障碍的手段，不以掌握"语文形式"为基本目的，那语文阅读教学就变成了泛人文的非语文课，失去了"语文阅读"的本色。[5]总之，以"形式解析"为主，或说在"内容解析"的基础上获得言语形式方面启迪的阅读教学是有"语文味"的阅读教学，是在包容了言语内容教学基础上实现的言语形式教学的跃升，是对言语内容教学的超越，是语文教学应取的方向。

二

无论是立足于言语内容的课文阅读教学，还是立足于言语形式的课文读解教学，两者均是围绕着读解客体即课文的两个核心要素展开的教学。

认知心理学认为，阅读是文本信息与读者头脑中已有的知识交互作用从而构建出意义的认知过程。[6]它不单是文本表征（包括内容和形式方面的表征）在读者头脑中的映射和提取，而是读者在文本基础表征调节下自主建构意义的过程，是文本与读者交互作用的结果。显然，意义的读解并不单向度地取决于课文的表征，还取决于读者的背景知识，取决于读者的信息加工活动。由是观之，以往立足于课文内容和课文形式的阅读教学，实为"读者缺席"了的阅读教学，它们只关注课文读解的结果，而无视课文读解的主体，也无视发生在主体大脑中的认知加工过程。

认知心理学是直接针对人的心智行为进行的研究，它为我们揭示大脑"黑箱"中的认知活动，透视大脑信息加工过程提供了一种方式。如果说，20世纪50年代以前，人们视人类认知为大脑"黑箱"，对发生在大脑"黑箱"中的活动还一无所知，我们还不可能对大脑中的认知活动予以关注的话，那么，在以认知心理学为核心的认知科学如火如荼发展的今天，我们还无视认知科学的发展与研究，还无视认知科学对人类认知过程的预测及控制作用，那只能说是我们语文教学研究工作者的故步自封和傲慢自大了。

显而易见，课文自身不会生成意义，课文读解必须在读者认知作用下发生。即便说，意义要受到主体之外如文本、社会文化等因素的制约，从而呈现出"他律"特点的话，那么意义最终是在主体心理层面上实现的，所有"他律"因素都必须受主体心理活动的制约，呈现出主体"自律"的特点。由此，关注读者，关注读者大脑内部的信息加工过程，是语文阅读教学应有之义。无视"读者在场"的阅读教学，不仅有失偏颇，也对发展学生阅读能力不利。由此，积极吸纳认知心理学实证研究的科学成果，优化长期为经验和思辨所左右的语文阅读教学，应是阅读教学重建的可取之径。

认知心理学关于课文读解认知过程的研究不仅为揭示课文读解的认知奥秘开了一扇窗，也为开启新的、不同于言语内容和言语形式的阅读教学目标提供了学理依据。根据加涅的学习结果分类，我们可以将立足于言语内容、言语形式、读解认知过程的阅读教学分别归属为言语信息、智慧技能和认知策略的教学。这是三种性质完全不同的认知领域的教学目标。言语信息是可用言语表达的信息，属于陈述性知识；智慧技能是对概念和规则的运用，属于程序性知识；认知策略是对大脑认知加工的调控与支配，属于策略性知识。从学习的信息加工过程来看，如果说言语信息和智慧技能在信息加工的操作系统中必不可缺的话，那么认知策略则是凌驾于具体信息加工过程之上的执行控制系统的必要成分，它对信息加工过程起到支配、控制、监督和调节作用。正如加涅所说："一种对学习和思维极为重要的智慧技能是认知策略。在现代学习理论中，认知策略是一种'控制过程'，是学生赖以选择和调节他们的注意、学习、记忆和思维的内部过程。"[7] 显然，较之言语信息和智慧技能，认知策略有利于人们控制和支配大脑的心智活动，它为人类预测和控制自身行为提供了依据！阅读教学中，重要的读解认知策略有揣摩语义、概括文意、理清思路、筛选信息、鉴赏画面等。它们不同于我们通常所说的朗读、默读、精读、略读、慢读、快读等"阅读方式"，"阅读方式"是对课文读解外在活动形态的划分，并不涉及主宰阅读的读解认知过程或说"阅读思维"本身，不属于我们这里所说的读解认知策略。

科学的课文读解离不开三类知识的综合运用，三类知识在语文阅读教学中缺一不可。仅以"读解段落"这一读解活动而言，首先，我们需要有关于"读解段落"的策略性知识。"读解段落"的策略性知识也就是关于如何读解段落的知识，根据对读解段落认知过程的考查，我们将读解段落的策略性知识设计为以下几个操作步骤：标出句序，概括句意，明确句子之间的结构关系，根据结构关系概括出段落大意。显然，为了理解和顺利操作以上步骤，我们又需要有关于"段落"的陈述性知识为基础，这其中亦包括对段落、句序、结构关系等概念或规则的运用也即言语形式的程序性知识的掌握。同时，为了完成上述"概括句意"的操作任务，我们大脑还需要事先贮备有跟段落描述对象有关的人、事、景、物等方面的陈述性知识即言语信息。由此可见，课文的读解与三类知识的运用密不可分，语文阅读教学应确立起言语信息、言语形式知识、读解认知策略三者共存的教学内容体系。它们在阅读教学中缺一不可，是阅读教学必须致力完成的教学目标！而当今语文新课改中提出的"淡化知识、淡化技能"的倾向是与成功实现课文读解的基本事实相背离的，是需要做出深刻反省，予以修订的。

但三类知识在课文阅读教学中不能等量齐观。首先，就课文阅读教学而言，"教会阅读"是课文阅读教学的起码要求。这一方面当然与学生掌握的言语形式知识有关，但更不容忽视，也更具直接性和操作意义的是学生掌握的读解认知策略。只有当学生拿到一篇文章，能根据读解认知策略所指示的操作步骤依序读解也即知道 "怎么读"，我们才说学生"学会"了阅读。其次，就三类知识在课文读解活动中的关系而言，读解认知策略较之其他两类知识即言语形式知识和言语信息也更重要。读解本身就是阅读的一种活动形态，它更多涉及"怎么做"的问题。虽然读解要以对文本所提供的信息进行辨别为基础，即它要以回答"是什么"的言语信息和言语形式知识等陈述性知识或程序性知识为基础，但从读解认知策略的运用来看，它直接作用于读解认知活动本身，其过程离不开言语信息及言语形式知识的运用，其结果则直接表现为课文意义。可以说，读解认知策略的教学，内蕴了言语信息也即课文意义的教学，也超越了言语形式知识的教学，同时还对两者起到了统摄的作用。其纲举则目张，在课文读解中发挥着统领作用。最后，就三类知识在课文阅读教学中的成效看，立足于课文意义的教学，其课文意义要一篇篇地教，因为世界上没有完全相同的课文；立足于言语形式知识的教学，其通过一篇课文所学会的意义的表现规则，有利于相同规则出现在其他课文时的意义读解，即能由篇达类，但它必须是以发现相应的意义表现规则为前提，且该规则能转化成意义读解的操作步骤才行；而立足于读解认知策略的教学则不受此限，由于其本身就是对读解操作步骤的规定，从理论上讲，只要读解任务明确，其相应的读解认知策略就能完成相应的读解任务。因此读解认知策略一旦学会，就可迁移运用于适用该认知策略的任何情境。也正因此，早在 20 世纪 80 年代即已开始认知策略开拓性实验的北京师范大学冯忠良教授就曾高瞻远瞩地指出，"要最大限度地提高教学成效，加速学生能力心理结构的形成与发展，了解心智技能（即认知策略）及其掌握的规律是十分必要的。"[8] 显然，从学生读解能力发展来看，单纯立足于文本意义的教学是不可取的，而立足于言语形式知识的教学则有待于从陈述性知识上升到程序性知识，甚或是读解认知策略的教学才更有利于学生读解。读解认知策略对课文读解有决定性影响。语文阅读教学应立足于读解认知策略，以读解认知策略为核心展开教学。

三

综上，着眼于主体读解认知过程的语文阅读教学观，拓宽了读解的意义空间，将人们的视域从单纯的文本扩展到主体的认知行为，将原先无主体意识的课文读解引向了主体读解行为分析，由关注静态读解结果的"读到什么"转而投向关注动态过程的"怎么读"。这为读解认知策略跻身语文阅读教学内容提供了学理依据，也确立了课文意义、言语形式知识和读解认知策略三者在阅读教学中的合法地位，为改变课文阅读教学随意、即兴、无理据的个性化局面提供了学理依据。

首先，着眼于主体读解认知过程的语文阅读教学，推动阅读教学远离对静态读解结果的关注，转而投向对动态读解认知过程的改善。如前所述，中国语文阅读教学目标一直在言语内容与言语形式间徘徊，这种关注静态读解结果的阅读教学，要么致力于义理的传承和人文的陶冶，要么期冀学生语言文字上的启示。虽然有时学生也能在这样的阅读教学中获取读解课文门径，但所获不系统不说，其将读解门径的掌握完全寄希望于学生的暗道摸索，一反教学的"可言说、可操作化"的基本特性，是难以培养出学生合格的阅读能力的。而以读解认知过程研究为基础的读解认知策略教学，虽有将复杂读解活动程式化和简单化的缺陷，但其对读解认知过程规律的自觉运用，却使其在课文读解方面具有得天独厚的特殊优势，根据读解认知过程规律开发出来的读解认知策略，为课文读解的明晰可操作化大开方便之门，从而推动阅读教学由对读解结果的关注转而投向对读解过程的关注。读解过程决定读解结果，较之立足于读解结果的阅读教学，立足于读解过程的阅读教学是更为基础、更为根本、也更富有成效的教学。它教人"应该怎样思考"，而不是教人"应该思考什么"。它改变了我们习惯的对课文读解教学的提问方式，由提问"读到什么"转为"怎么读"。这规避了新课改对课文读解是否多元的争论，也使新课改三维目标中的"过程与方法"落到了实处。

其次，着眼于主体读解认知过程的语文阅读教学，确立了课文意义、言语形式知识和读解认知策略三者在阅读教学中的合法地位。一篇课文应该教给学生什么？这在数学、物理等学科教学中根本不成问题的问题，在语文教学中却成为了研究的重要内容。对此，不少学者或以哲学思辨的方式或以经验的方式对语文教学内容做出了不同的回答，这其中不乏真知灼见。例如，江西师范大学余应源教授立足"生活世界"和"科学世界"语文活动规律的区分，从语文课程应高效培养学生语文能力的目标出发，指出言语基本素材、语言基础知识、语文基本技能是语文教学三大内容；[9]而上海师范大学王荣生教授则从有利教师教学的角度出发，着眼于教学内容的物质载体提出了语文教学内容的三大形态是定篇、知识、活动。[10]而本论文则以科学实证的、无可辩驳的心理学事实为基础，从读解认知过程需要出发，指出课文读解不仅取决于文本提供的信息，也与读者的背景知识、信息加工活动密切相关，课文意义既存在于课文内，又由读者带给课文，它是读者拥有的言语信息（也即课文意义）、言语形式知识、读解认知策略三类知识交互作用的结果，从而为文本意义、言语形式知识和读解认知策略三者在阅读教学中的合法地位提供了科学、实证的学理依据。其基于科学的心理学事实而非思辨和经验的研究思路为平息语文阅读教学目标的争论提供了可能，也廓清了阅读教学的知识边界，为科学建构目前广为学界所关注的语文教学内容体系提供了方向。

最后，着眼于主体读解认知过程的语文阅读教学，确立了读解认知策略在语文阅读教学中的核心价值。每一篇课文都是一个完整的综合的信息系统，具有丰富的学习价值，它可以是人生启示方面的，也可以是"经世致用"的，甚或是自娱自乐的。"教什么"是每一个语文教师面对课文进行教学设计时无不要考虑的问题。然而课堂教学时间有限，这就要求教师不仅要知道"教什么"，而且还要知道"最需要教什么"，这个"最需要教"的东西就是课文的核心价值。课文读解认知范式的研究确立了读解认知策略在课文读教教学中的核心价值。对于阅读教学而言，知道"怎么读"远比"读到什么"更基础、更根本，"教会阅读"是课文阅读教学的基本要求。在缺乏认知心理学观照的过去，人们对"怎么读"的指导往往出于经验的总结，其中不乏谙熟了读解认知规律的总结，但也有不少停留于浅表层次的探索，如"段落的主句一般在段首"等，他们误导着课文读解，也使读解策略（不仅指读解认知策略）在课文读解中的公信力大打折扣。而课文读解认知过程研究为科学读解策略的提出提供了无可辩驳的事实依据，对"怎么读"做出了合乎读解认知规律的回答，提高了课文读解认知策略在阅读教学中的"准入"门槛，为科学地"教会阅读"提供了学理依据。其次，读解认知策略的提出，在阅读教学中起到了纲举而目张的作用。基于对读解认知过程的了解，读解认知策略对课文读解活动本身做出了合乎认知过程的操作步骤的安排，而每一操作步骤的完成，又都需以相关的知识或言语信息为前提，因此，以读解认知策略为核心，可望建构起一张集三类知识于一体且有内在逻辑关系的语文教学内容体系。

总之，着眼于主体读解认知过程的语文阅读教学，为改变目前杂乱无序的阅读教学提供了可能，以读解认知策略为核心的集言语信息、言语形式知识于一体的教学内容体系为课文读解的课堂教学指示了方向，它改变了阅读教学单纯的客体倾向，并使阅读教学在转向对主体读解行为关注的同时，消解了客体倾向的两种课文读解方式的对峙，使两者在读解认知策略的统摄下和谐相融。

（原载于《教育学术月刊》，2012 年第 2 期）

注释

1. 徐忠宪. 原形阅读理论与语文教学 [M]. 苏州：苏州大学出版社，2010：51
2. 王尚文. 中学语文教学研究 [M]. 北京：高等教育出版社，2002：114
3. 余应源. 语文教育学 [M]. 南昌：江西高教出版社，1995：218
4. 毛华卫. 语文精致化教学 [M]. 长春：吉林大学出版社，2010：91
5. 徐忠宪. 原形阅读理论与语文教学 [M]. 苏州：苏州大学出版社，2010：2
6. 伍新春. 西方关于课文理解研究的进展 [J]. 心理发展与教育，1996，（1）：56-61
7. 加涅. 教学设计原理 [M]. 上海：华东师范大学出版社，1999：67
8. 冯忠良. 结构化与定向化教学心理学原理 [M]. 北京：北京师范大学出版社，1998：285
9. 曾洁，余应源. "科学世界" 语文教学科学化刍论 [J]. 江西师范大学学报（哲学社会科学版），2003，（4）：66-71
10. 王荣生. 语文科课程论基础 [M]. 上海：上海教育出版社，2003：262

高考语文作文："说"的层级与价值取向

——从 2016 年高考语文全国卷 I 作文题谈起

赖 欢

2016 年 6 月 7 日上午 11 时 30 分，高考语文科目的考试落下帷幕，各地高考语文作文题也随之新鲜出炉。作为选拔人才载体的高考试题备受全国学者、教师的关注，其中被多数地区使用的新课标全国卷 I 尤为如此。在整张高考语文试卷中，作文无疑是分数占比最大的一道题目，其外在考查形式与内隐的社会价值取向成为人们关注的焦点。相较于 2015 年写信式的任务驱动型作文，2016 年的高考作文显然有了一些创新和改变。本文以 2016 年语文高考全国卷 I 中的作文题为出发点，力图对高考语文作文怎么"说"及其蕴含的价值取向问题做一番必要的分析。

一、高考语文作文中的"能说"与"说好"

2016 年高考语文全国卷 I 的作文题为漫画《奖惩之后》，漫画左边展示的是一个"学霸"由原来考试满分到第二次考试得了 98 分而被家长打了一巴掌，右边则是一个"学渣"由 55 分提高到 61 分而被家长予以奖励。对于一名高考生，要看懂这个漫画题并不会太难。从题目的自身形式来说，可以看到，此次作文选择用一幅"漫画"作为写作材料，符合当下学生的接受能力，学生在对试题的直观印象中可以较为轻易地得到与之相关的图文信息及基本观点。这样的作文好写，相应地能让更多学生"有话可说"，也就是说大多数学生都能用文字的形式表达出自己的观点和见解。这便是漫画式作文最为直接的优势所在。但当这个优势放大成绝大多数人都拥有的优势，其就不再是所谓的个人"优势"了。那么，在这个时候，我们需要进一步考虑到的就是"如何才能把话说好"这一层面的问题。

仔细观察、研究此次高考语文全国卷I的作文题，其中的"门道"与"套路"并存。用一幅与教育有关的直观式漫画来考查学生的高考语文水平，看似创新有力，实则压抑甚至是扼杀了学生的想象能力与思辨能力。这样的试题在形式上虽有了点滴新意，但它在内容上呈现的是另一番风貌，"门道"与"套路"充斥其中。《奖惩之后》表现出来的是中国传统家庭教育的弊病与局限——一味地以分数高低论输赢，教育浮现出急功近利的风气。在这样的直观图画式的写作材料和传统式的写作背景之下，学生往往容易陷入思维的死角，其所思、所想也会随之不自觉地进入到一个僵化或者被僵化的误区之中，从而束缚了其思维的进一步发散。可以说，此漫画过于明确的指向、过于清晰的价值暗示与过于简陋的意旨意图，实际上与高中毕业生这一主体身份所应该具备的思考能力是不相匹配的。这样的高考作文选题在一定程度上具有范围广阔的特点，可以使学生自由发挥其想象力、自由审题、提出观点并论证观点，然而，与此同时，学生在这样的选题中却不能充分、深入地展开思考与思辨。甚至可以说，所谓的应试技巧和基本套路会被广大学生采用，他们在很大程度上丧失了一己的个性与主见，表达的也只是最基本、最直接可以得出的认识和观念，写出来的文章也就难免千篇一"腔"了。从这个层面来说，学生们其实是有话可说的，只不过大家所说的都是相似甚至相同的小道理、小常识，而缺乏新意和与众不同的特色。无疑，这样的应试题目的设置对于正处于人生转折点的高考生而言是缺乏价值的，它不能完全检测出学生的思维能力、思想深度与思考方向，考生仅通过眼睛观察和心中的"小聪明"即可做出一份基础性的回答或解答。

由上而言，语文科目中作文的"能说"与"说好"便是两个不同方面的问题了。"能说"，是一个人最基本的文字素养与观察力、思考力的表现；"说好"，则是一个人思维发散性以及思想之深度与视野之广度的统一。历年来的高考语文试卷作文题，对学生的要求都不仅仅是能说、有话可说，而是说好、说对、说准、说全。它所承载的价值意义也远远超出一套试题所涵括的意义与水平，是高考焦点里的焦点，是一种非常态的特殊写作形式，更是社会主流价值的流露与表现。要把诸如2016年全国卷I这样类型的作文题做好、写好，写出自己的色彩与特点，彰显出别样的风格，展现出个性思考能力与水平，需要的便是独辟蹊径式的"说好"了。因此，高考语文试卷作文题中存在的"能说"与"说好"话题，或许正是当下中学语文教师在平时的作文教学过程中应该真正关注、重视的问题之所在。

二、高考作文的价值取向问题

从某种意义上说，高考语文作文命题是社会价值取向的风向标。其导向或多或少地影响着考生、考生身边人乃至我们整个社会的意识形态和观念。自然，高考作文的命题也是一件"煞费苦心"的事。毋庸置疑，每个社会个体所认同、坚持的价值取向、价值观念是存在差异的，因此，尽管在高考这样以"公平"为内蕴标准的考试中，其也是无法完全保持中立的价值态度的，命题人也无法完全避免价值偏差等问题。由是，我们可以认识到，在这样的应试语境之下，我们更需要做到的是挖掘试题所蕴含的价值取向与人文关怀，在深入思考中更进一步地对作文题背后的意识形态和观念有一个明晰的认识，唯有如此，我们才能真正内化、吸收高考作文试题的价值内涵及它可能反映出来的社会信仰倾向，同时摆脱高考对个体思想的绝对"控制"，在做一名社会主流价值的接受者与一个力图超越社会庸常价值取向、寻求个性发展之人两者之间寻找到合理的定位并做出正确的价值选择。

2016年高考语文全国卷 I 的作文题，以两个小孩儿不同情境下获得家长的奖惩的不同作为写作材料，要求考生根据漫画材料提出观点，表明态度。这其实是在要求考生对于应试教育体制下出现的某些教育现象表达看法，对中国教育现状及其存在的问题进行反思。单从这个角度分析，该试题的现实意义无疑是大于其文学意义的。然而，倘若我们从这类高考试题的深层目的与效用着眼，则可以明确地意识到，其明显含有提示性信息的价值取向严重束缚了学生的思维能力，将其死死地扣在一个考试的特定语境之下，容易将学生收束于高考作文的分数与规则之内；事实上，这也是产生高考作文平淡无奇、千篇一"腔"现象的直接性缘由。这样的高考作文题，忽视了对高中毕业生理应具备的理性思辨能力的检测，将学生往错误、单一、俗套的方向上推，欲令培养学生独立思考和拥有合理价值观目标之实现，恐怕只能是缘木求鱼了。

古语有言：文以载道。中国是一个写作大国，几千年来整个中华民族都十分注重文章中所传达的思想道德倾向，强调文学的教化功能，为文学注入了政治热情、进取精神和社会使命感，重视文章中"社会我"的价值取向的确立。然而，正如一枚硬币有着正反两面一样，这样的传统文化思想对个人可能拥有的独特思考和精辟见解同时也会造成某种程度的"压抑"，从而削弱其主体意识和个性自由。具体到高考学生的作文写作而言，也同样如此。所谓的高考满分作文，大多被印上了统一的标记，遵循了统一的标准，几乎都是一个模子里刻出来的东西，其可以被称为"新时代下赚得高分的八股文"。多数的作文命题看似贴合实际，呼唤道德教育等内容，可实际上对学生的思维产生了很大的限制性影响。这类的套路文章只停留于讲大话、喊空号的层面上，对于学生思维的启迪与引导则少之又少。高考作为学生接受高等教育之前最为正规的考试，应该注重对学生社会价值取向和人文价值观的考查，其应有利于解放学生的思想，积极展示学生的自我情感。然而，我们却看到，在一些试题中，明显存在着将电视报刊网络上的片面思想观点强加在学生头脑中的命题倾向，而不只是对写作主题、写作思路与写作内容的限制和束缚。很显然，这是存在严重局限的，必然会对考生的价值取向构成误导，这是不利于自由全面发展的人的培养的。

因此，一个好的作文题，应该符合社会价值取向，顺应时代前进的方向，在"个体我"与"社会我"中得到一定的兼顾，还应注重社会公德与个体价值观念的培养，在国家意志与个性发展中寻求统一，在"坚守传统"与"与时俱进"两者之间追求平衡。它也应该成为一块指向牌，循着它走过去，学生会发现一片未经开发的只属于自己思想的精神天地，那里自由宽宏，每个人都可以绽放自己的思想之"花"、浇灌自己的理想价值之"树"、唤醒自己心中那沉睡着的思考之"狮"，当我们摊开试卷，望见的便是一片新世界的蓝天。

努力挖掘、研究高考语文作文背后的故事，思索高考语文作文与社会价值取向的关系，关注高考语文作文命题的方向与趋势，并将其反馈在中学语文教学的实践之中，我想，这大概也是作为未来语文教育工作者的我们应该认真思考与完成的事情吧。

（原载于《读写月报》语文教育版，2016 年第 7 期）

近两年全国卷作文命题的思维创新

戴 宵

纵观近两年的全国卷高考作文，从去年的写一封信到今年的看图材料分析，在形式上都有一定的创新，它有别于以往的仅以材料引话题的文字表述，而从材料的客观角度引起学生的思考。这是值得肯定的，但是如果仅仅认识到全国卷这一特点，那就有失偏颇了。在文化多元化价值多元化的时代，全国卷更多地寓含着时代的特色，借助热点问题、时事新闻来发挥高考作文的价值引导作用。而材料作文则是这种命题趋势的载体所在。那么，全国卷除了在创新形式方面有极大的进步外，还有哪些隐含的深层次的特点呢？

一、思维境地的开阔性与个性化的统一

在对考生的引导上，全国卷没有将思维的境地限于局部，而是在正确价值观的约束下最大可能地放开考生的视野，还给考生一片自由驰骋的天地。以 2015 年全国卷卷一为例。命题者给定的材料如下：

一位父亲在高速公路开车打电话，旁边的女儿一再提醒父亲不要拨打电话，可是父亲不听劝阻，最终孩子选择报警。警察来后对父亲进行批评教育，此事引起社会争议。以此为内容，写一封 800 字的信。可选择给违章当事人、女儿、警察写。

从材料来看，我们的立意点可以是给违章当事人、女儿或者警察写信。

你可以选择做"大义灭亲"的规章捍卫者，也可以选择做一个以孝为先纵容父错的乖乖女，还能做一个敢做敢为、现身说法维持规章制度的好父亲。

就此来看，文章旨意的指向不是唯一的，它呈现出发散式的放射状模型。相对于那些立意明确、主题单一的材料，这种材料的最大优势就在于它为考生提供了更多的思维角度和思维空间。考生可以以材料为基础，用自己独特的眼光来对待和分析材料，使自己的阐释体现出独到的见解。所以在追求广阔性思维的同时，考生更大意义上展现的是思维的个性化。如 2016年全国卷二中的作文题材料为"语文素养提升大家谈"，材料的明确指向就是要求考生以个人视角为基点来阐述自己的观点，以个人的观点来说明提升语文素养之道。在材料指定的范围内，考生求全而不必求统一，可以以小见大来发展自己的思维路径；也可以广泛意义上的遵循材料的大主旨来辩证思考。不论你从哪一个方面分析，只要挖得足够深并且有自己的思考，都能以理论事，以理服人。这就有可能带来意想不到的惊喜，在个人思维深入的情况下甚至能产生思维的创新。

在 2016 年的全国卷中，立意多元与个性化观点也有体现。命题者以两幅漫画作为材料，前后对比而体现思维的多元性，进而考验考生的思维特性。从材料来看，考生可以左右对比，分析一个人成绩变化后带来奖惩的变化，从而思考当今的教育方式。也可以上下对比，分析不同的人成绩变化后得到的结果，进而引发对教育功利性的思考。也存在一些其他角度的思考，比如进步与退步、优等生与差等生的区别对待，等等。它的思维角度是多样的，图画仅是一个发散思维的基点。在对漫画的认识的基础上，考生以自己的认识来选定一个分析的点，就可以以自己的思考而进行文字表述，这样就达到了个性化思考的效果。因为不论考生如何选择立意点，对中国教育的思考或者说对进步与退步的看法等，最终表达的内容都是在本身思考的范围之内，体现出有自己的个性观点的作文才能出彩出新。所谓"我以我手写我心"，在立意一定的情况下，考生的个性也就能在立意之中有所体现了。高考作文讲究的是思考，需有一定的见解性，这种见解性实际上就是个性化的思考和表达。如果立意没有广泛展开而限于死角，则容易导致模式化、空虚化写作，只会使文章千篇一律絮絮叨叨，失去思维的生动性。比如在新中国初期的作文命题，大多都指向政治问题。如 1951 年"论增产节约的好处"，1952 年"我投到祖国的怀抱"，1953 年"我所认识的一位革命干部"，等等。命题者的立意点已经十分明确，考生所能展开的思维路径也就变得十分狭小，这样不仅限制了考生的思维空间，使文章千篇一律，更会给考生带来思考的压力，造成思维负担。强说"新思"，强抒己见，使文章变得"为表述而思考"，而不是正常的"因思考而表述"。当然，这其中存在历史的原因及其考量。对于近年的高考作文来说，思维的见解性则可以通过立意多元而得以实现。拿2015年全国卷写一封信的材料来说，不论考生以何人为立足点都是有理可讲有话可说的，但这种话语的表达能否挖深则取决于考生能否有自己的思考深度，有真实的属于自己的所感所想。只有在选取自己感触较深的立意点时才可以达到表达的个性化和深度。

在价值观正确的前提下，命题立意的多元也就意味着文章思维的丰富，它具有展开来的盛放姿态。考生可以以自己的知识和学养为基础写出代表内心的文字。因为每个人对材料的认知在本质上带有极强的个人色彩，即便在整体把握上趋于一面，在个性化的见解上也会有差异性。反之，则有可能囿于当代八股的危险，造成思维的钝化。这种多元立意的命题方式，从我个人经验来看，实际上是对当今语文教育的一种突破创新。如今高中生，三年的写作经验基本上是在议论文的范畴内打转转，一切试题都能用立论、论证、结论来说话，甚至连内容都循环利用，比如常见的苏轼、屈原、司马迁、李白等，几乎年年用烂，这样下来文章也就失去了深入思考和独到见解，学生也因此疲于思考、懒于思考。

当高考命题趋势指向更为广阔的思想维度时，它最终所考查的目的才可以有更加明确的方向性。这种多元的命题形式对考生的思维灵活性具有极高的要求，考生在分析材料时不可少的是要抓住重点但更要权衡全面。在全面把握的基础之上，分析材料的细节和特殊之处，并在自身的认知水平上抒发己见、传达感情和阐述事理。这就意味着考生本身要有一定的生活积累和经验。对于目前高中生活的乏味，它从隐性层面上要求学生关注社会关注生活并且有自己的思考，而不仅仅是"两耳不闻窗外事，一心只读圣贤书"。如上文提到的几个材料，写一封信的指向正是人情与法治的关系，是遵从袒护父亲的人情思维还是考虑法律的规范，这是值得我们思考和把握的；2016年的漫画材料则体现着学生对学习与自身的关系的思考。这些命题的指向除了要求考生具备作文的基本能力之外，更加对考生对生活的关注做出了要求。考生不仅仅是个学生，更要重视和践行社会人的身份，要成为生活中的有心人。所以，全国卷的思维开阔性是十分值得提倡的，它不仅仅为考生的思维展现提供了可能，更为其个性表达创造了条件，更是对畸形的应试写作的一种突破性的尝试。

当然，比起思维的空间的广度，话题作文似乎更加具有发言权。一直以来，话题作文都遵循着三自原则——自定立意、自选文体和自拟题目——使文章写作有十分阔大的空间。因为只要对话题有所涉及考生便可自由发挥了，这是话题作文的优势所在，可以最大程度地打开考生的思维空间，但在另一方面它使得文章失去了限定性，造成套作的泛滥、文体的紊乱。如 2001 年"诚信"的话题，考生可以讨论诚信的光辉，也可以大谈诚信的软弱；可以表明立场坚守诚信，也可以保持怀疑拷问诚信……只要与诚信有关，基本就可以保证立意不偏离轨道。至于文体，常常因失去规范而变成"四不像"，议论文没有议论文的框架，散文又缺失散文的情感和构思，记叙文则大多没有叙述事件的主体。因而，总体而言，新材料作文正好吸收了话题作文的优点又带有思维的限定性，从而实现了思维的广度及其个性的有效结合。

二、思维的辩证性和深刻性的结合

仔细分析近两年的作文命题就能发现，命题者的意图并不是让考生产生一路走到头的死角思维，而是通过材料引导考生在坚持己见的前提下学会变通转化，看到自己思维的不足和局限，发现思维的矛盾所在，而达到全面把握、有所侧重的状态。这样的安排，考查的正是考生的理性分析能力和辩证思维能力。就以 2015 年写一封信这个作文题为例。考生不论站在谁的立场来说理写信，都要求全面具体。给警察或女儿写信，都要求辩证地分析情况，而不仅仅是就事说事，陷入某一预定思维的死角。作为女儿，她要担当维护规章制度的角色，同样也要看到她作为儿女的顾虑。作为警察，他要求严格执法但也不代表着他只是执法的机器。作为父亲，他也应该对自身的行为以及儿女的考虑有所思考。各个角色在指定的身份外，还有更大的延展性，这就要看考生思维触角所能达到的地步了。当然，我们在分析时也应该对轻重缓急有所把握。某种角色代表的应该是考生以此为角色所应当具有的思考角度，或者说在其身份限定内最初始时富有的内在思想，角色本身有其作为角色侧重的关注点。给警察写信当然要突出警察守法执法的这一角色特性，这也就是考生应该侧重把握的点；给女儿写信时除了对她的行为表示赞赏外，我们必然也不能缺少对她作为儿女这一角色定位的分析。全面而又有侧重点，整体把握而又能抓住主次矛盾。这其实才是全国卷作文正确的打开方式。而看2016年图画命题或者小羽的创业故事等题目，我们也可以看到思维的辩证性要求。以小羽的创业故事为例，考生在分析材料时，既要分析小羽技术创新所带来的好处，也要把握市场标准化发挥的作用。其辩证性就在于，分析见解不能耽于一面，要从各方面入手抓住重点权衡掌握；考生也要把握好小羽创业成败的这一过程，抓住矛盾的冲突点才能抵达立意的深处。在选定一个立意点之后，要专注于重点分析，而不是面面俱到泛泛而谈，这样只会失去文章的主体性，使文章看起来平淡而没有深入的思维。当考生立意的重点在创新时，重要的论证方向应为创新；当考生立意的重心在市场标准化的作用时，其主要的分析方向也应该紧盯市场标准化的目标。在对整体有所把握并有主次详略的思维方式的引导下，文章才能出深度、有特色。

如何看待这几年全国卷作文中对深刻性思维的考量呢？我们仍然以2016年全国卷一漫画材料为解读对象。在看懂漫画的基础上，材料首先要求我们的是做出个人的价值判断。对于目前生活中以分数高低来奖惩学生或者以进步退步来衡量学生的优劣的教育方式，我们是赞成还是反对，是支持还是怀疑？对此，考生在心里首先就应该有个基本的判断思考和价值选择。在这些教育方式的表层之下，我们又是否能够抓住其实质性的内涵？这也是我们应该进一步着重考虑的。在这一点上，这种材料作文就区别于以往的高扬直接的道德口号式的命题方式或者往年明白直接的材料作文。如2011年江苏高考作文题为"拒绝平庸"，本身题目就给定了思维的立足点，考生也根本不需要对其进行分析判断、做出选择，只要按着既有的方向即可论证探讨。而同年全国卷二抛出的关于诚信的材料作文虽然形式上对诚信这一话题存在讨论之处，但实际上在这么直露的材料凸显下，已经暗含着对诚信的支持和赞赏，对于考生思维判断并没有什么要求。那么，在进行具体的行文安排时，这类作文大多也就会走向千篇一面的死局。

在做出价值判断的基础上形成立意的方向，然后才能深入本质把握内在。对于思维的引导，这些新形式的命题方式更要求考生做出关于本质关系的内在关联性理解。两幅漫画的背后其实有许多耐人思考的东西，在教育方式不同的背后有何种思维观念的差异呢？在这样的教育方式背景下社会是持何种态度的呢？个体性的差异可以以一时的差异而评定优劣吗？在2016年漫画作文中体现的更多的是对于事件所反映的本质所存有的各方联系。片面的分析难以反映本质，自然也就难以出深度。在对漫画的内在联系的把握、思考和分析之后，文章会有力透纸背的说服力和辩证性。因为在分析的过程中，我们发现材料的指向性其实是隐藏其中的，我们针对的是对当代教育方式的思考，这要求我们从个体和社会的关系上来议论教育方式的合理与偏颇问题。如果对这则材料的看法仅仅停留在对奖惩方式或其他浮于表层的观点的议论上，实际上割离了整个社会关系体系的考量，很容易造成个性思维泛滥而缺乏对客观世界具备合理认识状况的出现，这也是对这则有针对性的任务型材料的误解。又如2015年的写一封信，同样要求考生对社会法治有所认识和考量。难道命题者仅是在对漫画自娱自乐而不做深入的思考吗？难道材料只是针对现象本身就事论事吗？他们后面隐藏着的是对社会的整体看法，而这种看法同时又是与我们个体相互联系的。社会的价值主导与个体的价值倾向，世界的客观规律与个体的主观能动性……这些材料作文的深刻性最根本地表现为要求考生对各种价值联系做出必要的把握和探讨。

思维的辩证性和深刻性，讲求的是把握事物的矛盾性和过程、量与质的变化，并在抓住变化的同时看到引起变化的内在联系因素。它的意图是要求考生在实际生活中有一定的价值判断的能力和进行深入研究的思维，不仅仅是要会发现和判断问题，更要懂得如何分析问题的本质及其联系性。对于一则材料要如何准确把握呢？思维的深度又该怎样体现呢？这些问题的背后其实关涉到课堂学习以外的锻炼。考生的敏锐性和深刻性也主要来源于课外的锻炼。局限于课堂的学习是远远不够的，因为考生只有在课外有足够的积累、有丰富的阅历和经验转化的能力才可能在思维的深度上深入一步。现在的高中语文教育将精力集中在特定的范围内，其在本质上就是错误的。语文是博学、生活之学，它应具备更广的视野和更深的思考余地，而不应该只是困在考场上的局限、浅薄的应试思维。可以说，近年来这些新形式的材料作文正是要求学生走出课堂走向社会，对生活进行思考，对课堂知识进行转化运用。这也是新时代语文教育所应该努力的方向。

经济决定政治、文化等，政治、文化也反映着经济。在社会经济高度发展的当下，高考作文很大程度上是对社会的反映。其在命题方式上经过了"命题作文——材料作文——话题作文——新材料作文"几个阶段的更变，而在内容上则更加与社会生活接轨，特别是这两年来关注的角度更多地移向学生本身，对学生的考查更加显现出时代特色。总而言之，全国卷的新型命题方式不仅仅是形式上的创新，更是内在思维的创新，尽管其在表现上还有极大的提升空间，但不能不说是对突破当下语文教育局限——更多地表现为关注应试技巧——的一次有益的尝试。可以说，新材料作文在创新形式和思维切入点上已经取得了很大的进步，它将思维的广度与深度置于一体，体现了发散式的思考和辩证性的思考的统一，就像山峰顶端的万条小道，壁立千仞，各具风采，同时又具有无限深入开拓的可能。

（原载于《读写月报》语文教育版，2016 年第 8 期）

第三编　高校语文教育教学研究与实践

中国戏曲艺术教学改革探索

叶树发

一、中国戏曲教学的目的与任务

　　中国戏曲是高师本科主干课，中国古代文学的重要组成部分。纵观中国古代文学史，中国戏曲经过漫长的历史发展过程，到宋元之时趋于成熟。从此，戏曲成为极其重要的文学形式，与稍后繁荣起来的长篇小说一同雄踞文坛，取代了古代诗词赋文的地位，这是中国古代文学史上的又一重大变革。可以说，一部中国古代文学史，在元之前是诗歌散文史；元之后，是戏曲小说史；戏曲在文学史上的地位是十分重要的。实际上，从元以后，古代文学的大家，即一流水平作家，基本上是戏曲、小说家，诗文作家已无法与之匹比。就戏曲而言，关汉卿、王实甫、高明、汤显祖、李玉、孔尚任、洪升等都是鼎鼎有名的古代大文学家。没有这批大文学家，后半部中国古代文学史将黯然失色！恰恰因为有一代一代的戏曲家，人才辈出，灿若群星，才为中国古代文学史的后半部大增光彩。至于戏曲作品，更是不可胜数。尽管由于过去受传统观念的影响，视诗文为正宗，小说特别是戏曲被视为末流、下流，这类作品多有散佚，但仍然留存很多。仅戏曲中的一种——京剧，新中国成立后曾经统计过，就有剧目 1200 余种。

　　中国戏曲不仅是中国的瑰宝，也是世界戏剧史上的光辉篇章，是人类古典文明的一个重要方面。世界上有三种古老的戏剧文化：一是希腊悲剧和喜剧，二是印度梵剧，三是中国戏曲。古希腊戏剧，于雅典时期繁荣；印度梵剧，于 5—10 世纪繁荣；中国戏曲，12 至 13 世纪完全成熟，比前二者晚，但前二者均已不再演出，中国戏曲仍然活跃在舞台上。今天，这不得不使世界戏剧界"看东方"。中国的戏曲作家作品，有许多是名闻世界的。关汉卿就是人类历史上屈指可数的几个最有名的戏曲家之一。汤显祖是与莎士比亚同时代的东方著名剧作家。关汉卿、汤显祖都是世界公认的"文化名人"。《窦娥冤》《赵氏孤儿》等是世界戏剧史上最为杰出的作品之一。中国戏曲在世界文学史上的地位可想而知。

中国戏曲源远流长，内容丰富。作为未来的高中语文教师，必须掌握一定的戏曲方面的知识。首先，这是教学的需要。戏曲作品不少已选入课文，如《陈州粜米》（高中六册）、《窦娥冤》（高中四册）。有的课文虽然不是戏曲节选，但与戏曲有关，许多有关戏曲的知识，常常要直接碰到，如俳、优、倡等词语，如诗句"女儿弦管弄参军"中的"参军"。其次，是文学修养方面的需要。语文教师要有渊博的知识，要不断扩大、丰富、深化自己的文学知识和加强文学方面的修养，也要求懂得戏曲。比如，《红楼梦》写了林黛玉、贾宝玉、薛宝钗都看了《西厢记》《牡丹亭》，但各人态度不同。只有掌握了基本的戏曲知识，才能从不同中揭示三个人物的不同思想和性格。《金瓶梅》更写了许多戏曲的演出状况，不了解戏曲，可以说不能完全看懂《金瓶梅》。第三，是正确评价当前戏曲状况的需要。曹禺写历史剧《王昭君》，演出后，报上颇为热闹，称赞写得好。在叫好声中，吴祖光就该戏演出写了一首诗，其中两句为："从此不许昭君哭，一路春风到边城。"许多人说，吴祖光肯定曹禺的这一创作。其实，了解戏曲史上王昭君的情况，这两句诗的真正意思就容易明白了。元代的马致远树立了哭哭啼啼的王昭君形象，打动了一代又一代观众的心，如今"不许昭君哭"，要两千多年前的王昭君满面春风地嫁到少数民族去，这个王昭君不是太现代化了吗？

应该强调的是，具有辉煌成就，具有悠久艺术传统的中国戏曲，在今天，它已丧失了历史上的地位，正面临着危机，客气地说是不景气。"危机"的重要标志是失去了观众。以上海为例，50年代，上海约有760万人，京剧观众约12万。80年代，上海已超过1000万人，京剧观众仅5万人，观众的百分比由16%下降到0.5%。特别是，这5万人又基本上是老人，如果这5万人相继谢世，京剧在上海将基本丧失观众了。观众是戏曲的上帝，没有观众，尤其是青年观众，就意味着戏曲的死亡。因此，戏曲必须改革，不然，前景渺茫。近年来，为振兴京剧，国家采取了一系列的措施。有的提出，让京剧走向大学生，让大学生了解京剧。我们认为，说起来容易，做起来谈何容易！中国戏曲的教学不能不受影响。因而，戏曲教学的改革势在必行。

二、中国戏曲教学艺术改革

1. 教学内容的改革

内容上强调一个"新"字。所谓新，有两方面的含义：第一，从教材来看。目前不少高等师范院校所用的教材，还是中科院文研所或游国恩等先生编的《中国文学史》。这两部文学史，出版于 20 世纪 60 年代，是那个年代学术的结晶，体现了当时学术水平，功不可没。然而，如今时过境迁，学术不断发展，这两部文学史的内容显得旧了，必须充实新东西。即使有的院校不使用这两本教材，用别的文学史为教材，我们说，教材总是跟不上形势发展的需要，同样要补充新鲜血液。第二，从教学对象来看。以往的戏曲教学，偏重叙述故事情节，忽视了理论阐释。尽管故事讲得十分精彩，但学生仍然不满，埋怨老师。有的学生甚至尖锐地说，这样讲课不如让我们自己去看剧本。为什么会如此？因为我们向学生开设戏曲课时，他们已是大学三年级的学生了，也就是大学高年级的学生，和低年级的学生相比，他们的区别在于：高年级学生更希望理论上的指导，提高他们的理论水平。这就对任课老师提出了更高更严的要求。上述"新"的两个方面交织在一起，不可分割。所以，我的做法是，故事情节要求学生自己阅读，我只做简要介绍。我注重的是理论分析，以新的观点、新的视野吸引学生，提高学生的分析鉴赏戏曲的能力。

在讲授王实甫的《西厢记》时，各种版本的教材对它的主题思想几乎都归结为：反对封建礼教，提倡婚姻自主，"愿天下有情人终成眷属。"我觉得，《西厢记》的主题如果仅仅局限于这一点，它的思想内容就不是特别突出的。王实甫之所以名扬天下，《西厢记》之所以受人青睐，根本在于他的深刻、大胆之处，突出表现为：第一，爱情与功名比较，爱情第一，爱情大于功名。综观在此之前的爱情史，历来是功名高于爱情，功名第一。王实甫勇敢地提出了与前人截然相反的论点，实为难能可贵。第二，为了获得这种爱情，到达胜利的彼岸，作者热情赞美小姐去跟意中人私会和同居。张生去跳花墙，像骗马一样烂熟。这是《西厢记》的惊世骇俗之处。可以说，这是戏曲中第一次这样写，也可以说是文人作品中第一次这样写，王实甫确是身手不凡。爱情与家庭，从来就不是单纯的个人问题，而是社会问题，所以《西厢记》既是爱情戏，又是具有鲜明政治倾向和深刻社会内容的优秀作品。封建卫道者说什么"看了《西厢记》，到老不成器"，这完全是封建社会对《西厢记》的否定。正因为这种反封建性，《西厢记》才永久流传。

在教学过程中，我不仅重在理论，而且突出主要理论，防止面面俱到。《西厢记》的艺术成就是多方面的，它在杂剧体制方面有重大突破，五本二十一折，打破了一本四折的结构。它有多种唱法，打破了一折甚至一剧由一人主唱到底的格局。它有十分成功而细致的心理描写，特别是在莺莺身上。这些成就我仅是一带而过，却重点分析了《西厢记》不同于其他戏曲的特点。1. 笑的艺术。《西厢记》是一出喜剧，在不断的笑声中，观众得到美的享受。笑，成为作品表现主题的有力手段。当美丽的莺莺出现在道场上时，作者写道，班首的和尚竟将法聪的头当作金磬儿敲，引得众和尚笑得七歪八倒，"胜似闹元宵"。"闹元宵"三个字对这种笑真是形容得贴切生动。对于这场笑，有的人认为《西厢记》撕下了出家人庄严神圣的画皮。有的人认为，和尚也是人，也有爱美之心，这是"惊艳"，无可指责。学生们同意哪种观点，可以自己思考确定。2. 典范性的语言艺术。《西厢记》是元杂剧"文采派"的代表作，文辞典雅华丽，几乎可以说字字珠玑，通体灵秀，是著名的语言艺术珍品。明代的戏曲评论家朱权称它的语言为"花间美人"，这已成为定评。大家想一想，花是美丽的，在美的花丛中还有一位美人，实在是美不胜收。这样讲课，重点突出，主次分明，决非一一罗列，眉毛胡子一把抓。

为了使自己的理论更令学生信服，我还从文学史的角度，将不同时期的作品进行纵向比较。众所周知，《牡丹亭》是戏曲大师汤显祖的代表作，自其问世以来，对于它的思想内容，直至今日，仍是众说纷纭。其中又以下面两种说法最具代表性：1. 反对包办婚姻。2. 以死来追求爱情。如果这样，《牡丹亭》不是什么新东西。《西厢记》早已这样写了。《孔雀东南飞》早已是以死来相爱了。《牡丹亭》究竟有什么创新之处，为什么它一上演，就轰动了当时的剧坛？作者通过主人公杜丽娘的形象告诉我们，她的爱绝不是仅仅要一个称心如意的丈夫。她父母反对她爱，也不是因为柳梦梅门第低。杜丽娘爱柳梦梅，并不仅仅因为他"年少多情""一品人才"，这是莺莺爱张生的动力，而是因为两个人都对人的本性有共同的追求。她父母反对他们相爱，也恰恰是因为他们要求天然本性的自然发展。也就是说，在她的父母看来，作为一个姑娘，自己想男人，有男女要求，本身就犯了天条。而莺莺的母亲并没有这种思想，只认为女婿不能门当户对。所以，杜丽娘追求的是人的自然要求，"天然之情"，也就是情欲、性欲，不仅仅是婚姻。她的父母恰恰不允许她有这种欲求，不准她有人性、人的权力。双方发生冲突，杜丽娘于是要反抗，甚至以生命来抗争。这一冲突，矛头直指封建礼教和程朱理学，直指压制人的封建意识。所以，《牡丹亭》所写的爱情，远远超出了爱情的范围，表现出追求人性，要求个性解放的倾向，即：欲人欲，灭天理。《牡丹亭》的这一思想，正是伴随着资本主义萌芽，人性初步觉醒的晚明时代的要求。时代孕育了作家，使他提出了前人没有提出的新东西，这正是《牡丹亭》动人心弦的地方。

　　在从事教学的同时，我认真总结经验。几年来，在国家级刊物和省级刊物上发表教学论文多篇，有的还被人大《戏曲研究》（月刊）全文复印，有的《新华文摘》辑目，产生了一定的社会反响。在撰写教学论文的基础上，经过多年努力，1997年10月江西高校出版社出版了我的教学专著《中国戏曲简史》。有关中国戏曲史的论著，有王国维先生的《宋元戏曲史》，周贻白先生的《中国戏曲史长编》，张庚等的《中国戏曲通史》。王著重在考证，周著和张著均为长篇巨著。我这本书专著以"简"为特色，浓缩了戏曲史及作家作品分析，且有不少新的见解。因此，该书一出版，江西教育学院中文系立即将此书作为本科95、96、97三个年级的戏曲课教材。使用一段时间后，反映很好。江西师大中文系95、96、97三个年级也以此为教材。另外，上饶师专、宜春师专、九江师专三个中文系的本科试点班也用了这本教材。所用该教材的师生一致认为，目前国内还没有一本适用的大学的戏曲教材，《中国戏曲简史》可以说开了个好头。上海师大中文系教授杨剑龙在江西日报上发表文章，称此书是一本适合教学的好书。此书还在陕西、广西、北京、吉林、广东等省、市受到有关读者喜爱，甚至远销香港。由于我注重理论的阐释，不仅我的教学内容常讲常新，而且不断发表教学论文，科研、教学相互促进，相辅相成。

　　2. 教学方法的改革

　　方法上突出一个"活"字，教学方法多种多样。①比较法。把中国戏曲和外国戏剧进行比较，让学生了解中外戏剧的差异。多年以来，学生把戏曲与戏剧混为一谈，老师对二者的了解也模糊不清。事实上，戏曲与戏剧是相似而又有所区别的两个概念。戏曲指中国的传统戏，戏剧指"五四"以后引进的西方戏剧，以话剧为代表。二者虽然都是所谓的"戏"，但他们在"戏"的内容、"戏"的形式、"戏"的美学原则上有差别。从语言上看，二者均为文学语言。但戏曲文学剧本一般是韵文与散文兼用，曲辞为韵文，宾白通常是散文，有时也用韵文，曲与白的语言都要求有音乐性。而戏剧，一般为白话散文，剧词多要求动作性。从音乐上看，戏曲离不开"曲"，"曲"是戏曲的音乐形式，故称戏曲。这与话剧、歌剧都是有明显区别的。话剧有伴奏，无音乐。歌剧之乐是西方音乐形式。戏曲的音乐"曲"，一为"联曲体"，二为"板腔体"。从处理主客观的关系与方法上看，西方戏剧讲求客观、真实、精确，"是行动的模仿"，属"写实性"戏剧。中国戏曲是讲究"神似"而不求"形似"的"写意性"戏剧。它用帮腔的形式，暴露主观，抒写人的内心。西方戏剧则隐蔽主观，突出客观。于是，学生明白了中外戏剧的不同。②辩论法。就某个具体戏曲作品或戏曲史上的某一重大问题，让学生进行充分准备。然后，将持不同看法的学生分成两组，各选出4名辩手，唇枪舌剑，展开论争，最后由我进行总结评价。道理越辩越明，理由越争越清，学生收获较大。③朗读法。让学生分角色朗读剧本。俗话说"读书百遍，其义自现"。通过朗读，加深学生对作品的理解。④音像法。采用现代化手段，进行音像教学。要学生观看《红楼梦》《天仙配》《红灯记》等戏曲片，并对重要部分反复观看，让学生从感观和思维上产生火花。⑤表演法。中文系有学生剧团，我充分利用这一优越条件，要求他演经典戏曲。或演《西厢记》中的一折，或演《琵琶记》全剧，或演自己编写的戏曲。演出虽然不多，却让学生既理解戏曲作品，又将古典戏曲与现实生活有机地结合起来。⑥讲座法。就是请江西戏曲界的优秀编剧、导演、演员不定期地来中文系，给学生做专题学术报告。我们请江西省赣剧团的黄文锡编导做改编《窦娥冤》的讲座，学生听后，对如何古为今用，翻新戏曲有所了解。堪称荣幸的是，上海京剧团《智取威虎山》剧组来南昌演出，尚长荣忙中偷闲，给我系学生做了精彩的演讲，并为学生们唱了一段京戏，令学生十分难忘。有时，我也请江西师大京剧社的老师给学生讲课，教唱京剧，效果不错。尽管教学方法五花八门，形式多样，但目的只有一个，希望学生对戏曲精炼的对白、优美的唱词、鲜明的人物、激烈的冲突理解得更深,分析得更透,运用得更熟。

三、中国戏曲教学改革的效果

教与学是不可分割的统一体,教学效果不但体现在学生身上,也从教师身上得以体现。拿我自己来说,多年来,我遵循要使学生得到一杯水,自己要有一桶水的原则,在中国戏曲的教学园地里,探索改革,开拓进取,流了不少汗水,经历无数艰辛,终于不断提高教学质量,不断增强理论深度,不断更新知识结构,在这个园地里占有一席之地,有了发言权。

谈到学生,大多数对我讲课的评价是:条理明晰,分析独到,有较高的理论水平。有时言前人所未言,想别人所未想,出人意料而又在情理之中,令人深思又使人茅塞顿开。我对学生的总体看法是:经过一年的戏曲学习,他们能胜任高中语文的戏曲教学,并具备一定的文学修养。1997 年 10 月,我带领 16 个学生在南昌十中实习。实习课文之一是关汉卿的《窦娥冤》,由凌秋岚主讲。小凌接受任务后,在我的指导下,既结合参考资料,又有所突破。其突破点是抓住"冤"字做文章。张驴儿逼迫窦娥嫁给他,窦娥要坚守贞节,不肯嫁。她坚守贞操,具有闪光的美德,结果反而被送上了断头台,这是最可恨的地方,是冤深如海之处,这是一重冤。张驴儿诬陷窦娥毒死了他父亲,导致了重刑,窦娥不招也不至于死,然而她招供了。为什么?为了不使婆婆受刑,为了尽孝。尽孝而被处死,也是冤深似海之处,这是二重冤。窦娥没有毒死张驴儿之父,她不愿私了,而决定公了。她相信官府会为她洗刷诬陷。她相信官府,忠于官府,官府却加害于她,置她于死地,这也是冤深如海之处,这是三重冤。通过这三重冤的分析,小凌将《窦娥冤》讲得有声有色,学生听得如醉似迷。所在班的语文老师拍手称绝,说这是一堂真正的语文课。这样的学生,既继承了前人的长处,又有所创新,是我们需要的学生。江西中医学院有一位叫徐虎式的清理水道工,学院想编个戏宣传他,请我系学生编写一个独幕剧。94 级杨波同学一天时间就写出了剧本《疏通》,并到中医学院指导排练。这个剧演出后获得好评,还获了奖。中医学院的老师说,师大中文系的学生不错,能写戏,能排戏,能演戏。欧阳江琳同学爱上了戏曲,大学四年级就在江西教育学院学报上发表了一篇戏曲论文,毕业时,她考上了我系古典文学研究生,专攻戏曲。

外国文学课程双语教学初探

邓颖波 周海洋

1998 年国家教育部颁布的高校新专业目录中，将中文师范专业的比较文学与世界文学合并为一个学科，并取代以往的外国文学。如果说，以往的"外国文学"是一个相对于"中国文学"的概念，那么"比较文学与世界文学"更加体现了 21 世纪文学的大交流、大融合。它确立了今后科研与教学的整体走向，同时也给中国的高等教育提出了一系列新问题：中文系传统课堂全部用汉语讲授外国文学史的教学方法已经满足不了课程改革的需求，师范院校中文系的学生必须放开眼界学习真正、原汁原味的"外国文学"。教育部 2001 年明确提出，要在高校积极推动使用英语等外语进行教学，"双语教学"的开展被作为高校的一项指标，即将由教育部对外公布，其中"本科教育要创造条件，使用英语等外语进行公共课和专业课教学"。

一、开展双语教学的必要性

1. 中学语文教学改革的需求

中学语文课是当前教学改革中被学者最为关注，也是暴露问题最多、最严重的学科。语文教学的困境不只来源于现行教育制度的弊端，还与它脱离了中学生现实生活有关。由于历史的原因，中国进入商品时代比较晚，而在商品时代，人们的人文精神相对贫乏。语文教育中人文精神的培养要求学生通过阅读文学认识自己、认识人性，而一个希望全面认识自己的人，不仅需要学习本民族的文化，而且还应该了解西方文化。当前中小学的教育改革如火如荼，双语教学正成为一种潮流和大趋势。人民教育出版社出版了高中版双语教材，作为教育部直属单位的课程教材研究所正着手研究开发英语版初中教材。它充分说明，中国加入 WTO 组织后，开展和推进"双语教学"对教育国际化日显迫切。语文教学不能回避趋势，顺应趋势或许可以寻求到改革的新突破点。2004 年 4 月华东师范大学举行的"中国双语教学研讨会"上，国家教育部权威专家透露：双语教师已成为中国内地中、小学校最紧缺的人才。迫切的社会需求，使师范院校中文系将外国文学课程纳入双语教学重点势在必行。

2. 高校外国文学教学的需求

目前，中国高校外国文学教学普遍采取的是教师课堂教学为主的教学方式，因此教师自身在教学过程中起着至关重要的作用。而当今从事外国文学教学和研究的教师和学者主要有两个来源：汉语言文学系和外国语言文学系毕业。致力于相同的领域，奇怪的是这两个院系却不能相互融洽与沟通。在外国文学教学界长期存在着一种奇怪的现象：搞文学的不懂外国语言，搞语言的不学中外文学。在中文系，汉语言文学专业毕业的研究生或本科生从事外国文学教学和科研工作的，外语水平一般不高甚至很差，就更别提掌握几门外语，教授的是"中国的外国文学"。中文系的学生常常只认识艾伦·坡，而不认识 Allen Poe；在外语系，教师限于自己所属的语种，只讲授该语种的国别文学，对整个世界文学缺少宏观的把握，个别教师，由于文学功底较差，只能做些浮光掠影的介绍，把外国文学课作为掌握外语技能的背景知识，教授的是"外国文学的外语"，这样情况更糟。笔者就曾有这样的经历：一个英语系本科留校的老师告诉我，大学四年从未看过一本英文原版小说；读泰戈尔的英语散文，单词全认得，字面上懂了，就不知道说些什么，究其原因是缺乏对作者哲学思想、历史背景的了解。Literature 和 Language 的断裂，已被学界广泛认知；但如何将二者有机地融合、互通有无，在教学过程中却没有自然、有效的方法。更多的中文系老师只在讲授某一知识点（如作家姓名、文学思潮流派）时，旁边注上外语翻译，显得过于表面和形式化。

二、双语教学的实施

1. 确立明确的教学思路

笔者前文提及的师范院校中文系开展"双语教学"可得到的三个层面的收获，结合外国文学课程自身的特点，概括为"3L"即三个以 L 为开头英文单词的缩写，分别为 Literature（文学）——Language（语言）——Logic（思维）。在这里笔者强调它不仅是双语教学思路，更应该是当前外国文学教学改革的整体思路。毋庸置疑，比较文学与世界文学首先是学文学。

外国文学课程就知识体系来说，时间跨度大、地域涵盖广、内容异常丰富，并需结合文化、哲学、心理学等和文学之间的直接和间接的关系，多角度、多方位地加以观照。学习后，学生应能较全面、深刻地阐明文学现象、文学流派和作家作品，并在一定背景下分析其产生的根源。在国际环境中，交流能力有时会比学术水平更重要。实施双语教学是适应中国高等教育国际化趋势的发展需要，是培养具有国际合作意识、国际交流与竞争能力的外向型人才的重要途径。语言是社会统一使用的交际工具，是人类必不可少的思维工具，它是沟通文学与思维的桥梁。如何提高学生的外语水平，使之具有一定的双语能力，就成为学校重要的教学任务与目标。首先要明确双语教学中的专业英语不是一门语言课，课程应以正规的英语教学为基础，不能替代正规的英语教学，不能以降低课程或整个学科的教育质量为代价，来换取一门孤立的全英文及"双语教学"。此外教学中应注意正确处理好英语教学与专业课教学的关系。必须明确双语教学不是单纯地学英语，而是用英语学，学生应重点掌握专业知识，切忌将双语课变为普通英语课的翻版。英语教学不是要教给学生英语单词或某些专业术语的英语表达，而是要训练学生的交流能力。

2. 双语教学的具体实践

双语教学主要分为三种形式：（1）学校使用一种不是学生在家使用的语言进行教学。这种模式称之为浸入型双语教学；（2）学生刚进入学校时使用母语，然后逐渐地使用第二语言进行部分学科的教学，其他学科仍使用母语教学。这种模式称之为保持型双语教；（3）学生进入学校以后部分或全部使用母语，然后逐步转变为只使用第二语言进行教学。这种模式称之为过渡型双语教学。中国不像新加坡、加拿大、印度是双语国家，语言环境并不是中外并重，所以中国的双语教学环境决定了中国的双语教学只能是上述形式中的"保持型双语教学"。"保持型双语教学"运用于外国文学课程的具体实践要改变传统的"注入式"教学方法，代之以"以学生为中心"的新型教学模式。因此，学习过程就成为了教学过程的重点，教师提出课题，学生运用知识自己去寻找解决问题的办法。在实际的教学实践中，笔者结合人文学科的专业特点，采用了诸如案例教学、头脑风暴、情景模拟等课堂教学方法，促使学生用外语来思考、陈述、解决问题。在整个学期中留有 30% 的考分额度鼓励学生上台用英语进行专业交流。教师让学生自由组合，分成若干课题组，并将设计好的课题给各组承担。不同组可承担相同课题，以形成竞争、协商的氛围。教师提出的课题切入点要小，不可如"中西方戏剧比较"之类过于宽泛。传统"注入式"教学方法以教师个人观念为视点有悖于学科开放视野的精神，代之以"以学生为中心"的新型教学模式，能激发学生的学习兴趣与创造力，学生会主动地阅读老师开出的书目甚至与之相关的其他书籍，广泛地涉猎建筑、美术、音乐、电影甚至城市建设、地理环境等领域；他们充分利用网络资源，不局限于中文资料，并学会如何把自己的兴趣与专业相结合。学生从最初的局促不安羞于张口，到后来的踊跃参加，积极发言，他们已经习惯并喜欢上了这种模式，而教师也从中受益匪浅。

三、双语教学中应注意的问题

1. 双语教学中，教师讲解学科内容所使用的英语必须符合学生当前的语言的理解水平，在目前的情况下，课内时间全部用英语进行教学在高职院校仍是行不通的，需要通过母语的配合来使学生更好地理解、掌握教学内容，因此，汉语在教学中的作用始终不容忽视。首先，汉语可以为学生学习学科内容提供相关的背景知识，这有助于他们准确理解英语的信息输入；其次，汉语有助于发展学生最基本的阅读能力；三是汉语能够为学生学习学科知识提供安全感。由于任课教师懂得学生的第一语言，减少了他们害怕因为听不懂英语授课而产生的种种顾虑，从心理上保证了学生学好英语。但教师尽量将汉语的运用降到最低的限度，避免学生对第一语言产生依赖心理。

2. 双语教学非常强调教学资源的保障，外文原版教材是双语教学的一个必要条件，它可以使教师和学生接触到"原汁原味"的英语，但作为课堂教学的有力补充——教学参考用书的作用同样不可忽视。往往中文专业中文参考资源较丰富，但外文专业参考资料却极为匮乏，造成教师备课时要将中文资料译成外语，再用外语授课，学生课余不能接触到更多的原文资料，课上和课下脱节，从而无法进行实质性的双语教学。

3. 目前我省高校尤其师范院校中能从事双语教学的中文系教师为数不多，教师能力单一，专业教师英语能力较差，普通英语教师又不懂专业，从而在一定程度上限制了双语教学的开展。因此，从长远着眼，必须尽早建立双语教学师资的培训体系。

（原载于《江西教育科研》，2007 年第 8 期）

《外国文学史》课程的对分课堂实践与教学展望

冯 椲

一、"对分课堂"应用的总思路

任何一种崭新的教学改革观念，若要保持旺盛的生命力，首先必须要有海纳百川的胸怀，同时还应具有与时俱进的眼光。"对分课堂"（PAD）作为顺应当前翻转课堂教育大形势下的教学改革方法，不应该是一种以原教旨主义观念为根本的教学改革，即：时刻以纯正的"对分课堂"方法为规范，监管自己的教学对分行为。正确的做法应该是，"对分课堂"必须与具体的教学内容相结合，做出有针对性的教学实践选择，才能凸显出此种新兴教学方法的生命力。这也是进行《外国文学史》课程对分课程实践的思维原点。

"对分课堂"（PAD）被誉为当前唯一具有中国原创性质的新兴课堂教学法，其在国内兴起与进入运用的时间并不长，以 2014 年春复旦大学心理学系张学新教授在他个人课堂的教学实验为开端，目前正处于起步并快速发展的阶段。"对分课堂"之所以短短几年内在全国各地的各个教育层次得到推广，一则与近几年国内整个教育界"翻转课堂"大浪潮的大形势裹挟有关，"对分课堂"符合教学革新所必需的观念新颖、方法独特的特质；另一方面也与国内一些教育者对当前一味舶来国外所谓基于"互联网+"的翻转教育模式，而缺乏探索符合中国高等教育现实需要的教育理念与方法的总体思路有关，而这种带有本土特色的新兴教学实验一出现，就得到了教学改革者的热烈欢迎。

从本质上来看，对分教学与思想自由、个性独立、富于批判精神的现代高等教育理念高度吻合，目前正被运用于中国高等教育，甚至中学教育的各个阶段。对分教学既是一种教育观念，也是一种与传统教学截然不同的教学思路与方法，同时，它又并不像后来 MOOC 一样有着鲜明的观念与技术色彩。近 20 年，国内教育界一直在大规模引进西方先进教学理论，"对分课堂"作为整个翻转课堂教学大改革中的一种新兴教学法，其简单易行，便于操作，成为新兴教学法中唯一以本土观念、主体视角研究本国问题的新方法。

在理论建设方面，张学新教授在他的论文中提出，"一个新的课堂教学模式，把一半时间分配给教师进行讲授，另一半时间给学生以讨论形式进行交互式学习。"[1]就是对分课堂的主要形式。还有其他学者对"对分课堂"教学方法做了定性评价，"对分课堂教学模式是针对中国以教师为中心的传统课堂教学模式的缺陷而创设出来的一种强调师生双方主体性发挥的新型课堂教学模式，以期有效地改善大学课堂生活中师生互动缺失、师生关系割裂的缺陷，使教与学真正成为双向互动的过程。"[2]相类似的还有学者提出"对分课堂"是实现生成性课堂的教学目标的理想教学法，"对分课堂"使"预设—生成有了可能性，强调隔堂对分、先教后学，预设—生成就有了现实性。"[3]

总体而言，对分课堂教学研究呈现势头猛、发展快、易操作的特点，但目前缺点也很突出：仅以教师简单运用、学生浅显理解为主，方法论层面反思与提高欠缺的低水平重复态势明显。因此，本课题亟需在具体教学运用实践的基础上做进一步理论反思，发展这一教学法的合理内涵。

将此方法运用于中国语言文学传统基础学科，在一定程度上，是打破传统学科教学改革动力不足，教学方法革新资源有限之困境的良好契机。文学课堂的难点在于，文学课是对人审美力、领悟力、写作力的习得培育，这一使命的长期性、重要性与有限的教学时间构成反差，因而要求课堂时间高度浓缩，学生也必须充分运用课外时间，这也就是所谓的"功夫在诗（课）外"。然而，从以往经验来看：课外学生做什么，老师的约束力很有限，难以监管。因此，将学生课外的"消化"放在课堂，同时迅速开展举一反三的拓展讨论，可以很好地解决学生课外学习欲望不足，教师教学反馈缺失的两难，一举两得。

二、《外国文学史》课程的对分运用

在初步了解、掌握了"对分课堂"的基本观念和主要方法后，笔者于2015—2016 学年第二学期，以"对分课堂"的形式，对江西师范大学本部和科技学院 3 个班的《外国文学史》教学进行了对分实验。

具体课堂分为两种：一种为一次授课 2 个课时，另一种为一次授课 3 个课时。前者采用隔堂对分的方式，即：第一周由老师讲授新课内容，在讲授过程中，对一些关键内容做提示说明，并以具体问题的方式要求学生解答。一次课内容下来，对于学生而言最大收获就是，需要在下一堂课对课程教学过程中提出的问题，做出自己的理解与解释。后者采取当堂对分的方式。此种方式表面上来看对学生要求更高而难以操作，实际上这种方式，最有利于老师从学生的课堂学习中获得最及时的反馈，具体做法为：在前 1.5 个课时内，教师将新课内容中的知识点讲述完毕，提出相关问题。给学生留出 0.5 个课时整理自己的思路，有必要进行延伸思考，对这些问题进行有针对性的资料收集，并形成观点。无论是哪种对分方式，都以小组讨论的形式完成，小组之间为解答问题而形成的协作，以及为解决分歧而进行的讨论，都会成为"对分课堂"实践内容的组成部分。下次课开始时，教师需留出 10 分钟时间，给各个小组经过一周的沉淀，需要对上周讨论做补充和更改的地方。

比如：《外国文学史》"荷马史诗"一节，主要问题为：该如何理解"中国没有史诗"这一命题？中国有没有史诗？"莎士比亚"一节，主要问题为：哈姆雷特的"延宕"为什么是一个值得讨论的问题？是因为"延宕"在故事情节中的核心作用，还是因为其是深入解答人物性格的钥匙。如何理解对"延宕"问题理解的丰富性？小组成员之间，小组与小组之间，提出的理解、答案只要是自己的想法、自己的论证即可，教师可以对某些常识性的错误进行纠正，但对并没有很大问题的评论性结论，不要做纠正式评点，只做引导式评点。

对这些"对分课堂"实验，我从观念导向到具体措施，从教学思路到课程设计等方面，总结了几点经验，以期在下一步实践中进行升级提高。

首先，在总体观念上，坚持教学解放，知行合一。教学设计时，教师必须从根本上摆脱满堂灌、满堂铺的教学思想，需要做的则是明确且精心准备每次教学的核心内容，以精要式的讲授带动课堂教学，以问题式导入和解决问题式的练习,发动学生带着问题寻找答案,改变以往学生课堂随意、学过就忘、人浮于事的传统课堂效率不高的局面。

其次,在教学过程中,要做到过程透明,末端管控。课堂教学过程中,由于教师讲授的内容是高度浓缩的,且授课时间只占到课时 1/3 到 1/2,剩下的时间由学生自由组合的"协作小组"共同参与讨论,相互解答问题。整个学习过程快速、高效、良性互动。最后,各小组陈述小组讨论纪要,并提出未能解决的困惑。教师根据讨论结果,及时分析、总结学生的解决问题思路与做法的得失。

再次,在贯彻对分教学法时,必须落实团队协作,强化参与。"对分课堂"教学改革能够落实的关键,在于学生通过"协作小组"相互学习,是否能获得正面效果,即:积极良性的互动讨论氛围。"协作小组"的关键作用在于学生相互之间形成的竞争意识。教师在有限课时内提出引导性问题,要求学生自主分组,根据阅读参考书尝试回答问题(根据难易度当堂或下堂回答);在正式向老师汇报提交答案前,先在协作小组内讨论,让自己的解答经过小组成员的检验,激发学生的参与度,解放他们的创造力和想象力。最后,小组成员相互之间评选对自己帮助最大的组员,相互激励,良性互动。

最后,在教学任务的实施方面,遵守任务分级、步步推进的步骤。对分课堂(PAD)总体思路按照讲授(Presentation)、内化吸收(Assimilation)和讨论(Discussion)三阶段展开,其中难点在于教师的讲授,必须要重点明晰,方向清楚,为学生下一步讨论指引方向。重点则在于同学协作讨论的落实。小组协作须在"亮、考、帮"三个方面展开讨论。所谓"亮":列出学习过程中自己感受最深、受益最大、最欣赏的内容等,至少一条,更多不限;"考":列出自己弄懂了,但是觉得别人可能存在困惑的地方来挑战他人,至少 1 个,更多不限;"帮":列出自己不懂的问题,讨论时求助别人,至少 1 个,更多不限。

文学类课程传统教学最主要问题在于,教师讲授与学生理解之间的距离因学生而异,教师预期与学生动手之间存在较大落差,最主要原因在于文学类课程功夫在课外,即学生个人大量阅读储备是在课堂上获得良好学习效果的前提。但目前中国高等教育科目分类庞杂,课时冗长,学生无法有效地保障阅读大量经典的时间,这就需要教师在课堂上将内容微小化、浓缩化，以激发学生内驱力的方式，激发他们带着关键问题快速、精确地获得核心知识点。

以本人一个学期的实践为例，在课程开始前，2014级汉语国际教育班学风一般，课堂参与度不高，课业完成度不理想。课程结束时，几乎每位同学都表现出对作品解读个性化尝试的欲求，学习动力逐步形成。科技学院2013级汉语言文学1、2班，在课程开始前学习兴趣尚可，对学习内容和方法茫然，不得其门而入。当课程结束时，学生已养成较好的阅读习惯，对于阅读以及思考的方向逐渐明晰，乐于分享自己的阅读心得，能独立思考提出有自己见解的观点，对本学科本专业显现出浓厚的钻研兴趣。

三、对分在文学教学中的可能走向

当然，仅仅通过一个学期的实验，是很难断言一种教学方法的未来的，但从目前对"对分课堂"的实践运用与尝试探索的情况来看，对分教学在文学基础学科中的教育效果是明显的，下一步以望在汉语言文学专业主干课程《外国文学史》《世界文学专题》《文学概论》等作为教学实验载体，有步骤地将文学院本科教学内容纳入对分教学实践；以文学院汉语言文学专业二年级以上学生为实验教学对象，做递进式过程教学探索。在此基础上，我们需要对"对分课堂"在文学教育中的发展路径、优化形式等方面的未来走向，做出一定的判断或预期。

毫无疑问，在文学类"对分课堂"的未来发展中，我们必须坚持几个思想基本点。第一，须坚定教师在授课过程中的角色定位，教师只提供思路与问题，在整个教学过程中是一个在场旁观者、缺席的控制者，让学生的思考热情、讨论热情自由发挥。第二，教学设计方面，教师需要寻找教与学时长比例合理的临界点；教师对课程内容的要点讲解与学生理解程度、学习兴趣的正相关度；第三，需要提高教师快速抽取课程精华的能力；尝试课堂教学微型化实验。另外，在每次具体教学对分之后，教师要及时总结本次课的教学效果，发现教学过程中的问题，提高教学效率。

从教师的角度来看，未来的对分教学，必须真正做到把课堂主导性还给学生。教师必须被解放，只有教师被解放，教师才能轻松应对课堂教学，激发学生，让学生有自主学习的兴趣。以教师角色的转变为根本目的，以学生自主学习能力与兴趣的提升为着眼点，把教师从繁重的课堂任务中解放出来，使教师从以往高强度的教学过程中放松下来，让学生由衷感受到学习知识时的新鲜感与迫切性。因此，这是对分教学思想中最具辩证性的思考，对学生和教师双方来说，是一种双赢的举措。当然，从技术性方面来讲，一些问题也需要教师有明确、积极的认识。比如：第一，既然教师将课堂的主导性还给了学生，教师的角色该如何定位？第二，教师退出从头讲到尾的传统教学过程，如何检验学生的学习有所成效？第三，在教学过程中，如何确保所有学生都能有效地参与协作式自主学习？第四，如何贯彻问题式导引在学生自主学习中的运用？教师有无必要通过一一回答协作小组提出的问题，来检验学生学习指标的可靠性与适用性？第五，教师该如何对待学生协作自主学习提出的超出小组成员解答能力的问题？等等，这些问题均涉及检验教学效果，需要正确对待，深入思考。

从教学对象与教学性质的特殊性上来看，我们希望文学类"对分课堂"最好能够形成带有自己专业特点的具体教学模式。即，在汉语言文学专业的教学对分过程之后，教师必须树立起将课外学习条理化、常规化的意识。以往我们课堂教学建立在学生课前预习、课后巩固的基础上，倡导学生通过自发的课外预习和复习，来达到对知识点的巩固和了解。这种要求非常不具体，且效果在很大程度上难以考查，于是就成了学生的一种自觉的行为。对分教学则背道而驰，其接受目前学生课前不预习、课后不巩固的学习现状，表面上是忽视了对学生自觉学习的要求，但实际上是通过加强课堂学习的强度，以问题为导向，吸引学生的注意力，使他们专注于课堂学习的内容，获取良好的教学反馈；在此基础上，优秀的学生在课后带着课堂上的那些问题，进一步对这些问题做延伸阅读和思考。这种方式实现了对学生学习的一种无形的、方向性的、逻辑性的引导，无论是在课堂还是在课外，都会形成积极、明确的示范作用。这就要求教师必须最大程度地利用课堂，在课堂完成重点教学任务的同时，激发学生的学习兴趣。

另外，教师为了在文学教学中将"对分课堂"实践带向深入，就必须未雨绸缪，对一些具有前瞻性的工作提前做好相应的准备。比如：根据文学课程的特殊性制定课程的教学设计，以点带面设计好每堂课，整理出整个课程不同阶段、不同内容层级的问题库，在实践过程中通过学生反馈，提炼问题，发掘出对学生自主学习切实有效的问题，及时更新问题库。

总之，在当前依托互联网多媒体技术为核心的翻转课堂教学改革大实践中，多数教学改革以新技术媒介、新硬件数据库为主要支撑，对人力、物力、技术等方面的支持要求较高，对教师个人来说并不容易推广开展，从某一方面来说，这种技术型教学改革是传统的教师—学生在场式二元教学的升级版，变为教师—互联网＋—学生的媒介型三元教学，在观念上还是如出一辙，只是方便学生在任何时间、地点从互联网上获取学习资料。对分教学则是教学技能本身的改革，一改过去以教师教为主，以学生课后练习为辅的教学模式，有利于教师与学生在教与学两方面的双重解放与即时互动，非常适合东方课堂的教学模式革新，也尤其适合于文学基础课程的改革。

注释

1. 张学新. 对分课堂：大学教学改革的性探索 [J]. 复旦教育论坛，2014，（5）：8
2. 杨淑萍. 对分课堂教学模式及其师生角色分析 [J]. 辽宁师范大学学报(社会科学版)，2015，(9)：655
3. 陈瑞丰. 对分课堂：生成性课堂教学模式探索 [J]. 上海教育科研，2016，（3）：712

高校商务汉语教学诸问题

肖九根　肖　昀

一、高校商务汉语特定的教学目标

　　高校商务汉语教学是对外汉语教学中的一个组成部分，它是一门新兴学科，有其自身独具的学科特点，不同于一般性的对外汉语教学，商务汉语是特定的商务活动领域或是与商务活动密切相关的交际用语。既然它是特定领域的交际用语，就有其特殊性。在商务汉语教学中，我们不难发现，教材中有大量与商务活动或商务经济相关的知识内容。面对这种情况，我们是着力讲授那些专而深的商务知识，还是如同多数人一样仅单纯地传授汉语知识呢？我们认为，无论采取哪种教学方式都有失偏颇。大家知道，语言最基本、最重要的功能在于发挥它的社会交际作用，而其交际用语是不能脱离特定言语交际环境而独立存在的。因此，我们进行商务汉语教学，务必要兼顾两头，突出重点。所谓兼顾两头，就是既要传授与商务活动或商务经济相关的知识内容，又要传授汉语知识或汉语文化知识；所谓突出重点，也就是说我们始终不要偏离商务汉语的教学目标——培养学生娴熟地"运用汉语从事商务活动的交际能力"[1]，达到以言行事之效。换句话说，在商务汉语教学中，我们应注重培养学生运用汉语进行思维和交际的能力，能解决商务活动或与商务有关的工作、社交、生活等实际问题，而非以简单的识记或储存各种知识为其最终目标。

二、高校商务汉语适宜的教学主体

　　那么，哪些学生适合学习商务汉语呢？通过教学实践，我们认为汉语初学者是不适宜的。因为，作为特定领域的交际用语——商务汉语，同样蕴含着丰富的汉民族文化内容。尽管人脑生理机能一样，其思维能力或思维规律相同，但思维方式不是完全相同的。譬如，汉语使用者和英语使用者的思维方式就存有一定的差异。对于同一事物，汉语使用者一般是先分析事实或现象，再得出相应的结论，其思维方式长于归纳推理；而英语使用者则不同，一般是先给出结论，然后再对事实或现象进行分析，其思维方式长于演绎推理。可以说，学习和掌握了一种语言就学会了一种思维方式。

为什么说学习和掌握一种语言是为了学会一种思维方式呢？对于这个问题，我们必须要从语言和社会的关系中寻找答案。一位思想先哲曾经说过："语言是随着社会的产生和发展而产生和发展的。语言随着社会的死亡而死亡。社会以外是没有语言的。因此要了解语言及其发展的规律，就必须把语言同社会发展的历史，同创造这种语言、使用这种语言的人民的历史密切联系起来研究。"[2]也就是说，语言具有民族性，与一个民族的历史文化息息相关。同时，语言又是思维的工具，我们进行思维必须借助于语言，语言是思维的显性存在。由于语言具有民族性，因而具体的思维方式也具有民族性，这就形成了不同的思维方式。

人类社会的进步与发展，向世人展示了其文明进程及其丰硕的文明成果。那么，人们是如何了解历史悠久、内容浩博的文明成果呢？毫无疑问，最主要的是通过语言文字这一媒介而实现的。因为人类的文明成果大都是通过语言文字记载、储存、传承下来的，所以一个人要了解另一个民族的历史文化，非得借助于这个民族的语言文字不可，这就决定了他必须先得学习这个民族的语言文字。只有掌握了语言文字这一基础性的工具，才能进而领略这个民族语言文字中所蕴含的历史文化魅力。毋庸置疑，在高校，商务汉语比一般性汉语学习要求要高，难度要大，其中除丰富的汉民族文化内容之外，还包含着大量的专业性很强的商务知识，倘若不具有汉语基础就开设难度很大的商务汉语，无异于一开始就在学生面前横下了一道难以逾越的关卡，他们势必会望而却步，丧失学习热情与信心，这无论对他们的汉语学习还是汉民族文化的传播都是有百害而无一利的。

三、高校商务汉语应采用的教学策略

选择与课程相适应的学习主体是高校商务汉语教学中的一个重要方面，

但要达到良好的教学效果,实现预定的教学目标,还得讲究一定的教学策略。

采取什么样的教学策略进行商务汉语教学才能行之有效呢? 这关涉到如何正确处理两大关系:教和学、教师和学生之间的相互关系。我们认为,学生具有很强的思想敏锐性和主观能动性,他们是学习的主体,而不是被动接受信息的机器;教师所起的应是主导作用,其责任是引领学生进入知识的殿堂,培养他们获取知识的能力,而不是用一把尺子以一个统一的标准钳制他们活跃的思想。所以,在教学活动中,我们应该充分调动学生的积极性,让其思想在激烈的交锋中碰撞出智慧的火花。

那么,如何激发他们的学习热情? 我们认为,首先应把商务汉语的课程内容与学生的兴趣爱好和实际需要结合起来,使之在学习中既轻松自如,又学有所得。实践中,我们的具体做法包括以下几点:第一点,问卷调查,收集学生最为关切的实际问题。开课前,设置一些相关的问题对学生做一次问卷调查,要求他们认真做出回答。问题可以分两大类:一是针对学生自己的,如有何兴趣爱好、学习特长、实际需求等,要求每个学生具体说明;二是根据学生对商务汉语这门课的期待提出问题,比如:以前你接触过商务汉语吗? 如接触过,请谈谈你对它有何认识。或者在商务汉语学习过程中,有什么困惑? 如从未接触过,请谈谈你理解或想象中的商务汉语应是怎样的,等等。通过这样一问一答的方式,我们收集到了一些有用的信息。此外,我们还将教师的各种联系方式告知学生,以便他们能用自己喜爱的方式就学习中的问题及时地与教师沟通。掌握了学生的基本情况后,我们有的放矢地安排教学内容,使教学内容既满足学生的实际需求又紧跟时代的发展步伐。当然,仅仅做好以上工作还不够,还应做到以下一点,而且是最重要的一点,那就是要充分尊重学生的主体地位,让他们积极参与到教学的各个环节中来,使他们能在实践中不断地提高自己。为此,我们采取案例教学法——即第二点,对症下药,以案例教学为突破口,使其学而有用。具体操作是:每次上课结束时,我们便为下次课堂讨论提供 3 ~ 5 个案例。这 3 ~ 5 个案例是时下的热点话题,具有较高的关注度,能真实地反映目前商务领域里的实际交流问题。学生可以根据自己的爱好投票选择其中的案例,得票最高者即为下次课堂讨论的教学内容。其余案例,学生若感兴趣则可作为课外扩展阅读的练习,随时可与同学或教师交流。当然,案例的选择不限于教师提供的,学生也可推荐一些认为可行的案例。之所以这样做，目的是让学生有充足的时间去预习。预习过程中，他们可以根据案例中提出的问题去阅读、查找工具书，还可借助网络技术收集与案例相关的资料对其进行分析，以此完成一个自我学习的过程。另外，我们还强调学生必须将感想以及存疑写下来，哪怕是只言片语，也要写成自我学习收获的心得报告。我们采用的是小班教学，每次案例讨论之前，每个学生以2—3分钟发表自己对案例的看法。当某个学生发言时，其他学生需做笔记，为随后的课堂案例讨论做准备。事实证明，案例教学成功与否，关键在于学生是否积极主动地参与，如果没有学生积极主动的参与，那案例教学就成为空话，无功而言了。所以，在案例教学中，我们努力为学生创造一个内外宽松的学习环境。而要营造一个课堂内的良好环境，就得下足功夫先把课堂外的良好环境营造到家。也就是说，我们一定要抛弃那种好为人师的心态，对学生应抱一种亦师亦友的亲善态度，在相互学习中给予他们赞扬和鼓励。学习环境宽松了，他们就由不敢表达变为勇于表达，又由勇于表达跃升为善于表达，能在不断锤打的激烈雄辩中锻炼出自己的应变智慧和处事能力。这个阶段，也就贯穿了以学生为主体，让其参与内外教学的各个环节——即第三点。我们的教学原则是，让学生尽情自由地发表意见，教师只是将其思想表达的核心内容笔录下来，一旦学生表达上遇到了困难则加以引导或点拨，而不应主观臆断地改变他们的思想。

上述环节完成之后，我们便顺势将案例引入课堂。此时教师运用多媒体如音频、视频等手段将教材中涉入的商务知识以及汉语文化作为一种背景知识向学生展示、讲解。课件制作须遵循简洁明了的原则，核心要点简明扼要，讲解主次分明，重点突出商务领域与日常交际中的不同点，以引起他们的注意。有关商务知识的讲解不能过于专，主要考虑以下几种情况：（1）在开设商务汉语的同时，已经开设了与之相关的一些必修课，如《当代中国经济》《经济学原理》等课程，这些课程的开设在一定程度上弥补了学生商务知识方面的空缺。（2）最新情况研究表明，商务汉语发展趋势具有几个特点：①最典型、最常见的商务汉语交际，其语境一般是发生在公司内部管理、协商、讨论及情感交流那样的场所；②口头表达是商务汉语交流中最常用的方式；③在一般的商务汉语交流中虽涉及一定的商务知识，但更多的还是汉语文化知识。（3）根据以往的教学经验，学生普遍认为商务知识枯燥乏味，如过多过专地讲授，则会产生一定的负面影响（如表现为学生畏惧、消极、懈怠这样的不良现象），也有本末倒置之嫌。所以，在简要介绍背景知识之后，我们便根据所选案例的长短再给学生 5—10 分钟的阅读时间。在这重读过程中，新的背景知识会对学生预习中形成的认知产生一定的冲击，而冲击的结果是形成新的认知图式，使原有的知识结构重新构建，从而深化自己对有关事物的认识。如果说第一次冲击使学生重构了新的认知结构，那么接下来不同观点的碰撞以及唇枪舌剑的论辩将带给他们的是认知结构上的第二次也是最为深刻的一次重组——也就是第四点，双方对垒交锋，使其迅速提升汉语实际交际能力。在这案例的讨论与辩论过程中，我们将学生分成小组，每组 5—6 个，他们来自不同的国家，汉语水平也参差不齐。我们认为，只有这样汉语才能为他们架起一座相互沟通、相互了解的桥梁，也只有这样才能促使他们有更浓厚的兴趣来学好汉语。那些同一小组的学生，按其不同的观点还可再次将其分化重组。为了维护自己的立场观点，重组后的小组成员往往会通力协作，以充分的论据来论证自己一方观点的正确，同时对其他一方不同观点提出质疑并予以反驳。这时，我们教师也参与其中，不时地向学生提些问题，借以推动讨论朝着纵深方向发展。每当此时，案例讨论便将课堂的热烈气氛推向高潮，学生在这不断的思想交锋中大大提升了自己的汉语思维能力以及汉语交际水平。论辩过后，我们及时分析点评学生在案例论辩中表现出来的可圈可点之处，予以鼓励，以激发他们的热情；即使一些观点有失偏颇或过于偏激，我们也加以正确引导，使其不仅知其然，还知其所以然。最后一点，就是总结规律，不断提高学生的理性认识。课程结束时，我们对案例意义做总结性归纳，让学生对这堂课的实质内容有一个明确的把握。与此同时，还要求每位学生就本次案例讨论撰写一篇完整的分析报告，这对提高学生的汉语交际能力和写作水平很有好处。除了以上环环相扣的教学活动外，还让学生养成自我积累知识的习惯。为了将其落实，每次上课前 5 分钟，我们先请一位学生就其收集的商务汉语小知识或汉语文化小故事进行演讲，或在案例教学中由学生以商务汉语交际活动为场景自导自演小戏剧。

四、高校商务汉语教学亟待解决的实际问题

经过如此一年的教学实践，原班学生的实际商务汉语水平有了很大的提高，取得了超乎寻常的好成绩，完全改变了学期之初那种默不作声、懒

于思考、学习兴趣不高的状况。诚然，取得这样的教学效果固然值得欣慰，但是我们还应正视制约高校商务汉语这一新兴学科发展的瓶颈。就目前而言，主要存在以下问题：第一，高校商务汉语师资力量亟待加强。由于高校商务汉语是一门新兴学科，有其自身的特点，以前培养的师资不能完全适应这一学科的教学要求，国家主管部门应加大高校商务汉语教师的培养力度，进一步拓宽教师进修的渠道，教师自身也应加强知识储备与专业素养，努力提高教学水平。第二，应该尽快解决高校中教学与实践脱节的问题。商务汉语是商务领域里的交际用语，日常生活中很少使用，尽管课堂上教师设法营造商务汉语的交际环境，但与实际商务场景的交际环境还是存在一定差距，在一定程度上导致了教学与现实的脱节，这与高校商务汉语的教学宗旨是相违背的。为了解决这一问题，我们应积极创造条件，为学生提供企业实践的机会。然而，目前的情况是大多企业因怕影响其工作的正常运行而不愿提供实践机会。我们认为，如果中国与留学生所在国或培养方与中外合资企业加强合作，签订相关协议，提供实践场所，那么学生就能顺利地从一个准商务人员成为一个真正的商务人员，这在双方的文化交流中也会起到牵线搭桥的重要作用。第三，必须加快高校商务汉语的教材建设。目前，高校商务汉语教材的编写与修订严重滞后，既不能反映当下社会的新变化，也难以跟上时代发展的新步伐，缺乏实用性与时效性，这就加大了教学案例选择的难度，也对教师提出了不切实际的过高要求。就当前而言，仅靠教师的个人努力是难以解决这一根本性问题的。因此，国家主管部门应该积极行动起来，组织一批既具权威性又有教学实践经验的专家学者，就教材编写与修订问题制定一个切实有效的解决方案，并尽快付诸实施；或者借助网络手段，在国家汉办官网上开设高校商务汉语教学专栏，不时地更新教学案例，教师可以此为依据，结合所教学生汉语水平的实际，选择合适的商务案例进行教学。如此一来，不仅解决了教材更新滞后的问题，而且还对教师教学起到很好的指导作用。

（原载于《读写月报》语文教育版，2016 年第 2 期）

注释

1. 中国国家汉语国际推广领导小组办公室，北京大学商务汉语考试研发办公室 . BCT 商务汉语考试大纲前言 [M]. 北京：北京大学出版社，2006：1

2. [苏] 斯大林 . 马克思主义和语言学问题 [C]. 中共中央马克思、恩格斯、列宁、斯大林著作编译局，译 . 北京：人民出版社，1971：16

建构美学公共空间

——基于交往教育论的美学课程与教学改革探究[1]

肖明华

一

当前的美学课程与教学都存在诸多不尽如人意之处，诸如美学教材几乎不考虑学生的接受而只注重教材的知识体系；美学课堂上教师过于注重教而几乎不考虑学生怎样学，以至于学生体会不到学习美学的乐趣，教师获取不到因受教育者的承认所带来的愉悦感，教学效果的确不很理想。美学教学现状可谓堪忧。这严重制约了美学专业及与其相关专业如文学理论专业、艺术学专业的人才培养，并最终影响到美学知识的再生产，对社会服务乃至文化产业经济的发展也有不良影响。

基于这一状况，近年来，中国的美学课程与教学改革研究得到了教育主管部门和教学工作者自身的高度重视。从教学团队建设看，首都师范大学王德胜教授与复旦大学朱立元教授领衔的美学课程分别在 2008 年和 2010 年入选为国家级精品课程；从教学论文发表看，学界发表了《论美学教学的解构策略》《走向主体间性的建构主义——当下美学的教学困窘及其对策探讨》《高校美学教学的现状分析与改革策略》《美学的当代发展与美学教学改革》《"反思—实践"式美学教学模式初探》《通识美学原理课堂教学谈——兼谈美学概论的形象教法》等一系列相关论文。

通过考查现有美学课程建设情况及相关的教学研究现状，我们可以发现目前的美学课程与教学研究尚未引起足够重视，与此相关的重要文献还不多见。现有的一些研究又主要偏于经验性地提出一些有针对性的教学策略，而缺乏相对自觉的美学教育教学理念的指导，以及在此之下的美学课程与教学改革。因此,当前的美学教育工作不可能根本地解决美学课程教育教学中的深层次问题,离美学课程与教学的专业化还有一定的距离。

二

当前美学课程与教学中存在诸多的问题,依我们看,与缺乏交往论的教育思想有密切关联。这种缺乏导致了美学课程与教学中难以形成美学公共空间,并集中表现为教师与学生之间、学生与学生之间以及教材编写、课程考试等各个方面的独语状况。若有了基于交往教育论的课程与教学观及其行为实践,则可以改变上述美学课程与教学中所存在的问题。具体以教学为例。目前存在的美学教学问题,虽然与诸多因素如教师的业务水平等有关,但问题是,很多学有所长的教授专家的美学课程教学效果也不很如意。其实,在当前教师的学位层次越来越高、业务水平越来越强的情况下,教育理念的先进与否恐怕是制约教学水平的关键。回到美学教学现实,我们可以发现依旧有不少教师往往只注重教,并且很在意备课时自己是否把教学内容搞懂搞透,课堂教学时则唯恐自己没有教好。在这种情况下,我们诚然是要把教学的重心从教调整为学,并且要强调教师的教是为了学生的学,教是为学服务的。教得好固然重要,但教得好,不一定学得好,学得好才是最重要的。然而,如果因此没有意识到,教学是一种交往活动,课堂不是教师行使权威之所,也不是唯有学生主体之地,而是师生之间、同学之间对话交流乃至辩论的场域,否则以学为主的教学必然走向另一个极端,即以为以学生为主,就是教师要放弃教的主体性地位,而完全迁就学生,以至于出现讨好学生的现象。①交往教育论思想的缺乏,导致教学只有教而没有学,或片面强调学而忽视教。这都是不正常的。

因此,我认为有必要设置基于交往教育论的美学课程与教学改革研究项目。其意义具体而言大致有:其一,可以发现当前美学课程与教学中的问题,并为美学课程的有效教学提供可能。其二,可以优化当前的美学课程。在交往论教育理念的观照下,美学课程将实现交往论转向,这是契合美学教学实际之需的。其三,为当前美学教学提供一定的理论指导,有助于解决当前美学教学中存在的问题,为美学课程实施有效教学提供切实的帮助。其四,对于美学专业人才的培养和美学知识再生产乃至与美学学科相关的文学理论、艺术学及文化产业的发展都是有所助益的。总之,可以为受教育者接收到高质量的大学美学教育提供切实的理论支持和实际服务。基于交往论的教育理念，来展开美学课程与教学改革，首先要立足大学美学课程教学实践，采取教育叙事方法和反思社会学方法，对大学美学课程与教学现状进行深入细致的实际调查和研究反思，找到当前美学课程与教学中存在的问题，并撰写相关的教育叙事文章及调研报告。在此基础上，提出解决当前美学课程与教学中所存在问题的具体方案，设计出一套行之有效的教学模式，从而提高大学美学课程教学的水准，完善当前大学美学的课程与教学。

其次要设立改革目标。宏观而言的改革目标是建立交往论美学教育理念，培育美学课程与教学的公共空间。具体而言，要处理这样几种交往关系：教师与学生之间的交往关系，教师、学生与教材之间的交往关系，学生与学生之间的交往关系，教师与教师之间的交往关系。落到实处，则要解决这样一些问题：在教材编写方面，要对现行美学教材进行一个调研分析，并依据其存在的问题，在交往教育论的指导下制定出美学教材编写的相关原则。其中最为重要的原则就是，在考虑知识本身的自主性的同时，要基于学生的接受能力有程序地讲述知识；在教学大纲制订方面，在交往教育论指导下，把以教为重心的美学课程教学大纲转换为以教学并重的美学课程教学大纲；在美学教法方面，依据交往教育论，针对现实存在的美学教学方法欠缺现状，研究出一套行之有效的美学教法，比如分步骤法，即把美学教学分为阅读文献、学习教材、知识总结、案例检测、交流辩论等几个有序的步骤；在课程学习方面，则要重点围绕以学为主的教育服务宗旨，研究出合乎学习者心理认知规律的美学课程学习知识；在课程测评方面，要改变以往的测评目标和方法，建构契合交往教育论的美学课程测评体系，比如不要把测评视为考核学生的手段，而要把考核视为帮助学生进一步深化学习的一次机会；不要只注重考核结果，而要更重视学习过程的考核；不要把考核丑化，让学生恐惧考核，而要把考核美化，让学生在考核中感到快乐有趣。简言之，考核本身就是目的，是学习的一个阶段而已。

最后要建立评价机制，对美学课程与教学的改革进行评价。其目的是考查改革的成效，而重点是观察美学课程与教学的公共空间是否已经形成。这就要求合理设定观察点，并且既观察过程也观察结果。比如要观察交往主体是否存在，是否有真诚交往言行，交往过程有没有愉悦感发生，交往是否并如何达成共识，交往主体之间有没有再交往的意愿，教师有没有"认为自己比学生优越，对学生耳提面命，不能与学生平等相待，更不能向学生敞开心扉"[①]等。但更具体的观察点，尚需要通过研究细化。比如师生间的互动量有多少，学生之间就某一学习内容而展开的交流量有多少，教学大纲是否提供了学习方法等，就是一些更具有操作性的具体观察点。

总之，推动美学课程与教学的交往论转向，建构美学公共空间，才有可能逐步解决当前美学课程与教学的理念、教材、大纲、过程、行为和评价等各个方面都忽视交往公共性的严重问题。

三

为了对交往论美学课程与教学有更为直观的认知，兹举一例为证。

美学本体论问题是美学学科的艰难问题，对这一问题的教学甚至决定整个课程教学的成败。在现有的情况下，如果美学课一上来就以此为教学内容，大多数学生将对美学失去兴趣。这是笔者经过几番试验之后的体会。

以刘叔成等人所著《美学基本原理》为例，此教材在简单介绍了几种关于美学本体论问题的"答案"之后，提供了一种教材认同的马克思主义的"答案"，即"美是人的本质力量的感性显现"。如果没有交往论的教育理念，教师往往照本宣科，对美学历史上有关这个问题的"答案"做更为学理的解释，然后把教材认同的答案硬塞给学生。这样的教材与教学明显没有考虑学生的实际知识基础和学习感受。大多数学生没有阅读过哲学著作，更遑论经过苏格拉底式的"追问训练"。

然而，如果基于交往教育论的观念，并从以下几方面入手，对于学习美学本体论问题将事半功倍。

其一，阅读文献。阅读文献其实就是在与学术史对话交往。不妨先阅读柏拉图《大希庇阿斯篇》、1956 年"美学大讨论"中的文献以及"实践论美学与后实践论美学论争"中出现的相关文献，还可以阅读当下学人的相关文献，比如高建平的《美学与艺术向日常生活的回归》（载《北京大学学报》哲学社会科学版，2007 年第 4 期）、邱紫华的《20 世纪新中国美学研究的局限与缺失——跳不出"美的本质"的怪圈》（载《西北师大学报》社会科学版，2014 年 4 期）等文献就值得细读。此外还可以让学生关注近年来刘旭光、王峰、张玉能、李志宏等学者关于美学本体论问题的争论文章。

阅读这些文献，可以为学习美学本体论问题提供知识条件。教师可以给学生的阅读提供专业支持。在学生有阅读障碍的时候，可以进行辅导。在必要的时候不妨举行专题学习交流会。

其二，分析教材。在教师对教材中相关内容进行了引导式／启发式／探究式分析之后，可以让学生概括教材大意。这有助于强化学生的理解。如果学生可以概括出来，那么教师就了解了他们的接受状况。比如有学生把教材的"答案"用自己的话总结如下："首先，美是存在于人类社会中的，审美活动的主体是人（暂时不提动物的美感）；其次，人的审美活动是一种实践活动，即人要在实践中发现美、体会美。再次，人在实践中充分发挥主观能动性，使实践活动成果达到令人满意的程度（成功的），相对于主体来说这种成果就是美的，相对于实践以外的人来说不仅是成果，实践主体及实践过程都体现了美。"可以看得出来，这位学生对这一问题基本掌握了。此时，师生的沟通就较为容易，教师这时候可以对他进行表扬，学生对学习的兴趣就会大增，从而可能会更主动地学习美学。事实也证明了，这位学生后来的大学毕业论文就选了美学专业，并指定了指导教师。

其三，举例解释。以学生的实际学习生活经验为例对"答案"进行"举例解释"。"举例解释"可以让学生有感受地理解。

我们知道，"美是人的本质力量的感性显现"的核心意思集中在教材中的这段话上："当人类的本质力量在实践过程及其成品中感性地显现出来，并且得到人们的观照、引起人们感情上的愉悦时，人与客观对象之间的审美关系也就客观地形成了。因此，美不是什么虚无缥缈的、神秘的理念的外化，而是在人类的物质实践活动中，历史地形成的人的本质力量的感性显现。"[①]对这段话的理解，我们可以通过举例的方式实现。比如可以让学生以其"读书／学习实践"为例子，谈谈他是如何理解这段话的。有一个学期，我以此题为课堂测试题。其中有一位同学在课堂上随即说道："入大学之前，我学习能力一般。自从高考之后，特别是考入江西师范大学以来，我就深刻地反思自己，究竟是什么原因导致我不能取得更优异的学习成绩？高考结束后，我去买了一些名人传记，到北大清华去感受了大学的美好，然后自觉反省自己的方方面面，之后我开始设定学习目标，调整学习态度，寻找适合自己的学习方法，并加大时间投入，也重视考试技巧，终于在大学的每个学期我都取得了优异的成绩。我还因此获得了各种奖项，得到了很多的肯定和荣誉。在学习之余，我也有意识地全面发展自己，打羽毛球，与同学发展友谊，也担任一些社会工作，还做一点社会实践工作。现如今，我就要进入大四阶段的学习了。我准备参加校外的推免考试。我对自己充满信心。我觉得有无限的希望在召唤我，真的觉得我的未来不是梦！每当我反观自己三年来的学习状况时，我都很满意自己，我觉得能够在大学读书真好！一份安静的心情，众多良师益友的陪伴，我的确有优美的感觉。回忆近三年的大学生活，我觉得我将我的聪明才智合规律也合目的地在学习中实践了。正因此，我有美的感受。"从这位同学的叙述中，我们可以感受到她对教材所认同的美学本体论的理解是有效的。能够将私人经验带入美学本体论问题的思考，就足以为证。

其四，团队教学。包括美学学科在内的人文学科具有很强的公共性，这明显地表现在对某一问题的理解往往存在差异，在未经交流之前，往往很难达成共识。而即使有共识，也还可以存异。这就使得美学教学需要众人参与，互相分享。为此之故，组建合作团队就有了必要。但教学团队不仅仅是教的团队，同时还是学的团队，因此既要组建教师小组，也要成立学生小组。教师之间可以讨论美学本体论问题，教师与学生之间可以讨论美学本体论问题，学生之间也可以围绕美学本体论问题共同研讨。比如组建学生间的美学本体论问题辩论小组，常常可以获得关于这一问题的良好学习效果。如果学生阅读了文献、教材，同时又有了关于美的理解的切身感受，然后展开相应的辩论，无疑可以加强学生之间的美学观念交流，丰富和加深对这一问题的理解。

总之，有了交往教育论的美学课程与教学改革理念，无疑可以更好地建构美学公共空间，但具体如何实施相关理念，又如何建构美学公共空间，则尚需深研理论，且要在实践中继续摸索。

注释

1. 本文系 2013 年度江西师范大学教学改革研究课题的阶段性成果。
2. 段建宏．基于交往实践理论的教学主体论 [J].长江大学学报,2013,(1)：161
3. 孙燕：做一个倾听者 [J].教书育人，2003，（2）：26
4. 刘叔成，等．美学基本原理 [M].上海：上海人民出版社，2010:38

外国文学教学中的女大学生人格培养

陈 静 张一立

自从 20 世纪末教育部实施高等教育扩招政策以来，越来越多的女性进入大学殿堂。目前，在中国高校学生中女性与男性比例已接近持平，在师范院校和一些以文科为主的院校甚至女生比例还更高。正值生理成长期与人格塑型期的女大学生们在思想与价值选择上必然面对或多或少的迷茫与困惑，思想游移或错位。作为外国文学教师，笔者认为教学任务不仅仅是传授基本专业知识，还要滋养心灵、扩展视野与提升人格。特别是对女大学生，要引导她们正视自我性别，培养健康智性人格。

一、当代女大学生存在的主要人格问题

人格的定义与内涵在社会学、心理学、伦理学、哲学等不同学科是不同的。但总体来讲，人格既反映人的内在品性，又表现为外在实践行为；既具有稳定性，又有可塑性。基于目前国内对女大学生人格和心理等调查的相关资料，从价值观、性格、爱好、追求、意志、情感、心理素质等方面来看，当代女大学生存在的主要问题有：

（一）理性认知的缺乏

这表现在价值观与人生观游移不定，缺乏主见，容易受父权传统封建思想和大众流行文化的影响。在成长过程中最易对女大学生影响的观念是妨碍女性发展的传统封建思想、取悦和驾驭男性"绝招"的大众流行观念。遇到的最普遍的困境是在两种价值观念——传统父权意识与女性主体性别意识中的游移不定与矛盾分裂。造成这种矛盾分裂观念的根本原因是缺乏

理性认知，而理性认知不是一蹴而就、天然获得的，它的获得需要一定的人生阅识积累和深刻体悟，所以，尚未踏入社会实践的女大学生就容易受到外界声音的影响，没有理性而坚定的判断力，潜意识中迎合传统的角色期待，把自己定位为第二性的位置，阻碍了追求和发展空间，尤其是通过教育获得的参与并创造社会生产的发展空间，在一定时期就自动停滞了学识与智能的提升，安于传统的"男主外，女主内"现状，难以获得真正的幸福。女大学生理性缺乏的另一表现是面对恋爱，往往缺乏一种理智的驾驭能力，比男性更容易为情所困，影响学业和生活。

（二）女性人格的单一

相关研究发现，中国大学生男性的性别类型分布主要是男性化和双性化，而女性的性别类型还以女性化为主。[1]而一般表现在男女人格特征总体上的主要差别为：情感上，男性理智、有意志力，女性感性、情绪化；社会态度上，男性见多识广，女性封闭狭隘；社会责任上，男性事业家国，女性贤妻良母；意志特征上，男性刚健顽强，女性薄弱依赖；智慧特征上，男性理性、灵活，女性自卑、屈从。当代社会随着女性受高等教育群体的增多，越来越多的女性迈向职场同男性一样竞争拼搏，同时她们仍面临传统的生育、教育孩子和管理家庭的责任，这种双重身份给她们带来沉重的身心压力，按照传统的单一女性化人格已经不能承担各种责任和化解困难，她们需要刚柔相济的双性化人格才能有所担当。

（三）阅读视域的狭隘

人格的提升与阅读教育有互为因果的关系。而据调查，不少女大学生的阅读观赏兴趣更多的是时尚娱乐、美容杂志和偶像剧等，物质享受大于精神追求，爱慕虚荣，攀比成风。即使是文学阅读，一些女大学生往往倾向于流行媚俗小说，喜欢的作品类型则是流于对自我意识小世界的性情抒写，视野狭隘，主题缺乏历史感、思辨色彩、思想深度及对人类民族的忧患意识与大爱。健全人格除了包括价值观、人性、人际态度等这些要素，还有超越狭隘自我的多元视域与民族文化意识，这往往是人格教育，尤其是女性教育中缺乏和容易忽略之处。

二、女大学生人格培养在外国文学教学中的体现

（一）理性认知能力的培养

针对女大学生理性认知缺失和待完善的问题，笔者着重分析外国文学经典作品中女主人公因理性认知缺失所导致的不幸或悲剧，使当代女大学生理性对待自我价值追求与实现过程，以及爱情、婚姻与自我价值实现的调和。女主人公的不幸和悲剧更容易引起女大学生的心灵震撼，通过分析根源，可以使女大学生从悲剧女主人公的经历和心灵变迁中看到相似的情感，引起共鸣和警醒。

外国经典文学作品中对女性理性认知能够进行积极引导的最典型的例子是 18 世纪末、19 世纪初英国女作家简·奥斯汀的小说，即以日常生活中的凡人与琐事来展现她所生活的时代的女性世界，侧重女性关心的话题如爱情、婚姻、家庭等。在她的小说《理智与情感》中，奥斯汀以当时英国乡村体面人家的姐妹俩各自的恋爱与婚姻为题材，对比展现出她们俩不同的性格特征。对于小说中理性的玛丽安，奥斯汀这样写道："她知道怎样去控制自己的感情，对于这门学问，她母亲还要学习，但她的一个妹妹下定决心永远都不学"。[2] 可见，奥斯汀认为存在把节制感情、培养理性当作一门学问来专门学习的必要性，女性需要通过学习来提高理性、提升人格的可塑性与潜力，这也正是在外国文学教学中应该把握和提炼的重点。小说中埃莉诺代表理性的人格：冷静、细致、温婉、含蓄、谦和，渴望爱情但懂得节制，她的感情是基于考虑他人的感受，在理性与责任的基础上建立的；玛丽安代表感性的人格：浪漫、热情、率真、任性、无节制，把个人情感放在至高位置之上，自以为是地误读了他人与自己，缺少根据理性观察和基本常识得出合理的见解。同样是面对爱人的离开和背弃，姐妹俩不同的人格使她们有不同的反应：埃莉诺用自己的理性隐忍化解悲伤，以免家人替她担心；玛丽安则肆意释放并加重自己的悲伤，让家人也替她难受。当玛丽安为自己的感性付出沉重的代价之后，她的感性理念的肤浅就暴露出来，于是她开始反悔，接受打击和教训，学会用理性看待生活，由感性转向理性。通过埃莉诺与玛丽安的故事，可以使学生感受到理性有利于女性在不利的境遇中进行自我保护，而感性的泛滥则会给女性身心带来

危险和灾难。然而，玛丽安和埃莉诺并不是代表两种相反人格的极端对立，在奥斯汀的笔下，这两种相反人格是共融与发展的，当时在相同环境下成长的姐妹俩有着相似的追求和命运，都希望找到理想伴侣把自己嫁了，她们慢慢在生活中缩小了对立性，走向实质的和睦相处。这正是奥斯汀所寄予的理性与感性结合的完美人格理想。

列夫·托尔斯泰的小说《安娜·卡列尼娜》中的安娜·卡列尼娜也是理性缺失的典型形象。多年来，学术界对安娜的形象评价褒贬不一，对其悲剧根源的探究也多种多样。笔者则侧重从安娜的人格特质来分析其悲剧根源。安娜和《理智与情感》中的女主人公之一玛丽安有着相似人格特质：真诚坦率、激情外露、追求浪漫、崇尚精神生活、理性往往让位于感性、行为盲目而多变，总之是缺乏一种有所节制的理性与智识。在作家的笔下，安娜有着独特的魅力，神态里流露出一种被压抑的生气，有一种过剩的生命力期待宣泄，但这种过剩的生命力却没有得以理性地循序引导和升华。她爱情至上，甚至把爱情当作生命的全部，把爱本身当作生命的本质，这种偏执使她以往的魅力荡然无存，性格变得愚痴、疯狂、乖戾、暴躁、多疑、妒忌、恐惧、怨恨，当把生命的全部砝码都加在爱情上，当爱情破灭，情人背弃而去时，她便彻底崩溃了。这种对爱情的狭隘观念最终导致她的人生悲剧。所以安娜的悲剧也是人格缺陷的悲剧，是理性缺失酿成的悲剧。

（二）双性人格的培养

针对女性人格的单一问题，笔者有意通过分析外国文学作品中典型双性人格的女主人公形象，唤起女大学生培养双性人格的内在意识。

作为教师，笔者经常思索哪些是女性普遍存在的、与生俱来的、需要后天克服的人格缺陷。比如在解读列夫·托尔斯泰小说《安娜·卡列尼娜》中的安娜爱情悲剧时，我都会向学生提问："为什么安娜把爱情当作生命意义的全部？为什么不能用生命中的其他内容来代替或分散对爱情的专注？为什么小说中的男性如渥伦斯基和列文，爱情可以只是体现生命意义的方式、手段或过程，当爱情失意时，他们可以很快转换新的实现方式，而不是像安娜一样把爱情当作生命的全部意义和目的，一旦失去，便成了致命伤？"由此，引导学生正视男女性格的差异。古希腊先哲亚里士多德曾说："女性是未完成的男人，所以很多方面都是没有男人那样的性质，这是导致为什么女性没有能够成为哲学家的一个理由。"当然这样的评价有些偏颇和歧视女性，但女权主义的先驱伍尔夫也曾说："一个人，如果是个纯粹的男人或是妇人，那将是天大的不幸。无论任何人，都应当是一个具有妇人味的男人或是一个具有男人味的女人。"重新审视传统的性别规定性、打破传统性别模式能带来更加完美的人的身心发展。当代国内一些教育学与心理学学者的调查分析也表明：双性人格的学生"具有更高的心理健康与自尊，自我评价更为积极"。[3]当代女大学生的性别类型还是以女性化为主，传统的性别观念模式影响女性的发展，而用传统的性别教育观念很难培养出适应市场经济环境生存的女性。在职场竞争和人生舞台中的佼佼者都是必须具备坚毅、执着、勇敢、独立等典型男性品格的。外国文学教学可尝试培养女大学生的双性人格，即吸收两性中优势品格，形成互补。中国双性化大学生具有较高心理健康水平[4]，而外国文学经典作品中有许多具有双性人格的女性人物，她们更能在困境中抗争，赢得独立和尊严。比如讲到《简·爱》时，笔者就会提及女权主义批评的一个重要概念"双性同体（androgyny）"，主要从两方面入手：首先是讲解这个观念的演变过程。这个观念的演变经历了从神话原型到女性主义诗学的发展过程，从原始的只是出于懵懂、模糊、朴素的性别平等意识，到日趋完美的女性主义诗学的两性和谐，这个观念经历了从生物学、心理学上的理性而科学的认知提升，当然其中也经历了阻碍，导致了两性分体，产生了父权制。由此可以使学生得到启发："双性同体"观不是没有科学依据的神话，而是有着实现的现实基础的，可以融入我们的日常生活，其中面临的阻碍在当今社会中依然有所投射。其次是结合具体文本分析具有"双性同体"特征的文学形象。比如简·爱的隐忍而不屈从，温良而不软弱，融会了女性的温柔善良和男性的独立坚强。这种"双性同体"人格最终为其貌不扬、身份卑微的简·爱赢得了爱情与人格尊严。又比如以笛福小说《罗克珊娜》中的女主人公罗克珊娜为例，告诉学生"双性同体"这种几乎完美的人格并不是女性天生就有的。罗克珊娜的人格是随着阅历的增多而不断完善的，一生的坎坷经历最终磨砺出她趋向完善的双性人格。从附属于男人、没有人格和自我到体现出了一种双性人角色：不仅操持家务，尽妻子的职责和义务，同时担当着男性的职责，经济独立，主导着家庭生活，罗克珊娜经历了人格的蜕变，双重角色在她身上互相融合，并不对抗。罗克珊娜这一角色是女性在男权社会中没有社会和经济地位的情境中自谋生路、抗争、颠覆、重新建立女性独立人格和平等地位的又一范例。在笛福的那个时代，罗克珊娜的抗争显然是反传统的、进步的，也正是她的双性人格使她最终完成了蜕变，获得和男性平等的尊严。外国文学作品中的这些双性人格形象对当代的女大学生有着很好的启发和教育意义，使她们即使在衣食无愁时也引起警醒，丢掉依赖幻想，培养自尊、自立、自强、自爱的人格。

（三）解构原型神话：一种釜底抽薪式阅读方式的引入

针对女大学生阅读视域的狭隘这一问题，笔者在外国文学教学中引入一种釜底抽薪式阅读方式：解构原型神话。

如果我们多留心，会发现不少作家的笔墨中涉及女主人公的阅读问题。福楼拜的小说《包法利夫人》中的爱玛·包法利，因为只读了浪漫爱情小说，按照小说中的模式设计自己的生活，看不到幻想与实际的巨大裂隙，所以在生命的空虚时获得的是错误示范，结果采取了与书中女主人公的相同做法而服毒自尽。错误的阅读给她带来的是生命危险，实际的生活进程一步步戳破了她阅读中的"神话"，福楼拜通过爱玛对浪漫爱情小说的模仿力的泼墨，完成了对浪漫爱情小说的解构与批判。哈代的小说《德伯家的苔丝》中的苔丝天性纯真，但因为她不像名门小姐们去读小说，所以就没有机会看到小说中写的男人们的诡计，没有机会增加见识，不懂得去防备男人和保护自己，最终被毁灭。错误阅读和不去阅读都给女主人公带来负面影响。所以，阅读什么书籍，怎样阅读，阅读时学会分辨良莠真假非常重要。如果只是作为一般的阅读者，难免会被各种良莠不齐的书籍引入迷雾之中。西蒙·波伏娃在《妇女与创造力》中谈道："妇女是受条件限制的。她们不仅受从父母和老师那里直接受到的教育的限制，而且也受到她们所读的那些书的限制。"[5] 比如，对于两性性别刻板模式的迷信无意识地渗透到不少作家的作品中，而根源就在于很多文学作品是我们祖先留下的神话在不同时期的作家笔下不同程度地置换变形，这些原型的变形是比较复杂的。在那些神话中，通常男性原型被设置为逻各斯、独立性、客观性的代表，而女性原型被设置为爱欲、自然、依赖性的代表。比如，作为希腊神话中美女原型的潘多拉，象征着能给男人带来肉体激情与权力胜利的欲望对象，而不是女性自身的欲望主体。她的魅力是建构在人类童年早期不科学的幻象基础之上。一代代女读者对潘多拉原型不加思索的效仿实质上是在效仿成为男性的欲望对象，而不是主动倾听自己心灵中的声音、正视和认可自我真实的人格成分，所以一代代的女性读者看到的文学中女性形象链上的便是潘多拉原型的类同变体，她们没有意识到，其实被误导的根源在于人类早期的原始神话，只有重新审视反思文学叙事的深层结构——神话，清醒地面对一代代作家笔下演化出的神话变体，分析检验它们的合理性，才能找到造成阅读负面效应的病根，才能使阅读变为解放的动力，才能超越父权神话带给女性意识上的局限，而不是将原始的文化意象变成一代代读者的思想桎梏。试想，重建现代新型神话是多么激动人心和令人鼓舞的事情！潘多拉在现代神话中变成了不是一位只有外表诱惑力的女性，她成为一个兰心蕙质，有着明晰自我意识的女士，那么，未来我们以此为原型的文学续写和演变又将是多么令人欣喜、令人鼓舞的景象呢！所以，鼓励引导女大学生在阅读中寻找文学作品中的神话痕迹，解构、分析、打破原始神话，尝试建构符合女性自身发展的新型神话叙事模本是一种值得推崇的阅读模式。

国内近几年来有关女大学生的人格培养的研究成果已有不少，但从外国文学教学中全面提炼渗透人格教育的研究报告还不多。本文只是一个初步尝试，希望能够对学界深化这一研究以及在此基础之上的教学实践有所助益。

（原载于《读写月报》语文教育版，2016 年第 2 期）

注释

1. 张莉. 大学生双性化人格特征及影响因素的研究 [D]. 云南师范大学硕士学位论文, 2003: 40-41
2. ［英］简·奥斯汀. 理智与情感 [M]. 崔亚君, 译. 呼和浩特: 内蒙古人民出版社, 2007: 4
3. 李少梅. 大学生双性化性别特质与人格特征的相关研究 [J]. 陕西师范大学学报（哲学社会科学版）, 1998,（12）: 148-152
4. 马锦华. 大学生双性化人格模式与心理健康关系探析 [J]. 安徽教育学院学报, 2001,（4）: 87-89
5. 张京媛. 当代女性主义文学批评. [J]. 北京大学出版社, 1992: 156-157

本科生语言学兴趣及问题意识的培养 [1]

——基于教师行动的研究

周敏莉

一、研究背景

随着近年来对《语言学概论》课程的教学研究和改革的深入，学界对该课程的定位趋于准确，即要让学生充分认识到课程的"专业性""基础性"和"理论性"特点，因此，如何培养学生对该课程的兴趣，以及如何使学生在"初步掌握语言学理论知识"后，真正"具有一定的语言理论素养和语言分析能力"[2]，是每一位教师面临的挑战。目前，学界从课程的性质和任务、教学内容、教学理念、教学方法手段等方面进行了诸多有益的探讨，特别是教学方法方面，强调要"重视激发学生的学习乐趣"[3]、强调"趣味性"[4]。具体的方法层面，甘智林提出，可以根据教学内容适当地选择开放式教学，包括课堂小组讨论或模拟教学、课程小论文写作、专业语言调查和语言应用调查等[5]。罗耀华、柳春燕认为，可以努力尝试"将课程的教学和学生的毕业论文选题有机地结合起来，使课程的学习和终极验收之间呈链式关系"[6]。这些改革带来许多有益的启示，由此也引发了许多思考：首先，这些方法多着眼于宏观，其具体操作过程如何？其次，涉及调查、论文类的方法多着眼于课外，而课堂内的（主题）讨论法如何才能更具有常态性？最后，在现有环境下，各种方法的适用条件有何要求？

二、研究方法

行动研究是一种质化研究，是教师作为研究者针对自己的教学进行的反思式研究。不同于实证主义研究置身于研究对象之外的"客观的"研究方法，行动研究是研究者置身其中的"内部研究"。张培的研究指出，行动研究中的"行动"元素主要指通过行动去干预某种问题、困惑或疑问。[7]这一方法被广泛运用于教学，它有助于了解真实课堂，致力于改进课堂教学，具有实验性、反思性等特点。行动研究是一个不断循环反复的过程，McNiff把这个过程描述为观察（observe）、思考（reflect）、行动（act）、评价（evaluate）、修正（modify）、向新方向迈进（move in new direction）六个步骤。[8]

对于本文探讨的问题来说，行动研究是适合的方法。首先，笔者遇到的问题是教学实践中的问题，需要在实践中采取行动解决。其次，本研究提出的行动设想具有可行性，并且能够得到客观评价。最后，在不同学期担任同一门课程使笔者具备了修正行动的条件。总之，行动研究不仅促使笔者反思自己的教学，而且促使笔者采取进一步行动去干预遇到的问题，并进一步完善设想，改进课堂教学。

三、行动的第一阶段

1. 行动设想（观察与思考）

笔者近几年在指导毕业生论文的过程中发现，每届学生选择语言学方向的都不是很多；即使是那些有志于写语言学方向论文的学生，又有许多在选题时一片茫然，不知道有什么问题值得研究，有些学生甚至干脆直接等着老师给题目。这种现象一方面说明了学生对语言类课程的兴趣不够，另一方面也直接暴露了学生语言学问题意识的缺乏。因此，笔者在承担《语言学概论》这门课程的教学时，着意思考两个问题，一是如何从本课程教学的方方面面提高学生的学习兴趣，二是如何培养学生的语言学问题意识，培养学生对语言现象敏锐的感知能力，让枯燥的语言理论知识活起来。具体教学时，还要注意增强师生的"互动"，以往在课堂教学中花的精力较多，且基本上以"教师讲＋学生听"的模式为主，学生主动学习的积极性还有待提高。出于以上原因，决定对该课程进行教学改革尝试。考虑到我校该课程一周3课时，3节连上，到第三节课时师生的精力都不如前两节课，因此决定实行在教师引导下的"教师精讲＋师生互动"的模式，但第三节课的前20分钟交给学生做语言学微报告，这样在课堂教学的节奏上也是一个调节。

2. 行动过程

第一次教学改革实验的班级是我校2012级汉语言文学（师范）4班与

对外汉语班的学生，时间是 2013 年 9 月到 12 月。在本课程开始的第一周，给学生分配好做报告的次序，说明做报告的要求。从第二周开始，每次课的第三节课安排 3—4 个学生做语言学微报告，每个报告的时间限定为 3 到 5 分钟，可以使用 PPT。每个报告结束后由教师进行点评。微报告的主题是"说说你观察到的一些语言现象以及你的思考"，基本要求是要描述清楚观察到的语言现象，如果能够说出这些现象背后体现的语言学规律则更好，如果不能够也可以提出问题，以供大家思考讨论。为了便于学生理解本教改实验的意图，教师给出了一个大致的范围（见表一），并明确指出，所报告的语言现象可以不局限于此范围。

领域	举例	领域	举例
城市语言生活	标语、广告语、店名……	作品语言	小说语言、小品相声语言……
网络语言	新词新语、字母词、外来词……	翻译	作品／商标翻译、字幕……
方言	语音、词汇、语法……	汉语教学	教师话语、偏误、教材编排……
媒体语言	电视、电影、报刊……	语言政策语言规范	普通话推广／方言保护辞书的编纂……

表一：语言学微报告选题范围

3. 评价

本轮以"语言学微报告"为主体的教改实验，旨在培养学生的学习兴趣，训练学生对语言现象的感悟能力和分析能力。从总体情况看，这一教学环节的设置确实起到了一定的作用，但在具体过程中出现了诸多问题：一是由于没有严格控制好时间，大部分学生的报告远远不止 5 分钟，从而导致未能按照预定的"每个学生做一次报告"的计划实行，而且还使理论课时非常紧张。二是由于没有严格的评价制度，部分学生对做报告这项任务准备不充分，草草应付了事。三是教师事先对每个报告的具体内容不知情，因而完全缺乏对报告质量的管控，同时正是由于缺乏教师有针对性的指导，报告内容方面暴露的问题相当多，最常见的是泛泛而谈，或缺乏深度，或缺乏新意，这样的报告导致台下听的学生了无兴趣，觉得完全在浪费时间。

另一个极端是报告形式上过于花哨，又没有多少对语言现象本身的分析，这样的报告也不符合要求。

四、行动的第二阶段

针对上一轮教改实验中出现的问题，接下来的教改就要在微报告的时间控制、评价机制、质量管控等方面做出有针对性的调整，要引导学生尝试运用语言学的理论工具解决实际问题，还要加强研究方法和文献查找能力的训练。

1. 修正的行动过程

本次教改实验的班级是我校2013级汉语言文学（师范）1班84名学生，时间是2014年9月到12月。所做出的调整如下：一是严格控制好报告时间，规定每人最多不超过5分钟，每次6名报告人，这样报告时间为一节课。提醒学生在选题时宜选"小题"，力求把一个小的语言现象说清楚；二是每次报告之后，不仅由教师口头做评价，还有书面评价，此评价分（总分6分）计入平时成绩；三是加强对报告质量的监控，要求在报告时一定要配合做好PPT，而且PPT初稿必须在下次课之前两天发到教师邮箱，然后根据教师的反馈意见修改（一次或多次），直至得到许可，方能在课堂上做报告。为了让学生领会教师的具体要求，在本课程第一次课上，教师从上一次教改实验中选出3份PPT报告原本，分别对这三份报告的优缺点进行了点评，并展示了经过修改之后的对照版本，力求让学生明白，在5分钟的时间内，比较理想的报告应该是首先直接点明报告主题，然后结合实例进行分析，最后简洁地提出自己的看法，或者点明语言现象的意义价值等。此外，教师还向学生介绍了一些利用数据库查找资料的方法。最后提出总的要求：在报告时要口齿清楚，表达流利，思路清晰，端庄大方。

在本次教改实验过程中，各方面都比较严格地按预定计划执行，首先时间控制方面有了显著进步，每次课第三节课都至少有5位学生做了报告，但是由于放假冲掉了两次课，最后还是有10多位学生没有在课堂上做小报告。其次，大部分学生做报告的PPT都经过至少一次修改，报告质量较前次有了明显提高。教师在对这些报告进行修改时，引导学生思考这些问题：你为什么要谈论这个语言现象，这个语言现象有何特别值得注意之处？这个语言现象有哪些规律，或者有哪些具体表现？你对这个语言现象有哪些看法？……以此帮助学生树立问题意识。然后提出修改意见，请学生逐条对照修改，并指出可以参考查阅的文献。对语言学微报告反复修改打磨的过程，其实也是对学生的研究能力和学术思维训练的过程，这也能为将来毕业论文的写作打下一定的基础。由于是一对一的具体指导，学生一般能够根据教师的意见完成修改。第三，学生在课堂上做完报告以后，教师结合该学生修改的过程以及课堂报告的表现给出一个书面评分（给分区间为1分—6分），并随即进行口头评价，有意识地引导聆听报告的学生树立问题意识，既指出该报告的选题意义，肯定其在分析问题和解决问题方面的优点，而且还指出根据微报告的内容如何进行拓展研究和深入探讨，从而有意识地把微报告和毕业论文的选题及写作等联系起来。

由于评价机制的引入和教师的具体指导，学生们基本上都能认真对待微报告。在期末时进行"语言学微报告"评奖，共评选出25份优秀报告，这些报告涉及的主题包括语言学的许多方面，如：网络骂詈语、北京话中名词儿化不同的感情色彩、颜文字、台州方言中的"鱼虾蟹"、诗经中的闽南语存古字词、旧上海的"洋泾浜"、东北话中的满语、老北京吆喝、1班同学名字蕴含的时代性、人际交往中的"潜台词"现象、古今诗歌韵律、网络上出现的汉语连读现象、语言的矛盾现象、中韩单元音韵母的发音比较、话说平潭话、闽南方言重叠词的修辞现象、"写诗软件"背后的语言现象、习大大演讲中的诗词引用特点、丰城话中的"叽"字、1班昵称、玉山方言存古现象、手语。其实这中间许多选题如果学生有兴趣的话，完全可以进一步深入探讨。

2. 再次评价

为了进一步了解本教改实验的效果，以及学生对此实验的反应和感受，以期进一步改进教学方法，我们在本轮课程结束之后（2015年1月5日）进行了问卷调查。本次调查面向2013级汉语言文学（师范）1班共发放问卷84份，全部回收，得到有效问卷80份。问卷一共10道题。由于课程教改实验占用了每次课的第三节课，相当于原来由教师精讲的理论知识部分的课时缩减了三分之一，因此问卷第一到三题旨在了解此种情况下，学生对教师的讲授是否理解，以及理解的程度如何，以作为进一步调整教改实验的一个依据。问卷第四到十题都直接与本教改实验相关。

第一题是关于教师的语速。认为教师语速太快的有1人（1%），有11

人（14%）认为语速有点快，65人（81%）认为语速还可以，3人（4%）认为语速有点慢。说明大部分学生对于目前教师的语速是接受的，考虑到还有部分学生认为语速有点快，今后在某些难点或理论性太强的知识点讲解时还要适当放慢语速。

第二题考查对教师所讲内容的理解程度。有10%的学生表示"很多都听不懂"，39%的学生表示"有时候听不懂"，还有19%的学生认为"偶尔听不懂"，而认为"基本上能听懂"的学生约为29%，只有3%的学生表示"完全能听懂"。这一方面固然与课程本身理论性强有关系，但同时也提醒教师还要继续提高教学技能，改进教学方式，让理论知识变得更易理解。

第三题考查教学内容的难易程度。认为语音部分最难的有28人（35%），认为语法部分最难的有48人（60%），认为语义部分最难的有4人（5%）。此结果与教师的预期有一定的差距。教师预期语音部分最难，因此讲授这部分花的时间精力最多，但是有超过一半的学生却认为语法部分最难。这可能是由于到了学期中后段发现课时不足从而在语法部分赶进度造成的。因此下次教学时还要适当加大语法部分的教学力度。

第四题考查本次教改实验的时间分配是否合理。对于"2+1"的时间分配方式，教师开始是有顾虑的，不过从结果来看大部分学生还是认可的，有61%的学生认为"老师讲授的时间为两节课，留一节课（40分钟）给同学们讲比较好"。另外，有15%的学生认为"老师讲授的时间为两节课加10分钟，留30分钟给同学们讲比较好"，14%的学生认为"老师讲授的时间两节半课，留20分钟给同学们讲比较好"。而认为"老师讲授的时间两节课加半个小时，留10分钟给同学们讲比较好"和"全部由老师讲授比较好"都是极少数，只分别占了4%和6%。考虑到本学期理论知识讲解课时偏紧，也可以考虑把第三节课语言学微报告的时间适当缩减为30分钟或者20分钟。

第五题考查学生课堂上做语言学报告的意愿强度。由于时间的关系，教师对于每个学生是否都有必要上讲台做报告也是心存疑虑的。结果有接近半数（44%）的学生认为"每个同学都能上台讲比较好"，说明学生们上台做报告的意愿还是比较强烈的。其他学生则主张对做报告的人数有所选择，比如有23%的学生认为"老师选择每一批中做得比较好的同学上台讲比较好"，20% 的学生认为"虽然每个同学都必须做 PPT，但是否上台讲解要根据每个同学自己的意愿比较好"，11% 的学生认为"老师在每一批中随机选择几位同学上台讲比较好"。因此可以考虑下一轮教改实验中对做报告的人数有所控制，微报告 PPT 做得比较好的学生能起到一定的示范作用，可以优先考虑。同时一定要注意维护学生的自尊，因为只有两人认为"老师选择每一批中做得好中差的同学各一名上台讲比较好"。

第六题考查语言学微报告是否给学生带来收获（多选）。从结果来看，此项教改实验中学生们或多或少都认为有收获，最大的收获是"加深了对某个语言现象的理解"（94%），"促使自己去读了某些文章或查了某些资料"（93%）。另外，84% 的学生认为"锻炼了自己的胆量和讲课技巧"，65% 的学生认为"提高了 PPT 的制作技巧"，60% 的学生认为"加强了与老师的沟通交流"。其他的收获方面，有 4 位学生表示对课程的兴趣增强，如"加深了对语言学的一些认识，提高了学习兴趣"（问卷 7）；"加深了对语言学概论课的兴趣"（问卷 80）。有两位学生表示培养了思维能力，如"提高思考能力"（问卷 4），"了解了更多知识，多角度思考问题"（问卷 17）。总之，调查结果说明语言学微报告初步达到了预期的目的。

第七题考查学生在聆听同伴做的语言学微报告后是否有收获（多选）。99% 的学生认为"感受到了很多意想不到或有意思的语言现象"，且 90% 的学生认为"引起了关于一些语言现象的思考"，76% 的学生认为"对于自己的 PPT 如何选题等，受到了启发"，还有两名学生填写了其他感想，"对于以后的论文选题有了想法"（问卷 77），"收获了很多平常察觉不到的知识"（问卷 79）。这些结果说明语言学微报告确实能培养学生的兴趣，激发学生的问题意识。不过，也有 38% 的学生认为"对于做得不好的 PPT，会觉得浪费了时间"，这再次提醒教师考虑有必要控制上讲台做报告的人数。有 39% 的学生认为"会觉得有压力，因为别的同学做得好，逼着自己努力"，这样在班级中形成了竞争的学习氛围，我们认为，适当的压力是可以转化为学习的动力的。

第八题考查教师点评是否发挥作用（多选）。学生基本上肯定了教师点评环节设置的必要性。88% 的学生认为听过教师的点评后对于自己做语言学微报告时该如何选题以及如何做均有启发，85% 的学生认为"听过之后对如何讲解 PPT 报告以及教态等有启发"，76% 的学生认为"听过之后更知道（所听的微报告）好在哪里，不好在哪里"，这些结果说明教师点评对于学生做语言学微报告有具体实在的指导和引导作用。还有68%的学生认为"听过之后对毕业论文选题和写作方面有启发"。这也说明教师点评环节对于培养学生的问题意识以及分析问题解决问题的能力有一定的效果。

第九题考查同学点评环节设置的必要性（多选）。对于该环节，本次语言学微报告只尝试性地运用了几次，运用的初衷是发现少数学生在听报告时走神或看手机，因此想通过此环节给在听的学生一定的压力，使其集中注意力，但是教师发觉可能由于知识积累所限，或者缺乏适当引导等原因，学生点评不尽如人意。不过从调查结果来看，只有少数学生对此环节持否定倾向（认为"完全没必要，因为可能很难点评到位"的只有5%，认为"同学点评环节可有可无"的13%），而75%的学生认为"同学点评有必要，能增强听众的参与意识"。可见，该环节完全可以保留，但教师要在如何进行同学点评方面给予适当引导，同时也应在如何监控同学点评方面下功夫。比如49%的学生认为"同学点评有必要，但要给予点评人思考和准备的时间，如课前事先指定好点评人等"，38%的学生认为"同学点评有必要，但要改进方式，比如除了口头点评，还可以有书面点评等"。

第十题考查本课程对于学生毕业论文选题是否有影响。由于本课程排在二年级第一学期，学生还有很多专业课未接触，因此尚不明确毕业论文选题的约占一半（49%），而且一定会选或一定不会选语言学方向选题的人数都很少（分别为4%和5%），这说明学生们还需要时间考虑，是可以理解的。不过值得注意的是，有42%的学生"本来没打算选语言方向，但是学习这门课程以后，表示也可以考虑语言方向"，这一定程度上说明本课程取得了十分积极的教学效果。另外也没有出现"本来打算选语言方向，但是学习这门课程以后，表示不再考虑语言方向"的现象。

3. 再次修正

实践证明，在语言学概论课程中引入语言学微报告环节，能达到培养兴趣和激发问题意识的效果。下一步应在以下几方面下功夫：首先，可以适当缩减每次语言学微报告的时间，毕竟该课程理论性强，如果学生缺乏必要的理论工具，思维则打不开，这样也会影响学生对语言现象感知的敏锐性。微报告时间的缩减，也可以给理论知识的讲解留出更多时间，避免教师为了赶进度语速过快，以及教学任务完不成等问题。其次，虽然本课程要求每位学生都要就某一语言现象做好一份以 PPT 为底本的书面报告，但还是要对能在课堂上进行报告的学生人数进行适当控制，这样做主要是为了节省时间，提高课堂教学效率。第三，同学点评的环节要加强，可以尝试一些新的点评方式，并且要对同学点评进行监控和考评，让同学点评也能激荡学生的思维，发挥互相启迪的作用。

五、结语

《语言学概论》课程设置"语言学微报告"已经历了两轮教学实验，经过各环节的不断调整，可以预期教学效果会越来越好。而且该项目具有可操作性，能做到常态化，在实施过程中，教师的引导和监控是影响本教改实验效果的关键因素，特别是教师对每一份报告的修改至关重要。不过，修改学生的微报告，特别是遇到班级学生人数较多时，教师的负担相应地增加了。如何既能保证微报告的质量，又不给教师增加太多的工作量，也是接下来需要面对的问题。

（原载于《读写月报》语文教育版，2016 年第 7 期）

注释

1. 本文系江西师范大学教学改革研究项目"语言学学科视野下对外汉语专业课程体系优化研究"的阶段性成果。
2. 聂志平. 语言学概论课程建设问题探讨——以浙江师范大学为例 [J]. 浙江师范大学学报（社会科学版），2010，（2）：77–81
3. 许晋，李树新. 高等院校《语言学概论》课程改革探析 [J]. 内蒙古师范大学学报（教育科学版），2009，（5）：111–113
4. 张先亮. 关于"语言学概论"内容与方法的再思考 [J]. 中国大学教学，2010，（2）：44–47
5. 甘智林. 语言学概论课程研究性学习的指导原则与教学模式，[J]. 武陵学刊，2013（3）：135–137
6. 罗耀华、柳春燕.《语言学概论》课程创新教学尝试 [J]. 高等函授学报（哲学社会科学版），2006 年（2）：57–61
7. 张培. 论行动研究 [J]. 天津师范大学学报（社会科学版），2012，（1）：48–51
8. Jean McNiff & Jack Whitehead. All you need to know about action research, SAGE publications,2006: 9

吴梅的戏曲教学及其启示意义

欧阳江琳

有现代学术和学科意义的戏曲研究，肇始于20世纪前叶。其研究路数主要有三：王国维“考证型”曲史研究、齐如山“舞台型”表演研究和吴梅“声韵型”曲律研究。齐如山一生未能担任教职；王国维于1913年写定《宋元戏曲考》后，即转入清华大学主授经史小学；唯吴梅长期耕耘大学讲坛，从事曲学教育。

1917年9月，吴梅受聘北上，揭开了传统戏曲进入高校的序幕。其后，陆续执教东吴大学、东南大学、北京大学、中央大学、中山大学、金陵大学等教席，门下骐骥蹴踏，唐圭璋、常任侠、卢前、任中敏、王季思、沈祖棻等皆出其座，故谓其为现代高校曲学教育奠基者，当为不刊之世论。有关吴梅曲学教育的研究，学界多为一些回忆性的文章，具有研究性质的成果不多，代表性的有程华平《吴梅曲学教育的文化史意义》一文，主要探讨了吴梅的曲学教育提升戏曲社会、文学地位的文化史意义以及曲学教育方法的典范意义[1]。本文则重在探讨吴梅的课堂教学，包括曲学课程的设置、教学内容的确立以及课堂教学方法等，希望能够裨益于今日高校的戏曲课程教学。

一、“曲律为本”的曲学课程与教学内容

晚清民初的戏曲进入大学，并稍具学科雏形，实为亘古未有之新事，此固当得益于新式学堂之气象。然于其时，“为时既近，托体稍卑”“后世儒硕皆鄙弃不复道”[2]之戏曲，居然登大雅之堂，难免遭旧派人士的非议。“上海某日报，曾著论攻击北京大学设立元曲科目，以为大学应研求精深

有用之学，而北京大学竟设科延师，教授戏曲，且谓元曲为亡国之音。"为此，陈独秀在《新青年》发表专文，抨击此论调乃"无常识"之见[3]。

此次论争的背后，所凸显的实是戏曲学科性质的复杂性。视戏曲为"贱艺""卑技"的传统识见，表明戏曲异于正统诗词案头书写的艺术特质；而北大将戏曲课程归属于国文系的课程体系，所着眼的则是它的文学价值和学术价值。作为一门兼具文学与艺术双重属性的特殊文体，两者间呈现出的矛盾，恰恰是高校曲学教育难以回避的问题。在课程设置、教学内容、教学方式全无成规可蹈的情形下，戏曲该教什么，又该怎么教，决定了大学戏曲教学的基本趋向。

吴梅在北大讲学 5 年间，所任课程为词曲和近代文学史。1918 年《北京大学文科一览》显示，词曲课每周为 10 学时，属于文学科；近代文学史每周 2 学时，属文学史科[4]。另外还有二、三年级的选修科目，为戏曲（甲）（乙）、中国古音律。既然归属中国文学门，这些课程势必受制于文学学科的整体规划，要求体现曲学的文学性质。为适应教学需求，吴梅不得不调整原来以评点、序跋为主的较为随性的治曲方式，开始注重分析代表作家作品的风格，以期呈现词曲史的发展源流。例如，比照早年论著《顾曲麈谈》，吴梅北大词曲课讲义——《词余讲义》增设了"曲原"一章，吸收王国维《宋元戏曲考》的成果，旨在探明戏曲的"迁嬗之迹"；又增设"正讹""十知""家数"诸章，意在精研字句，略陈流别，帮助学生理解曲作的精妙与规范。这些变化无不体现吴梅对把握戏曲的文学性、学术性的重视。此后授徒南雍，随堂结撰的《中国戏曲概论》"自金元以至清代，溯源流，明正变，指瑕瑜，辨盛衰"[5]，《元剧 ABC》旨在探究元杂剧的来历，考元杂剧作家之生平，均堪称此种研究路数的最终成果，无不体现了吴梅为实现戏曲文学教育的系统化、学术化所做的努力。

然毋庸讳言，从旧学统过来的吴梅并不精于源流考证、综合与归纳分析等科学方法，对于大学文学史的教学，显得有些捉襟见肘。陈平原在检阅吴梅《中国文学史》讲义后，发感慨说："在我看来，同是词曲研究，《顾曲麈谈》《曲学通论》《词学通论》等'创作论'，明显优于《中国戏曲概论》《元剧研究》《辽金元文学史》等'文学史'。换句话说，需要广博学识以及专精考辨的文学史著述，非吴梅所长。"[6]叶德均《跋〈霜崖曲跋〉》亦指出，吴梅治曲"方法苟简"，在戏曲史研究方面"所得有限"[7]。

1918年5月，北京大学日刊曾明确示意文学史与文学课程的教学重点："教授文学史所注意者，在述明文章各体之起源及各家之流别，至其变迁。""教授文学所注意者，则在各体技术之研究。"[8] 作为一位传统文人曲家，吴梅擅长品鉴、题跋、作曲、制谱等，他的才情在文学史、戏曲史的学科规范内很难得以发挥，而一旦到了词曲的文学课堂，则显得游刃有余。他的词曲课堂围绕"声律对偶之文""讲习斯艺"，剖析格律，示范创作，无不是展现词曲"技术"的拿手好戏。一部《词余讲义》讲宫调，分平仄，明阴阳，论韵部，论家数，充分体现了强烈的"技术"解剖意识。恰如文学史家浦江清之评价："静安先生在历史考证方面，开戏曲史研究之先路，但在戏曲本身之研究，还当推瞿安先生独步。"[9]

如果说，北大平衡文学史与文学教学的课程设置，还让吴梅略显生涩的话，之后中央大学、金陵大学的教学，吴梅避其所短，扬起所长，集中精力，以词曲课程为主干，不再兼及其他文学通史课程。以下是他在中央大学、金陵大学的开课情况：

1932年9月～1933年1月，中央大学开南词（曲）学课。

1933年2月～1933年7月，金陵大学开金元散曲课。

1935年9月～1936年1月，中央大学开北词（曲）学课。

1936年9月～1937年1月，中央大学开元明剧选课。金陵大学开研究生班曲学课。

1937年2月～1937年7月，中央大学开元明剧选课。金陵大学开词曲研究课。

这些曲学课程涵盖了曲学理论、剧本研究、散曲研究、曲学声律等各个方面，在具体的授课内容上，均侧重文体内部研究，通过名家、名剧、名曲的研读，展现戏曲"技术"之妙。

吴梅的"技术"讲学有着统一而鲜明的内容，即以曲律为核心。这反映了吴梅对戏曲本质的独特理解。他在《曲学通论·自序》指出，戏曲"宫调之正犯、南北之配合、科介节拍、清浊阴阳，咸有定律"。[10] 戏曲之美在声韵，如果徒然作文字观，则遮蔽了戏曲的艺术属性。因此，吴梅的曲学课程要求学生通过例曲曲谱的学习，学会作曲、订曲、度曲和评曲等。如在中央大学讲学时，他曾专门开设南、北曲课，讲授曲谱；一些结撰成书的课堂讲义，像《词余讲义》简直是一部曲律专学；《南北词简谱》

辑校诸种南北曲谱，精选经典戏曲或散曲范例，标明格式，旨在帮助学生理解和掌握南北曲谱的规范，吴梅主讲于东南大学时，曾以此为本，分授诸生；即便是讲述具有戏曲史意义的内容时，如《中国戏曲概论》《元剧ABC》，也大半以是否合律为判断散曲、戏曲作品的艺术准绳。

结合个人治曲的特色，吴梅找到了曲学课程中"文学"与"艺术"的平衡点，即通过曲律之艺术分析，评赏曲作之文学。曲是写出来的，更是唱出来的。按声填文、因文制谱两位一体，相辅相成。曲之高下得失，就在于文字与声律的谐和与否。吴梅的弟子任中敏《回忆瞿庵夫子》中说："文与诗之体用相同，其事功所在，不离文献、书卷、著作、校勘诸范围；若词曲则大不然，其事功为立体的，由辞而入艺（指乐、歌、舞、戏），由艺而涉器（指金、石、丝、竹、匏、土、革、木）。"[11] 这种综合"辞""艺"的"技术"解剖，正代表了吴梅对曲学的基本认知，也构成了其课程教学的基本路数。

二、重技术、重方法的课堂教学方式

谈及吴梅的曲学教育，人们总爱提起他带领学生习唱、组织词社创作等教学方式。这些用在"诗外"的功夫，无疑激发了学生对曲学的兴趣，也让吴梅的教学显得优雅、可爱。

然而，令人深感兴趣的是，既然坚持以曲律为中心的教学内容，决定了吴梅的课堂不可能成为大众性的普及教学，会受到学术明星般的追捧，那么他的课堂内教学是否还会有如此怡人的风采与效果？

从一些回忆文章看，吴梅学生最津津乐道的是他富有艺术气质的讲学特点：

一九一七年，先生开始在北京大学讲词曲。那时一般学生都重经史而轻视词曲，以为词曲小道，研究它是不识时务，因此，有的学生在笑他，有的学生在议论他。先生运用直观教具进行教学，公然携笛到课堂上说明曲律，说明今传的十七宫调分隶于笛色的七调之中。这种实事求是的精神，确是难能可贵的。[12]

（唐圭璋《回忆吴瞿安先生》）

先生讲曲融会贯通，常吹笛引吭解说示范，引得许多同学奔来旁听。[13]

（谢孝思《忆瞿安师》）

他上教室，常携一笛师，在教室中当场度曲，抑扬亢坠，余音绕梁，莘莘学子，很感兴趣。[14]

（郑逸梅《吴梅》）

这类颇具写意色彩的文字，融入了追叙者对师辈的深情，显得十分动人，却未必全然符合吴梅真实的课堂面貌。试推想，吴梅所主讲之曲学归属国文系，吹笛唱曲诚具特色，却不可能整节课堂都是如此，否则就该彻底划归为艺术教学了。作为一种授课手段，此类持笛唱曲的讲学方式，固然可吸引一些心怀新奇的学生来听课，但是否能坚持长久亦很成问题。

事实上，还有些回忆文章反映出吴梅授课口才一般。谢孝思《忆瞿安师》云："先生讲课，满口苏州话，我们不大听得懂。"[15] 金虑《记吴瞿安先生数事》写道："《词学通论》系师手撰讲义，文章尔雅，清丽绝伦。师授此课时，亦仅按文口诵，每读古人词至佳句时，仅反复云：'好极了，好极了！'不善解词与吴县汪旭初师之擅长解说词意，成一强烈对照。"[16] 鉴于曲学之难，吴梅曲学课选修者一般较少。如 1933 年上半年金陵大学曲选课"仅四人，而旁听乃有三人"[17]；下半年中央大学"学生选词学通论者尚多，选曲名著者仅三人"，"曲律班亦有十余人"，金陵大学"选课五人，两女三男而已"[18]；1934 年上半年"金大上课，女生四，男生三"[19]，1934 年下半年中大"曲律班人物寥寥，止有五人，此五人尚有观望之意，深可异也。"[20] 这反映了学生对曲学的畏惧情形。

因此，持笛登台不过是吴梅课堂内教学一种有意义、有情味的调剂手段。面对专精深奥的曲学，他的课堂教学该怎样真正进行"技术"解剖，才不至于吓跑这十来个选修的学生？虽然吴梅没有直接探讨教学方法的文字，亦鲜详录教学实况，不过检视《瞿安日记》的零散记载，有助寻绎其课堂教学的真实风貌：

授北词谱一套。诸生有未悉曲意者，为详释焉。[21] 下午以【酒泉子】【曲玉管】及《闻钟》【霓裳六序】分赠诸生。两课毕归。[22] 金大二课，即以【高阳台】作及《清剧二集·序》论之。[23]

早课毕，以油印《扫红》（《红楼梦》）谱分贻诸生。[24] 下午讲《四声猿·玉禅师》毕，以【收江南】一曲，实是【沽美酒】【太平令】中加短柱句，即【太平令】后六字三韵句也。此是发人所未见处。[25] 早起点《四声猿》一过，因诸生有研讨此书者也。[26]

这种着力文本分析的讲授方式，最初得益于吴梅在北京大学"文学"课程的教学经验，其后一以贯之地体现在《中国戏曲概论》《元剧研究》的课程教学上，总体反映出吴梅求精、求细的教学特点。精，指注重精选名剧范例；细，指具体剖析细致入微。他不浮于一般性的常识介绍或笼统的文学史规律总结，而侧重戏曲文学内部、细部的考查，引导学生孜孜于一剧一曲的研习，掌握曲律轨则，明悉曲文高妙，呈现出不务虚华、严谨朴茂的课堂风格。

为深化学生对曲学的认知，吴梅十分注重对学生实际能力的训练，从能写再到能评，而不去做隔空喊话、隔靴搔痒的理解。他的课堂不搞一言堂的讲授，配合了大量的创作练习。谢孝思回忆说："他重视平时考核测验，每月出一、二题目，必令按时交卷。所出的题目，有时是很新奇的，记得有一次题目是《咏日历》，就很为难了我们。所交作业，先生无不认真修改。"[27]《瞿安日记》留下大量批改学生卷业的记录，试撷录 1937 年 3 月的一段日记，以窥一斑：

初五日　下午金大课毕，归改诸生诗文卷四册。

初九日　晚改金大诸生卷二本。

初十日　改金大诸生卷二本。

十一日　夜改诸生赋两篇。

十三日　遂改诸生卷。

十四日　入夜改诸生文卷八本。

十五日　早改诸生文卷二本，词卷四本。

廿一日　改谢生守枢赋一篇。[28]

此处不独曲学课程，还有词课、赋课。甚而改到兴起，还要作曲示范，如"早改金大诸生卷，【青哥儿】增句格，无一能作者，因作一首示之。"[29]令学生获益匪浅。

吴梅对于学生的课堂训练，不止停留于创作层面上，还注重各种学术方法的指导，以期多方面锤炼曲学之"技术"能力。如：

下午金大止上一堂，以研究生班上有一人，故嘱姚生希曾作《梧桐雨》跋，并将明刊本与藏选本一校焉。[30]

早赴校监试，题为《中山狼》剧跋，杨志溥卷最佳。[31]

题跋、对校等，均为吴梅个人治曲之方法心得。题跋法，须在通读全剧的基础上，对作者生平、源流本事、版本存佚加以叙略，并一定程度地表达客观的艺术评价。吴梅有大量的曲跋文字，汇为《霜崖曲跋》，故而采用这种方式得心应手，可有效训练学生综合、考证、赏析的实际能力。再如校勘法，是吴梅最擅长之治曲方式。《顾曲麈谈》自序云，其早年学曲，曾"取古今杂剧传奇，博览而详核之"[32]，累积寸功，渐渍浃洽。最能代表吴梅曲学成就的《南北词简谱》，乃"竭毕生心力""取诸谱汇校之"。[33]弟子唐圭璋曾求教谱学之法，"余告以同牌曲互相比勘，积久悟工尺之理，始可从事云"。[34]因此，吴梅的课堂教学从最基本的曲牌对校入手，逐步引导学生掌握曲律的格式规范，不啻为一种教学良方。

总而言之，吴梅的曲学课堂，宁作曲篇章句的解读，实际能力的训练，而不流于简单的曲史、曲论知识传授，呈现一种精核深微的风格。其融合个人治曲方法，重视曲学方法的垂示，起到了示范后学、金针度人的作用。作为一门需要长期累积和实际锻炼的专学，这种教学内容与方式，实际考验着师生双方的学术热情与韧力。因此，吴梅的课堂一般十余人左右，人数不多，紧凑精悍，十分利于专业性较强的学科教育，利于学生打下了坚实的专业基础。从受业子弟的实绩看，勿论词曲之创作，如卢前之曲、唐圭璋之词、沈祖棻之诗等，还是学术研究，如钱南扬之辑佚、王季思之校注、唐圭璋之汇校，均足称同辈人之翘楚。

三、对今天高校戏曲课程教学的启示

由于处在戏曲研究的滥觞时期，吴梅的治学与教学就曲谈曲，视野与方法都不够开阔，许多应该纳入教学范畴的内容，如戏曲文学之本事源流、思想人物、情节结构等忽视不察，戏曲艺术之场面布置、角色表演等亦不及探讨，未能总体呈现戏曲文学、戏曲艺术的完整体系。然而，回顾吴梅25年的曲学课堂教学，我们生动感受到，这种充分结合个人治学特色的个性化教学，在教学实效上有着巨大的功用。

首先，它明确了戏曲的本体属性，即场上艺术，而非案头文学。围绕以"曲"为本的曲学观念，学生加强了对散曲、戏曲的艺术特质理解。

在古典文学领域，戏曲是一门很特殊的文体。从本质上说，它属于一种"合歌舞以演故事"的舞台表演艺术。当年蔡元培延入大学教堂，也是将其视为美育艺术之一。然之所以划归文学门，则因为戏曲文本有着不可忽视的文学性。因此，对于这样一种特殊的"活"的文体，在课堂教学思路上，则不能雷同于其他的案头文学。反观吴梅的戏曲教学，正是坚持了以"曲"为中心的教育观念，在课程设置、讲义内容以及课堂内外的教学上，无不积极引导学生认识戏曲的"曲"本位，力求凸显戏曲的艺术本质。当然，戏曲的艺术构成并非局限于"曲"之一种，还包括了科介、宾白、化妆、道具等其他舞台因素。这就要求我们在古典戏曲教学中，还应在兼顾文学特性的同时，力图引领学生建立起古典戏曲的舞台观念。目前的课堂教学手段，主要采用多媒体播放各种戏曲声像资料，这确实有直观新奇的好处，然鉴于学生对戏曲表演的隔膜，难免治标不治本，效果总不甚佳。当年吴梅也曾纵笛放曲，可真正落实在课堂教学上，还是以"曲"为中心，选名剧，示轨则，析曲律，手把手教习学生怎样制曲、评曲，使学生既认识到戏曲以"曲"为中心的艺术属性，又学到精微严谨之方法，培养了欣赏、评论与研究的实际能力。

其次，它给予个人教学更多的自由空间，使得课程教学与个人治学密切结合，不至于在课堂上照搬成说，传达知识，直如一"知识贩子"耳！学生在教师个性化学术的培养下，对知识的消化与理解也更加清晰、深刻。

目前高校大学本科的古典戏曲，大多划归于古代文学史的教学范畴，单独作为本科选修课程的相对较少，即使有也不被大学生重视，开课情况难称人意。那么，作为文学史教学的一部分，古典戏曲势必会接受课程内容的统一调配，着力于文学历程的脉络梳理、文学流派的运作和作家作品的文学介绍。这自然有其全面、系统的科学一面，但也因平衡内容、控制课时等综合因素，束缚教师教学的个人自由。尤为痛心的是，文学史课程的规范教学，使得一般学生忽视方法训练，习惯知识的便利获得和既成模式。拿着笔记，把教师的话当结论来复述、记忆，教师也揣着各类文学史教材，只负责传达知识即可。这样说，并非指责教师没有自觉意识，但针对满满一堂的学生听众，对于文学史必修课程，是普及知识好，还是示意方法好，真是一个两难选择！普及，则容易培养学生不动手、不动脑的惰性；专门训练，又受限于课程规范，且令学生望而生畏，望风而逃。

1933年，吴梅在日记中节抄章太炎《救学弊论》一篇，"言近世学子之弊"，也涉及这个问题。"凡学先以识字，次以记诵，终以考辨，其步骤然也。""其所从入之途，务在眼学，勿尚耳食。"[35] 可是，畏难求易是人之常情，故学生的求学之途会有所颠倒，不会识字、记诵，先急忙考证，不愿动手翻阅材料，只顾耳听教师所说。对这样的学风，吴梅想必也是痛心疾首，其于教学痛下针砭，以重篇章、重精专的课堂教学，救内容肤浅之弊；以习曲唱、教作曲的课外教学，纠学生速成之偏。从某种程度上说，吴梅所采取的教学方式，秉承了传统书院、精舍讲学的特点，注重学生"会"了多少，而不是教师"教"了多少。这里面包括方法的启示、学生独立研究能力的培养、教学与学生之间的密切交流。它实际已经超越了课堂讲授规范的限制，将知识、技能与精神的教育放大到师生交流的各个空间，使学生充分感受无处不在的导引力量。

总之，作为行走在高校曲学教育之路上的先行者，吴梅的教学方式没有过时，相反隐藏了很多值得思考的课题，如个性化教学与体制化教学、学生专学与通学、教师教学与治学、学生与教师关系，等等。当然，今日高校古典戏曲教学不是一张清单、一副解药就能解决得了的。吴梅的教学至少告诉我们，应该着力还原戏曲鲜明艺术品格，强调师生传承的多样化方式，要授人以渔，而非授人以鱼，充分允许个人化教学在学科体制规范内的发展。也只有这样，学生专业能力才能培其根基，茂其枝叶，进入创造性的开阔空间。

（原载于《中国韵文学刊》，2014年第4期）

注释

1. 程华平．吴梅曲学教育的文化史意义 [J]．艺术百家，2007，（2）：79
2. 王国维．宋元戏曲史 [M]．长沙：岳麓书社，1998：1
3. 陈独秀．随感录 [A]．郑振铎．中国新文学大系·文学论争集 [C]．上海：上海文艺出版社，1998：403
4. 陈平原．作为学科的文学史 [M]．北京：北京大学出版社，2011：24
5. 王文濡．中国戏曲概论序 [A]．王卫民．吴梅全集·理论卷 [C]．石家庄：河北教育出版社，2002：138
6. 陈平原．不该被遗忘的文学史 [J]．北京大学学报（哲学社会科学版），2005，（1）：69
7. 王卫民．吴梅和他的世界 [M]．石家庄：河北教育出版社，2002：170-180
8. 王学珍．北京大学史料（第二卷）[C]．北京：北京大学出版社，2006：1709
9. 王卫民．吴梅和他的世界 [M]．石家庄：河北教育出版社，2002：61
10. 王文濡．中国戏曲概论序 [A]．王卫民．吴梅全集·理论卷 [C]．石家庄：河北教育出版社，2002：161
11. 王卫民．吴梅和他的世界 [M]．石家庄：河北教育出版社，2002：102
12. 王卫民．吴梅和他的世界 [M]．石家庄：河北教育出版社，2002：85
13. 王卫民．吴梅和他的世界 [M]．石家庄：河北教育出版社，2002：124
14. 王卫民．吴梅和他的世界 [M]．石家庄：河北教育出版社，2002：15
15. 王卫民．吴梅和他的世界 [M]．石家庄：河北教育出版社，2002：123
16. 王卫民．吴梅和他的世界 [M]．石家庄：河北教育出版社，2002：94
17. 王卫民．吴梅全集·日记卷 [C]．石家庄：河北教育出版社，2002：269
18. 王卫民．吴梅全集·日记卷 [C]．石家庄：河北教育出版社，2002：344
19. 王卫民．吴梅全集·日记卷 [C]．石家庄：河北教育出版社，2002：394
20. 王卫民．吴梅全集·日记卷 [C]．石家庄：河北教育出版社，2002：468
21. 王卫民．吴梅全集·日记卷 [C]．石家庄：河北教育出版社，2002：20
22. 王卫民．吴梅全集·日记卷 [C]．石家庄：河北教育出版社，2002：479
23. 王卫民．吴梅全集·日记卷 [C]．石家庄：河北教育出版社，2002：650
24. 王卫民．吴梅全集·日记卷 [C]．石家庄：河北教育出版社，2002：711
25. 王卫民．吴梅全集·日记卷 [C]．石家庄：河北教育出版社，2002：881
26. 王卫民．吴梅全集·日记卷 [C]．石家庄：河北教育出版社，2002：886
27. 王卫民．吴梅和他的世界 [M]．石家庄：河北教育出版社，2002：124
28. 王卫民．吴梅全集·日记卷 [C]．石家庄：河北教育出版社，2002：870-875
29. 王卫民．吴梅全集·日记卷 [C]．石家庄：河北教育出版社，2002：420
30. 王卫民．吴梅全集·日记卷 [C]．石家庄：河北教育出版社，2002：797
31. 王卫民．吴梅全集·日记卷 [C]．石家庄：河北教育出版社，2002：894
32. 王文濡．中国戏曲概论序 [A]．王卫民．吴梅全集·理论卷 [M]石家庄：河北教育出版社，2002：3
33. 王文濡．中国戏曲概论序 [A]．王卫民．吴梅全集·理论卷 [M]石家庄：河北教育出版社，2002：1-2
34. 王卫民．吴梅全集·日记卷 [C]．石家庄：河北教育出版社，2002：882
35. 王卫民．吴梅全集·日记卷 [C]．石家庄：河北教育出版社，2002：354

高校中国古代文学课程的教学改革问题

魏祖钦

　　中国古代文学是高校汉语言文学专业的传统主干课程，有着重要的地位；但在网络化时代及高等学校教育综合改革的大背景下，中国古代文学的课时量被大量压缩，学生学习古代文学的兴趣锐减。因此，古代文学课程的教学内容和教学模式的改革显得格外迫切和必要，对古代文学教学的改革和实践也是广大高校古代文学任课教师的应有之义。

一、古代文学课程教学改革的紧迫性和必要性

　　当下，高等学校古代文学课堂面临许多问题亟待解决。首先，高校正在进行综合教育改革，古代文学的课时量被大大压缩。如何在有限的课时内调整、精简教学内容，完成教学任务是一个巨大的困难，迫切需要高校教师投入精力，进行教学改革。其次，在新传媒的时代环境下，图像阅读与娱乐化阅读成为一种趋势。学生更习惯于通过电视、网络阅读，纸质书籍的阅读被边缘化，有一定阅读难度的中国古代文学作品常常使学生望而生畏，学生学习古代文学的兴趣降低，自觉性与主动性明显不足。如何改变教学模式、提高课堂教学的趣味性，显得极为迫切。第三，如今高校的教师评价体系，重科研，轻教学。职称的评审以科研论文、研究项目作为最主要的指标，教师的精力主要用于研究和著述，忽视了教学方面的工作，对教育理论研究和教学改革缺乏积极性。如何让教师平衡教学与科研，积极主动地从事教学改革，也是一个难题。第四，在功利主义观念盛行的大环境下，古代文学与学生的现代生活脱节，特别是高校招生规模急剧扩大，而社会岗位并没有真正地以相应的速度增加，学生面临的就业压力越来

大，使学生不得不考虑就业问题，古代文学这种不是培养就业技能而是培养人文素养的课程就显得不那么重要，学生容易滋生学习古代文学无用的观点。学生对学习传统文学感到迷茫，古代文学的传统学科地位逐渐边缘化，陷入尴尬的困境。如何使传统文学与现代生活、个人人生有效对接，也是需要解决的问题。第五，如今教育强调素质和创新能力的教育和培养，教育者如何坚守文学研究的理念，在古代文学课堂贯彻文学教育的根本理念，培养学生的文学素养和阅读创新能力，也显得尤其重要。例如，如今高校普遍存在的重视文学史教学而轻视作品学习的倾向，原来文学史和作品选两分的教学模式基本上已被摒弃，绝大多数高校已经合并为中国文学史一门课程，教师也只注重文学史的教学。这样，课堂上给学生灌输的只是干巴巴的知识和抽象的理念，如果学生不阅读作品，就没有办法体悟古代文学作品的精髓，也谈不上提高人文素养和能力，所以，如何在课时量缩减的情况下，重视和尽可能地增加作品的教学，培养学生的素养和能力，也急需解决。基于以上各种原因，如今的古代文学课堂到了必须改革的时候。但是，如果进行改革，如何协调各种矛盾，如何让学生兴趣十足地爱上古代文学，需要古代文学教师思考研究，并用到教学实践当中去。

二、古代文学课程教学改革的设想和思考

作为高校教师，对于古代文学的教学，笔者一直也有很多困惑，做过很多思考和尝试。在当前的背景下，古代文学课堂教学改革应该充分发挥教师和学生两个方面的主动性，并积极利用新技术手段，从多个方面入手深化教学改革。

首先，要进行古代文学教学改革，教师一定要确立教学改革的基本理念。观念问题至关重要，是决定改革的方向和成败的关键。对于古代文学教学改革而言，教师一定要有宏观的思路，把古代文学教学改革放在中国大的教学改革的背景下，树立科学的教育改革发展观。教师要坚守教书育人的职责。1996年，联合国教科文组织21世纪教育委员会发布了德洛尔报告《学习：内在的财富》，其中提出，教育应围绕四种基本学习加以安排，即学会求知、学会做事、学会共处及学会做人。相应的教育应包括对学生知识的传授、能力的培养及德行的教育。古代文学教学改革也应该把这些教书育人的理念贯彻到整个课程教学中，在传授知识的同时，坚守培养能力的

理念，注重激发学生的问题意识、培养学生创新能力；更为重要的是，还要培养学生的人文情怀和担当精神，使学生能在国家文化建设和国家发展中担当重任。具体到古代文学教学上，要对学生进行学术训练，培养他们发现问题、解决问题的能力，把学到的文学知识转化为对文学现象的分析评价、对原典的分析解读能力与进行评论写作的能力。古代文学的教学还要回归到文学教育、人文教育的道路上来，要让学生通过对古代文学的学习，感受到喜悦、幸福、鼓舞和力量，丰富学生的人文情怀，培养其高尚的德行。有了以上理念，教学改革就有了目标和方向。

第二，精简教学内容，改变教学方法。现在高校古代文学史教材和作品选的教材虽然很多，但总体来看，这些教材还是为了满足原来课堂教学的需要，内容偏多，不适应如今的新情况。根据现有的课时，精选教学内容，编写新的文学史和作品选教材当然很必要，但编写教材工作涉及编写、审核、出版等一系列问题，一时并不现实。而作为古代文学教师，自己精选作家、作品，制定教学方案是可行的。这需要教师投入大量的精力进行教学研究，精选作品，所选的作家、作品一定要有高度代表性，兼顾时代，兼顾大家和普通作家，平衡各类文体。针对如今信息发达的优势，充分利用多媒体和网络搞好课堂教学。特别要使传统的课堂教学尽量外伸，打破课堂学习和课外阅读壁垒，利用网络信息平台，做好教师和学生、课堂和课外的有效对接。如教师可以利用学校教务在线的交流平台、博客、QQ群，把学生组织起来，布置预习，组织问题讨论，上传学习心得。针对课时不足的情况，教师可以把一些网络资源，诸如"国学"网、《国学宝典》数据库、中国期刊网期刊、超星图书馆、中国社会科学院"中国文学网"介绍给学生，以丰富学生基本知识。每学期开始，把学生分成若干课外阅读小组，布置任务，然后让各小组分别使用、交流学习成果。这样，可以把有些内容以学生自我学习的方式完成，来缓解课时不足的矛盾。

第三，课堂上强化对作品原典的阅读、讲授、分析。原来，在课时充足的情况下，中国古代文学史和中国古代文学作品选的教学是分开的。现在两门课程合并为一门课程，教师在具体教学过程中，为了赶教学进度，往往强化对文学史线索的梳理，而忽略了对具体作家、作品的品读。这使得学生在课堂上听到的都是一些关于文学现象、文学演变轨迹的结论，而没有深刻切实的领悟。古代文学属于文学课程，作为教师必须有文学类课程贯彻文学教育的理念，培养学生对作品的理解感悟能力，陶冶他们的审美情操，让文学作品成为达到学生内心、触发人生感悟的工具，所以必须强化对文学作品原典的品读教学。同时针对古代文学与现代生活脱节的情况，教师要强化对古代文学的现代性阐释，让文学作品成为指导学生人生与生活的艺术品。例如，在讲苏轼诗词的时候，苏轼豁达乐观的人生态度，对于指导学生对待生活困难和挫折是非常有益的。所以，在具体教学中可以结合苏轼屡遭贬谪的经历，重点对其《六月二十日夜渡海》《定风波》进行品读讨论，让学生体会苏轼倔强不屈、乐观豁达的个性。讲李白，可讲《上李邕》《南陵别儿童入京》《行路难》，学习那份自信和遇到挫折时的态度。讲杜甫，可以重点讲《自京赴奉先县咏怀五百字》，学习那份执着。所以，解读文本时，教师要注意发掘其深厚的文化内涵，突出其对于现世人生有重要意义的东西。时代虽不同，但是人类对于生存意义的追寻是一致的，人类的对待人生的观念、内心那份情感是共通的，能够引起后人的共鸣。古代文学教学要充分发掘这些能在不同时代都能共通的质素，激发学生的学习兴趣。当然，在具体教学过程中，如何处理具体作品赏读费时及其对文学史的掌握的影响之间的矛盾，如何兼顾著名作家作品和一般作家作品问题，如何在具体作品品读时贯穿史的线索，如何贯彻文学教育的理念，需要教师认真研究、实践。为了强化作品的学习，学生阅读必不可少，这需要老师传授给学生赏读方法，布置阅读任务，检查阅读效果。利用前面提到的老师与学生沟通平台，督促、指导学生课外阅读。

第四，改变教师评价方法，强化科研和教学的有机衔接。如今在职称评审、聘任、业绩奖励方面，偏重科研指标而忽视教学指标。这种教师评价体制必须改变。实际上，高校的古代文学教学相当耗时耗力，因为文学史有大量作家、作品需要讲授，教师都未必能做到全部熟悉，并在课堂上讲出自己的独到见解，并能适应新时代学生的学习要求。所以，如果要搞好教学，势必要将大量的精力放在阅读和分析作品上，但这些工作量并不能体现在课时上，也和自己的科研工作产生冲突。目前高校强调科研成果的评审机制不利于教学，教师的积极性不易被调动。所以古代文学教学改革能否顺利进行，与高校的改革大环境密切相关。重科研轻教学的评价机制必须改变。当然，针对科研和教学的冲突，教师也可以通过改革减少这种冲突。如组建古代文学兴趣小组，让学生参与到教师的科研中去，这样既培养了学生的学术兴趣，也能促进教师的科研工作。如今有许多的地方文化资源需要发掘，古代文学教师无疑也担负着发掘文化资源的重任，所以在教学中，把地方文化资源引入课堂，指导学生发掘整理，这种师生共同参与发掘整理文化资源的工作，既可以提高学生的学习兴趣，也能对教师的科研产生良好的互动。如今，地理文学研究是一个热门，让学生参与到对江西地理文学的研究当中，让他们跑图书馆，查资料，熟悉古籍，既能激发他们的兴趣，又可以强化对他们的学术训练。在教学过程中，教师可以把自己的科研项目引入课堂教学，既可以帮助学生了解科研前沿，也能让教师的科研与教学实现有效对接。

第五，改变对学生的考核方式。传统的学生考核方式，注重考核学生掌握的知识而忽略了能力考查，重结果，轻过程，重期末考试，轻平时考查。这样的考核方式容易操作，但考查的多是学生死记硬背的知识，考查不出能力。现在，高校综合教育改革明确把培养学生的创新能力和人文素质放在重要地位，那么考试一定要进行改革，以适应新的课程教学改革要求。在笔者看来，教师一定要关注学生的学习过程，把平时考查的分值加大。考试还要重点考查学生的分析、感悟和写作能力，减少知识性题目的比重。在平时考查环节，要求学生熟读诗歌、小说、戏剧等，每学期规定一定数量的背诵篇目，还要给学生布置抄写、注释作品的作业，采取相应措施进行考评。学生通过作品的诵读和注释，加深了对文学史的认知，提高了解读古文原典的能力。另外，要学生在师生互动平台上发表见解，或者提交小型研究论文、作品感悟，与同学和老师就相关问题展开讨论，根据学生的发言、论文质量等量化他们的学业成绩。这样，把平时考查作为课堂教学的一种有效补充，不但弥补了课时量不足的局限，还能使学生在研究性学习中提高兴趣，锻炼能力。

高校的古代文学课程教学改革任重而道远，需要所有任课老师一起研究、探索、实践，尽管有很多困难，如果我们坚定理念，切实从教学内容、教学方法、评价机制等诸方面一起改革，相信一定能摸索出一些新的模式，促进古代文学课程的教学。

（原载于《读写月报》语文教育版，2016 年第 3 期）

第四编　语文教育教学专题研究与实践

生态语文：当代语文教育的必要形态

孙如萍

　　党的十八大明确指出："建设生态文明，是关系人民福祉、关乎民族未来的长远大计。"因此，"要把生态文明建设放在突出地位，融入经济建设、政治建设、文化建设、社会建设各方面和全过程，努力建设美丽中国，实现中华民族永续发展"。[1]从推动生态文明建设的角度来看，只有将教育置于整个生态系统之中，"从系统观、平衡观、联系观、动态观来考查教育，回归生命，圆融交互，共生共长，我们的教育才会健康，我们的未来才有希望"[2]，才会塑造出更具发展可能的生命形态——具有审美能力、理性精神、历史情怀和公共关怀的全面发展的现代公民，并引导其主动参与社会改革，肩负起在社会主义现代化建设中青少年学生应有的责任。"生态语文"的提出展示了语文人继续深入探索语文的愿望，并在实践过程中愈发显现出语文教改的生命力。

一、"非生态"教育背景下的必要应对

　　良好的生态环境是人类和社会可持续发展的根本基础。然而，随着科技的不断进步，工业发展对自然环境的过度掠夺，生态问题已然成为人类面临的共同挑战。早在 20 世纪初，生态学理论就已经被应用到自然环境领域来解决环境恶化所带来的土地荒漠化、资源短缺、环境污染等生态危机，并探索环境可持续发展的新路径。中国作为发展中国家，处于经济社会的转型期，出于对经济发展的迫切需求而进行资源开发和经济建设，导致生态环境严重恶化。进入新世纪以来，工业社会中人的精神失落、心灵迷茫

成为现代化建设过程中新的生态危机的表征，生态问题显然不再是单纯的自然环境恶化，而是逐渐蔓延到精神层面，致使社会、文化、教育等多个领域出现"非生态"化。

在"应试教育"的逻辑下，语文教育也面临着"非生态"化的困窘：语文教师专注于灌输字词、句式、文学常识等语文基础知识，沉醉于从写作背景、思想内容、段落大意等方面对教材文本进行解剖，在升学压力和考评机制的影响下，语文教育应有的对生活和个体生命生长的关注长期缺席。20世纪80年代末90年代初，语文教育的"非生态"化现状引起了教育者和理论研究者的关注。如何从生态学的角度有效、科学地监督和评价语文教育改革，找寻语文教育的本质，一时成为语文教育改革的重中之重。党的十八大报告把"立德树人"作为教育的根本任务，由此，从根本上动摇应试教育的根基，将教育重新拉回到素质教育的轨道中来，注重人的培养尤其是德行的培养，成为中国社会主义教育事业发展必须也是迫切需要解决的问题。

思想家雅斯贝尔斯说："教育是人的灵魂的教育，而非理性知识和认识的堆积。"[3] 语文教育不应仅仅是灌输语文基础知识的实用教育，还应该是关注学生内在心理需求的生命教育，使学生成为自由全面发展的现代公民。这就要求语文教师在进行教学实践活动时要做出合乎生态化要求的价值选择，表现出必要的生态化倾向。"现代教育向生态化方向发展，未来教育将呈现生态化的发展趋势，这可能预示教育发展的一个新时代——教育生态化时代。"[4]

江苏省语文特级教师蔡明从20世纪80年代开始推行"四步作文教学法"，直到今天"生态语文"教学主张的提出，都是基于对语文教育生态化的考量。"非生态"化的语文教学现状促使语文人进行教学改革探索，尝试语文课程形态的合理性重构。蔡明带领他的团队针对语文课程的生态现状提出了语文教育学的七个走向：从"割裂"走向"融合"，还原语文课程综合性的面貌；从"证实"走向"实践"，还原语文课程实践性的原貌；从"失位"走向"回归"，回归"语言文字的运用"的本质属性以及回归人的教育；从"服从"走向"判断"，培养学生独立的判断能力和逻辑思维能力；从"恐惧"走向"快乐"，即使褪去所有评判标准，依然要让学生参与语文学习的情感状态是快乐的。[5] "生态语文"体现了对人的关注，其中学生的培养无疑是首要问题，如何让学生感受到快乐，使学生成为"完整的人"和"丰富的人"，如何引导生命个体具备向上生长的愿望，是生态语文系统良性运作必不可少的环节，也是语文教育从事者应对教育"非生态"化现状的一种可行方式。

二、"生态语文"的三个维度：生活、生命、生长

蔡明在"生态语文"的推进过程中，通过与传统意义上的教学活动进行比照，结合自身的生态课堂实践案例，提出了"生态语文"的六个原则：生本性原则、生命性原则、生活性原则、生成性原则、生动性原则、生长性原则。在综合考量了"生态语文"的内涵和外延之后，笔者将"生态语文"的三个维度概括为：生活，作为生态语文的基本维度，对课堂的生成性提出了要求；生命，作为根本维度，关注的重点是教与学主体的生命形态以及教与学行为的生态化；生长，是其理想维度，要求将"生态语文"更为丰富的质地放在不断变化的时代中进行生态主义的观照。

1993年7月的《语文学习》杂志封面上赫然写着美国教育家华特·B·科勒涅斯的名言："语文学习的外延和生活的外延相等。"中国当代著名语文教育家顾黄初先生也曾指出："语文教育改革的根本指导思想是'贴近生活'。"[6] 1980 年以来，在语文教改的大浪潮中，致力于"生态语文"教学探索的语文人开始将关注的目光投向到生活。于是，生活成为"生态语文"的维度之一。

生活维度对蔡明所倡导的"生态语文"关注的三个方面——生态阅读、生态写作和生态课堂提出了更高的要求：首先，课程资源的开发和使用应该更贴近生活，从生活中寻找素材。以生态写作为例，《义务教育语文课程标准》（2011 年版）强调：写作"要写自己想说的话"，要能够"观察周围世界，不拘形式地写下自己的见闻、感受和想象，注意把自己觉得新奇有趣或印象最深、最受感动的内容写清楚"，学生所经历和参与的生活是什么，写作就该写什么。其次，语文课堂作为"生态语文"的主要实践场所，应当成为一个良性的生态场，实现教与学和生活的有效对接。《义务教育语文课程标准》（2011 年版）的前言部分对语文是"工具性与人文性的统一"这一课程性质的界定，决定了语文教育要重视语文的"工具性"，重视学生的口语表达、阅读习惯养成、实用文写作等基本语文素质的培养，

使学生具备必要的应试能力。同时，让学生在现实生活中学习，在现实生活（包括家庭生活、网络生活等多方面）中对当下的社会现实做出思考，打破语文课堂封闭、僵化的局面，而非一味地沉浸在文学作品的象牙塔中。最后，"生态语文"对语文课堂的生成性提出了要求。教师应当具备应对"预设"课程之外的生活信息的处理能力，并将之有效转化为课堂教学资源。让课堂成为社会生活的生态场，关注其间个体生命的真实状态，教育才更加丰富和灵动。

"有生命的个体人存在是任何人类历史上的第一个前提"[7]，而社会个体生命形态的复杂和人性的幽微使得教育不得不在一定程度上还原生命的"灰度色"。"灰度色"一词原指因景物的颜色及亮度不同，造成黑白照片上呈现出深浅不同的灰，灰度等级愈多，画面的层次也就愈丰富。因此，教育工作者，尤其是语文教育工作者应该采取相对不介入的姿态还原个体生命的"灰度色"。语文课堂可以营造一个既能够包含生命的温润也能够容纳生命尖锐的庇护所，以此来呈现生命形态中不同层次感的灰，展现个体人生最本质的生命底色，并通过教育的引导绘出生命的亮色。当然，这个庇护所应该是生态化的、纯净的。

正因为"生态语文"触及历史洪流和现实世界中社会个体的生命形态及其发展，所以从这个层面上讲，生态语文教育是"向内转"的，语文教育应该成为也必须成为生命教育、人的教育，生命应该成为"生态语文"最根本的价值取向。

"实现教育的回归就要使教育真正站到人的立场上来，以人之生成、完善为基本出发点，将人的发展作为衡量的根本尺度，用人自我生成的逻辑去理解和运作教育。"[8]"生态语文"是关乎人的建设和发展的语文，要以学生的建设和发展为主来应对当今"应试教育"逻辑的考验，作为能够守护心灵、精神乃至灵魂的语文教育应该也必须发声。社会的竞争，说到底是一个人学养和素质的竞争。"生态语文"正是以其鲜活的生命意味，试图在教育生态场中构建出一个多元丰富、师生共享的、具有质感和温度的精神空间。一方面，给知识以生命是考查"生态语文"生命维度的重要质素。教师授课不再是照本宣科讲教材，而是"用经验来激活知识，用思维来建构知识，用情感来丰富知识，用想象来拓展知识，用智慧来批判知识，用心灵来感悟知识"[9]，让知识不再是一潭死水，真正实现从生活中来到生活中去，并在对生命的思索中得到升华。另一方面，每个个体生命的发展与完善都离不开语文的关怀。在良性的语文教育生态场中，教师应该引导个体关注当下斑斓的社会生活，通过对他人生命的关注反观自己的生命变化。教师不再居于教育的主体地位，而是帮助受教育者能动地认识自身生命的复杂，从而拓展个体生命的格局。因此，生命维度应该是"生态语文"的至高境界，在语文对生命的关怀中，听到生命拔节的声响。

"生态语文就是一种生命成长"[10]，蔡明老师认为，生长性即"师生互相促进，教学相长"[11]，最终达成生态课堂的"双赢"。"生态语文"从未试图给语文下定义，而是描绘一种发展的教与学行为的生态化形态。笔者认为，蔡明老师的"生态语文"是面向时代发展的，关注的是在不断变化的时代中学生的生命成长，而这个成长的基础正是语文自身的成长，这也正是语文教改以来语文人对"生态语文"进行持续纵深探索的原因之一，同时，语文教育者不应因为自身"挑食"而影响对"生态语文"的探索与实践。因此，为了适应"生态语文"的发展节奏，"生长"也对语文教育工作者提出不断发展自我、完善自我的要求。

基于此，生长应该成为"生态语文"的理想维度，只有教师、学生、课堂（生态场）三者都得以完善，适应时代发展的潮流，才能构建动态、平衡、开放、有序的教育生态系统。"生态语文"依然在路上。

三、语文人：作为教育改革的"先行者"

语文，从来不是不食人间烟火的存在。眼下欲望充盈已经越来越成为现代人内心动态的主要表征，且呈现出向教育场扩张的趋势，基于此，每个语文人都应是工作在"生态语文"阵线上的实践者和探索者，将学生已然的生命形态和应然的生命形态作为关注的重点。既要认识到教育中存在的尴尬与荒谬，以及在功利主义影响下教育生态的荒凉现状；同时，也要汲取教育，尤其是语文教育在生活洪流中纯净、温暖的底色，通过对语文教育改革，来探索诸如"生态语文"之类发展性的语文形态。这是语文人的坚守，也理应作为语文界对语文发展的战略性思考，更是语文教育应当具备的力量。

有些学者对"教育改革"持这样一种看法，即它是"改变旧方针和制度或者革除陈旧的内容、方法的一种社会活动。目的是使之适应社会发展和人的发展的需要，以提高质量"。[12] 由此可见，教育改革是一种良好的愿景，教育的革旧布新有利于改善目前"非生态"的环境，培养既符合教育内部发展规律、又能满足社会主义现代化建设所需要的人才，使教育朝着良性的生态化方向发展。但是，钱理群先生曾发出质疑："'改革就是一切'真的是硬道理吗？"[13] 教育改革有它的不确定性，在探索的过程中势必会遇到诸多困难，但语文人应该也必须主动地参与到教育改革中来，不应"只教自己能教的内容"，而要积极探索"该教的内容"，努力成为教育改革的先行者。这样，"生态语文"才能有利于构建起良性有序的教育改革生态环境。

"生态语文"是一个随着历史的发展而不断发展的概念，对于不同的语文人而言，它往往有更为具体的内涵，并且对于"非生态"的语文教育现状具有警示意义。由此，我们可以明确的是，"生态语文"是当今时代必要的语文形态。在当今课改的浪潮中，蔡明及其团队作为语文教育改革的先行者，坚守语文教育对于丰富个人精神生活与提高其人生境界的意义价值，以及语文教育对于促进人类精神文明发展和社会变革进步的意义价值，以亲身实践和调研为抓手，将语文教育改革落到实处，践行素质教育的应有之义，推动了中国语文教育事业向生态化的方向发展，同时这一举措也与世界教育发展的生态化趋势相适应。当然，我们也应该认识到，只有一支团队的坚持远远不够，还应有更多的语文人加入到队伍中来，继续探索语文在当代教育中更为丰富的内涵，以达到语文教育的理想形态。

（原载于《读写月报》语文教育版，2016年第1期）

注释

1. 胡锦涛：《坚定不移沿着中国特色社会主义道路前进 为全面建成小康社会而奋斗—— 在中国共产党第十八次全国代表大会上的报告》，http://news.china.com.cn/politics/2012-11/20/content_27165856.htm.
2. 蔡明. 在生态语文的道路上 [J]. 教育研究与评论·中学教育教学，2011：7
3. [德] 雅斯贝尔斯. 什么是教育 [M]. 邹进，译. 北京：生活·读书·新知三联书店，1991：3
4. 吴鼎福，诸文蔚. 教育生态学 [M]. 南京：江苏教育出版社，2000：400
5. 王占伟，蔡明："生态语文"是一种信仰 [N]. 中国教师报，2013-10-09，（10）
6. 顾黄初. 生命·生活·生态 —— 我的语文教育观 [J]. 湖南教育，2006，（23）：5
7. 中共中央马克思、恩格斯、列宁、斯大林著作编译局. 马克思恩格斯选集（第1卷）[C]. 北京：人民出版社，1995：24
8. 鲁洁. 教育的原点：育人 [J]. 华东师范大学学报（教育科学版），2008，（4）：15
9. 蔡明. 生态课堂从关怀生命出发 [N]. 中国教育报，2009-01-02，（6）
10. 蔡明. 在生态语文的道路上 [J]. 教育研究与评论·中学教育教学，2011，（5）：5
11. 蔡明. 生态课堂从关怀生命出发 [N]. 中国教育报，2009-01-02，（6）
12. 顾明远. 教育大辞典 [Z]. 上海：上海教育出版社，1990：25
13. 钱理群. 中国大学的问题与改革 [M]. 北京：中国友谊出版公司，2004：241

生态语文境域中的生态阅读

陈海艳

　　2007年11月底至12月初，以"生态阅读与青春成长"为主题的"首届全国未成年人阅读文化论坛"在深圳举行。这次论坛的组织者规模颇为庞大，由中国作家协会创作研究部、中国教育学会中学语文教学专业委员会和深圳读书月组委会、深圳市教育局、深圳市文联联合主办，深圳市中学生文联承办。论坛开展了一系列活动，并发表了以"提升认识、创新模式、生态阅读"为宗旨的《首届全国未成年人阅读文化论坛宣言》。《宣言》指出，践行这一宗旨、实现这一目标首先需要教育界、学界自觉提升对未成年人阅读文化建设问题的认识；与此同时，在不断增进这一方面的认识和观念的基础上积极创新未成年人阅读文化活动的形式，让阅读引领青少年的成长，使阅读成为一种普遍的价值追求。而这之中最为重要的就是必须大力倡导"生态阅读"。与会专家认为，生态阅读是一种审美、人文、经典、符合青少年年龄特点、可持续发展的阅读状态；在这一阅读形态的建构与推进过程中需要着力开展纸质阅读、深度阅读、经典阅读，以正确引导和规范青少年乃至整个社会的时尚阅读、浅阅读、网络阅读，建立起生态阅读核心价值体系。[1]首先需要指出的是，在中国当代语文教育发展史上，这次论坛较早明确地提出了"生态阅读"这一理念，而且论坛还力图深层次地揭示其内涵特征。此外，我们注意到，"生态阅读"在这里的提出，具有鲜明的针对性；换句话说，它是因现实阅读中的问题而"生成"的，其旨在促使青少年脱离时下流行的残酷青春类作品的挤压和"淹没"，而让阅读充满阳光。所以，生态阅读在其最为深层的价值取向上是针对人的培育的，这里的"人"尽管在其直接意义上是指青少年，其实，它也完全可以指向全体的社会民众。也正由于此，我们可以明确确认生态阅读在我们这个时代所必然具有的普遍性价值。因而，在当下，我们对于它的适度的深层辨析与探讨也就成了一种必要。

一、生态阅读作为生态语文的构成部分

阅读是学习者语文素养提高的重要推动力量；自然地，生态阅读也就作为生态语文的一种基本构成要素而获得其存在的毋庸置疑的合法性。换言之，生态阅读是生态语文的内生因素，是生态语文的题中应有之义。倡导"生态语文"并将之视为一种信仰的江苏省张家港市教研室教研员蔡明先生认为，"生态语文"需要着力做好四件事：其一是回归语文教与学的本真，其二在于尊重语文教与学的发展历史，其三表现为正视语文教与学的现状，其四就是需要着力构建语文教与学的生态课堂。就他个人而言，近些年对于生态语文的研究与实践，主要关注三个方面的内容：一是生态阅读，二是生态写作，三是生态课堂。在他看来，其中的"生态阅读"指的首先是需要强化学生的母语意识，其次是必须引导学生坚实地行走在阅读的道路上。在这一认识前提下，蔡明说，围绕着"生态阅读"这一问题，他主要做四件事：第一，和学生一起读好教材；第二，和学生一起走进名著；第三，和学生一起阅读报刊；第四，和学生一起走近诗歌。[2] 我们可以感受到，蔡明先生的以上阐述是颇为明晰的，也具有很强的层次感；但是，这些论说到底能够说明什么呢？它是否真正地走向了对于"生态阅读"内核的根本揭示呢？笔者的初步判断是，这里对于"生态阅读"内质的理解是相对模糊的，它更多地纠缠于、局限于对"生态阅读"实施的方式与途径等问题的读解和操作，而对于"生态"的与时俱进的、时代性的精神品格、对于生态阅读乃至于生态语文应有的内在品性与质地，相对缺少实质性的把握与概括。以此而论，就目前而言，我们对于生态语文的探讨，对于生态阅读作为生态语文的基本构成部分这一问题的研究，自然也就存在着不小的发展空间，而这对于在未来的语文基础教育中真正地探索和实施生态语文教学实践其影响和价值无疑是深远的。

其实，我们完全可以注意到，在当前的语文基础教育中，对于"生态阅读"内质的或深或浅的不同理解，导致具体的生态阅读实践存在着重大的差异，这种差异的存在又加剧了教育者在生态阅读理念上的分野。这是一个基本

的事实。比如，江苏省张家港市凤凰小学的许建亭先生撰文，这样介绍其所在学校的生态阅读建设。他说，张家港市凤凰小学生态阅读构建的经验主要体现在两个方面：其一，创设浓郁的阅读环境与氛围；其二，搭建生态阅读平台，其具体做法是：1.加大投入，创一流设施；2.创优美环境，生态阅读；3.自主探究，创自由空间；4.开展活动，创阅读成果。之所以这样做，很显然最直接地来源于他们对"生态阅读"问题的理解和界定。在他们的认识中，"生态阅读"，就是强调阅读环境的原生态，即维持阅读意义的原汁原味；保证阅读主体的自由自主；力求阅读客体的异彩纷呈；提倡阅读方式的丰富多彩。这样，就能给孩子一个无拘无束的阅读环境，让孩子以无忧无虑的阅读心情，无欲无求的阅读心态，进入无我无他的阅读境界。[3] 稍加分析，我们不能不说的是，探索者们在这里对于"生态阅读"的理解显得过于简单化了，其更多的是在方式、途径、手段等维度来讨论一己理解之下的"生态阅读"乃至生态语文教育教学问题，而缺少一种合理确立生态阅读理念的自觉。相对而言，江苏省南京市琅琊路小学的陆华山先生对于儿童阅读、儿童生态阅读的理论探讨及其教学实践就更值得重视和肯定。陆华山及其同事这样定位儿童阅读：秉持"自由、自然、自觉"的阅读理念，顺应儿童天性，以快乐为路径，以生态阅读为旨归，催生师生亲近阅读、喜欢阅读、习惯阅读和享受阅读，在阅读中培养情感、培植品质。那么，什么是儿童的生态阅读呢？在他们看来，儿童的生态阅读，必须倡导儿童本位的核心价值，强调儿童在当下的阅读感受，心平气和，只为儿童，远离功利，滋养一生。让儿童在长者的引领下，读出健康的人格，读出高尚的情趣，用明亮的眼睛去发现世界的新奇，用纯洁的心灵去感知生活的美妙，用自由的精神去找寻生命的快乐。在这样的儿童生态阅读理念下，他们采取了一系列实践行为，诸如成立儿童阅读研究中心，开发儿童阅读的课程资源，注重以设立年度读书节、邀请作家进校园、确立每周的"悦读时光"等方式与途径在儿童阅读活动中进行诗意的召唤，激发儿童的灵性。[4] 在此，生态阅读的理念无疑是更为明确的，也存在着不小的合理性，教师们也确实在这样的理念之下于具体的儿童生态阅读实践中取得了不小的成绩。然而，我们同时需要明确指出的是，以应该达到的理想状态而论，这样对于生态阅读的理论认知及其教学实践同样存在着一定的问题，需要在进一步的研究中凝聚更大的共识，以寻求生态阅读实践的更为明确而合理的可能。

从以上生态阅读理念与实践的差异的直接展示中我们可以认识到，教育界、学界对于生态阅读的认识存在一定的误区，将会严重影响着生态阅读的合理践行和深度开展。因而，从观念上真正确立起对生态阅读的合理理解、当下理解就成了一种基本要求，它直接作用于甚至是制约着具体的生态阅读实践行为。在这个意义上，我们说，对于当前从事语文基础教育教学的研究者和实践者而言，加强学习也就成了一项较为紧迫的工作。这不仅表现为教师专业发展的需要，更是基础教育教学质量真正得以提高的重要保证。

二、生态阅读关乎生命的和谐成长与发展

究其根本，上文谈及的更多是作为一种阅读形式的生态阅读，或者说，研究者和实践者们更多地是从阅读教学的形式方面来讨论和确定生态阅读问题；当然，其中也有一些探讨与揭示生态阅读内质的因素以及为这种探讨和揭示所做出的实际努力。这无疑是值得称道的。然而，无可置疑的是，我们需要在此基础上进一步深入研究在生态语文范畴内作为一种语文阅读形式的生态阅读问题。在其最根本的意义上，生态阅读到底意味着什么？笔者认为，这至少需要从以下三个方面进行必要的探讨：其一，生态阅读的对象即文学作品的本质究竟是什么？其二，从"生态"的精神品格的确认出发，明确生态阅读的根本性质与价值取向。其三，在今天倡导和实践生态阅读，其精神内质与中国文化传统之间是否存在密切的内在关联？无疑，这涉及在当前建设阅读文化的过程中其赖于确立的文化之根问题的考量。

在语文教育中，在生态语文教学实践中，生态阅读的对象自然主要体现为文学作品。文学到底应该怎样理解呢？对这一问题的解答直接关系到生态阅读实践的根本抓手问题。换言之，我们明确了文学的根本性质，也就能够揭示出以文学作品作为根本对象的生态阅读到底应该去"阅读"什么、阐释什么。在中外文学发展史上，对于文学的界定是一个众说纷纭的话题，站在不同的哲学基点和文学价值立场之上，自然也就会对文学做出颇具差异性的解读。然而，无论存在怎样的认知差异，从人的角度出发、从马克思的人学理论出发来确定文学的根本性质，是我们解答这一问题的具有充

分合理性的方式与路径。由是，我们说，文学是人学，是社会现实中从事实际生活活动的人的"精神分析学"，是唯物史观视野下由人参与其中并构筑而成的流动着的社会存在的基本反映和体现，是人实现其自由自觉特性和确证其本质力量的基本方式；依凭它，人类可以艺术地掌握世界，它也实践和呈现着人性的多样性和丰富性。在漫长的人类文明发展进程中，文学已然渗透到我们的日常生活和精神生活之中，它构造着我们的社会生活、政治生活乃至于经济生活世界，也塑造着我们的身体、思想和灵魂。[5]这样，我们也就可以更丰富、更深刻地理解河南作家邵丽在其于 2011 年第12 期《人民文学》上发表的中篇小说《刘万福案件》中提出的一个重要的文学命题：文学是一种生命评价的形式。显然，这在一个根本的方面揭示出了文学的本质。通过文学进行生命评价，阅读者也就能够更为明确地认识到生命的本质、理解生命的意义、创造生命的价值；其实，这正表现为人的生命形态及其特征的本质要求。既然如此来界定和理解文学，那么，我们也就自然而然地可以确认，生态阅读实践的根本着力点理应是关注人的生命、关注人的生命的成长与发展。

确立了生态阅读实践的理想的关注点，我们还需要进一步明确"生态"的精神品格，并由此更深层次地抽象出生态阅读的根本性质和价值取向。我们知道，在西方，生态问题的提出、生态哲学的形成，具有一种后现代语境。基于现代社会日益恶化的生态危机，生态思想者严厉攻击"人类中心主义"。众所周知，"人类中心主义"是近代以来西方社会的主流文化价值观。它以人与自然的二元对立为前提，主张人是自然的主宰、世界的中心，在人与自然的关系中，人处于绝对的中心地位，拥有至高无上的权力。这样，自然也就成了人类统治、驾驭和改造的对象，自然界作为人类的"他者"没有任何"内在"的价值。出于对这种现代观念的明确反驳，生态哲学、生态思想确立起生态整体观、系统观、动态平衡观等价值理想和研究方法，从而使得自然的地位、特性及其价值得到了必要的张扬和突显，使之争得与人相对对等的地位。这样，我们应该也就可以明白，"生态"或者说"生态"观念的根本精神品格在于对平等、协调、和谐、可持续发展价值的追求和确认。也正是在这样的意义上，我们说，以文学作品作为主要对象的生态阅读，其根本性质和价值取向必然地表现为对人的生命的和谐成长与发展的诉求。换句话说，生态阅读在其根本质地上关乎的是人的生命的和谐成长与发展。

其实，我们在这里明确确认的生态阅读，在其根本性质和价值取向上的和谐旨趣与中国文化传统之间存在着精神气质上的颇为分明的协调性甚至是一致性——当然，这种一致性是相对的，鉴于历史发展的催生和推动，二者之间不可避免地存在着一些重大差异，此不详论。学者吴经熊这样持论："中国哲学有三大主流，就是儒家、道家和释家，而释家尤以禅宗为最重要。这三大主流，全部洋溢着悦乐的精神。虽然其所乐各有不同，可是他们一贯的精神，却不外'悦乐'两字。一般说来，儒家的悦乐导源于好学、行仁和人群的和谐；道家的悦乐，在于逍遥自在、无拘无碍、心灵与大自然的和谐，乃至于由忘我而找到真我；禅宗的悦乐则寄托在明心见性，求得本来面目而达到入世、出世的和谐。由此可见，和谐实在是儒家、道家和禅宗三家悦乐精神的核心。和谐原是音乐的用语，有和谐就有悦乐，《礼记·乐记》说：'乐者，乐也'。也就是这个意思。"[6] 和谐是中国传统哲学、中国传统文化的核心价值，也是今天的社会主义先进文化建设的基本诉求。明确了这一点，也就为我们在当下积极倡导和实践生态阅读确定了根本性的文化支撑。因其精神内核与当代文化建构的方向具有深度的契合性，生态语文境域中的生态阅读的发展前景无疑是广阔的、光明的。

三、结语

生态阅读作为一种语文阅读形态，作为生态语文的一个重要构成部分，其关乎的是生命的和谐成长与发展。在最为根本的意义上，它是一种生命教育。由这样的一种以生命教育为核心指向的语文阅读才是真正的生态阅读，从而，它也就以自身的根本质地成为生态语文的必要形态，为生态语文确立其内在的质地与品性。在当下的教育语境中，生态阅读实践者需要以此为认知基础，力图形成更大范围内的共识，以共同推进具体生态阅读实践的合理开展、深度开展。

（原载于《读写月报》语文教育版，2016 年第 3 期）

注释

1. 徐启建. 青少年阅读要高举"生态阅读"大旗 [N]. 中国教育报, 2007, （5）:12-13
2. 蔡明. 在生态语文的道路上 [J]. 教育研究与评论·中学教育教学, 2011, (5):8-9
3. 许建亭. 营造书香校园　构建生态阅读 [J]. 中小学图书情报世界, 2009, （3）: 40-41
4. 陆华山. 生态阅读: 儿童阅读的快乐路径——儿童阅读的认识与实践 [J]. 语文教学通讯（C刊）, 2009, （3）: 50-52
5. 詹艾斌, 等. 生命与教育的方向 [M]. 南昌: 江西高校出版社, 2014: 10
6. 吴经熊. 中国哲学之悦乐精神 [M]. 台北: 台湾华欣文化事业中心, 1979: 1

生态语文课堂的建构

——以《酬乐天初逢扬州席上见赠》的教学为例

罗希凡

一、"生态语文课堂"的内涵

在当今的中学课堂上，标新立异的教学方式层出不穷。先进多样的教学方法对语文老师来说本应是好事，但这些让人眼花缭乱的教学方式是否真正适合语文教学？又是否能完全代替传统的教学方式？殊不知，表演越热闹，离课堂教学的实际情况就越远，因为那毕竟只是"表演"。在这样的情形下，一种新型课堂——"生态语文课堂"应运而生。生态语文课堂是指学生"在场的""真实性参与的""没有虚饰的"自然真实的语文课堂，生态语文课堂应该反映出语文最初的意义，返回到生活当中去，让课堂是纯洁的、干净的，同时课堂也应充满着灵性与美感[1]。

诗歌以歌谣的形式起源于上古社会，当时社会生产力低下，交通不便，人们遂将诗谱成歌曲在民间口耳相传，形成了丰富多彩的诗歌文化。随着时代发展，我们不必去追寻古人的生活步调，太过于讲求诗歌的平仄规律、音韵和谐，但我们可以根据对时代背景的分析理解来"唱诗"。唱诗要进入到诗词创作的环境、意境和处境中，而不是追求高音量的喊唱。[2]基于"唱诗"的诗词解读方法，我们可以将其与现代古诗词学习的"诵读法"相联系。其实诵读早已不是新概念，《语文新课标》要求第一学段的学生能诵读浅近的古诗，展开想象，获得初步的情感体验，感受语言的优美；第二学段的学生注意在诵读过程中体验情感，展开想象，领悟诗文大意；第三学段的学生在诵读古诗词时，注意通过语调、韵律、节奏等体味作品的内容与情感。[3]因此，要防止古诗词学习停留在苍白、浅显的层面上，诵读练习是很有必要的。

《说文解字》中说："诵，讽也。讽，诵也。"[4] 其中的"诵"与"讽"有互通之义。后来者有人注解为：诵，乃记诵，可通过有声读，也可通过默读。讽，虽也是背诵，但强调有语调分轻重缓急和抑扬顿挫之法[5]。在生态语文的视野里，何为诵读？"诵"强调的是读，注重感情与声音的结合。"诵"只是饱含感情朗读的一个过程。我们可以对"诵读"下一个定义：所谓"诵读"，就是声与情高度融合，以声音为表达形式，以情感流露为主要目的的学习过程。"诵读法"是中国延续了千百年的传统语文教学方法，在古代，老师教学都是先读再背最后再讲，甚至不讲。古人认为，好的文章只要多读几遍，就会自然上口，逐渐理解，而且不易遗忘，所谓"书读百遍，其意自现"[6]。所以，古时候的"读"也不只是为了读而读，而是要从读中品味诗歌的艺术魅力。

二、生态语文课堂的构建

布迪厄提出的"场域"概念可以运用到生态语文教学领域之中。所谓场域，就是生态因子在生态环境中的各种关系形成的网络或结构。在这个场域中，各个生态因子都有属于自己的"生态位"[7]。生态语文课堂应是充满生命力的课堂，而不是一潭死水，其中教师、学生、文本、环境和教具等都在课堂中有自己独特的位置，也都在课堂的生态环境中发挥着不可小觑的作用，所以，有效建构生态语文课堂将为语文教育的发展开辟一条崭新的道路。[8]

（一）生态课堂的教学导入

现在很多中学老师在课堂上表现出"生态失位"[9]，具体表现为过多地占用学生的记忆。例如，在刘禹锡《醉赠刘二十八使君》这首诗的教学导入时，有些老师会花十几分钟的时间，让学生回忆曾学习过的刘禹锡的诗词，来探讨刘禹锡是一个什么样的人。教师对以前学习过的诗词的回顾是想激发学生对该首词的学习兴趣，但事实表明，用这样烦琐的介绍来导入新课，效率并不高。因为，教师在复习旧知识的时候已经占去了一部分时间，再加上要对新诗的时代背景和作者简介做一番必要的解说，这一系列的教学行为会直接导致教师针对新诗内容的讲解不够充分，这样一来，就很难达到教学目标。

教学导入的方法主要有情景导入法、设疑导入法、新旧知识联系导入法等。该首诗的教学导入法显然属于新旧知识联系导入法。既然生态语文课堂要营造最自然、最真实的课堂，那么在教学过程中就应该让学生、教师、文本以及教学环境组成有机的生态系统，在此特定环境下的非生物因子（如文本、多媒体教具等）与其间的生物（如教师、学生）之间产生交互作用，通过不断的知识交换，形成一个整体。在此生态系统中的各个角色都能够随着课堂的推进相互调节、相互作用，从而保证在课堂气氛充分活跃的基础上达到教学目标。

下面以一个教学实录来展示生态语文课堂的教学导入过程。

生齐：……玄都观里桃千树，尽是刘郎去后栽。《浪淘沙》："莫道谗言如浪深，莫言迁客似沙沉。千淘万漉虽辛苦，吹尽狂沙始到金。"

师：好，咱们上课！同学们好！

生：老师好！

师：请坐。

师：咱们背了这么多首刘禹锡的诗，相信大家对他已经不陌生了。哪位同学能说说你印象中的刘禹锡呢？

生1：他是个豪迈的人。虽然遇到很多倒霉的事，但遇到困难时依然能坚持下来，说明他很豁达，也很淡定。

师：豁达、淡定，嗯，还有同学要说吗？

生2：理想主义者。

师：理想主义者，还有吗？

生3：我认为他是一个倒霉的人。他参加革命失败，之后接二连三地被贬谪长达23年，所以我觉得这个人很倒霉。

师：倒霉的人。还有吗？

生4：他是个非常执着的人，即使多次身处险境也依然不屈不挠，坚持自己的理想。

师：好，那今天我们就再来学习一首刘禹锡的七言律诗，希望同学们能够通过品味语言，描绘画面，揣摩诗人的情感，进一步走近刘禹锡，解读他的精神世界，看一看和我们刚才印象当中的刘禹锡是否一致。同时老师把题目写在黑板上，希望同学们学了这首诗之后，能够和前面学过的几首诗一样，对它进行背诵。这首诗的题目比较长，哪位同学能说一说你读的时候是怎么断句的？

生5：我觉得先是酬，后是乐天，然后是扬州初逢，席上见赠。

师：好，那你给大家读一遍。

生6：酬，乐天，扬州初逢，席上，见赠。

师：好，请坐。那咱们再看看你从题目上能得到哪些信息？谁来试一下？

生7：乐天就是白居易，酬就是以诗相答，应该就是说刘禹锡在扬州和白居易初次见面之后，写诗给白居易。

师：写诗给白居易。好，请坐，还有不同意见吗？

生8：我从那个"酬乐天"可以看出来，应该是白居易先给刘禹锡写了一首诗，然后这首诗是刘禹锡给白居易的答诗。

师：白居易先写给刘禹锡一首诗？这是从哪里看出来的？

生9："酬乐天"，"酬"是以诗回赠，"乐天"是白居易，整句就是以诗回赠白居易，应该是刘禹锡写的答诗。

师：好，请坐。那么如刚才所说，这个"酬"字能看出来是用诗来应答白居易。既然"酬"是以诗作答"乐天"所作之诗的意思，那么我们是不是应该在"酬"字后面停顿稍长一点，这样可以使整个题目成为一个整体。大家自己读一读、试一试。

从这个教学导入实录可以看出，通过让学生谈"我所知道的刘禹锡"引出所学内容。这个环节的设置既可以让学生回顾以前学过的知识，又可以让学生从被动接受教师讲解转变为主动对作品进行挖掘。若是过多地讲解背景资料，如刘禹锡的生平、时代环境、生活状况等，并不能让学生对其产生共鸣与好感，反而可能使学生对老师渲染的课堂氛围产生排斥心理。而不涉及太多的背景资料，选择使用其他课外诗词导入的目的在于激发学生深入探究刘禹锡的兴趣，自然走入课堂的学习，同时也为之后的教学做铺垫。首尾课堂内容相互照应更能体现出生态语文课堂的结构。课堂结尾部分的实录如下：

……

师：我们读了这么多刘禹锡的诗歌，你会发现他的乐观情绪是其诗歌的主旋律。比如我们在开始上课的时候读的那句诗"晴空一鹤排云上，便引诗情到碧霄"，体现出他那种昂扬向上的精神。还有《再游玄都观》的最后一联写的是什么？

生齐答："种桃道士归何处，前度刘郎今又来。"

师：这个"前度刘郎今又来"，反映的是他在 22 年后回来，还是秉持那种乐观、向上、不屈的精神。在《酬乐天咏老见示》当中也有，是吧？

师生："莫道桑榆晚，为霞尚满天。"

（二）以"诵读法"来理解诗词的内涵

诵读是学习的一种方法和手段，其目的是帮助学生更好地理解、感悟诗词的意蕴。在上述教学活动中，诵读共出现 16 次，且形式较为多样化，教师能够根据不同情境的需要，灵活选择集体诵读、个人诵读、教师范读、师生共读等多种诵读形式。具体体现在下面节选的这段教学实录中。

师：实际上，白居易在赠诗当中为刘禹锡的遭遇感到不平，那么面对友人为自己鸣不平，刘禹锡是怎么回答的呢？现在大家带着这个问题，朗读一下这首诗，放开声音自由读。学生自读。

师：大家自由地读了一遍，对诗中刘禹锡是如何回应的应该有一定的认识了。那么有没有同学能够大声、流畅地为大家读一遍？

生 13 朗读。

师：好，请坐。有一个字不知大家听清楚没有啊？"今日听君歌一曲"后面那个字怎么读？应该是暂时 zàn，不是 zhàn。谁再来试试？生 14 朗读。

师：请坐。我们一起再来读一遍，边读边思考在诗歌当中诗人是如何回应好友的，酬乐天，一、二。学生齐读。

师：好，现在大家先默读，然后结合注释组织语言，来说一说诗人在诗中对好友说了什么。学生默读。

以上实录中，共出现 5 次诵读，分别是自由诵读、学生两次示范、学生齐读、学生默读，每次诵读都有其独特的作用。第一次诵读是为了让学生对诗歌有一个整体印象，第二次和第三次是为了检查学生字词的掌握情况，第四次齐读是在纠正字音的基础上再次整体感知诗歌内容，第五次默读是为了让学生结合注释带着问题详细把握诗歌内容。

教师通过诵读启发学生体验生命，将凝缩简练的字句通过想象和联想幻化为一个个生动的画面。学生通过这种联想和想象，不但能够补充诗歌语言中的留白，而且为自己创造了感情表达与宣泄的空间。这种基于诵读对古诗词形成的理解，往往是一种模糊的内在经验，是一种感悟，也是一种领会，要使这种意会的东西得到清晰和深化，需要一个相对集中的理性探讨过程，即一个从意会到言传的过程。

三、基于"诵读法"的生态语文教学的价值

（一）放手与信任

徐立红老师在研究课结束后做总结汇报时说过这样一句话："记得在和课题组的老师第一次集体备课的时候，在谈到我这节课《酬乐天扬州席上初逢见赠》的教学目标'品味诗句，描绘画面，体会诗人的情感'时，我一直在担心目标是否太高了，担心学生能否达到，即使在我试讲之后我仍有顾虑，可事实证明这个目标是恰当的，它是我们的课程目标所要求的，也是我们学生能达到的。"教学效果来自于教师对学生的信任，如果在一开始时就担心学生能不能在理解的基础上描绘诗歌情境的画面，以及担心他们是否能够进一步体味诗中所蕴含的思想感情，可能就会剥夺让学生提高的机会。徐立红老师课堂教学的成功很重要的一点就在于，她放手让学生大胆尝试，因为不尝试就不可能获得真正的学习体验。学生的表现让老师很吃惊，从教学导入到内容精讲到教学结尾，学生的热情由于课堂气氛的带动慢慢被激发出来，学生的课堂参与度极高。这种基于"朗诵"的古诗词教学方法使学生对课堂、对老师、对文本有了不一样的感觉。

（二）反馈与反思

课后老师通过学生的反馈发现，基于"诵读法"的古诗词教学，学生对诗题形成了更为准确的理解。学完这首诗后，学生对"酬""见赠"等词语都能进行准确的分析，学生对诗中所用典故的把握也更为深刻。对诗中典故的理解是教学中的一个难点，通过本次课程的学习，学生对"怀旧空吟闻笛赋，到乡翻似烂柯人"一联中的两个典故都有了深层次的认识，

并且能够将典故的内涵与诗人的情感有机结合起来。最为重要的是，学生在本次课程教学中体会到了诵读的乐趣。从学生的表现来看，他们普遍很喜欢这种学习方式，因为这种方式有助于其更直观地体会诗中的情感内容。

不仅要分析学生在上课过程中的得与失，教师也要充分审视自己在课堂上的优点与不足。教师不能只靠教学经验走一辈子，而应该要不断开拓视野，在教学中自我沉淀、反思，使课堂具有与众不同的新意，并在认识上突破自我。教师在课堂上不只是个简单的指挥者、引导者，而是要作为课堂生态系统的一个重要部分，协调好整个系统的平衡，发挥其作用。余秋雨说过这样一句话："看莫高窟，不是看死了一千年的标本，而是看活了一千年的生命。"[10] 语文教师的职责就是要引导学生从恰当的角度来审视文本，并用恰当的方式从文本中找到其内在蕴涵。

古诗词教学需要师生的共同参与，让学生与古诗词同行，与圣贤为伍，在源远流长的古诗词文化中了解历史，与历史对话，与诗人对话。正所谓"教无定法"，从上述基于"诵读法"的古诗词生态语文课堂中可以看出，简单古朴的教学方法亦能取得良好的教学效果。其原因就在于教师能够根据生态语文课堂的理念，注重营造自然、和谐的教学氛围。古诗词，是中华文化的瑰宝，是文学艺术的圣殿。如果撇开诗歌鉴赏应试教育的一面，我们会发现，品味、鉴赏古典诗词，是一场文化的盛宴、一束诗意的照耀、一次灵魂的升华。[11]

（原载于《读写月报》语文教育版，2016年第1期）

注释

1. 邱德乐. 从"祛魅"到"返魅"：生态语文课堂回归论 [J]. 全球教育展望，2010，（9）：93
2. 徐牧. "唱诗"的三要 [J]. 天风，2012，（8）：15
3. 中华人民共和国教育部. 全日制九年义务教育语文课程标准 [S]. 北京：北京师范大学出版社，2011：7-11
4. 许慎. 说文解字释 [M]. 长沙：岳麓书社，1997，（7）：219
5. 段玉裁. 说文解字注 [M]. 郑州：中州古籍出版社，2006：91
6. 陶次杰. 浅谈诵读法在中职语文教学中的应用 [J]. 职业教育研究，2014，（5）：113
7. 潘秀. 高中生态式语文课堂教学建构策略研究 [J]. 赣南师范学院硕士学位论文，指导教师：李黛岚，2011：38
8. 李征宙，顿德华. 语文生态课堂的构建 [J]. 内蒙古师范大学学报（教育科学版），2013，（8）：120
9. 潘秀. 高中生态式语文课堂教学建构策略研究 [J]. 赣南师范学院硕士学位论文，2011：9
10. 余秋雨. 文化苦旅. 上海：东方出版中心，1992：11
11. 蔡明. 蔡明讲语文 [M]. 语文出版社，2007：60-62

生态语文的核心价值取向与多维度视野

杨舒晴

一、教育的生态价值与生态语文的核心价值取向

我们的教育，从某种意义上说，其实是一种以价值选择在先的、具有价值导向性的人为事业。因而，教育的价值取向问题就成了教育的核心问题之一，其体现的是教育的目的，规范的是教育的内容、教育的方法，可引导学生产生内驱力而朝着一定的方向发展。作为教育价值的一个重要组成部分，"教育的生态价值"一词在时下的学界存在两个层面上的理解：一是认为教育的生态价值指的是通过教育，可以促使人们认识和了解自然及人与自然间的密切关联，在对自然是人类生存与发展之母体、人类的发展离不开自然环境的优化等问题有较多的认识后，自觉的环保意识也就能被树立起来了；二是认为教育在自然环境的保护、促进发展等层面上的作用只是教育的生态价值的具象表现，其更为丰富和深刻的内涵在于教育能促进的是"人"的自由、全面、健康、和谐的发展。可以看到，在前一种观点中，教育的生态价值取向是相对于受到人类中心主义价值观影响的教育价值取向而言的，其与主客二分哲学观、人类中心主义价值观、科技理性等近代思想的兴起及传播密切相关。可以说，在"生态"已然成为人类文化主题的今天，也就有了一种急切的呼声，希望人们走出主客体思维模式的束缚，以一种系统性的方式来理解人与自然的关系、来认识世界；而在后一种观点中，在前一观点的基础上，"人"本身还被当作是一个完整的生态系统来看待，那么，"人"自身的发展也就具有了重大的生态价值。换句话说，这一价值追求的应然状态就是人与自然的和谐、人与自身的和谐，

以此，教育的目的就导向使人在尊重自然法则的基础上寻觅到自身的生存方式，在不侵害自然根本利益的同时充分发挥"人"的主体性，进而实现的是人与自然、人与社会、人与人、人自身的和谐统一。

这样一种生态视角的介入，对我们把握"人"的本性也提供了一种新的视角。应该清晰地认识到，人来自于自然，人是整个生态链中的一环，并且人还是这个生态链中唯一有理性、有智性，进而还可以有德性的高级动物，那么，人自身的内在生态就应该被放入外在的生态中加以考量，后者又可以反过来促使前者的良性发展，"人文主义历来主张对人的前途命运的终极关怀，但却没有包含自然维度。当代生态理论将自然维度包含在终结关怀之中，使之具有更深刻丰富的内涵。特别是当代提出的可持续发展理论，就是从人类的长远发展出发，是终极关怀理论的丰富和发展"。[1]当"人"的自身发展被赋予了重大的生态价值这一观点出现在我们面前时，也应该让我们意识到，这里说的"生态价值"实际上已经覆盖着"生命价值"的意蕴，那么，教育的生态价值实际上也就昭示了"教育关乎人的生命"这样一个重要命题。

再来对生态语文的价值取向进行考查，其显然是与上述的教育的生态价值存在某种一致性，我们还可以更明确地说，生态语文的价值追求之一，即是语文与生命的密切关联。可以注意到，新课程教学理念就认为，学生不是接受知识的容器，而是鲜活的生命个体。更可以指出，在教育活动中，教师和学生都是鲜活的生命个体，良好的教育需要教师和学生的生命能在彼此交融中实现相互的转化和创生。而正如有论者所指出的，"生态语文"的倡导者之一的蔡明先生对此概念的合理性认识还存在着一定的距离，他"对于'生态'的与时俱进的、时代性的精神品格、对于生态阅读乃至于生态语文应有的内在品性与质地相对缺少实质性的把握与概括"[2]，以此，在探讨生态语文境遇中的生态阅读的文章中，在"文学作为生命评价的形式"这样一种文学本质的界定中，还向我们进一步指出："通过文学进行生命评价，阅读者也就能够更为明确地认识到生命的本质、理解生命的意义、创造生命的价值；其实，这正表现为人的生命形态及其特征的本质要求。既然如此来界定和理解文学，那么，我们也就自然而然地可以确认，生态阅读实践其根本的着力点理应是关注人的生命、关注人的生命的成长与发展。"[3]可以看到，这与我们上面所说的，在关于"教育的生态价值"的第二种理解中已经内蕴"人的生命价值"这一命题有着内在的共通性，并且其还鲜明地指出，生态阅读的对象主要体现为文学作品，那么我们对生态阅读乃至生态语文的理解和考查，就更应该与对文学的理解紧相关联。在这里，我们不妨引入这样一个思考路径来辅助认识：在人类的教育课程体系中，最具备生态价值观的精神认知与实践能力之教育特质的课程应该是自然课、伦理课及语文课。其中，语文课程蕴含了丰富的生态文学知识及生态文学精神。并且，当我们认为，"人"的自身发展也应纳入生态价值的应有乃至重要维度中，语文课作为一种与人性教育、与生活艺术乃至生命艺术密切相关的课程，其地位也就得到了进一步的凸显。"我们的语文教育有再多的理由都不能淹没其中的一个最根本的理由：它必须是给人性以尊严的教育，它也必须是给文学以尊严的教育"。[4]

那么就可以说，"人的生命发展"作为生态语文应有的价值取向之一也就十分明显了，并且其还应该成为生态语文的核心价值取向。这里的"发展"具有一定的方向性，意味着通过教育活动，促使"人"朝着健康、健全、和谐的方向发展。在教育作为与社会化生产一致、与市场经济发展一致的社会价值、经济价值得到了更多的凸显，而生态的严重失调、资源的日益枯竭、人类精神的日益孱弱等问题又日益明朗的当下现实里，这一价值取向也进一步得到了另一个维度的意义开启：对生态、生命发展的强调与重视，有利于多样性价值相互融合、相互渗透，并且这些多样的价值还会由于生态价值、生命价值的融合贯穿而实现新的整合。

二、生态语文的多维度视野：生命教育、生活教育、和谐教育

生态语文之所以能与传统的语文相区分，主要体现于"生态"二字中，这意味着生态学、生态教育学中涉及生态理论、文化、美学、哲学、价值等多维的丰富理念将为语文教育带来全新的视野。传统的语文教育中，教学内容较为呆板枯燥，资源相对贫乏，与现实生活也存在一定的距离，这正是导致语文教育长期处于"死水"状态的重要原因之一。而生态语文要求拓宽语文教育资源，与现实生活相联系，这其中就蕴含着"大语文教育观"的宏观视野。语文教育的内容不应只停留于对语文单科知识的教授，而应是与其他学科乃至广阔的社会生活相联系，并能在实践中融会贯通，突出语文教育系统的综合性。历来，任何人尝试着对"语文"进行唯一的明确

而有力的普遍性定义似乎都是一种妄想，而"生态"一词的内蕴又颇为丰富，因此，学界对"生态语文"的相关共识也尚在探索之中。然而，这并不意味着充满分歧而毫无有价值的见地，从某个意义上已经可以说，生态语文以其多维视野与生命教育、生活教育，甚至是和谐教育产生了密切的联系。

哲学家卡西尔曾向我们揭示："人之为人的特性就在于他本性的丰富性、微妙性、多样性和多面性。"[5] 每个生命个体都是丰富而独立的，有着可能成为某种生命形态的先天及后天的特质，而教育是一种关乎生命形态塑造的后天活动，生态语文教育正是以个体生命的真实存在为出发点，在尊重生命独立性与多样性的基础上促进个体的全面发展而展开的一种活动。语文是一门偏重于人文性和情感性的学科，时常需要借助文学文本进行审美教育和情感教育。作为一个高等教育、文学教育的接受者，笔者切身地感受到，"生命体验"在对文学作品的理解乃至语文教育的有效展开中的重要作用。在人本与文本的交流碰撞中，我们可以在对象世界中体验、生长、修剪自我的生命，以此，两者间可以产生一种同构性，并且这是一个动态的、无边界的过程，更是一种生命交流的过程，同样具有生命美感、审美品质的批评文本也许就能产生。由此，生态语文也应当关注教育活动中的个体生命体验，并以此为基础展开和实施具体的语文教育教学活动，让学生在全身心的体验中去亲近自然、亲近社会、亲近文化，同时融入自身已有的情感体验，进一步体会人与自然、人与社会、人与文化间的关系，进而不断丰盈、壮大自我的情感意志与生命意义。可见，生命教育维度应是也必须是蕴含在生态语文中的。海德格尔曾呼唤"充满劳绩，然而人，诗意地栖居在这片大地之上"。从某种意义上说，这其实是一个审美的乌托邦；然而这也向我们昭示，人不只是物质上的人，更是精神上的人，人应追求某种澄明之境。这也恰好提醒我们，生态语文在当下社会中所追求的应是一种可持续的、丰富而优美的、关乎人的内在生命的发展状态。

生态语文在"大语文教育观"的指导下，跳出语文来看语文，将视野投至与语文相关的整个生态系统及其生存的外部环境中。教育与生活密切相关，生态语文教育不仅仅注意到"生活"这样一个大环境，更强调对教育本身——生活的回归。从这一层面而言，生态语文教育便是一种生活教育。关于生活教育的相关认知，我们可以追溯至中国现代教育的开创者之一的陶行知先生，他曾总结道："从定义上说，生活教育是给生活以教育，用生活来教育，为生活向前向上的需要而教育。从生活与教育的关系上来说，是生活决定教育。从效力上说，教育要通过生活才能发出力量而成为真正的教育。"[6] 陶行知先生的生活教育理论是在继承其导师杜威的教育思想的基础上形成的，他更强调对 20 世纪中国教育实际状况的适应性，从而做出本土化的改造。这对纠正我们当下语文教育中的"偏轨"现象仍有不可或缺的指导作用。面对偏重于工具性、知识性、模式化、实证化的语文教育现象，在社会生态文明建设的推进中，应该期待教育能够回归到生活的原点，"不仅赋予受教育者以知识和理性，更教会学生在适应当下生活的前提下，鉴别、选择和创造自己的生活作为生存模式"。[7] 生活教育维度的重要意义在于其扩大了语文教育的外延，在生活中遇见语文的智慧，在生活中展开语文教育活动，而不仅局限于课堂，这正是语文生态系统中隐性课程开发的一种途径。在对生活的回归中，帮助学生完成"从书本的到人生的，从狭隘的到广阔的，从字面的到手脑相长的，从耳目的到身心全顾"[8] 的蜕变。如此，语文教育才能真正实现与生活的勾连，培养懂得生活、创造生活和享受生活的人。

如果说生命教育丈量的是生态语文的横向长度与纵向厚度，生活教育开拓的是生态语文的外围世界，那么，和谐教育打通的便是生态语文内外系统各因子间的壁垒。从生态学的角度来看，和谐是指"各个因子和单元群之间相互联系、相互作用和影响，形成一种复杂的网状连接，在性能上服从于整体性。系统中各组成部分的参数及其变量，彼此间具有相互调节和制约作用，从而产生整体效应"[9]。语文是一个"由自然系统（外生态系统）——社会系统（人类生态系统）——课程系统（内生态系统）组成"[10]的复合生态系统，那么，生态语文的要求之一就是语文教育要协调好内系统各因子间的关系、内外系统间的关系，真正实现语文教育生态系统的平衡，达到和谐的境界。简言之，"和谐"理念应该体现在生态语文中，或者我们还能称之为"语文和谐教育"。当下语文教育现状中，教学理念、教学目标、教学方法、教学重点上的"不和谐"现象却是历历在目的，与理想的完满状态相差甚远。那么，语文教育应如何调整，才能抵达有效促进生命和谐发展的彼岸呢？在这个问题上，我们还是要回到语文教育本身来思考。在对语文教育各系统的考查中，可以明白，贯穿了"和谐"理念的生态语文教育不仅意味着需要重视语文教育中课程系统内部各因子间的和谐，还应追求课程系统与外生态系统乃至人类生态系统间的和谐，更要促成学生身、心发展中各方面的和谐状况。与此相对应的，还可以更明确地指出，首先，语文课程系统中"教师""学生""教学内容""教学方法"这四个基本因子及其两两组合所形成的六组基本关系要达到和谐状态；其次，语文教育的效益成果同样受其生存的外在自然及社会环境的影响，学校、家庭、社会等场域所营造的文化环境也会形成互相关联的生态链；上述两个方面的努力都能致力于学生身心的和谐发展，并且这不仅仅是简单的"德""智""体""美""劳"五大素质，更重要的还是将"和""和谐"这样一些理念转化为学生生命的应然状态。

语文教育作为母语教育，其根本任务就在于能教予学生切实的语言文字运用能力，在这个过程中，它也承担着培育学生人文精神的重要使命。生态语文的多维视野正集中强调了这一点，它"凸现回归生活、立足生存、关注生命、和谐发展的特点，尊重每一个生命个体，关注生命的需要与和谐发展"[11]，以此还完成了对语文教育本质的回归。

三、结语

土耳其作家帕慕克曾说："我们所有的人，尤其是现代人，应该对我们对于环境的无知感到恐惧。"这句话昭示着我们，在热爱环境、保护环境的前提条件中，有一项即是要真切地认识自然。

的确，在学会认识自然、尊重自然后，我们才能认识并尊重作为自然界的一分子的"人"，而在守护自然中感受到温暖和美丽后，这之中的人的生命才能蓬勃而高贵。可以说，生态语文的兴起与兴盛，是基于当下我们对"残破"的自然生存环境所做出的警醒与挽留；同时，它还是我们对处于机械性循环的语文教育自身的一种反思与调整，更是对"物质"和"精神"的拨正与平衡。张孝纯先生所提出的"联系社会生活，着眼整体教育，坚持完整结构，重视训练效率"的"大语文教育观"指引我们以更宽广的视野去看待生态语文教育所应被认知到的多维视野，语文教育的蓝图规划由此也来得更为清晰。基于此，众多语文教育学者与一线教师都提出了多样的具体而可行的实践措施，生态阅读、生态写作、生态课堂等都是生态语文教育中新生而有力的汩汩泉流，开始浸润着干涸已久的语文教育土壤。当然，生态的复原是一个漫长而曲折的过程，生态语文的具体内涵也将随着社会历史走向的调整而不断发展。

注释

1. 曾繁仁. 试论人的生态本性与生态存在论审美观 [J]. 人文杂志，2005，（3）：83
2. 陈海艳. 生态语文境遇中的生态阅读 [J]. 读写月报（语文教育版），2016，（3）：39
3. 陈海艳. 生态语文境遇中的生态阅读 [J]. 读写月报（语文教育版），2016，（3）：40
4. 潘知常. 我爱故我在 [M]. 南昌：江西人民出版社，2009：73
5. [德] 恩格斯·卡西尔. 人论 [M]. 甘阳，译. 上海：上海译文出版社，1985：15
6. 陶行知，等. 生活教育文献 [C]. 成都：四川教育出版社，1988：65
7. 石蓉. 生态式语文教育初探 [D]. 陕西师范大学硕士学位论文，指导教师：李西建，2015:18
8. 王建平，杨秀平. 教育的原点：生活—— 一种基于陶行知生活教育理论的解读,《宁夏社会科学》,
    2010，（5）：132-137
9. 吴鼎福，诸文蔚. 教育生态学 [M]. 南京：江苏教育出版社，2000:193
10. 蔡明. 生态语文教育 [J]. 语文教学通讯，2013：8
11. 陈向华. 探究生态语文 彰显生命价值 [J]. 现代特殊教育，2008，（7）：52。

品味 "真语文"

余光煜

听说"真语文"要在南昌搞活动，就想着一定要去看一眼，自己才刚刚得到这个消息，就向学生们宣传了一番，希望已经从教的各位能争取这个机会去听听示范课。学生问，你不来吗？明天是黄厚江老师的课，听说他的课上得很好。是啊，就是冲着黄厚江老师的课，我才念了好久。自己那天的课也满堂，好在院里领导和同事大力支持，3月31日终于得以成行。

知道黄厚江老师，是三年前的一次偶然，余映潮先生和于漪先生的教学案例每每让人有所收获，后来注意到于漪先生主编的一套"名师讲语文"丛书，看到的第一本就是《黄厚江讲语文》，读他的课堂教学实录，语言平实无华，让人觉得一位循循善诱的长者就在身旁，话语说得浅显，道理却讲得明白。

语文课堂教学的有效性多年来受到了很多质疑，语文教学实训课上学生们有不少还在用分析段落、概括思想内容的陈旧方式演示教学片段，这使我们不由得重新思考这种毫无意趣、催人犯困的老套教学方式。我们做学生的时候不喜欢这种程式化的教学，可是30年后我们的学生还在重复着这种情景。这不禁让我们有了深深的担忧：语文课到底该如何去教？

可喜的是，很多语文教师都在身体力行地改变这种语文课上只有老师一人讲授、学生只管听记的沉闷状况。前有于漪、钱梦龙、余映潮等老一辈的大师示范领路，后有黄厚江、程少堂等名师对真语文教学的执着坚持，现在又有了王君等更多年轻老师承继而上。他们真正地把握住了语文为语而文的特点，由浅入深、由表及里、由语及文、深入浅出地引领着学生跟随着他们一起徜徉在语言文字的魅力长河之中，阅读、品味、欣赏文本。

教的目的是为了不教，那么语文老师就要教会大家通过反复品味语言中的具体的字句来体会作者的笔意、了解作者的匠心，进而找回我们应有的对自己语言的敏锐的感知力，从而真正获得阅读欣赏能力的提高，真正达到触类旁通、举一反三的目的。

《葡萄月令》是苏教版高中《现代散文选读》中的篇目，人教版也收录在《中国现代诗歌散文欣赏》这个读本里，确立为精读篇目，一般老师不愿意讲。在座听课的老师也纷纷表示汪曾祺老先生的这篇文章很难教，没什么可讲的地方，是一篇比较头疼的文章。难，可能就难在汪曾祺先生善于写凡人小事，看起来简简单单、平平凡凡，却又颇多耐人寻味之处，如果没有对语言的敏锐的感知，是无从体味个中滋味的。不要说本无多少人生阅历的中学学生，即便是我们这些早已感知人生况味的中年老师，恐怕也没有几人能够尽得其中真味。人生的感悟和体味，教学参考书上尽管可以用简单的句子描述清楚，但如何去教、如何推动学生的思考？如何讲好这一课？自然不是一件容易的事情。

黄厚江老师一上来就用略带江浙口音的话语发问，问文章中哪个字用得最多，学生答曰"葡萄"，黄老师笑，原来黄老师说的是除了"葡萄"之外的字，学生找到了"了"字。黄老师又追问，为什么要这样用，你们觉得什么样的人才会这样用。大家思考之后七嘴八舌，"口语化""邻家老大爷""孩子般的语言"这些分析也纷纷然冒出来了。我的思绪却在旁逸斜出，心下不禁微笑：这也不正是黄老师的特点嘛。语言的平实朴素就是汪曾祺散文最大的特点。黄老师这样的提问真是出人意料，却又在情理之中。穿插在整堂课程中，类似这样的看似随意随性的提问随处可见，大家初听愕然，有些不习惯，跟不上节奏，后来慢慢恍然大悟：原来就是在这些看似不经意的提问中，黄老师已经按照自己的脉络带领大家把文章梳理得清清楚楚。黄老师独有的幽默调侃也惹得在座的老师们发出了阵阵笑声。

黄老师又让学生们在一分钟之内缩减课文内容。开始，几位同学的回答似乎都不得要领，没有抓住核心主旨，自然也就没法切中要害。经过一番周折，最后终于把内容缩减精练成"一月在窖，二月出窖，三月上架，四月浇水，五月浇水、喷药……"。这是在做什么？难道是概括段落大意吗？不能啊！黄老师让大家想想，如果这样减缩之后，文章的题目应该叫什么。

大家纷纷想到了"葡萄的生长""葡萄的种植"。哎！这不就成了说明文了吗？这还能是散文吗？是啊，一句话点醒，回过头再看看全文，全然不是要做说明的意思，一段段按照时令的顺序记录看似流水账，却又没有丝毫流水账的乏味枯燥。那些个活泼的语句、饶有趣味的叙述话语，足以撩拨大家的神经，字里行间充充盈盈地足以让你感受到作者对这葡萄饱含的爱意了。黄老师又问，为什么这篇文章题目要叫《葡萄月令》，"月令"是什么意思。有的作答，月令是物候；有的说，月令显示出作者文人的身份；有的说，让人感觉富有诗意……这时候，你们大约都跟随着黄老师一个一个的问题，条分缕析地把作品剖析了一遍吧，应该从删减对比、找词逐句的这些拼插对接的过程中品味到了文中语言的趣味了吧？所有的周遭感悟大约此时都应是水到渠成了。

看起来课文已经梳理完毕，散文形散神聚的特点、作者苦心经营的随意，凡此总总也都在和学生一起的探讨中呈现完毕。课程应该接近尾声了。

黄老师又随口问了句，大家还有问题吗。无人作答，好像都梳理清楚了，还能有什么问题？黄老师说，没有问题才是最大的问题。大多数的我们已经比较习惯于老师的讲述，很少人会有自己的质疑。为什么汪曾祺要写这样一篇文章？是啊，他为什么要写葡萄？为什么要从一月开始按时间写到十二月，为什么又是这样一种活泼泼、孩子气的话语？

黄老师朗读了一段汪曾祺女儿汪明的文章选段："不管别人怎么评价，我们知道，父亲自己对于《葡萄月令》的偏爱是不言而喻的。当年因为当了'右派'。他被下放到张家口地区的那个农科所劳动改造。在别人看来繁重单调的活计竟被他干得有滋有味、有型有款。一切草木在他眼里都充满了生命的颜色，让他在浪漫的感受中独享精神的满足。以至于在后来的文章中，他常常会用诗样的语句和画样的笔触来描绘这段平实、朴素、洁净的人生景色。果园是父亲干农活时最喜爱的地方，葡萄是长在他心里最柔软处的果子，甚至那件为葡萄喷的'波尔多液'而染成了淡蓝色的衬衫在文章中都有了艺术的意味，而父亲的纯真温情和对生命的感动也像'波尔多液'一样盈盈地附着在葡萄上。""什么样的人才能写出这样的文章来？"黄老师问，"让我们看看你们都记下了几个词""你能用一个比喻来说明汪曾祺和葡萄的关系吗"……

原来，到这才是整堂课的点睛之笔。读散文要读出作者的性情，从作品的语言入手，体味作者的内心世界。黄老师用汪曾祺女儿的这段话，更好地向我们展示了汪曾祺的独特心性。只有热爱自然、热爱生活、纯真豁达的人才能写出这样唯美的文章。知人论世，以意逆志，了解了作者生平际遇、人生态度，我们才能更好地体味出作品中所体现出来的作者的本心。

课听完了，黄老师的教学风格也恰恰就是他说的汪曾祺散文的特点"淡而有味"，是需要慢慢品的。整个教学展开的过程看似毫无章法，提问也似乎非常随意，有些话语更是应了学生的变化脱口而出，有些问题也根据现场学生的回答适时地做出了调整……这些实际上都是因为黄老师胸中自有丘壑，亦都是看似漫不经心的刻意而为。后面两位老师的点评也很精彩，说黄老师是没有规矩的规矩。黄老师在课堂上全程用引导发问的方式组织教学，面对学生各种回答，都能做到操控自如，这也是多年积淀才有的层次了。

这当然不是一时半会儿可以模仿、学习得来的收放自如的状态和境界，但是黄老师的课有一个核心是谁都可以学习的，那就是坚持立足于文本、紧扣文本的具体语言文字，去赏读、分析、梳理文本。正如孙绍振先生在《如是解读作品》中品评《从百草园到三味书屋》时说的："阅读不光是为了读懂文字，而是为了读懂作者和人物的精神、情感和个性。这一切并不是抽象的，而是在非常具体、非常灵活的语言中。""作品分析，从哪里开始？从语言开始，甚至也可以说是从语词出发。"追本溯源，只有扎根于具体语言的文本分析，才不会流于形式而成为无根之水、无本之木。学生通过这样的课程才会懂得真正的分析阅读的好方法，养成反复思考、对比分析的学习习惯。

黄厚江老师在随后的讲座中谈到，有些老师是不看文本只看教学参考书的。这样的情况在我们实习生里也时有发生，没有加入自己思考的教学经不起推敲和追问。如果作为教师只看教师用书，不能自己反复咀嚼文本，形成自己的体悟感受，那样境况下的教学不过是以其昏昏使人昭昭，实际做法和教书育人的目的将背道而驰。用这样的方法自然是教不会学生独立思考的。

下午听南昌二中一位姓邱的年轻老师上示范课《琵琶行》，坐得远，看不真切，但是从邱老师的穿着打扮和声音上可以想见她的美丽和年轻。邱老师的声音比较动听，语速不紧不慢不慌不忙，咬字清晰，教学过程行进得比较流畅。课上的内容主要抓住了作者的泪为何而流，以及文章中最精彩的部分即作者着重刻意描写的琵琶女所弹的琵琶曲而展开。整堂课没有太多的技巧，也没有太大的起伏变化，整体上行云流水一路顺畅，但是也正如两位点评者所说，上得中规中矩，似乎有些地方没能够展开。但当大家得知邱老师是一位从教才两年的23岁年轻教师，都由衷发出了感慨和赞叹，作为一位年轻教师能把课上成这样已经算是非常不错了，教仪教态、示范朗读、语调语速都处理得不错，这堂课也印证了她两年之中的快速成长，对文本的把握和对学生的引导也都花了一番功夫，以此获得教学竞赛的银奖也是实至名归。

如果说年长的黄厚江老师为老师们提供了一个努力的方向的话，那么年轻的邱老师则为大家明确了一个通过努力即可达到的短期目标。几年前听过江西师大附中黄翠老师的一堂获奖的公开课《记梁任公先生的一次演讲》，也是非常的清新喜人。这些示范课都没有什么华丽的 ppt，以及声光电配合的效果演示，都是简简单单的本色教学，都带给人们扑面而来的清新气息。

最后，孙绍振老师做了一个讲座，是关于高考作文的评改。孙老师年近八旬，幽默风趣，他对作品的解读有自己的一套独特见解。孙老师在讲座中以江西省高考高分作文为例讲解对作文语言的评改，对词语搭配、语句通顺、逻辑关系等方面逐一做出了极为详尽的点评。大屏幕显示的一篇高分作文上布满了孙老师的各种红色批改标识、标注。对语言、文字、语句的斟酌、修改的做法可能是忽视已久。如今，大学生的文章都有很多语句不通顺的情况，在给即将毕业的本科生指导论文的时候，很多老师除了要指导文章结构之外，还要辛苦地给学生们修改随处可见的病句、误用的标点、不规范的格式。而这些显而易见的错误原本可以自己修改清除的。倘若老师们只是简单标注文中语句有问题，语言不通畅，很多学生面对这样的修改意见多半是不知所措，不知道怎么修改。有时即便红笔标注出病句，可能修改的最后结果还是得烦劳老师们亲自动手。大约在很多人的学生时代，作文评改方面的教学多数时候是缺位的，我们总喜欢说文章是改出来的，可是到底该如何改作文这样的示范课程从小学到中学可能都比较鲜见。

看着孙老师细致的评点，我想起曾经看到过的魏书生老师教学生相互评改作文的方法。魏老师从易到难，列出格式、卷面、错别字、病句、标点符号、中心、选材、表达方式、语言等十条要求，第一次批改只提一条要求，大家觉得很简单，会做了。第二次再提第二条要求。这样十几篇文章批下来，每位学生就都能围绕一篇作文，从十个方面写出批语了。看起来要求具体、简单，有较强的可操作性，真要在实际教学中实行起来，却有一定的难度。这有诸多方面的原因。不过尽管如此，魏老师的这种让学生相互评改的方法还是有不少学校在尝试推行。不管采取何种形式，教会学生自己修改习作可能是提高学生写作能力较为有效的一个方法。倘若这种教学能够实施并贯穿于基础教育和中等教育之中，那么今天的大学生修改起论文来恐怕就不会这么头疼吧……

　　一整天，两堂精彩的示范课，两个内容丰富的讲座，时间安排得很紧凑，到场的人非常多，南昌二中大礼堂的过道里都塞满了凳子坐满了人。一天下来，大家听得很辛苦，也都觉得很值，因为收获满满、感悟良多。正如语文出版社王旭明社长提到的："真语文就是语文；真语文强调回归传统，找回本真。其基本要求是：以语言为核心，以语文活动为主体，以语文综合素养的提高为目的；语文课一定要培养学生自然、健康的表达习惯，一定要培养学生自由、个性的心理品质，一定要培养学生独立创造的人格特征；语文课要让学生具备一定的逻辑思维能力，让学生热爱祖国文化，了解国学知识。"几位老师就是用本色、本真的语文教学活动感染了大家。讲座结束后，在赶往地铁站的路上，还能听见老师们就今天一天的内容热烈地讨论着，交流着看法，大家都意犹未尽。

　　品味"真语文"的一天，让我似乎重新回到了中学时代，再一次聆听对语文教学充满热爱的老师们的悉心引导，也不禁回想起30多年前初中语文老师赵淑彬老师和余应源老师一起搞教改的种种做法。时至今日，亦能想见他们当初的良苦用心。

（原载于《读写月报》语文教育版，2016年第5期）

品《葡萄月令》，悟真语文

沈兰兰

一、品《葡萄月令》

　　《葡萄月令》是黄厚江老师于 2016 年 3 月 31 日在南昌二中"真语文"活动现场上讲的第一堂课。他仅用一支粉笔、一块黑板和一张嘴就玩转了整个课堂，也感动了在场的 700 位来自全国各地的语文老师。黄老师在讲《葡萄月令》时没有用多酷炫的科技手段导入，而是自然而然地进入到文章讲授当中来，先让同学们自己读课文，并谈谈自己的感受，黄老师尊重每一个学生的感受和最初的阅读体验。黄老师在讲授这篇课文的时候，也不是按照文章的段落顺序来讲的，而是按照文章的结构来展开教学环节。在课堂上，学生也很配合老师的提问，黄老师在带领学生玩味语言的同时，也引导学生理清文章的写作结构。在弄清楚结构之后，黄老师让学生自己把这篇课文进行压缩，学生很积极地思考，也有不同的答案，黄老师深入到学生当中去，而不是直接告诉学生什么是压缩，压缩后的《葡萄月令》又是怎样的，而是先让学生自己思考，再让其他的同学进行点评。虽然最后学生的答案可能与真实的答案会有差距，但是经过学生与老师之间的这一份真诚的对话，学生所理解的知识远比老师直接讲授的知识要有用得多。黄老师在整个讨论中，时时关注学生的动态，体会学生的情绪，能够站在学生的角度去思考问题。我觉得这是本堂课最令人感动的地方，这不是简简单单的"以教师为主导，学生为主体"的一句口号，而是真正落到实处，这才是一个老师的真本事。就像黄老师自己在《黄厚江讲语文》中提到的："课堂教学的大忌是'隔'。所谓隔，一是隔心。师生之间，各思其事，心不能'领'，神不能'会'；二是隔情。师生虽心系同处，但情感不通，教师悲之欲泣，学生无动于衷；教师慷慨激昂，学生漠然旁观。三是隔智。教师以为易如反掌，学生视之难于登天；教师滔滔不绝，学生如闻天书。"[1]正是基于这样的理念，黄老师在整堂课中与学生没有隔阂，而是力求实现心与心的对话，让学生不仅学会说真话，而且敢说真话，从而能真正提高学生的语言文字表达能力，这实际上也是对学生口语表达能力的锻炼。《葡萄月令》是一篇散文，但是写的又是葡萄的培育、生长和入窖的一些说明性文字。所以，在文体上，黄老师引导学生通过本篇课文的语言来理解，也通过一些启发性的问题来让学生体会本文的情感。黄老师主要抓住"令"这个字来把学生带入到本文的情感中来，先是问学生有谁查过"令"这个字的含义，这样可以快速地检查学生的预习情况。其中一位学生说出了"令"的含义，黄老师就借此顺着这位同学的思路来，通过"令"字体会汪先生的情感，由对葡萄的情感上升到人与人、人与自然以及对生命的一种无限的热爱之情，这样就水到渠成地升华了本文的主旨。听黄老师讲课，就让我想起了余应源老师，余老师在他自己主编的《汉母语课程专业化论稿》中讲道："立足言语形式，以言语交往活动形式教育为己任，是语文课与其他立足言语内容课程的根本区别。语文课程的'语文'就是言语形式。"[2]和余老师的思路一样，黄老师在教学过程中同样注重言语形式。《葡萄月令》是一篇散文，散文最重要的也是要培养学生理解文本语言的能力。在本课的开始，黄老师就让学生读课文，并找出哪个词在文中出现的次数最多。同学们都找到了"了"字。黄老师通过学生找到的这个词，来让学生体会汪曾祺先生一种拉家常、非常平易近人的语言风格，这也是汪先生散文的一大特点。紧接着，问题渐渐深入，当了解了汪先生的语言风格之后，便进一步引导学生从文章当中明确汪先生的散文句式有哪些特点。学生也在文中找到了像"碧绿"等词语，从而体会出汪曾祺散文一句一话、一词一话的句式特点。对于许多老师来说，知道汪曾祺的语言风格一点都不难；但黄老师讲课的特别之处就在于，他能够找准一个点，然后依据学生的思维去考虑问题，能够想学生所想、思学生所思，让学生自己找到依据，而不是直接告诉学生答案是什么。这样的课堂也许少了几分现代化的气息，也许形式上与现代教学技术格格不入；但带给学生的是思想的碰撞，是智慧的火花，能让学生的言语表达能力得到一定程度的提升。这才是本真的课堂，是实实在在的语文课。语文课就应该如此，而不应是教师的自我表演，无论何种教育，都要以学生的理解力和感悟力为最终归宿。王旭明老师在最后还有一个课后检测，他问学生："我想听听你们上完黄老师课的感受，以前经常上的是什么样的课？"其中一位学生说到，以前的语文课，老师会把主旨、结构、内容列出来，但是黄老师的课是在不经意间或者在同学的回答中，慢慢让我们把文章的主旨和背景都理解了。学生这样发自内心的真实回答，是对黄老师授课的最大肯定。这也恰恰说明了本课的成功之处，它让学生有了真真切切的提高，是一堂有价值的课。

二、悟真语文

什么是真语文？简单地说，真语文就是要抛弃一些表面上的花里胡哨，让语文回归到字、词、句、段、篇中来，还原语文最本真的面貌，踏踏实实地提高学生的语言文字运用能力。这也是语文的最基本的特征。

（一）首先，语文教师要真

陶行知先生曾说过："千教万教，教人求真；千学万学，学做真人。"作为教育的一个传递者，教师必须要真，尤其是语文教师。在当今，有许许多多的公开课、观摩课，其中有不少老师为了吸引评委的注意，而过分追求新颖，将课堂变成了老师的自秀课。当然，这并不是说这些老师的做法不好，只是没有必要。就像这样的一个例子，一位教师在教《春》这篇课文时，先让学生交流课前收集的写春的诗句，然后逐个展示关于春天的多媒体课件，各种各样春天美丽的图片，欣欣向荣，多姿多彩，全方位地展示了春天。学生大呼："哇，春天真美啊！"最后让学生用自己喜爱的方式表达对春天的赞美。学生有的用绘画汇报，有的用唱歌展示，有的用朗诵展示。[3] 从表面上看，这位老师的课堂是精彩的，是活跃的；但是静下来想一想，从这节课下来，学生又学到了什么语文知识呢？学生除了看到几张优美的图片外，还能知道什么？这位教师连最基本的问题，比如作者是怎样来写春的，他又是通过怎样的语言来体现春天的美，等等，都没有引导学生品读出来。如是，又怎么可能在语文课堂中提高学生的言语表达等相关能力呢？我无法断定这是不是一堂失败的课，但很确定这不是一堂很成功的课。现在，随着技术的不断更新，在课堂里面也有老师把各种类型的现代技术融入语文课堂中来。这本身是没有任何问题的，问题就在于，有些老师过分依赖现代技术，而忘记了语文真正要教给学生什么。就像人们常说的，人不要走得太远，而忘记了为什么要出发。语文教师亦是如此。用最朴素的方式去阅读，用最安静的姿态去备课，用最冷静的态度去上课，这是上好一堂语文课的基本方式，也是一个语文老师的基本素养。现在还存在一种语文老师过分相信辅导书的现象，上课也是原封不动地搬运别人的思想，有可能还是曲解的思想。试想，如果教师都是以这样一种态度对待教学，学生最后又能得到什么呢？又能提高学生的哪些语文素养呢？事实上，这就是在糟蹋课堂，在误导学生。与之相反，真语文就要求语文教师首先要真，要踏踏实实地做好自己的事，不要过多地去追求虚无缥缈的东西，要认认真真地深入到课本中来，要细心、耐心地去聆听学生内心的声音，这才是一个语文老师所要追求的东西，也是一个语文老师的最好价值，更是对一个语文老师莫大的鼓舞和激励。

当下，各种现代媒体冲击着语文教师的头脑，要做到一个真语文教师，就必须时时要求自己，首先要做个研究者，就像曾任中学语文教研组组长30 年之久的陆精康老师一样，其读书治学的基本理念是"多研究些问题，少谈些主义"。基于其取得的成就，他被业界称为"学者型中学语文教师"[4]。语文教师如果课后不研究教材，不研究课文，不研究学生，只是照搬别人的东西，他是不会得到成长的，学生的语文素养也很难得到提高。一个普通的老师需要发展的空间还很大，在前期阶段，可以向黄厚江、孙绍振、钱梦龙、余映朝等老师学习，多与名师对话，多研究他人的理念，站在巨人的肩膀上才能看得远，想得清，也好找准一个方向。其次，要做个阅读者，阅读能够丰富人的精神世界。一个老师如果不阅读，其灵魂必定是空洞的，只有个躯壳展现在学生面前，学生得到的也就只是死的知识。诺贝尔文学奖获得者布鲁茨基说过："鄙视书，不读书，是沉重的罪过。由于这一罪过，一个人将终生受到惩罚；如果这一罪过是由整个民族犯下的话，这个民族就要因此受到自己的惩罚。"[5]语文老师经常会做的一件事就是要求学生多读书，而如果自己不去读书的话，不去与学生交流读书心得的话，这样的作业布置也是没有任何意义的。语文教师的思想是要开阔的，视野是要广的，读书就是最好的选择，很多的观点和想法都能在阅读中找到共鸣，也唯有如此，才能以自己的人格去感染学生，学生也就能向着更好的方向发展。再次，要做个写作者。这并不是要求每个语文老师都成为作家，而是要多写作，用文字把自己的想法记下来，这样做一方面是为了提升语文教师自身的素养，另一方面也是为了更好地指导学生写作。作文课一直都是语文老师最不愿涉及的课，也有很多老师会回避上作文课，但作文又是语文学习的重要内容。如果一个语文老师自身的写作水平就很高，善于把自己写的东西与学生交流沟通，上课来个现身说法，何尝不是一件幸福的事呢。

（二）其次，语文课堂要真

这其实和上面的观点是基本一致的。既然有真语文课堂，那么，就有假语文课堂。什么是假语文课堂呢？举个例子来说，有老师讲《琵琶行》这篇课文时，在导入部分引入了大量的音乐、图片，再介绍一些作家的生平和写作背景，基本上一节课时间就过去了，学生除了欣赏了几首歌曲外，能真正留在脑子里的也没有什么。假语文还有一大特征，就是学生在课堂上无法提出真问题来，无法说出心里话。真问题是要深入到文本分析中去的，提问是课堂教学的一大主要手段，老师们多多少少都会有些许问题，问题要怎么设置，大部分都是根据老师的意思来，也就是预设问题，尤其对于新手老师，课上生成的问题是比较少的。与其说老师的问题是起到一个抛砖引玉的作用，倒不如说是"请君入瓮"，老师提问时都希望学生能够往自己备课时所预设的方式来回答，就算是有所偏颇，也要一步步引导学生走上"正道"。这看似老师是在课堂上引导学生回答问题，实际上是教师对于学生的问题视而不见，其中包括学生可能在阅读的过程中的独特发现，或者还有学生从其他方面来思考问题的动向，而教师统统装作不知情。在这样的课堂上，学生的思维能力得到了真正的锻炼吗？这是一个值得深思的问题。真语文课堂，当然也并不是要完完全全摒弃现代化的教学技术——其实，这不是问题的关键，根本问题在于能不能好好地利用现代技术。无疑，现代技术只是辅助，它并不能代替教师的思想、学生的表达，教师如果能在课堂上游刃有余地把学生带入到文本的分析上来，能品读文章的语言、结构，能让学生充分表达自己的观点，有没有现代教学技术又有何关系呢？真语文还有一个特点，课堂必定是一个预设与生成相结合的课堂。光有预设没有生成，这样的课堂是死气沉沉、没有活力的；光有生成没有预设，这样的课堂又无法充分来分析文本的内涵。唯有两者相结合，该预设时预设，该生成时生成，该思考时思考，该表达时表达。这样不是很好吗？这样的课堂不正是一个成熟的语文教师所要追求的吗？

（三）再次，语文评课要真

随着课改的不断深入，语文界也会时不时搞些研讨活动，一般是由一个老师上一堂公开课，然后由评委进行评价。在评课的时候，也有许多的相同之处，无非就是先说说本课的优点，即使说到缺点的时候，也是很委婉的，让上课的老师不痛不痒地接受着无关紧要的点评。我们中国人有一大特点，即使上课的老师讲得并不怎么样，碍于面子，或是为了给上课老师留点自信，总是不会完全说出实话来。即使授课老师这堂课上得并没有什么价值，也要把这位老师保护得好好的，唯恐其受到伤害。这样的评课有多少意义呢？评课不是一味叫好，不是蜻蜓点水、泛泛而谈式的，而是要落到实处，有什么问题就提出来，还有那些需要改进的地方也拿出来讨论。这对于上课的老师而言是一种督促，自然也就有了一种进步的可能；与此同时，也让听课的老师收获间接的经验和认识。有效地评课是语文老师自我反思、自我成长的一种好方式，与同行进行交流、学习，也能使自己的专业素养得到切实的提高。

爱丽丝·门罗曾经说过："我们可以失望，但是不能虚假。"是的，做人需要诚实，做学问同样需要诚实，诚实可以给人带来力量，诚实可以散发出美与智慧的火花，也能让更多的语文老师走得更远，更坚实。

三、小结

随着真语文大讨论的不断深入和发展，对于真语文，我们每一个语文人都应保持头脑冷静。真语文不仅仅是一句口号，而是要我们积极去思考，去感悟，去分析文本，去认真备课，去与学生交流。我们期待，语文老师都朝着一个本真的语文方向发展，在真语文的道路上越走越明朗。

（原载于《读写月报》语文教育版，2016 年第 5 期）

注释

1. 黄厚江. 黄厚江讲语文 [C]. 北京：语文出版社，2008：48
2. 余应源. 语文——汉母语课程专业化论稿 [C]. 南昌：江西教育出版社，2014：10
3. 李媚. 对当前语文学科教学的再思考 [J]. 现代语文（教学研究版），2015，（17）：37
4. 陆精康. 考信录——文言诗文备课札记 [C]. 上海：上海教育出版社，2014：1
5. 平先来. 真语文，从做本真语文教师开始 [J]. 语文建设，2013，（7）：26。

"真语文"观下课堂元素的思与辨

吴媛媛

近年来，随着语文课程改革进程的逐步深入，语文课经历了种种"异化"现象，日渐失去自我，远离本真。其中语文教学"泛人文性"问题尤为突出。语文课堂教学不断涌现出教学内容空泛化，教学形式虚浮化，课堂效果高耗低效化等通病。这表明，语文教学在现实中存在一些"假语文"现象。"所有过分夸张、大量渲染、煽情滥情、滥用现代化手段等不以语文为主角的语文课，不用语文的方法教语文的语文课我们都称之为'假语文'。"[1] "真语文"则是针对现今语文教学中的"假语文"现象而提出的，可谓是正当其时。王旭明先生呼吁，这个时代需要"真语文"，要"教真语文，教实语文，教好语文""把语文课上成语文课"。他认为，"真语文"是语文教育发展的现实之需，是语文课程的特点使然，也是贯彻落实党的十八大精神的必然要求。因此，在他及其同仁的策划下，全国开展了关于"真语文"的大讨论。如果说"真语文"大讨论是一个"破"的过程，那么在"真语文"理念下，语文教学实践就是一个"立"的过程。"立"的稳固度、适宜度得益于"破"的准确度和纵深力度。

一、"真语文"的内涵

何为"真"？字典、词典中有各种解释。本性、本源、自然；本来的、固有的；本真、求真、归真。不同层面"真"的具体内涵也不同。从哲学层面上，真假对应。对于语文来说，可从两个维度来理解语文的"真"，即认识之真和理解之真；事实与真实。从课程层面上，真就是指该门课程的价值和功能，把语文上成语文而非其他课。从文化层面上，真指向科学精神，与人文精神（善、美等）相对应。从教育意义层面上，真就是真人。

何为"真语文"？

"真语文"一词是王旭明先生提出来的，但它不是新的教育理念。早在 20 世纪，教育家陶行知就从教育意义层面指出了教育的核心问题，即培养真人，并自觉地将这一理念贯穿于他的教育实践的全过程。"千教万教教人求真，千学万学学做真人。"他用一个"真"字，道出了教育的真谛及语文教育的"真"之所在。"真"即求真；以求真的教育去培养真人，其中，"求真"是手段，"真人"是教育的最终归宿。严华银先生曾呼唤语文要回归真实，并指出当下语文公开课过于注重形式的弊端。

2012 年 1 月，在南京举行的"苏浙沪语文教学高层论坛"上，语文特级教师黄玉峰首次提出"真语文"的概念。他认为真语文的核心就是语文教学的"科学性"与"人文性"。黄玉峰还指出了"真语文""假语文"的分水岭。这在一定程度上体现了语文教育文化层面的科学精神内涵，理性逻辑参与了的教学实际。2012 年 11 月，泉州聚龙会议召开后，关于"真语文"的探讨渐成为语文界的热潮，"真语文"理念也被散播开来。

"要让语文课以提高语文综合素养为目的，让语文课回归语言的本质。要把语文课上成语文课、用语文的方法教语文是真语文的核心。"[2]"真语文"以语言为核心，语言是思维的固定形式，是思想的直接现实，语言的表达是言语主体思维过程和思维成果的再现，只有想清楚了才能说清楚。"真语文强调语文教学不搞花架子，提高学生听、说、读、写能力……语文本来就是一门实践性很强的课程。讲话是实践，写字、作文也是实践，实践性强的东西不能搞花架子，必须努力提高学生正确理解和运用祖国语言文字的能力。"[3]"真语文"以语文活动为主体，以综合素养的提高为目的，听说读写是语文活动的基本形式。语文是一门实践性很强的课程，多读、多写，能力和素养在日积月累中便可"生成"。葛维春认为，真语文除了具有"真实、真诚、真理"的品性外，还应是有"语文味"的语文，是"母语化"的语文，是"为真人"的语文。这是将求知与做人相结合了起来。"语文是影响学生一生的重要课程，语文是关乎学生精神成长的重要课程；语文是所有学科教学的基础，语文是每一个人终生学习的重要内容。让我们在本真语文的旗帜下，教真语文，教实语文，教好语文。"[4]

工具性与文人性的统一是语文课程的基本特点。在"人文性"泛滥、"工具性"受到削弱的情况下，"真语文"理念下的课堂教学需破除"泛人性化"的尴尬局面，确立并更重视语文的工具性与人文性的统一。注重语文课程的工具性，这符合母语教育的规律，符合学生的认知规律。注重学生思维能力的培养，给学生自由，最终的目标是培养健全的"人"，这符合学生自身发展规律，利于学生综合素质的提高，让学生更好地成为"人"。语文课程"人文性"蕴含在"工具性"之中，二者是"你成就我，我成就你"的共生关系。正如张志公先生所言："学习语言文字和思想文化的时候，学习怎样用语文来交流思想的技能，跟学习语文所表达的思想本身，是不可分割地结合在一起的。"[5]

"简洁是智慧的灵魂。"从课程论意义上讲，"真语文"当前所倡导的本色语文、简约语文等，就是要实现语文教学的返璞归真。因此，"真语文"理念下课堂的显著特点就是简约、归真。教师要建构合理而先进的教学理念，开展形式简约、清新而内涵充盈的课堂教学。学生要"动"起来，基于文本、立足文本、尊重文本，"精""略"结合，自主阅读，阅读经典。

综上所述，"真语文"的"真"是求真、归真，是真人。"真语文"是回归传统，找回本真，以教师为主导，学生为主体，重视听说读写活动，紧扣字、词、段、篇，培养学生的语言文字应用能力和自然健康的表达习惯，自信、创新的心理品质，自由、独立的人格。"真语文"不只强调语文课程的工具性，更重视语文工具性与人文性的统一，人文性蕴含在工具性之中。它以语言为核心，以语文活动为主体，以提高人的素养为目的。"真语文"不是创新，而是回归。

二、"真语文"课堂三元素的思与辨

在"真语文"大讨论中，理论成果丰硕，要将理论转化到语文课堂实践中，需要依托一群素养较高的语文教师的教学活动来落实和贯彻。在语文教学中，教师是主导，学生是主体，一堂好课除了教师的发挥，更需要学生的参与。课堂教学是学校教育过程的主场域和主渠道。在语文教学活动中，语文课堂活动是由教育活动和学习活动形成的流动性过程，是语文教师在限定时空里，引导学生获取知识和技能的全过程。执教者（教师）、受教者（学生）、文本（教材）是组成课堂教学的重要元素。

语文教育界的理性传统相对贫瘠。语文执教者的教学极易从自我零散的经验和随感出发，缺乏独立思考和反思精神。新课改以来，执教者由于认识的失真，盲目求奇、求新，语文课常被异化为应试课、政治课、音乐欣赏课、美术课、作秀课、天文地理的"泛语文课"等"假语文"。应试教育中，"学生要分，教师要绩，学校要名"，教师极易"以考定教"，学生则"以考定学"。"以考定教""以考定学"的观念都是语文失真的重要原因之一。当下"失真"的语文教育丢弃了"听"，排斥了"说"，扭曲了"读"，异化了"写"。如何找到协调和平衡"真语文"教育与应试教育的平衡点，这是目前最需要也是最值得思考的问题。基于此，笔者对语文课堂的三个重要元素进行了思考。

"语文的现代化不等于声、光、电并用，而是教学思想、教学观念和教学内容的现代化。"[6]"真语文"理念下的课堂教学对执教者的素质有了更高的要求。一位优秀的语文教师，除了要具备丰富的专业素养、知识素养外，还要有较强的语文课程资源的开发能力、语言表达能力。教学中，出现"以考定教""以考定学"这一尴尬局面，绝不是执教者专业知识、学历层次的问题。首先是教育观念的问题。语文教学的问题症结在于理念。理念指路，语文教师要解放思想，更新语文教学观念，更新人才培养观念，改进语文教学方法，提高语文教学效果。在当下语文教材教学化力度不足的情况下，真实有效的语文课堂教学，在一定程度上取决于语文执教者自觉的教学意识。语文教学意识主要表现为教学活动主体对教学问题的敏感性与自觉性，这主要体现在三个方面：语文意识（"为什么教"）；开发意识（"教学什么"）；优化意识（"如何教学"）。

明确的问题意识。一位"真语文"教师，首先要有明确的问题意识：我要实现的教学目标是什么？这表现为执教者对语文课程性质的准确把握，对语文相关学科概念的深刻理解。语文执教者对相关课程概念、理论的解读和认同，是执教者个体语文思维方式和课程价值的认定，是一个对语文课程本体认知的问题。

实现"教"与"学"的互动。教学改革的方向和理念固然重要，但若没有好的教学方法去实现，那就只能是画饼充饥。因此，教学方法的改革和探索也至关重要。在语文教学活动中，教师是执教者，学生是受教者。"是教学目的和内容'选择'方法，而不是其相反。"[7]"教学方法应从'教'和'学'两个方面下功夫，教师以'教'为引，学生以'学'为主，实现'教'

与'学'的互动。一方面，老师的'教'不满足于传统教学方式的苦心教诲和灌输，而是致力于积极的引导和激发，用近乎理想主义的气质和激情，去感染和影响学生，点燃学生求知求问的热情。正如詹艾斌先生所说，老师成了烛火，教育也就有了光，学生也就会被照亮。另一方面，则是设法将学生引入学习之境，把要探究的问题交代给学生，把求知问学的路径指引给学生，把学生学习的积极性和主动性调动起来，让学生真正动起来，从而参与到教与学的过程中来。"[8] 这就是说，教师依具体教育情景的需要，把学生引向更为开放、独立而自由的思考空间，使学生在获取知识技能的同时，还获得精神的滋养。正如王荣生所说的，教学内容要切合学生的实际需要。这既遵循语文课程发展规律，又关乎人的成长。在"教"与"学"的成长过程中，教师和学生的活动都表现出各自的特征并彼此有效契合，这应是语文教学的境界追求。因此，可以说具有真理念、真能力、真品质、真精神的语文教师才是真语文教师。

主体性是人的本质特征之一。在对象性活动中，人的主体性表现为自主性、自为性、能动性。在教育活动中，学生是学习和发展的主体，教师是教育的主体。教育活动亦可被看作"主体教育"。"主体教育强调以学生为主体，注重发挥学生的主体作用，充分调动学生的主观能动性，提高学生的自我教育能力，变他律为自律，变他控为自控，成为真正的学习主体。"[9] 长期以来，语文课堂充斥着大量思维单一或缺乏思维张力的现象。不做思考、不会提问、不善质疑成了学生的通病。教师在语文课堂要充分激发学生主体生命力，在提升学生思维能力上下功夫。唯有如此，才能使学生在语文知识、创新意识、思维能力、综合素养等方面都得到提高，真正体现语文为学生终身发展奠基的作用。

"阅读是搜集处理信息、认识世界、发展思维、获得审美体验的重要途径。"[10] 语文水平的提高，大量的阅读非常重要。阅读是学生个性化实践行为的一种；然而，在社会大环境的影响下，学生个体性阅读存在很多问题：从阅读内容上看，过于休闲化、缺乏经典阅读；从阅读形式上看，有碎片化倾向；从阅读方法和习惯上看，停留于浅层阅读状态，且具有较强的随意性。因"思维总是从问题开始的，思维的过程总是指向问题的解决"。为此，教师需从学生之"疑"入手，引导学生"生疑—质疑—解疑"，充分调动学生的积极性和主动性；而学生更要通过主动阅读、自主阅读活动来凸显自己的主体性，进行"读与思"结合的批判性阅读，从文本中"读到自己，读出问题"，实现"对话性"阅读。

新课程标准强调，教师要确立这样一种教学理念，即将过去那种照本宣科式的"教教材"的方式，改为"用教材教"。教材，无非是个例子。只"教教材"是一种灌输，"用教材"是一种师生对话、文本对话、自主建构的过程。"用教材教"要求老师具备处理教材的能力，不是只教教材，而是能够围绕教材自主开发课程。

语文最基础的是学习语言，而文本是语文学习的真正载体，语文的教育性和人文性功能，要依托文本呈现出来。"教育在以文本为本位的解读中凸显以教师为引导、以学生的主体和以生活为本位，才是科学又辩证的。"文本、学生与教师是语文课堂教学中不可或缺的重要元素。"文本"是源头，脱离文本而去强化学生、教师，很容易使语文教育陷入无源之水、无本之木的尴尬境地。所以，语文教师应该引导学生通过与"言语作品"的对话，去充实自己和完善自己。"阅读教学是学生、教师、教科书编者、文本之间对话的过程。"[11]在语文阅读教学中，实现学生、教师、教科书编者和作者四颗心的一起跳动，形成心灵的"谐振"！

"以人为中心"的课堂，充满开放性、选择性，其学习的三维模式、关怀的环境和情感、师生参与的行为、学生合作的意识和团队的支持，最大限度发挥人的主观能动性，激发人的内驱力，让人能更好地发展。[12]这也是"真语文"理念所追求的最终目标，无论教师还是学生，都将成为完整的"人"。

三、结语

德国哲学家卡尔·雅思贝尔斯说："哲学是一个动词而不是一个名词，哲学的本质不在于寻找真理。"笔者认为，语文，不是一个名词，而是一个动词。毕竟，语文教学的本质不在于掌握语文，而在于寻找语文。"生成性"是语文教学的本质特点，语文课"着意于精神，着力于文字"，它是有生命的、鲜活的和生长的。语文课堂教学既是学生认知的过程，也是参与者生命活动的过程。如何才能最大限度地发挥语文课程活化知识和润泽生命的功效，一直是语文人应该思考的问题。"真语文"不仅要重视语文的"知性"，更要重视语文的"悟性"。"真语文"还在路上，对其争议与思考仍在进行中，我们需"少谈些主义，多研究些问题"。最终，问题的实质是指向语文教育，使语文教学走向正轨。

期盼语文课的美丽转身！

（原载于《读写月报》语文教育版，2016 年第 5 期）

注释

1. 王旭明 . 这个时代需要真语文 [N]. 光明日报，2014，（14）
2. 真语文大讨论走向深入 [N]. 语言文字报，2013，（1）：5-20
3. 真语文系列活动（北京站）讲话摘录（第 695 期 [N]，语言文字报，2013，（3）：5-27
4. 聚龙宣言 [J]. 语文建设，2013，（5）：5
5. 张志公 . 张志公自选集 [C]. 北京：北京大学出版社，1998：209
6. 王旭明 . 这个时代需要真语文 [N]. 光明日报，2014，（14）
7. [苏] 巴班斯基 . 中学教学方法的选择 [M]. 北京：教育科学出版社，2001：3
8. 詹艾斌，等 . 生命与教育的方向 [M]. 南昌：江西高校出版社，2014：4-5
9. 胡德海 . 教育学原理 [M]. 兰州：甘肃教育出版社，1998：428
10. 方智范 . 语文教育与文学素养 [M]. 广州：广东教育出版社，2005：10
11. 方智范 . 语文教育与文学素养 [M]. 广州：广东教育出版社，2005：29
12. [美] 弗雷伯格 . 自由学习 [M]. 伍新春，等译 . 北京：北京师范大学出版社，2006：217

说真话，诉真情

——试评周宏的口语交际课 "说说感动"

罗 丹

　　口语交际教学从听说训练演化而来，是语文教育的重要组成部分。《普通高中语文课程标准（实验版）》强调："良好的口语交际能力是现代公民的重要素养。"[1]《义务教育语文课程标准（2011 版）指出："语文学习应该注重听说读写的相互联系，注重语文与生活的联系。"[2]可见，口语交际应处于与阅读写作同等重要的位置。由于受应试教育观念以及传统教育方法的影响，教育实践中教师的教和学生的学依旧围绕着考试这一"指挥棒"，口语交际虽然在课程标准中受到重视，但在实际教学中仍处于"边缘"地位。

　　真语文将口语交际问题列入三大亟待解决的问题之一，并且提出了一系列解决办法。2016 年 4 月 1 日，周宏老师的"说说感动"是在真语文"求真""学真"理念指导下的一堂别开生面的口语交际课，引导学生真实、真诚地表达心中所想，抒发真实情感，将真语文所倡导的"真"贯穿于课堂始终。

一、"真味"课堂，真情实感

　　真语文的核心要求"说真话，写真文，诉真情，做真人"[3]在这堂口语交际课中得到充分体现。周老师多次和学生强调"想到什么说什么，想说就说"，鼓励学生上台发言，大胆说出心中所想，构建民主和谐的课堂氛围，让学生在语言表达中流露真情实感，感动自己打动他人。

（一）教学民主，氛围和谐

　　尊重学生的主体性是周老师上课的一大特点，这也是构建民主型课堂的重要因素。在上课过程中，周老师提到："对我来说，下面所上的内容是我想都没想过的，所以请你们跟我一起完成。好吗？"课堂是师生共同构建的一方天地，只有学生和老师都融入其中，课堂才会真正富有生机与活力。由于这是一堂展示课，老师和学生之间的配合在开始时也许不是那么好；但是在周老师的不断调整和引导下，和谐融洽的氛围一点一滴构筑起来。其中，每位同学回答完问题后，周老师的那句"谢谢"尤使我感动，简单的两个字体现了老师对学生的尊重。学生和老师在课堂上处于平等地位，没有谁是绝对权威，教学过程其实就是师生之间平等对话的过程，老师应该尊重学生的思考成果，不能扼杀学生回答问题的积极性。周老师对待学生的辩驳持肯定态度，通过"我真的很欣赏这样的学生，敢于说我没错，我还没说完""我喜欢我的学生和我辩论，不喜欢唯唯诺诺的人"等话语鼓励学生勇敢说出自己的观点、看法。只有"宽容"的老师才能真正构建起民主和谐的课堂，学生才敢说会说能说。

为确保展示课的顺利进行，最重要的就是消除学生的紧张感。从一开始的无人发言到后来争相上台的巨大转变，没什么比这更能证明周老师这堂口语交际课的成功了。周老师是怎样化解学生紧张感的呢？没错，就是那些看似玩笑的话语起到了重要作用，他巧妙地运用语言的艺术一点一点地缓和紧张气氛。当第一位上台的同学很紧张时，周老师提出摸摸学生头发这样看似无厘头的要求，其实重点在后面一句话："你将来一定是一个很坚强的男子汉。"这才是周老师摸学生头发的真实意图，他这是在换着法子鼓励学生，让学生自我定位于勇敢坚强的男子汉，使其敢于站在讲台上说出自己的感动故事。当课程进行到一半时，周老师特意叫那些看起来紧张的同学回答问题，并且仔细观察学生的表情及动作，比如周老师以玩笑的口吻说道："人在紧张的时候啊，手就没地方放。你就这样边摸边说吧！"还有一处，周老师列出紧张的几种情况供学生选择："紧张，为什么？这有几种可能：第一种就是在这么多人面前紧张，第二种就是害怕老师叫你回答问题，第三种是因为想回答问题而激动得心跳加快。"这种直接点出学生紧张的方式有点兵行险招，处理得好，会有事半功倍的效果，如果处理不好，则会打击学生的积极性。这充分体现了一位老师课堂掌控能力的高低。周老师多次提到"紧张"的目的就是为了缓和课堂紧张氛围，化解学生的紧张感。他抓住学生的心理，以玩笑的口吻提出问题所在："说出你的想法，无须顾及我的面子。""感觉有点自讨没趣哦。"学生在玩笑过后紧张感顺势下降，放松后自然就敢发言了。

口语交际经历了一个漫长而曲折的发展过程。直到 2000 年《九年义务全日制初级中学语文教学大纲》才正式提出"口语交际"概念，将"听说训练"改为"口语交际"。[4] 可以说，口语交际教学的前身就是听说训练，目的是训练学生听说能力。真语文的基本要求中提到"语文教学过程中要以语言为核心"[5]，口语交际的实质就是玩味语言，使口语表达满足交际的需要。

这堂课的题目是"说说感动"，怎样才会达到引起共鸣的效果呢？除了表达形式的要求外，还有内容方面的要求。要使大家都感动，首先讲述者就得带着感情讲述，周老师强调说："感人心者莫显乎情，而这种情要感人就必须要真。"平实质朴的语言赋予了真情，即使没有绚烂的外衣修饰，也同样可以达到感人的效果。第一位同学叙述的是雨天老人艰难送其回家的故事，这个故事无疑是失败的，没有人感动，除了叙述者自己，口头作文痕迹太重。第二位同学讲述了最可爱的志愿军战士终归祖国的故事，这个故事感动了所有人。故事取材都源于生活，结果却大相径庭。造成这种现象的最根本原因就是语言表达。这个结论不是周老师直接告诉学生的，而是学生在老师的引导下总结归纳的。老师在学生归纳的基础上进行补充："口语表达要达到预期效果就要通过声音、语言、感染力以及表情、动作等态势语来综合展现。"

在整个教学过程中，周老师几乎没有使用口语交际方面的术语，这与王荣生老师的"潜藏式"教学理念相契合。王荣生老师在《听王荣生教授评课》一书中写道："语文教学更宜采用'潜藏式'的教学，理想的状态，是做到教师心中有知识、口中无术语。"[6] 纵观整堂课，周老师全程采用的是学生能理解和接受的口语化语言。知识点的概括也采用教师引导学生自主归纳概括的形式。当第一个同学回答完问题后，出现了口语交际与口头作文混淆的情况，周老师没有急着纠正，而是让学生自己发现问题所在，归纳出二者的区别，在学生回答有误时提出疑问，并让其他同学补充回答。在课堂最后，让一名学生在众人面前概括"怎么说感动"，老师在此基础上进行补充。虽然周老师没有明确告诉学生知识点；其实知识点都散落在教学过程中，只要稍加引导，学生就可以把知识点串起来。这种通过学生自行概括课堂要点的方法不仅培养了他们的概括总结能力，还加深了学生对知识点的理解，有利于学生将这些知识内化，充分体现了学生是课堂的参与者，是知识的主动建构者。此外，还有周老师风趣幽默的教学语言，尤其是评价语言。"我当时还在想这孩子又说假话，又要写中考作文""我感动到汗毛都竖起来了"等评价语的使用使得课堂气氛活跃起来。

没有板书也是"说说感动"口语交际课的一大特点。整堂课下来，周老师没有写过一个字，完全就是靠口头表述。这就要求学生注意力高度集中，思维跟着老师走，稍一晃神就会跟不上节奏。整堂课处于一种你说我听、我听你说、你说我评的状态，这不就是口语交际课的真正内涵吗？而且周老师整堂课所站的位置也是不固定的，他把讲台留给学生，自己则融入学生当中。这样做既锻炼了学生的胆量，使学生敢于在众人面前说出自己的观点看法，又拉近了老师与学生之间的距离。

二、"真实"课堂，目标明确

《聚龙宣言》中提到，语文教学最该真实、真诚、真情、真切。[7]语文教学要想达到"真"的境地，就必须源于生活，贴近生活，真正做到"从生活中来，到生活中去"。整堂课围绕"感动"这一主题，引导学生说感动、评感动，教学目标明确指向提高学生的口语表达能力和思维能力。

（一）主题突出，结构紧凑

对话紧紧围绕"感动"这一主题，整堂课由两个主要问题构成，即"说说你的感动"和"说说有什么是别人感动，你觉得没什么感动的"。同时周老师还提出了一个干扰项：怎么看待年轻人缺少感动，不会感动甚至冷漠这一问题。师生围绕这些问题展开对话，通过一系列对话了解感动的内涵以及如何表述感人故事去感动他人。

《义务教育语文课程标准（2011版）实施建议中提到："教学活动主要应在具体的交际情境中进行，不宜采用大量讲授口语交际原则、要领的方式。"[8]口语交际教学首先话题必须明确，周老师在课堂导入部分就强调本节口语交际课的题目是"说说感动"，"我现在就什么都不提示，想听听你们曾经为什么而感动过，在你们想的时候，我把教材上关于什么叫感动念一下：感动就是指情感受到触动，引起同情、向往、思悟。"在不提示的情况下让学生去述说自己的感动，评价的权力也下放给学生；当然，这必须是建立在学生真听、真想的基础上。在学生回答问题时周老师再次强调感动的内涵，目的是为了让学生明白什么是感动，回答问题要紧扣主题。教学结构紧凑，环环相扣。整堂课上，教师扮演着引导者的角色，课堂的主角是学生。在教师的引导下，学生通过话感动、评感动、悟感动等环节，最终了解感动的真实内涵，掌握表达感动的技法。

（二）内容充实，能力训练

孙绍振老师曾提到："真语文，所问必然少而深，当以画龙点睛喻之。"[9]所以，这里的内容充实不单单是指课堂教学内容的"多"，有时候"多"不一定就是好的，多而杂反倒会影响教学效果。教学内容"精"才是课堂教学的基本准则。语文教学的根本是帮助学生更有效地学，语文教学的目的是提高学生的语文素养，使学生具有较强的语文学习与应用能力。

俗话说，细节决定成败。细节处理在一定程度上决定了一堂课的好坏。周老师开始上课时纠正了学生的坐姿，这么做的目的只是希望学生不要过于拘束，让学生放松一些。人只有在放松的状态下才会有更好的表现。拍桌子这一动作在讲课过程中多次出现。为什么要有这一动作呢？周老师给出了解释："为什么要这样敲桌子？因为好玩吗？不是的，大学生也这样敲的，一敲就放松了，一放松就敢上来说话了。"考虑到初中生的心理，将大学生作为参照物，使处于青春敏感期的初中生接受这一动作，能更好地配合教师教学。

还有语言方面的细节。首先，周老师点评第一位同学的发言时用了"写了细节"这个词，并且提醒学生注意"写"字，通过这个小细节的处理，引导学生归纳写与说的区别，并且和学生一起探究如何把写转化为说。其次，在学生介绍好朋友时使用了"算是"一词，老师及时提示，让其改正用词。还有就是学生在讲述中说到"无数个生日"，周老师立即以玩笑口吻接上："过了无数个生日，那是几百岁老太太——天山童姥了。"这话说得就有点犀利了，尤其是对女孩子而言。不过，经过前面几十分钟的接触，同学们已经习惯周老师的说话风格，所以未对学生回答问题造成太大影响，反而增强了学生继续回答问题的积极性。

纵观整堂课，不难发现周老师十分注重学生思维能力和表达能力的训练。"想想""思考一下"等词语在教学过程中也多次出现，老师反复提醒学生思考问题。思维能力与表达能力二者紧密结合，"想"是"说"的前提和基础，"说"是"想"的一种结果，学生只有在真正想清楚弄明白之后，才能准确表述心中所想。周老师在教学过程中有两处别具深意的话语值得细细品味："你们要注意我上课有时讲的要求和问题可能有陷阱，也可能我说的不完善，要学会钻老师问题的空子。""站在你们面前的是一个很狡猾的老师，上课会说错话，有时是真的说错了，但有时是有意说错的。"周老师为什么要说这两句话？这两句话的重点是为了体现老师语言表达的狡猾吗？其实不是的，周老师旨在提示学生要细心、认真地思考他提出的问题，要学会思考，善于思考，善于抓住问题的关键，这样才能找到问题的突破口，才会找到回答问题的正确方向。

三、小结

口语交际教学在当下教育实践中还存在许多误区。有的老师把它上成阅读、写作的准备课，有的老师甚至打着考试不考的幌子直接忽视口语交际教学。口语交际教学处于从属地位甚至被忽视的原因主要有以下两方面：一是难度大。首先，口语交际教学的切入点很难确定。其次，教学情境的创设也存在一定难度。二是可控性小。教师一方面要使课堂教学中心明确、主题突出，保证课堂结构的完整；另一方面又要鼓励、引导学生"畅所欲言"。这无疑增大了课堂的随机性，难以控制，对教师的课堂组织及掌控能力提出了更高要求。

周宏老师这堂"说说感动"口语交际课无不体现出真语文的核心精神——"真"。周老师让学生成为课堂的主人，引导学生说真话、诉真情，保证了教学内容的真实，真真切切地提高了学生的口语交际能力和思维能力。幽默风趣的语言巧妙地缓和了紧张的课堂氛围，让学生处于放松的状态。虽然有时很犀利，但能直指问题关键，及时提醒学生。通过对周宏老师"说说感动"口语交际课的学习，我们可以明确一堂成功的口语交际课应该具备的要素：首先，中心突出，目标明确。教师在上课前必须确定口语交际的主题，教师组织学生围绕这一主题展开对话。同样的，教学目标也是不容忽视的，它是指导教师教学及课后反思的重要依据。其次，教师应在课堂中扮演好指导者、引导者的角色。指导要避免直接讲授口语交际的理论知识，要在学生实践过程中进行相关的程序性指导，使学生掌握口语交际的程序性知识。教师要善于在讲课过程中发现学生存在的问题，能及时点拨纠正。再次，创设良好的口语交际情境，营造民主和谐的口语交际氛围，允许学生有不一样的观点和想法。只有这样才能激发学生学习的积极性，学生才敢"畅所欲言"，表达能力和思维能力才能得到充分发展与提高。

（原载于《读写月报》语文教育版，2016 年第 5 期）

注释

1. 中华人民共和国教育部制订 . 普通高中语文课程标准（实验版）[S]. 北京：人民教育出版社，2003：16
2. 中华人民共和国教育部制订 . 义务教育语文课程标准（2011 年版）[M]. 北京：北京师范大学出版社，2012：3
3. 王旭明 . 以求真务实精神促进语文教育健康发展—— 兼谈真语文理念及其指导下的课堂教学 [J]. 语文建设，2015，（12）：12
4. 周鋆 . 语文口语交际教学中情感因素的研究 [D]. 华东师范大学硕士学位论文，指导教师：周震和，2006：1
5. 王旭明 . 以求真务实精神促进语文教育健康发展—— 兼谈真语文理念及其指导下的课堂教学 [J] 语文建设，2015，（12）：11
6. 王荣生 . 听王荣生教授评课 [M]. 上海：华东师范大学出版社，2007：308
7. 王旭明 . 以求真务实精神促进语文教育健康发展—— 兼谈真语文理念及其指导下的课堂教学 [J]. 语文建设，2015，（12）：11
8. 中华人民共和国教育部制订 . 义务教育语文课程标准（2011 年版）[S]. 北京：北京师范大学出版社，2012：24
9. 孙绍振 . 真语文拒绝"伪对话"[J]. 语文建设，2013，（3）：5

第五编　教育教学研究与实践漫谈

对硕士研究生素质培养中几个问题的探讨

王琦珍　叶树发

我们的教育要面向四化，面向世界，面向未来，作为当代中国教育重要组成部分的研究生培养体制的建立和完善，正是为现代化建设培养大批高层次人才而采取的一项重要措施，而且无疑会对中国 21 世纪的发展产生深远的影响。

在"文化大革命"之前，中国的研究生培养，基本上集中在部分名牌大学和科研机构。这项工作的大规模铺开则是近十余年的事。但在蓬勃发展的势头中，有些问题不能不引起足够的重视。其中很重要的一点，便是研究生素质的提高。而这又涉及导师素质、课程设置、能力培养和学术个性培养等许多方面。本文拟结合我们的点滴体会，对此做一些探讨。

一、导师素质与研究生素质的关系

导师的素质包括思想作风、知识结构和培养思路等方面的内容。

爱因斯坦曾经说过："卓越的个人道德品质，也许比单纯智力的成就具有更重大的意义。"这一点，在今天的高层次人才培养中，显得尤为重要。作为研究生，他们的思想确实比本、专科生要相对成熟一些，但在一些人中存在这样那样的品德缺陷也是毋庸讳言的，加上社会现实的不良影响，都可能给他们思想作风的培养增加工作量。一些人违背科学道德的行为姑且不说，学习目的不明确、态度不端正便是当前研究生中较有代表性的一个问题。固然，"学而优则仕"，教育的目的自然也应包括为社会培养和输送优秀的管理人才，研究生毕业后被选送到一些领导岗位工作，本来是极不正常的现象。但近几年来，由于一些政府部门在选拔领导干部过程中对高学历的片面追求，也促使一些研究生入学之后并不打算真正献身于科学研究的伟大事业，而只是将获得学位证书当作跨入仕途的敲门砖。受此影响，在学习期间，学风浮躁，热衷于做虚幻浮华的应景文章，甚者连学位论文都请人代笔。这种风气无疑会从根本上影响对研究生思想作风的培养。要纠正这一风气，自然要从多方面努力。导师高尚的人格、坚强的毅力、严谨的学风、为事业献身的精神，以及在培养过程中严格的管理和要求，无疑是相当重要的方面。

导师素质的另一项内容，是导师自身的知识结构。具有合理的知识结构的导师，在研究与教学中，往往表现得思想敏锐，善于联想，富于创造精神，容易做出开创性的贡献；与此同时，又不狂妄自大、故步自封、唯我独尊，在学术作风上严谨踏实、虚怀若谷，在学术研究中时时保持着蓬勃的开拓进取精神。若以此去指导研究生的学习，无疑会产生积极的影响。这一点，在当今这个科学迅速发展、信息迅猛增加的时代，尤为重要。学科知识的陈旧期不断缩短，对导师自身知识结构的不断更新提出了相当高的要求，能否在继承前人的基础上不断吸收和融合新的思想和成果，从而使自身的知识结构既显示出整体性和层次性，又显示出开放性和创造性，这不但直接影响到导师自身的成就，也会在研究生的培养中得到相当明显的反映。

与此相关的是导师的培养思路。人才的培养应遵循因材施教的原则，因而导师的培养方式也不应该有固定的模式。在这方面，导师工作的着力点，我们以为应摆到那些影响培养效果的带基础性的问题上来。首先一点是，妥善处理好专业知识的传授与研究能力培养二者间的关系。研究生在攻读学位过程中，导师无疑要传授本专业方向的有关知识和介绍研究成果，这就要求导师在这一领域有较高的学术造诣。但若要求导师能在本专业方向上包打天下，又是不现实的。事实上，绝大部分导师，其业务专长往往集中在本专业方向的某一方面或某一领域，而不大可能顾及方方面面。这在大多数普通高校的硕士点中尤为突出。也正因为如此，这些硕士点便多采取导师组的形式，这无疑是正确和明智的抉择。即便是实力相当雄厚、学术造诣相当高深的导师，其所耕耘的领域也往往还有许多方面有待于后进去探索和开凿，科学研究从来就是一种前后相承、继往开来的事业。所以，从某种意义上讲，对学生进行研究方法的传授和研究能力的培养，远比单一地着眼于灌输本专业方向的业务知识更有特殊的意义。有经验的导师，往往是在知识的传授中将研究方法的传授和能力的培养水乳交融地溶合在一起，这无疑是一种成功的培养方法。其二是妥善处理好传统的研究方法与当代各种学术思潮的关系。一个时代有一个时代的社会风尚、一个时代的治学方法、一个时代的学术思潮。研究生对新的学术思潮往往比导师有更强的敏感性和接受能力，但这中间的盲目性也是不容置疑的。在这一过程中，导师的态度也千差万别。正确的态度，我们认为，还是应允许学生去接受新的学术思潮，这既可以培养学生对学术动态的敏感性和参与意识，也可以让他们在接受与参与过程中对其有所了解，有所鉴别，有所批判，有所吸取。近十几年中国古典文学研究方法的讨论与应用，就是这方面较典型的例子。在前十年中，大量引进西方研究方法时，古典文学研究确实取得了一些新成果，涌现了一批年轻有为的学术新人，这些学者基本上出在那些年毕业的研究生中。到近两年，当人们又开始意识到这十余年工作中存在的某些弊端而重倡实证科学，主张恢复乾嘉学派的某些传统时，为之鼓呼的也有不少是近几年毕业或仍然在校的研究生。从某种意义上讲，这种主张的出现是对前十几年研究工作的回顾与反思，包含了明显的纠偏的意图，对研究方法的完善与成熟，无疑会有积极意义。无论是关于新方法的讨论，还是对实证方法的倡导，研究生们都表现了相当的热情，但许多人对其中的不足往往没有引起应有的重视。事实证明，前十年新方法讨论中涌现出来并且后来在学术上真正有成就的年轻学者，无一不是那种既积极参与又独立思考、正确选择的研究生。无疑，在当前炒得正热的实证论中，也会是这样。这也给导师提出了一个问题，即如何在这一过程中，引导学生独立思考，中西结合、融会贯通，形成正确的研究方法，从而选择正确的研究道路。这应是影响导师培养思路中不可忽视的一个重要问题。

二、课程设置与研究生知识结构的关系

研究生在校攻读学位期间一个很重要的任务，是专业知识的学习。因此，在拟订培养方案时，课程设置是否科学和合理，也将直接影响到研究生的质量。这里比较突出的有两个问题。

其一，是基础课和专业课的关系。普通高校硕士点在近十余年的发展中，

大都经历了一个由单一的开设专业课而走向二者结合的认识过程，这无疑和办学经验不足有关系，也和对本科生教育中的实际水准估计过高有关。在经过一个时期的教学实践后，导师们普遍意识到增强学生基础知识的重要性，于是不少学校都采取了一年级不严格划分专业方向而开设必要的基础课这一重要措施。事实证明，这项措施在近几年的培养工作收到了明显的成效。这里现在仍存在的问题，是基础课设置本身，即其内容是否适合研究生培养的需要。一个不容忽视的倾向是，一些主管领导利用这一机遇因人而设课，为一些教师职称提升创造条件，而不管本专业研究生培养中是否确实需要。研究生在校业务学习时间很短，课业本来就很重，这类课程的开设无疑会加重学生负担，干扰导师的培养思路，而从教学规律来说，也影响到课程设置的科学性和合理性。

其二，是专题教学与课程设置的完整性的关系。这一点，在普通高校文科硕士点的教学中尤为突出。作为近十余年中发展起来的硕士点，在起步阶段，不少专业都曾以专题教学替代专业课。历史地来看，这是完全正常的现象。更何况，充分发挥导师自身的专业长处，也是极为常见的培养方法。从这个意义上讲，专题教学的形式也不宜轻易否定。但这中间的不足也是显而易见的。这里我们不能不注意到一个历史状况，即研究生培养工作大规模铺开时，正是高校教学中开始建立选修课制度后不久，这些选修课又大多是专题式的。正因为两者相距的时间太短，不少专业中将本科生的选修课上升成了研究生的专业课。其次，一些导师的研究领域或成就往往局限在一些较为偏僻狭小的范围内。如果将这些成果融入本专业整体教学内容中，无疑会提高其水平。但是，如果以之作为一门课程来开设，这显然是不适当的。正因为如此，也就有可能造成学生知识的零碎性和片断性，因而往往影响到学生的质量。

我们提出这一问题，并不是要去贬低这一代导师的工作，他们在各硕士点建立的创始阶段的筚路蓝缕之功是不容埋没的；但从学科建设角度来讲，当条件比较成熟时，重建课程设置的合理的体系也势在必行。

研究生课程设置的基本原则，我们以为还是应注意两个方面，即完整性和专业性，这两者的紧密结合，才能使之科学和合理。这又是由研究生知识结构的科学性这一要求所决定的。我们曾调查过一些兄弟院校的课程设置情况，发现比较一致的看法是应包括三个层面的课程，即基础课、专业课（学位课程）、选修课。在选修课中包括一些边缘学科的课程。同时，选修课也多取专题教学形式。而基础课与专业课则相对地要求保持完整性和系统性。在比例上，又以专业课为重点。至于基础课，各处的做法不大相同。大致分两种类型：一是在一年级不分专业方向，统一进行基础课教学；一是从入学起，各专业方向分别结合学生的实际和本方向的需要，开设相应的基础课程。这二者我们以为都是可行的。在这方面，我们还注意到另一种情况，即将基础课也改变成选修的形式，任学生根据自己的情况自由选择，学生甚至可以跨专业、跨系科选修必要的课程。我们觉得，这种方式更为灵活，也更有利于研究生知识结构的形成。这中间需要特别注意的，是妥善处理好计划性、规范化和灵活性、实用性的关系，这是导师和主管部门在安排课程时应认真考虑的问题。

三、自学计划安排与研究能力培养的关系

　　研究生在攻读学位期间的另一项课业是自习和科研。目前，各处在这方面的做法也是不一样的。大致分三种类型：一是完全按所开设的专业课程阅读全部有关书籍、资料；二是在本专业方向上选择一个有开拓价值的领域进行探讨，并订出进修计划；三是在第二类的基础上推进一步，将自修计划与平时的单篇论文、毕业时的学位论文以及今后的研究领域结合在一起，即先选定一个长远的学术研究领域，然后按研究对象的特点，订出自修与科研紧密结合的自修计划。学生在自习的过程中，不断有论文出现。这些论文又为学位论文写作打下基础。学位论文又成了今后研究工作的前期成果。

　　应该说，这三种方式都各有其长处。问题的关键是如何使学生介入科研的时间更为合理和科学。一些资料表明，目前在西方一些发达国家的研究生培养工作中，对这个问题也存在不同的意见，主张研究生不要过早介入科研的也不乏其人。但比较多的还是自修与科研并重，甚至主张让学生直接参与导师所承担的科研课题的研究工作。这和中国当前的情况有些类似。我们觉得，对这些分歧似乎不宜轻率地做出判断。如果就我们在上面所列的国内三种方式进行一些比较分析，便不难发现，第一种方式更着重于奠定扎实基础的一面，后两类则力求在学生攻读学位期间即使之形成较强的研究能力。如果再结合具体教学实例进行一些调查，也不难发现，第

一种方式也不是完全忽视研究能力的培养，只不过没有放到较为突出的地位来看待罢了，导师的着眼点是放在为学生今后的大规模发展积聚极为雄厚的实力这一方面，但也不全然排斥甚至严格禁止学生从事一些科学研究。这其实是一种被人们称为"厚积薄发"或"大器晚成"式的培养思路。事实证明，许多老一辈学者用这种方式培养人才，成功率是相当高的。相比较而言，后两种方式则显示出较完整的计划性和系统性的特点，成功率也是相当高的。事实上，取后两种方式的导师在研究生的培养中，也是以研究能力的培养为中心，不断地指导学生适时补充自己专业基础知识方面的不足，不断地拓展对相关边缘学科的了解，结合研究，积累起雄厚的实力。所以，无论取哪种方法，都应归结到提高学生总体素质这一目标上来。

在这一问题上，下列三个方面似乎应特别引起重视：第一，是分寸感的把握。在实施中，既要注意克服过分着重基础课业的倾向，也要注意避免超出学生实际水平，鼓励学生过早进入研究工作、熟悉研究技巧和方法这样一种急躁情绪。其次是要适应专业的特点。一般说，在理科生中取后两者居多；而在文科，尤其是文学或艺术的某些领域，适当强调前者，似乎更有必要。要说明的是，这也不是绝对的划分。事实上，不同的学生有不同的情况，当他的知识积累到一定时期，必然会形成某些思考，进而产生某种研究的欲望，再进而去解决它，他也就自然而然地进入研究状态了。这种转折是没有绝然的界线的。其三是因材施教，因人而异。在培养中我们往往会看到这样的现象，经过招生考试录取进校的同一方向的研究生，在智力结构、基础知识、基本理论等方面的情况，其实也是很不相同的。对一些功底扎实而又有一定思辨能力或操作能力的学生，在必要时不妨让他们早一些介入科研；而对那些基础不够扎实或者学风浮躁的学生，则不宜这样处理。导师在培养方法的选择上，应根据学生的实际来确定。

四、转益多师与学术个性培养的关系

研究生素质培养工作中还有一个不容易处理好的关系，是导师的影响与研究生学术个性培养的关系。由于研究生教育这一机制较之于本科生教育中师生间的关系更为亲近、更为密切，学生所受导师的影响也更大。导师的品德与人格，导师的治学态度、导师的丰富学识，导师的研究模式，乃至导师对科学、对学术事业的献身精神等等，都会在学生以后的发展中，以这样或那样的形式，自觉或不自觉地表现出来。有的研究人员甚至在自己的整个学术生涯中，都会有意无意地显示出所受导师的深刻影响。这种影响，也恰恰是在整个培养过程中，学生从导师身上所吸取到的精华，是师承关系中最为宝贵的财富。从这个意义上讲，学生取法导师、仿效导师，是研究生培养中完全正常的现象。

但在导师方面，不应忽略另一个问题，即研究生学术个性的培养。从人才成长的角度上看，导师培养研究生不应是培养若干个自己的替身。这就面临着一个学生超越导师、批判地继承导师的学术成果，甚至完全改变导师指示的学术和科学研究道路的问题。优秀的导师不会总是要求学生永远生活在自己的阴影下，这也正是好的导师所常有的宽阔的胸襟、远大的眼光和开放型的心态。

在这一方面，无论是导师还是学生，其实都存在一个正确评价自己和正确对待对方的问题。一般来说，在某一历史阶段，导师的研究成果往往代表着这一领域研究工作的较先进的水准，有的则确实可作为终极的结论。对这些已被事实充分证明的终极结论，后人要去否定它，那无疑是狂悖的和荒谬的。作为导师，对这一类学生应耐心细致地引导，既不必去对立也不应放纵。但更多的情况是，导师的成果受当时科学发展水平的阶段性局限，必然面临着本学科领域或者相关领域科学发展趋向的挑战。后继者按照自己所处时代的新情况对前人的结论有所否定、有所突破，也是合乎情理的。作为导师，应加以鼓励和指导，自己也要有超越自己的勇气。如果不加区分地对待学生的这种超越精神，不但会影响学生学术个性的培养，导师自己的故步自封，也会使自己最终沦为科学发展的落伍者。与此相关的一个问题，是正确看待学生的超越精神与知识积累的关系。所谓超越，其实是学生的创见性或创造力的集中表现，超越知识的创造力是不存在的。但又不能将二者简单地等同起来。事实上，知识积累不等于创造力，研究经验不等于创造力，学习成绩也不等于创造力，它们之间并非同步发展的关系。如果过于强调知识与经验，对学生创造力的培养无疑是有害的。

在这个问题上，在研究生中大致分为三种类型：一种是受传统观念束缚和受习惯性思维的影响，对前人的成果缺乏超越的勇气，更不必说对导师的超越。这一类学生最后大多显得比较平庸，缺乏独立的学术个性。他们可以成为较好的教师，在研究工作方面则往往少有建树。第二类是因知识贫乏、学风浮躁、好放言高论，以致将狂悖与荒谬当作超越精神者。这类学生在现今的学生中很有一部分。对新的理论、新的方法、新的思潮的敏感性，又往往加重了他们这种错误倾向。这也常常使他们对导师的批评和劝告产生强烈的反感，而最终影响学业，一事无成。有的即便后来有所觉悟，有所转变，却在无形中加重了导师的负担，因而也是导师教学中最为忌讳的。第三种便是能公正、客观、历史地看待前人的成果，既有扎实的功底，又有独立思考的习惯。一旦对前人的结论有所怀疑时，便通过仔细梳理、小心求证、艰苦试验，去验证自己的怀疑，然后再选择正确的研究方向，通过艰苦的工作，做出令人信服的、超越前人的贡献。事实证明，真正有成就的，大多是这样一类学生。

　　也正由于如此，无论导师还是研究生，在学术个性的培养上，都应持一种谨慎而又开放的态度。鼓励研究生转益多师，则是这一工作中较为有效的一个方法。转益多师可以帮助学生拓展视野、丰富知识、更新研究方法，以弥补过于拘泥于导师教学所造成的知识结构的缺陷，形成一种既尊重导师、取法导师又融合其他许多名师作风、知识、方法、特点的全新的知识结构，培养出科学的、独立的学术个性。目前，普遍采用的外出访学的方式便是较好的措施。除此之外，有意识地指导学生注意各种相关刊物发表的学术论文及报道的学术动态，阅读某些专题性的述评文章；利用参加各种学术会议的机会，有选择地介绍学生去拜见方方面面的学者，也都是这方面行之有效的措施，对培养研究生的学术个性，提高研究生的整体素质，都是很有益处的。

（原载于《江西教育学院学报》社会科学版，1998 年第 4 期）

白鹿洞书院文化对大学导师制的现代启示 [1]

江腊生

书院作为中国古代的重要教育形式，在中国文化史和教育史上具有重要地位。凭借地理优势和优美安适的自然环境，自唐人李渤兄弟将庐山开辟为自己的隐居读书之所后，南唐政权在李渤隐居的地方建立学馆，称"庐山国学"，又称"白鹿国学"。这是一所与金陵国子监相类似的高等学府。北宋初年，江州的一些乡贤在白鹿洞办起了书院，"白鹿洞书院"之名从此开始，但不久即废。直到著名理学家朱熹重修了白鹿洞书院，还建立了严格的书院规章制度，白鹿洞书院才扬名国内。此时的白鹿洞书院已由私塾渐渐倾向于官办性质，为文人学者进行学术活动提供了有利条件。

近代以来，中国发生特殊的历史变革，现代高校教育取代了书院教育。随着时代的发展，国内现行高等教育的诸多不完善之处越来越引起广泛关注。如何将古老书院千余年发展积淀历程中所承载的文化精华融入当前的高校教育，值得我们进一步探寻。白鹿洞书院传统的教育理念和教学方式对于现代高校导师制的完善具有一定的启示意义。本文旨在通过对白鹿洞书院的历史、社会、文化特征的分析，探讨书院文化对当代高校教育中导师制的启迪。

一、白鹿洞书院文化的教育理念

朱熹在《白鹿洞书院揭示》中提出了比较完备的一系列学习、修身、待人、接物的准则和方法。比如"父子有亲，君臣有义，夫妇有别，长幼有序，朋友有信"之五教之目；"正其义不谋其利，明其道不计其功"之修身之要等。之所以将这些修德修身的准则纳入教条之中，是因为朱熹认为，

"古昔圣贤所以教人为学之意，莫非使之讲明义理，以修其身"，并将之"推己及人，非徒欲其务记览为词章，以钓声名取利禄而已"。也就是说，修身就要做好孝悌忠信、仁义礼智一类的事情。正如《大学》中所提倡的教育目标——"明德"和"亲民"。先"明德"而后做到"亲民"，意思是通过修品行道义，使自己成为一个有作为、有风尚的人，即朱熹认为的"学者学此而已"。此时的书院教育重视修身，目的在于培养人才，安邦治国，为百姓造福。那么，书院教育如何来实现这种道德塑造，使学子"始乎为士，终乎为圣人"呢？[2]

1."正趋向，以立其志"

要成人成才，首先必须找到明确的努力方向。有的学生有才气却浮躁，有才无学；有的学生很聪敏，却又过于功利，总想媚世取容；又有学生认为圣人之道太难达到，是后天学不成的。于是时任洞主胡居仁这样训导："殊不知有生之类，其性本同，但圣人不为物欲所昏耳。今学者诚能存养省察，使本心常明，物欲不行，则天性自全，圣人可学而至矣。"[3]也就是说，要想成才成事，要不为功名物欲所惑，心存本性，自省自察，保持内心的纯净明洁，立下鸿志，明确努力的方向，这样离"明人伦"的圣人境界就不远了。

2."主诚敬，以存其心"

白鹿洞书院的教育理念认为，要想达到穷理、修身、齐家、治国的层次，有一点必须谨记而且要做到，那就是保有小心谨慎、严肃庄重、从一而终的精神。因此要求"今之学者，但尽己之心，毋使有一毫虚妄，齐庄严肃，毋使有一毫惰驰，则所谓真实无妄，主一无适者，自可至矣。"找到正确的努力方向，立下鸿志后，书院教导我们培养一种精神来贯穿整个学习过程。在取得了成绩之后，学生容易浮夸虚荣，自命不凡，这时就需要严肃庄重的精神来对待自己的成绩，及时省察，以存其心；在求索的过程中，学生有时会不求甚解，或者被外物的表象所迷惑，此时就需要以小心谨慎的态度，脚踏实地地求证；在遇到挫折困难时，不可自暴自弃；在面临多件事需要解决时，要一件一件地做好，避免每一件事都虎头蛇尾，导致一事无成。这就是所说的"主一"，即专一，从一而终。

3."克己治行""推己及物"

这是胡居仁规训的最后两点教条。"今所以不能如圣人之从容中道者，是气质有偏，物欲有蔽。故必先克治其气之偏，物欲之蔽，然后可以尽此身之理，以成乎己也。"这里指出，不仅在开始时要不为物欲所惑，以正趋向，在求道的过程中，更要注意克制自己的行为，不贪恶以致气偏，不被物欲蒙蔽。其实，这种克制正需要前述的那份存心自省和主诚敬精神，不小心谨慎，不及时自省自察，自然也就很难及时克制自己。这里就在训导学生，在前进的过程中，需要不断地克己治行以正趋向。

在对人对事对内对外的心态上，怀有一份博爱大爱，推己及物乃圣人之道。洞主胡居仁曾引朱子之言："天之明命，有生之所同得，非有我之得私也。"于是得出"是以君子心廓然大公，其视天下无一物非吾心之所当爱，无一事非吾职之所当为"。教导学生，不应该事事都计较公私得失，正所谓"天下兴亡，匹夫有责"。即使不在于兴亡之举，小事情上也应该有一份勇于担当的责任意识。爱天下众生，为天下繁事。进而明确地引导学生如何做人。"窃谓学者须要有如此心胸，则规模广大私吝之心自消，推而行之，岂有一民不被其泽，一物不得其所哉？"之后又指出了这样学习后达到的境界，"必至参天地，赞化育，然后为功用之全也。"[4] 这样一来，通过"正趋向，以立其志""主诚敬，以存其心""克己治行"和"推己及物"等途径来达到修身而至道的目的，在书院教育理念中实践"明德""亲民"的人才培养思路。

二、白鹿洞书院文化的教育模式

1. 自由讲会

由于书院的教学内容主要围绕儒经和史学展开，在得到朝廷的支持下渐渐形成了南宋书院的一大办学特色——讲会制度。《白鹿洞书院续规》中曾记载"会讲有期""洞主本昔贤讲学之地，洞长又以主讲为名，尤不宜相对默然……今拟以课文之外，每月以初六、十一、二十一、二十六四日为会讲之期。"不仅明确规定了会讲日期，从续规"即非会讲之期，各有所见，无妨不时相商"中还可以肯定，在非会讲之日，书院也鼓励互相研讨。因为"盖讲以讲平日之所习，习即习平日之所讲，交互发明，相观以善，于以尊所闻，行所知，德业有不进于高明光大者乎"。这告诉我们，白鹿洞书院的教育者认为学习过的知识要在练习切磋中得到理解，在与他人的交流中发掘原本没有研习于心的地方。

讲会制度作为书院内部的教育方式，为师与师、师与生、生与生之间切磋交流，为不同学派相互促进搭建了平台，使得学术思想得以碰撞繁荣。历史上有名的朱陆鹅湖之会六年后，朱熹邀陆九渊赴白鹿洞书院进行讲学活动。陆九渊围绕儒家经典著作《论语》中"君子喻于义，小人喻于利"一题展开论述。他首先概括地说这一章主要以"义利"准则来评判君子与小人。由此要求学子"当辩其志"。如果读圣贤之书却志在功名利禄，那就违背了圣贤的教导，是"喻于利"的小人。所以，陆先生教导学生要"志乎义而日勉"，戒免"欲利之习"，从义出发，才能"心乎国，心乎民"，可谓君子也。[5]陆先生的讲义切中学者的深痼之病，收到了非常好的效果，连朱子也说道："熹当于诸生共守，以不忘陆先生之训。"后来又将陆九渊的讲学内容刻于石碑上，这就是众所周知的《白鹿洞书堂讲义》。白鹿相会因此堪称不同学派门户开放达到思想争鸣的典范。

2. 知行并举

《朱子白鹿洞规》（即《白鹿洞书院揭示》）内含五教之目，为学之序，修身之要，处事之要以及接物之要。朱子曰："白鹿洞规，欲使学者易见，故条列以示人耳。"分列成条目是为了让学子能够清楚地见到，从而牢记于心。整篇洞规实际上涵盖了知的范畴和行的准绳，你中有我，我中有你，始终要求学生做到知行融合。

首先，博学、慎思、明辨、笃行的对象是"五伦"，即"五教之目"。其次，说到"言忠信，行笃敬"，言此"五伦"而能做到"务实言忠"才为"信"；行此"五伦"而能做到克制谨慎才为"敬"。行此"五伦"而内心不平为"忿"，有所私为"欲"，此所谓"惩忿窒欲"，此事"不欲勿施于人，不得反求诸己"，并且所说的"迁善改过之事"也在"五伦"范畴之内。最后，对于"五伦"，博学之要求随事用心，审问之要求有问专心，慎思之要求即事研思于心，明辨之要求心昭密察，笃行之则要求心存而不停止践行。其实，这都旨在教导学生在学问思辨中理解五伦之道义，进而将这些道理践行于"修身"，"处事""接物"中去。

三、白鹿洞书院文化对大学导师制的启示

由于高校扩招，师资相对紧缺，大班额授课使不同个性和材质的学生都接受"一视同仁"的普遍教育，加之课堂时间有限，学生的质疑往往很难得到教师——的细致解答。本科导师制是在高校新兴的教育制度，它在

师生之间建立起一种"导学"关系，在一定程度上给予学生个性化指导。与古代书院的分斋学习，集体传授与个别指导模式类似，如今在各自专业学习的学生也受惠于本科导师制。白鹿洞书院的教育理念与教育模式对当今的高校教育具有明显的指导作用。

首先，教师和学生，作为教育活动的参与者，在这一过程中应该各自发挥不同作用。对于师者，朱熹指出，"指引者，师之功也"。对于学生来说，"读书是自家读书，为学是自家为学，不干别人一线事，别人助自家不得"。教师是引路人，学习的功夫归根结底在于自身主动付出，这是学习者在教育活动中必须发挥的作用。对于教师而言，除了在学习的初始阶段给予引导，还要在关键阶段给予启发和点拨，使学生通过思考产生有价值的疑问，并随着问题的提出深入探求。正如朱熹所阐述的："读书无疑者须教有疑，有疑者却要无疑，到这里方是长进。"[6]不仅如此，"学高为师，身正为范"，教师的一言一行都会影响到学生的成才。朱子在白鹿洞书院讲学时，始终保持威仪容止之则，只有自身率先垂范，学生才会自觉向学、向师，诚心烛理。

其次，尊重个性，平等对话。朱熹在白鹿洞书院讲学时曾有这样的记载："从游之士，选用所学以质疑。意有未喻，则委曲告之，而未尝倦。问有未切，则反复戒之，而未尝隐。务学笃则喜见于言，讲道难则忧形于色。"[7]在书院例行集体教学活动时，升堂讲解经书是比较普遍的教育方式。在升堂讲授过程中，学生可以随时质疑发问，课堂气氛融洽。朱子与学生的问答之辞还被记载下来，汇成了《朱子语类》。在学者讲经时，有时也会请上学生参与讲解，发挥学生的主观学习热情，成为课堂活动的组成部分，师生平等对话、讨论贯穿整个教学活动。朱熹在白鹿洞书院时对此就非常关注，"疑渐渐解，以致融会贯通"，因此常与学生质疑问难。由此，导师与指导的学生首先要加强交流，彼此熟悉，对"材"心中有数。

其三，"为学"与"为人"相结合。立德即做人。为人师者，必先做人。只有淡泊名利、志存高远、身正学高、团结协作，才能为人师表。为人师表乃是精神力量，潜移默化，润物无声。立言即为学。为人师者，必先为学。勤奋好学、勇于创新是教师的素质要求。只有科研与教学相结合，善于发现问题和解决问题，才能站在学术前沿。立功即善教。为人师者，必应善教。讲授知识，重在方法、贵在创新。以渊博的知识折服人，以高尚的情趣感染人，以深邃的思想培育人。在指导过程中，导师比较成熟的思维方式也可以被记录在笔记中，学生在解决具体知识难点的同时，形成基础的学术研究思维方式，这样就为学生掌握科学合理的学习方法和自主的学术思考和研究能力打下了基础。导师是学生与知识之间的纽带。在导师制中，传授具体知识只是与学生互动后的结果。真正的目的在于开拓专业学习的新思维和新领域，激发学习兴趣，启发深入思考，培养学生科学完善的学术思维和独立治学精神，最终强化学校的育人机制，实现为学与为人的融为一体。

当前高校教育正值高速发展的时段，如何实现育人与教学相结合，为人与为学于一体，是研究高校教育科学发展与社会人才需求的良性接轨的核心问题。尤其在当今道德价值日益多元化的趋势下，立足本土的现实状况，积极向中国传统书院文化求经取宝，将书院文化的教育理念、教学方式中一些积极因素加以现代转换，才能将高校真正打造成文化传承与人才培养的园地。因此，切实挖掘传统书院优秀的教育理念、自由开放的教育方式等方面，尤其是古代书院教育在注重学生道德品质、个人修养的培育方面所下的功夫，非常值得今天的高校教育借鉴。

注释

1. 本文系江西省高校人文基地项目"白鹿洞书院文化与本科生导师制研究"的阶段性成果。
2. 朱熹. 策问 [A]. 朱文公文集 [C]. 商务印书馆 1980 年影印本：卷 74
3. 李宁宁，等. 白鹿洞艺文新志 [M]. 南昌：江西人民出版社，2008：83
4. 李宁宁，等. 白鹿洞艺文新志 [M]. 南昌：江西人民出版社，2008：83
5. 陆九渊. 白鹿洞讲义 [C]，陆九渊集 [M]. 中华书局：卷 23
6. 朱熹. 学规类编 [C]. 福州正谊堂 1980 年版本：卷 5
7. 丁钢，刘琪. 书院与中国文化 [M]. 上海：上海教育出版社，1992：135

顶岗实习背景下大学生教育论文撰写研究[1]

刘楚群　陈　波

　　为了贯彻落实党的十七大关于"加强教师队伍建设，重点提高农村教师素质"的要求和《国家中长期教育改革和发展规划纲要》的精神，2010年6月，教育部、财政部决定从2010年开始实施"中小学教师国家级培训计划"，简称"国培计划"。其中，在中西部23个省市实施的"农村骨干教师置换培训"是"国培计划"项目中的一个重要组成部分。这一项目的实施采取了一种全新的教师教育模式，即：以高校在校师范生到农村中小学顶岗实习，同时置换出中小学一线骨干教师到高校参加脱产研修学习（简称"顶岗实习、置换培训"）。这就意味着大多数师范类应届毕业生将被派往条件非常艰苦的中小学进行长期而深入的教育实习活动，即为顶岗实习。以江西师范大学为例，2010年10月中旬，派出近1600余名师范生，分赴宁都、崇仁等10个项目县309个学校进行顶岗实习，涉及语文、数学、英语、政治、体育、美术、信息技术、音乐、地理、生物等10个学科领域，顶岗实习时间至2011年1月中旬才结束，为期三个月，而且从2011年开始，实习时间将长达一个学期。

　　相比传统实习，顶岗实习表现出一些新的特点：第一，传统实习一般只有40来天，学生还没有完成角色转换，实习期限就到了；而顶岗实习则为期3～6个月，充足的时间能使学生全身心地投入到教学实践中去，能更全面地把握教学的各个环节，能更好地总结教育教学规律。第二，顶岗实习是用大学生置换在岗教师，这就意味着是以教师职责来要求实习生的，期间实习生的日常工作程序、岗位要求、管理制度与该学校教师完全等同，实习生完全承担工作岗位规定的责任和义务，所以具有较强的责任心，能全身心地投入到教育教学之中，也能更深入地了解教师的职责所在。第三，相对于在岗教师而言，顶岗实习生尽管缺乏经验，但他们有较高的理论修养，又因为身份的特殊性，所以他们不会保守、不会因循守旧，而是具有锐意进取的创新精神，这将会为中小学教育教学带来新鲜的血液。在这种新的背景之下，我们觉得有必要培养顶岗实习生撰写教育论文的意识和能力，让他们从理论上对自己的教育教学过程进行全方位的审视。

一、顶岗实习生撰写教育论文的意义

广义的教育论文是以教育科学理论为武器，对教育科学领域中的有关问题、现象进行比较系统、专门的研究、探讨而提出新的观点、得出新的结论，或站在新的角度做出新的解释的一种理论性文章，或者是阐释具体研究成果的理论性文章。[2]教育论文所涉及的领域非常广泛，对于初出茅庐的顶岗实习生来说，可以就教育教学实践中所遇到的问题进行理论探讨，也可以对教育教学的经验进行理论上的升华。

顶岗实习生撰写教育论文非常重要，大致说来可以概括成以下几个方面：

1. 能让顶岗实习生站在理论的高度全方位审视自己教育教学的过程，能使他们更快地成长起来

顶岗实习生在顶岗实习的过程中一定会遇到很多问题，也会有一些成功的经验。如能让学生从理论上探讨这些问题和经验存在的原因，自然能加强他们以后解决类似问题的能力，也能使他们的成功经验更快地推广开去。一个优秀的教师不仅仅是一个经验式的教书匠，更应该是能从理论上对自己的教育教学进行客观分析的科研人员，所以如果能培养顶岗实习生撰写教育论文的意识和能力，他们就会成长得更快更好，离优秀教师的距离也就越来越近了。

2. 能培养学生理论联系实践的能力、分析和解决问题的能力

顶岗实习生虽然已经花了三年时间系统地学习了专业知识，但一走上实习岗位就会发现现实的教育实践和在大学里所学的理论知识有差异，这就容易出现某些通病，有人无所适从，有人消极逃避，有人则眼高手低。为什么会这样呢？因为在目前的教育体制下，大学生更多的是被动地接受教育，主动解决问题的机会并不多，所以当他们独立面对问题时表现出不

适应也就可以理解了。我们觉得，教育论文的撰写或许可以在一定程度上弥补这一不足。因为论文写作的过程其实就是解决问题的过程。要有效地解决问题，首先必须调查问题，然后从不同的角度对问题进行全面分析，最后寻找解决问题的方法。学会了写教育论文的方法也就学会了解决具体教育问题的方法。

3. 能在一定程度上解决本科毕业论文浮华剽窃的弊病

目前有关本科生毕业论文的一个令人尴尬而又不争的事实是言之无物甚至剽窃成风。为什么会这样呢？很明显这是由于平时锻炼不够的缘故。大学生本来应该具备最基本的论文撰写能力，可从目前情况来看，一般学校在日常教学过程中并不重视论文的撰写教学，只是到临毕业时才仓促下达撰写毕业论文的任务，而其实学生根本不懂论文撰写的基本方法，甚至连格式都不懂。况且，大学生写毕业论文的时间与实习、找工作的时间是相冲突的，说白了就是大学生没有多少时间花在写论文上面。在这种背景之下，不剽窃又如之奈何？在顶岗实习背景之下，如果学生能根据教学体会认真写好一篇教育论文，这不正是一篇很好的毕业论文吗？又何必另外去拼凑或剽窃文章呢？真是一举多得啊！

二、顶岗实习生教育论文的撰写

顶岗实习生撰写教育论文在写作程序上和一般的论文没有很大的差别，基本步骤是：先选题，然后查找并分析相关资料，再提出解决问题的方法、思路，最后谋篇布局成文。对于其完整的写作流程我们不打算详细地展开论述，只是就其中几个关键性问题谈谈我们的看法。

1. 选题要注重现实意义

撰写教育论文其实就是在进行一项科学研究。任何科学研究都始于问题。"发现并提出有意义的问题，是任何一项科学研究的开端。提出一个有价值的问题，本身就是一项极为重要的研究工作。伟大的科学家爱因斯坦（Albert Einstein）对此曾有过一段精辟的论述：'提出一个问题往往比解决一个问题更重要，因为解决问题也许仅仅是一个数学上或试验上的技能而已，而提出新的问题，新的可能性，从新的角度去看待旧的问题，都需要有创造性和想象力，而且标志着科学的真正进步。'"[3]

对于顶岗实习生来说，选题不应该偏向理论性太强的问题，而应该紧紧扣住自身的教育教学实践，选取大家最容易碰到的、现实意义最强的问题。比如，在班主任工作中怎么对待后进生的问题、怎么对待单亲家庭孩子的问题、怎么对待性格内向孩子的问题，以及如何树立榜样的问题，等等；在教学过程中某些教学方法的运用问题、某篇具体课文的教学问题、怎样激发学生课堂答问的积极性问题，等等。总之，教育教学过程中的问题有很多。著名语言学家邢福义先生常常告诫后辈："留心处处皆学问。"学问就在我们身边，关键是要勤于观察，敏于观察。只要顶岗实习生具有问题意识，真正沉入到教育实习之中，是很容易找到选题的。

2. 解决问题要理论和实践相结合

找到了某个问题之后，就要解决问题。把解决问题的思路讲清楚就是一篇论文。值得注意的是，教育论文不是教案，也不是教学日志或经验介绍，而是要从理论上对问题进行高层次的思索。也就是说，教育论文应该具有一定的理论性，要把理论和实践相结合，而不能完全是个人感觉和经验的表白。比如，有实习生在深入了解农村学生的现状后发现，今天的农村小学中有大量的留守儿童存在，特殊的家庭环境使这些学生在性格方面表现出诸多缺陷，对这个问题的探讨就是一个很好的选题，如"农村小学留守儿童健全人格培养的问题"。这个选题很有现实意义，但要解决这个问题不能只凭感觉和经验，而是应该理性地思索诸多问题。如：第一，什么是健全的人格，培养健全的人格需要哪些最基本的要素；第二，留守儿童有些什么样的行为特征和性格特征；第三，是否所有的留守儿童都有人格缺陷问题；第四，怎么有效地培养留守儿童的健全人格，等等。这些问题的解决，有的需要做田野调查，有的则需要进行理论思考，要大量地查阅国内外的相关研究成果，要充分地了解、吸收别人的研究结论，这样才能为自己解决问题提供重要的理论基础。

3. 行文要符合学术规范

学术规范是指在科学研究过程中，研究者、研究的组织者和管理者以及研究成果的传播者，在实施科学研究、管理和组织以及成果传播等相关活动时，对科学研究真实性、实质性原则的自觉遵循以及对于违反这些原则所应采取的态度。[4]

就大学生撰写教育论文而言，学术规范的主要问题是遵守学术道德。对于违反学术道德现象，舆论界通常以"学术腐败"称之，毋庸置疑，"学术腐败"正成为学界"难言的痛"。虽然大学生论文写作的不正之风还不能被称为"学术腐败"，但我们应该从大学生开始就培养学术规范意识，使他们树立起正确的学术道德观，这既是社会发展的需要，也是个人发展的需求。我们经常听到一些因为剽窃论文而被取消学位的报道，原广州师范学院物理系学生陈某因硕士论文剽窃而被取消学位……南京航空航天大学一位女博士因学位论文存在严重抄袭现象而被取消学位，很明显，这是学术道德沦丧的结果，如果从本科开始就加强学术道德教育，也许就不会出现这样令人痛心疾首的事情。因此在撰写教育论文时，不能让学生养成一种随便应付交差的态度，要坚决杜绝剽窃的不正之风。论文虽小，意义却大。要告诫学生，论文一定要自己写，要在写小论文、解决小问题中找到学习的乐趣，找到实现自我价值的成就感；要让学生感到剽窃别人论文既是对别人劳动的不尊重，也是自己道德的丧失。

符合学术规范另一方面是符合论文格式规范的要求，即撰写的论文各部分应该完整，包括、摘要、关键词、正文、注释和参考文献。同时，作为教育论文的规范，还有体例的规范、结构的规范、段落的规范和语言的规范等。也就是说，要让大学生在撰写教育论文的过程中真正学习论文写作的基本方法和要求，让他们具备最基本的论文能力。这也是创新型人才培养的基本要求。

总之，在顶岗实习背景之下，培养大学生撰写教育论文的意识和能力，能使顶岗实习取得更好的效果，增强学生理论联系实践的能力、分析和解决问题的能力。从另一方面说，还能有效地培养大学生的科研观念，也为本科毕业论文的撰写提供坚实的基础。

（原载于《广西教育》，2011 年第 11 期）

注释

1. 本文系江西省高等学校教学改革研究项目"师范类本科毕业论文写作指导研究"（项目号：JXJG-09-2-31）的阶段性成果。
2. 桂建生. 教育科研论文撰写指导 [M]. 长沙：中南大学出版社，2006：1
3. 杨晓萍. 教育科学研究方法 [M]. 重庆：西南师范大学出版社，2006：32-33
4. 徐德培，刘楚群. 高校本科课程论文研究 [J]. 湖北教育学院学报，2007，（10）：76-77

教研论文写作漫谈

李作凡

一、一点突破 小题大作

教研论文是总结和表述教学研究成果的论述文章，潜心教研是写好教研论文的首要前提。教学研究主要有这样几种类型：一是发人之所未发，言人之所未言，见解独到的创造性研究；二是对别人的研究成果予以深化的发展性研究；三是与人商榷的争鸣性研究。无论是哪一类型的研究，开始研究的面都不应太宽，以免分散时间和精力，收不到应有的效果。古人云："少则得，多则惑。"集中精力和目标，对教材或教法中的问题进行研究，"每次作一意求之"，选准某一点作为突破口，像钻井一样向纵深发展，不达目的决不罢休，这叫"一点突破"。"小题大作"则是完成"一点突破"的有效方法。"大作"是相对"小题"而言的，不是一意追求篇幅之长，而是指力求写出内容充实、体格完备、富有理论威慑力和实际覆盖面的文章。因此，"小题大作"不是故弄玄虚，也不是无病呻吟，而是写文章的普遍规律之一。初学写作的人有一种轻视"小题大作"的观念，不愿做小题目的文章，这是一种偏见。大题目常用于宏观研究，小题目多用于微观研究，离开了微观研究，宏观研究就成了空中楼阁，"大"文章也写不成。从小题目入手写"大"文章，是有深度的表现，也是写好教研论文的必由之路。就以语文教研论文来说，纵观语文刊物上的教研文章，几乎都是小题目。比如《对＜孔雀东南飞＞主题的再认识》，专论《孔雀东南飞》的主题，《洁身自好还是借景消愁——谈＜荷塘月色＞的景物描写》一文，只谈《荷塘月色》景物描写的作用，此二文的标题各自仅示一点内容，均未旁及其他，题目之小不言而喻。有的教研论文，标题只涉及某一字词句，如《＜荷塘月色＞中的"妻"是谁》《"名城"确诂》《从中心句入手教学＜葡萄沟＞》等，标题范围小得不能再小了，但同样写得有分量，有说服力。这对我们从小题目中写出"大"文章来是有启发的。

那么，怎样才能使小题目写成"大"文章呢？

（一）小中求全

郭沫若《女神》中的两句名诗"一的一切，一切的一"曾被一些读者讥为文字游戏，殊不知这两句诗包含了深刻的哲理："一的一切"着眼微观，说的是每一事物的各个方面，或曰一件事的所有方面；"一切的一"着眼宏观，指的是宇宙中的某一事物。"小题大作"就是写"一的一切"，即将某一个问题的各个方面展示成文，以求小中之全。宇宙万物都是一个多面体，"横看成岭侧成峰，远近高低各不同"，若能从每一事物的不同角度不同层面去观察研究，小题目一定能写出有深度的"大"文章。1992年第9期《中学语文教学》杂志发表的《论求同性思维在语文教学中的重要性》一文，论题专一，可说是小题目，但该题却从三方面展示内容，并体现了两种不同角度和两个不同层面的含义："求同性思维是学习语文的重要方法"这部分内容是从教师重视"求同性思维"的原因这一角度论述的；"语文教学中怎样引导学生进行求同性思维"和"语文教学中应用求同性思维的一般步骤"这两部分内容又是从方法运用的角度论证"求同性思维"的，而且前者属于宏观把握，后者立足于微观实施，使方法运用这一角度又分为大小两个不同层面。这样一来，文章的内容就丰富了，问题的分析也深入了，因而该文便具备了"大作"的品格。

（二）力避孤证

揭示真理，做出正确结论的基本方法是归纳法或曰例证法，写教研论文少不了这种方法。运用此法一定要材料翔实，举例充分，力避孤证，否则，也写不出有分量的"大"文章。

孤证是一种简单枚举法，其结论带有偶然性，因而不可靠。生活中的"公说公有理，婆说婆有理"，其事实根据都是各执一端的孤证材料，因而不可取。写教研论文常要旁征博引，举例充分，这并不是为了炫耀学问，而是杜绝臆断，使结论可信。1992年第7期《中学语文教学》杂志发表的《"名城"确诂》一文是一篇"小题大作"的争鸣性的教研论文，它不赞同语文教参把《过秦论》中的"名城"一词解作"有名的城池"。该文在训释"名城"时，既引用了各种大型辞书对"名"的训释之例，又介绍了《史记》《汉书》两部历史名著对"名城"和"名"的运用之句，经过多方比较说明，得出了"名城"应确诂为"大城"的结论，令人信服。该文虽只训释一词，但由于博引旁征，内容充实，如此小题目也便衍化成了一篇有分量的"大"文章了。

"小中求全"是为了广开"小题大作"的思路，"力避孤证"是广开思路后的扎实起步，二者紧密关联，彼此互补。

二、把握联系 定准论点

文以意为主，论点是教研论文的"意"，如同人的灵魂一般。确定论点是写好教研论文的关键性一步棋，举足轻重。教研论文的标题常依论点的含义而设置，教研论文的深度多因论点的新颖而醒目。

一般说来，论点是作者在文章中提出的主张和基本观点。这一老生常谈虽无错误，但不能启发我们解决如何确定论点这一根本问题。从主客观关系的角度说，论点是作者对事物本质的理解所做出的结论。本质是抽象的，难以捉摸；但本质表现为现象，"是现象的全体中的内在联索"（黑格尔语），所以本质又可以理解为联系，用一个简单的公式表示则是：

本质 = 联系 = 论点

联系是现象运动的轨迹，有能见度。从联系中定论点，如网中抓纲，头绪分明。比如论述老子的"祸兮福所倚，福兮祸所伏"，阐发祸中暗藏着福、福中埋伏着祸的道理，就必须找出祸福相互依赖和转化的联系点（条件）作为论述的中心（论点），方可明确思路，切中问题的要害，使文章理路通畅。祸福转化的条件是什么？且以吉凶的关系说明之。张舜徽《说文解字约注》注释曰：

凶：从凵，即坑形也，坑之上横以树枝，取杂草泥土掩复之。

吉：甲文中作𠮷，其凵体乃象坑形上有一横之者，状其有所掩盖也。𠮷形乃所立标识之物以告人者也。

这一注释的具体含意是："凶"乃陷阱（凵）和树枝杂草（×）覆盖的合意字。陷阱口上覆盖着树枝杂草等掩蔽物，使行人丧失警惕。行人一踏上树枝杂草，便会掉入陷阱，这便是凶。"吉"是由陷阱、树枝和告示牌（♣）合意而成，陷阱口上虽有树枝掩盖，但上面有一块使人警觉的告示牌，行人见了告示牌便会避开陷阱绕道而行，于是逢凶化吉，保障了安全。由此可知，警惕性的有无是凶吉转化的条件或原因，这就是他们之间的联系点——论点。而凶与祸，吉与福，义相近，所以祸与福之间的联系也是警惕性的有无。以此为论点，阐发祸福相互转化的道理，便能高屋建瓴，势如破竹，行文顺理成章，一气呵成。不善于从联系中定论点的人遇到这类问题，写文章肯定不知从何入笔；若要勉强成文，也只能是一味罗列事例，做表面文章。

　　事物之间的联系有内部外部、直接间接、正面反面、纵向横向等多种类型。为了使论点牢靠，立论有力，教研论文往往从两个以上联系中去确定论点，使论证有百川归海之势，达到无可辩驳的目的。1992 年第 8 期《中学语文教学》杂志发表的《洁身自好还是借景消愁——谈＜荷塘月色＞的景物描写》是一篇争鸣性的教研论文。该文作者否定所谓写"荷花"象征朱自清"洁身自好"、写"月色"象征朱自清"高尚纯洁"的观点，提出了《荷塘月色》一文的景物乃"曲折含蓄"地表达了朱自清"深沉的苦闷"的论点。这一论点的提出，得力于对《荷塘月色》一文内部联系和外部联系的分析。首先，作者从《荷塘月色》文本入笔，抓住全文的"文眼"——"这几天心里颇不宁静"，缩系全篇，指出"颇不宁静"反映了朱自清对当时严酷的社会现实的不满和苦闷彷徨的心情。接着顺藤摸瓜似的分析文中景物描写与"文眼"的关系，点出朱自清夜游荷塘、欣赏荷花月色所流露的"淡淡的喜悦"是苦闷心情的折射，是"苦中作乐"，目的是使"颇不宁静"的心情平静下来，求得"片刻的解脱"，从而暗示出朱自清"借景消愁"的用意。这一分析充分体现了《荷塘月色》段落之间、景与情之间的内在联系。在此基础上，作者又从朱自清写《荷塘月色》有关的材料中，找出了 1927 年 7 月朱自清给江南 S 君的一封信作为旁证，证明当时朱自清写《荷塘月色》确实处在既不满现实又找不到出路的矛盾与苦闷之中，使该文从外部联系中加深了"借景消愁"这一论点的厚度，增强了文章的说服力。

　　把握和分析多种联系是为了殊途同归，找出各种矛盾的焦点和事物的共性。从某种意义上说，矛盾的焦点和事物的共性便是文章的论点。有时我们研究某一词语的确切含义，不惜引用大量的辞书和古籍，以发现对某一词语的共同解释和一致的用法，这就是找共性，是写教研论文的聚焦法，也是定准论点的有效方法。

三、广中求深 力透纸背

力透纸背是教研论文追求的理想境界，此种境界又叫有深度。如何才有深度？刘勰提出了"论如析薪，贵能破理"，意谓看清了"纹理"，从理路上着笔，问题就会迎刃而解，论文的深度方可昭示。这话说到了点子上，但过于笼统，难于明晰求深的具体途径。若从辩证的角度去审视，深度寓于广度之中，广中求深，方能力透纸背。

深度指的是事物质的程度、文章的意义，广度指的是事物量的范围、文章的涉及面。前者属于本质，后者归为现象，现象表现本质，广度体现深度，是生活中的常理，也是写作辩证法。一花一世界，一叶一乾坤，从微观说，广度是每一事物的子系统和多层面。俗话说，一娘生九子，九子各异，子系统之和比母系统更为丰富。物质的分子由原子和电子合成，原子和电子是分子的子系统。研究原子和电子不仅拓宽了研究分子的面，具有广度，而且也是研究分子的深入，具有深度，广与深合而为一。万事万物，方方面面，各有情态，构成变幻莫测的万花筒。倘若不断变换观察点，研究每一事物各个层面，其研究范围也就扩大了，这种广角度多层面的研究无疑又是研究深度的具体化。全面看问题是有深度的标志，片面性决无深度。所谓"深刻的片面性"不过是一句诙谐的赞语，实质上它是对事物某一侧面的多方位认识，是点中之面，仍然是全面性。如果综合事物的子系统及其各侧面的特点，把握其有机联系，由微观转向宏观，找出它们的共同规律，使认识上升为普遍性，这便是更高层次的广度（普遍性即认识的广度），同时又是更高层次的深度（规律性是深刻认识的结果）。所以，无广度便无深度。

从广度入门，探求深度，乃自然法则，是写作通途。它要求作者动笔前，分解题意，摸清论点含有的子系统和各层面。执笔时，或横向排列，将论点的子系统列成小标题分而治之；或纵向追踪，清理各层面的前因后果、来龙去脉。时而由表及里层层进逼，时而由此及彼步步生发。哪怕是诠释一词，解说一句话，也应顾及全篇，前后关联：或正面紧扣原文条分缕析，或侧面提供参照博引旁征。如此这般，无一不体现一个"广"字，然而终须殊途同归，揭示宗旨，定尊为一个"深"字。且以 1991 年第 8 期《汕尾教育》杂志发表的《＜过秦论＞中心论点说一说》这篇教研论文来说，它的显著特色是广中求深。《过秦论》（上）篇末"仁义不施，而攻守之势异也"这一统摄全文的中心句应做何解释，历来众说纷纭。《一说》不同意"教参"将此中心句理解为"因果说"，否定"因为秦始皇不施仁，所以才使攻守之势起了变化，由攻势转为守势"这样的解释，而赞同"并列说"，认为朱东润主编的《中国历代文学作品选》的注释"秦从前兼并六国时处于攻势，故可依恃地险，采用诈力，取得成功。但在统一天下后，形势已不同了，就需要顺应新的情况，施行仁义，才能守住天下"是正确的解释。为使这一"并列说"令人信服，《一说》的作者从贾谊的"政治主张，写作动机""上下文意、行文思路"以及文末设问的"辞格运用"三个侧面予以阐发，找出了这三个侧面的共性："攻用权谋，守施暴政"是秦由兴到亡的双重原因，从而得出了"仁义不施"句的两个分句应当是并列关系的结论。这一分析论证体现了由博返约、广中求深的思维特点，充实并深化了现有的认识，颇有说服力。

　　撰写教研论文还有一些具体问题需要研究，如怎样分析，如何归纳以及复述教材内容以论证，等等；但上述三方面的问题是根本性的问题，具有做学问、写论文双重意义，也是对教研论文的宏观考查。

（原载于《抚州师专学报》，1993 年第 4 期）

卓越教育与当代大学课堂教学

陈志华

课堂教学是大学教育的重要环节，是大学培养人才、传播文化的主要阵地。"一部现代教学史就是一部个人全面发展理论与实践不断深入、发展、丰富的历史。追求个人全面发展是一个现代教学目的的共性。"[1] 大学教育的根本目的是实现人的全面发展，大学教学的目标也服从于这一目的，以卓越教育为核心的大学课堂教学就是紧紧围绕人的全面发展这一目标而展开。

一、卓越教育：当代大学课堂教学的吁求

教学质量的优劣与人才培养质量的高低有着极为密切的关系。有学者认为，当前大学课堂教学存在的问题主要表现为自主性缺失、创新性缺失、个体性缺失、实践性缺失和育人性缺失。[2] 教学质量的好坏直接影响着创新人才的培养，当前大学课堂教学中庸常化现象的普遍，是导致人才培养质量降低的重要原因之一，而卓越教育则是当代大学课堂教学的旨归，是实现大学是"人格的塑造者、价值的批判者、文化的守卫者、灵魂的唤醒者"等这一系列价值的核心手段。从教学主体而言，教师对于学生的期待缺乏实质性了解，不了解当前教育形势的变化等，没有及时进行调整和适应；从管理层而言，无论是课程设置还是对于教师、学生的管理，也存在类似的问题。当代大学课堂教学常常遭遇如下挑战：

第一，信息时代知识的获取变得更加简便易行。当代互联网搜索引擎功能异常强大，学生获取知识的途径非常广泛，基本知识"百度一下"就

能找到较为准确的答案。教师布置的论文作业在"中国知网""超星""万方数据库"等国内外文献网站上基本能够找到较为详细的解决方案。有时教师在讲台上提出一个问题让学生思考并回答，学生通过互联网就能找到答案，基本上无须思考，思考的时间都让位于寻找答案了。与此同时，教师的权威也逐渐消解。教师既不是传授知识的必需人物，也不一定是该知识领域的权威，教师所谓"传道授业解惑"不再具有强大的认同功能与说教效果。与以知识传递为核心的教学相比，教师对现象的描述以及对问题的解答面临着更多状况与不确定性。在这种形势下，"教师和学校丧失了很大一部分属于他们的教育经验优势，必须面对新的任务：把学校办成更能吸引学生的场所，并向他们提供真正理解信息社会的钥匙"[3]教师的作用就需要从原来的知识传授转变为主要是引导学生主动探究、自主学习，学生也应由原来的被动接受者变为主动学习者。

第二，市场经济条件下学生的就业方向更加广泛。大学毕业生以后并未从事所学专业，甚至相去甚远，这一情形早就存在，但在当前表现得越来越明显。虽然艺多不压身，但是，如果学无所用，必然降低学生学习的积极性。学生显然希望学到对于未来有用的知识经验与方法，甚至更倾向于实践性课程。同时，由于部分专业结构设置、课程设置不合理，导致学生到了找工作时学无所用。学生提前预测到了这种情况，必然会影响学习的积极性。因此，教师的教虽然以某一专业为主，但显然需要考虑到这一问题，这也是教育实用性的必然要求。有的教师认为这已经超出了自己的掌控范围，试图回避这一问题，只是按照本专业的教学大纲来实施教学，其教学效果必然会打折扣。

第三，大学生目前面临着巨大的生存等各种压力。不少学生忙着打工赚钱糊口，有的甚至有几份兼职，这必然会影响到学生的学习精力。还有不少学生为了获得更多的技能，花了很多时间去考各种证，包括外语证、驾照等。不少学生到了大二、大三总是以各种理由请假："我今天要去练车。""今天要去考科目三。""今天要去参加志愿活动。""作为礼仪小姐参加校园活动。""大学生军乐团训练。""作为军训教官承担军训任务""体育训练比赛。"一堂课总有几个人因为各种原因不能到场。"大量研究调查表明，中国大学课堂教学效果不太理想，反映最突出的就是大学生逃课现象。"[4]当代大学生的课外活动丰富无可厚非，但影响了课堂教学显然不好。这一问题影响到正常的课堂教学，教师应在教学过程中对这种现象做出正确的引导和评价，但解决方案主要在家长、社会和学校三方手中。

第四，目前大学生课堂学习中，崇尚学习的"短平快"，强调自我意识，淡化自主学习；重感性体验，轻理性思考。随着社会生活节奏的加快，知识的学习也变得快速，缓慢的"量变引起质变"的方式几乎是一种奢侈。在这种快节奏中，学生的自我意识变得明确而强烈。自主学习、课外补充学习成为一种包袱，学生没有时间或者没有动力。同时，大学生尤其是文科学生对于复杂的思考推理表现出一定的畏难情绪。价值理性的式微与工具理性的抬头导致高校课堂教学出现了深层次的精神困乏。对兴趣、趣味的工具性追逐，淹没了对精神的追求。大学教师教育学生修身养性、心性高远，大学生却深受功利主义的影响。正如数学大师丘成桐所言，中国大学生缺乏对知识学习的最基本的热忱，只要自己的学习足够为自己谋得一份像样的工作或薪水，他们就会停下来，不再学习，谋得工作或薪水远重于人的情感体验、兴趣天赋。大学生中本有的教师与学生间对真理探求追问的严肃性被功利化关系所取代。一旦出现枯燥的教学内容时，糟糕的课堂教学效果就在所难免了。

基于出现的新情况，传统的以教师传授知识为主导的大学课堂教学显然难以应付。目前有不少教师的课堂教学并没有真正适应这些变化，备课的知识狭窄，教师对于课堂的驾驭，要么是知识独白，要么是众声喧哗里的形式追求，偶尔问答中的内容传递。学生缺乏主体性，教师缺乏对学生主体性的认知和培养。课堂教学中工具理性大行其道，价值理性日趋式微。大学课堂教学需要重新评价、定位，把课堂教学的针对性、有效性放在当前教育研究与实践的首要位置。

正是在这种大背景下，当代大学课堂教育呼唤"卓越教育"。那么，何为卓越教育？如何在大学课堂教学中实现卓越教育呢？美国教育学者肯·贝恩在他所著的《如何成为卓越的大学教师》一书中对此进行了深入讨论。作为曾获多项全美教学奖、被誉为美国最好的老师之一的肯·贝恩，从 20 世纪 80 年代中期开始对美国多所大学不同学科的 60 多位杰出教师进行了长达 15 年的观察和研究，从教学理念、教学追求、教学方式、教学技巧以及培养人才过程中教与学的关系等方面进行了深入探讨，并结合大量具体生动的教学案例进行阐发。该书主要从四个方面探讨了卓越教学的要义：一、调动学生的内在兴趣，激发学生自主学习的积极性；二、发现和肯定每位学生的价值，对学生报以强烈的信任和更多的期待；三、善于创造自然的批判性的学习环境，注意因材施教；四、注重教学评价和反思，能恰当地评价自我和学生。肯·贝恩透过一个个生动故事所描绘的杰出大学教师的卓越教学颇具启迪意义。大学教育不仅仅是知识教育，更是人的教育与培养；大学课堂教学也不仅仅是传递知识，更是在建构新型的课堂师生关系的基础上，始终明确教学的目标在于实现"人的全面发展"。正如有学者指出，卓越教育的价值指向就是：在"人－社会－自然"生态系统的和谐与协调中，卓越教育的"出发点"和"落脚点"均是以"人的自由全面发展"，即以培养知识、能力和智慧为结构性内核的"智慧人"为指向的，这一指向是教学主体通过"教的活动"与"学的活动"的出色互动、互化而达到"教的内容"与"学的内容"的出色相长、增生从而获得教师和学生的卓越进步与发展来实现的。[5]因此，大学课堂教学应围绕四种基本学习加以安排："学会求知，即获取理解的手段；学会做事，以便能够对自己所处的环境产生影响；学会共同生活，以便与他人一道参加人的所有活动并在这些活动中进行合作；最后是学会生存，这是前三种学习成果的主要表现形式。"[6]可以说，这四种学习将会影响人的一生，这也是卓越教育对于学生能力培养的核心要求所在。大学课堂教学应以实现卓越教育为目标，从教学观念、课程准备、对象认知，教学方式，课程评估等方面进行变革。

二、问题意识：重审大学课堂中的教与学

要实行卓越教育，培养卓越人才，就要求我们直面大学课堂教学现实，转变教育教学观念。在北京大学出版社 2014 年出版的《大学课堂教学危机》中，吴艳直击中国大学课堂教学现状，从教师的教学精神、学生的学习状态和师生关系等方面详细探讨了大学课堂教学危机的表征和实质。概而言之，它主要体现为三个方面：教师的教学精神式微、学生的被动学习和师生关系的异化。要实现卓越教学，必须勇于面对当前的教学现实，尤其是面对自己的课堂教学现状，不断进行自我反思，从根本上转变教育教学观念，重新审视大学课堂中教与学之间的关系。中国的教育往往是在"学

答"，教师心中牢牢掌握着标准答案，任你众声喧哗，我自淡然笃定，将学生教得没有问题了，这便是好的教学；而美国的教育常常是在"学问"，在开放民主的教学氛围中学生总有问不完的问题，教师并不负责给出答案，而是引领着学生去寻找问题的解决方式。这一对比凸显出教学中教与学关系的重大差异。是否能发现问题，敢于提问，善于提问，乐于提问，已然成为衡量教与学关系的重要尺度。

胡适多次强调问题之于学习的重要性："问题是知识学问的老祖宗；古今来的一切知识产生于积累，都是要解答问题——要解答实用上的困难或理论上的疑难。"[7]马克思也指出："一个时代的迫切问题，有着和任何在内容上有根据的因而也是合理的问题共同的命运：主要的困难不是答案，而是问题。因此真正的批判要分析的不是答案，而是问题。""……问题是时代的格言，是表现时代自己内心状态的最实际的呼声。"[8]在当前许多大学课堂，教与学的关系总是呈现为单向度的知识传输，你说我听、你写我记、你考我背等现象非常普遍。教师积极传授教材中的普遍性知识，总是用设问的方式带领学生解决教材中的一个个知识性问题。虽然也有老师通过分组讨论、课堂表演等方式试图从多方面激发学生对知识的感受和理解；但不少都流于形式，整个学期的课堂教学鲜有问题的发生，更不用说提出有价值的问题。学生的学习中没有问题，学习的主要目的在于掌握、记忆与理解教材及教师讲授的知识，最终拿到一个好的分数。虽然这种教学关系在课堂教学中确实重要，却不应该成为课堂教学的全部。

当前大学课堂教学中问题意识的缺乏主要表现为：不敢提问、不想提问和不会提问。首先，学生不敢向老师提问，一方面源于学生由于畏惧老师，或者担心问题幼稚等原因所导致的提问时存在的心理障碍，另一方面也与长期以来我们的教育只重视"传道"，不强调"质疑"，甚至反对"别样的声音"有着极为密切的关系；其次，学生认为没必要提问，这既与满堂灌的传统教学方式使课堂上没有留给学生相应的思考时间，课后又缺乏交流，从而造成学生思维怠惰有关涉，又与学生对教材和教师的权威性已有判定，因而不怀疑只接受相关联；再次，基于上述两种学习常态，很多大学生不重视发现问题，哪怕有所存疑，也由于缺乏问题性的思维品质，缺乏内化了的知识话语，从而无法恰当地表述自己的问题，更别提从提问中感受思考的乐趣。问题缺失往往意味着思维的凝滞。目前，中国大学生每学期所学课程数量之多，每门课程学时数、每周上课时数之多，在世界各国大学中是较为罕见的，有些大学低年级学生每周上课时数竟高达30～40学时。如此重的学习负荷，使学生们每天疲于"赶场"，忙于机械地记笔记，背笔记，何来思考问题的时间？如此密集的知识轰炸下，何来批判性思维的培养？

　　缺乏教学中的问题意识，课堂就难以真正实现有效的互动，也难以对学生从情感到思维产生持久性的影响。"当其他人在谈论传授知识和在学生的大脑中建立信息库时，卓越教师则在讨论帮助学生努力掌握概念和信息，以建立他们自己的观点""其他的老师只要学生考试成绩好就可能心满意足，而那些卓越的老师则认为，如果学习对人们的思想、行为和感觉方式不能产生持久的实质性的影响，那么学习将毫无意义可言"。[9]可见，卓越教学非常重视问题意识的培养，其终极目标在于学生自我发现问题、解决问题，从而最终由学校教育走向自我教育。课堂所呈现的教学场景只是教与学关系的情境实现，大学课堂中教与学关系涵盖了教师的课前准备、课中呈现，课后交流整个过程。就教学准备而言，不妨从"老师应该准备什么"转换为"学生需要我准备什么"，从任务式教学大纲转换为承诺式教学大纲。肯·贝恩从许多卓越教师的教学历程中得出，尽管他们的专业不同，教学方式迥异，但他们在确定教学大纲时普遍采取邀请式方式。这种承诺式教学大纲主要由三部分组成：第一，老师清晰谨慎地提出本课程可以给予学生的承诺和机会；第二，老师解释学生将要做什么来实现那些承诺；第三，教学大纲对老师和学生如何理解学习的本质和进程做了简要论述。[10]在这一总体指导原则之下，教师应该小心地选择问题，谨慎地挑选阅读材料，循序渐进地组织材料，以便给学生机会来发展他们的技能，让学生思考问题，采取立场，并从阅读材料中获得证据来得出结论和解决问题。由此，学生不再是被动地接受知识，简单地积累知识，而是经历着深沉的思维改变，这些改变不仅影响他们的心智习惯，还影响他们持续发展的能力。卓越教师坚信，人们是在构建对现实的思维模式而不是简单地储存或吸收知识。因而，他们重视将问题意识贯穿于整个教学过程，无论在教学目标的设置、课堂教学的准备、教学过程的开展，还是课程结束后的评价，都不再只关心学生记忆信息的能力，而是认识到记忆能力将随着理解能力，以及利用这种理解能力进行推理的能力的增强而增强，从而依据学生在整个教学过程中的表现给出动态性评价。尤其值得强调的是，卓越教师所强调的问题意识培养，并非基于空泛的"我与你们"的关系，而是"我与你"的关系，他们关注每一位学生，关注每一个个体的学习进程。卓越老师往往会努力寻找、发现和欣赏每一位学生的个体价值，发掘每一位学生能在课堂上呈现出的种种能力。正如德克萨斯大学成就非凡的戏剧教授保罗·贝克所言，"我对教学最为强烈的感受就在于，教师必须以学生为本。作为一名教师，你不应仅仅从教学出发，只考虑你自己，只考虑你所了解的一切……课堂上的每时每刻都必须属于学生——不是笼统抽象的学生整体，而是每一个活生生的学生个体。"[11] 凸显问题意识的卓越教育显然需要由满怀教学情怀的卓越教师来主导实现。林小英与宋鑫在 2014 年第 2 期《北京大学教育评论》上发表了《促进大学教师的"卓越教学"：从行为主义走向反思性认可》一文，给人们描绘了一种卓越教师（卓教授）的样貌：

　　卓教授平时一整天的时间都窝在自己勉强可以称为办公室的房间里。房间的陈设简单，但是整面墙的书柜里挤满了书，地上也堆着几大堆摇摇欲坠的文献。很多时候他是看着电脑，要么是看文献，写文章；要么是看学生作业，写反馈；或者是处理邮件，或者是上校内 BBS 上的课程版，看学生对其所教课程的评价并进行网上答疑……虽然他所教授的几门课都上了十几次甚至几十次，但是每次上课之前，他都会认真去看 PPT，尽管对于要讲的内容，已经烂熟于心。虽然经年累月的教学让他口才过人，但还是要在心中过一遍授课语言。就是在这种课前集中看的过程之中，他把平时所热爱的科研工作中的新知、心得甚至急中生智的东西整合进课程内容以后，才感觉踏实放心，所以他的课件从来都处于调整之中。每次下课后他必然在讲台站 10～20 分钟左右，等着学生问问题，等学生走得差不多了自己再走，当然他也开放工作时间给学生，因为他天天都在办公室或实验室，甚至包括周末。所有这些付出，在他看来理应如此……在期末由学生所做的课程评估中，他一般都会得到高于全系、全校很多的分数。对这些结果，他只是一笑而过，并不在意。

　　当然，这样的卓教授有点不食人间烟火了。按照肯·贝恩的说法，"卓越"教师就是"非常成功地以各种方法帮助学生学习，这些方法对学生的思想、行为和情感产生了持久、真实和积极的影响"[12]。这里面实际上包含了两方面内容：一方面，使用方法帮助学生学习进步；另一方面，这种方法有深远的影响，有助于学生养成深入思考的习惯。也就是说，卓越教师教给了学生终身学习的方法，培养了终身学习的能力。这种教育效果吻合了时代对于人的全面发展的要求。

三、有效教学：重视教学实践中的通与变

大学教育的目标在于人的培养。《国家中长期教育改革和发展规划纲要（2010—2020 年）》把育人为本作为教育工作的根本要求。教育之根本在于"人"，教育是面向人的教育，是着眼于人的发展的教育。当今，有效教学成为大学课堂教学的主导方式，以"有效性"为理念，追求教学效率，着力于学生对知识与技能的掌握。高度重视教学效率本无可厚非，然而，如果以"效用至上"作为教学的根本追求，而忽视教学中应有的人的生命的意义、价值、尊严、独特性等维度，忽视大学生精神力量的培育，则与教育的初衷相去甚远。因而，大学课堂教学改革既需要借鉴当下占主导地位的有效教学的优长，注重知识基础的夯实、教学效率的提升，也需要立足卓越教学的高标，根据教学对象的实际情况，进行相应的教学方式改革，或者至少进行较大的教学方式调整，在变与通之中对课堂教学做进一步探索。在此，笔者结合近期个人的比较文学课堂教学实践做一些说明。

比较文学是一门专业性很强的课程。这门课此前笔者也上过很多次，理论性突出，学生接受起来比较困难。尽管一直在进行教学探索，试图让课程内容更易于为学生所理解和掌握，但往往一学期下来，学生的整体掌握情况不是很理想。问题的症结在哪呢？经过反复琢磨，笔者意识到：学生对于理论学习的被动参与是症结所在。教学改革的方向顿时清晰了很多：以前仿佛也是立足于学生，然而并没有很好地锻炼他们面对理论学习的能力，过于迁就学生既有的理解力，不仅无助于他们掌握相关的理论知识，更会错失发掘他们理解潜能的可能。为此，笔者花了大量时间设计这门课程的教学。

开学第一周是契约型教学的建立。"理解优秀教学的关键不在于特别的做法或规则，而在于老师的态度，在于他们信任学生有能力取得成功，在于他们乐意认真地对待学生，乐意让学生自己控制自己的教育，在于他

们负责让所有的策略和做法为主要的学习目标服务，确保这些策略和做法是师生之间相互尊重、相互协调的结果。"[13] 笔者详细说明了整个学期的教学内容、进度安排和学习要求以及他们可能获得的学习效果，邀请他们参与教学，让学生自主选择去留，并发给学生卡片，让他们简略阐明选择这门课程的理由。原以为不少学生会退选，但最终绝大部分学生都留在了课堂。其中一位传播学院的女生令人印象深刻，作为唯一一名非文学院学生，经过反复沟通，她依然坚定地留了下来，并在此后的学习中表现出优秀的学习素质。学生反馈的卡片传递出这些青年学子的锐气和活力，他们都敢于，甚至渴望挑战。小小的卡片上，字迹是个性化的，表达是个性化的，想法更是独具个性的……如此鲜活而丰富的信息量给笔者很大触动，这便有了后来非常重视的课后感写作的缘起。每节课的最后两分钟都会留给学生写课后感，可以是课程知识点归纳、课程学习状态、学习难点与困惑、课程建议甚至是情感表达。一段时间下来，课后感为及时了解学生学习效果、调整教学进度和节奏提供了很大的帮助。

笔者尽力创造一种自然的批判性的学习环境。"所谓自然是因为学生无意中遇到某些问题和任务，其中包含了他们正在努力学习的技巧、习惯、态度、信息，这些内容对学生具有吸引力，这些真实的任务能激发学生的好奇心，成为内在的兴趣。所谓批判是因为学生学会以批判的态度来思考，以证据来推理，运用各式各样理智的标准来检验他们推理的质量，在思考的同时做出改进，对别人的思想提出具有探索性和深刻见解的质疑。"[14] 问题意识恰是自然的批判性的学习环境的核心要素。一方面，讲课不再是对某些主题进行百科全书式的覆盖，而是着力帮助学生提高学习的深度和广度，从而调动学生对于这些争论点的注意力。在教学内容的具体安排中，笔者以系列问题的方式将课程内容串起来，在知识梳理的同时，强调对知识链条之间关系的思考，鼓励学生进行比较、应用、评估、分析、综合，而不仅仅局限于听课和记忆。此外，课堂往往以提问开始，通过设置一些含义非常清晰的问题，让问题变得有驱动力和刺激性，甚至将问题与更多更大的问题联系起来，激发学生以批判的眼光来对待问题，甚至对如何回答那个问题进行争论。人们在力图对自己的问题做出回答时学习的效果是最高的。比如，在讲到"中西戏剧文体比较"这一部分时，以"中国有无悲剧"这一问题切入，指导学生查阅相关资料，并从中西文化思维差异的角度进一步思考，最后采用音频录制的方式，让每位学生尝试进行理论阐述。在教学组织和作业布置上，引导学生发现问题，就相关问题进行深度探讨。在之前讨论小组学习的基础上，课程确立了主持人轮流制度，并以细则来明确具体的操作方式。学生的作业也常常分为个人作业和集体作业，他们在个体努力和团结协作中完成了学界地图的绘制、知识点音频的录制、论文的评阅等多项作业。作业的完成体现出他们在自我学习和协作学习当中做出的可贵努力，也充分展现了他们的聪慧和才情。这些精心设计的作业的完成极大提升了课堂效果，更重要的是学生的学习能力得到了较大程度的提高，课堂开始变得真正具有了互动的意味。有研究者指出，信任策略行之有效是因为它很现实。它要求对每一个人的能力做出积极而又诚实的评价，这就需要老师对学生个体以及可能影响学生表现的社会力量有深入的了解。这也就意味着笔者在课后要付出更多的时间和精力去批阅作业，并及时进行反馈。

理论学习的热情总是难以保持，唯有更用心地根据学生的学习进度调整教学节奏。记得有一次，因为学生作业交得过迟，而在批阅中发现的问题恰是第二天课程中忽略的。为此，笔者重新调整内容，修改 PPT，忙完已经快到凌晨三点了，当时随手截了个屏，写上"革命尚未成功，同志仍需努力"。第二天课上，PPT 演示到最后这页时，很多同学都有所触动。严格要求，要求的不仅是学生，更是自己。那些可爱的学生们此后继续以他们的认真与热情积极参与到教学中。整个教学过程充满了动态感，除了课程的知识框架，其他都是跟着学生们的认知水平，学习进程而展开的，学生发现问题、提出问题、解决问题的能力也得到了较大提升。虽然在实践环节还有部分值得商榷之处，但笔者认为这是自己一直想象并努力追求的教学方向。既重视教学效率，又不唯效用至上的有效教学能更好地挖掘学生的潜能，有助于大学教育中人的自由全面发展这一培养目标的最终实现。

（原载于《读写月报》语文教育版，2016 年第 3 期）

注释

1. 黄济，王策三．现代教育论（第3版）[M]．北京：人民教育出版社，2013：305
2. 严启英．关于在高师课堂教学中实施素质教育的思考 [J]．教育探索，2002，（6）：21-23
3. 国际21世纪教育委员会．教育——财富蕴藏其中 [M]．联合国教科文组织总部中文科，译．北京：教育科学出版社，1996：135
4. 吴艳．大学课堂教学危机研究 [M]．北京：北京大学出版社，2014：11
5. 邹成效，浦玉忠．"智慧人"：卓越教学的出发点与落脚点 [N]．中国教育报2013，(6)：1-25
6. 国际21世纪教育委员会．教育——财富蕴藏其中 [M]．联合国教科文组织总部中文科，译．北京：教育科学出版社，1996：75
7. 胡适．赠与今年的大学毕业生 [J]．独立评论，1932，（7）：25
8. 中共中央马克思、恩格斯、列宁、斯大林著作编译局．马克思恩格斯选集（第1卷）[C]．北京：人民出版社，1995：203
9. [美] 肯·贝恩．如何成为卓越的大学教师（第2版）[M]．明廷雄，彭汉良，译．北京：北京大学出版社，2014：17
10. [美] 肯·贝恩．如何成为卓越的大学教师（第2版）[M]．明廷雄，彭汉良，译．北京：北京大学出版社，2014：74
11. Paul Baker, Integration of Abilities: Exercises for Creative Growth, Anchorage Press, 1977: 8
12. [美] 肯·贝恩．如何成为卓越的大学教师（第2版）[M]．明廷雄，彭汉良，译．北京：北京大学出版社，2014：5
13. [美] 肯·贝恩．如何成为卓越的大学教师（第2版）[M]．明廷雄，彭汉良，译．北京：北京大学出版社，2014：77
14. [美] 肯·贝恩．如何成为卓越的大学教师（第2版）[M]．明廷雄，彭汉良，译．北京：北京大学出版社，2014：96

论胡先骕的教育观

——胡先骕逝世 35 周年祭

周葱秀

　　学术界公认胡先骕是植物学家、文学家，却从未承认他是教育家，各种中国教育史都未提及他。我认为他也是一位教育家，在教育史上应有其一页。他不仅有长期的教育实践，桃李满天下，而且有其独树一帜的教育思想，他自许其教育思想"颇有独到之处""立论即与时下所谓教育家者异趣焉"。[1]

新人文主义教育论

　　胡先骕的教育思想形成于 1913～1922 年间。当时中国已沦为半封建半殖民地社会，尤其在庚子事变之后，民族危机日益加深，爱国志士纷纷揭起"教育救国"等旗帜，胡先骕投入了这一爱国热潮中。1922 年，他正式提出了"教育改革"的命题，在教育界独树一帜，首倡新人文主义教育。新人文主义的思想是其教育观的基础和核心。

　　胡先骕的教育观有两个思想来源：一是来自中国儒家思想，一是来自美国新人文主义思潮。五四时期是中西方文化碰撞、交融时期，胡先骕教育思想正是中西方文化碰撞、交融的结晶。胡先骕从 4 岁起，就浸淫于儒家典籍中，深受以道德为本的儒家思想影响。但他并非全部赞成儒家思想，比如儒家的"王道"思想等，他就反对。他欣赏儒家"正心，诚意，修身，齐家，治国，平天下"的抱负，服膺于"中庸之道""克己复礼"等主张。1913 年，胡先骕留学美国，接触了异域的教育和新人文主义思潮。新人文主义初起于德国，美国的新人文主义则是作为一个文学批评流派出现的，代表人物有白璧德（Irving Babbitt）等。他们主张以"人之法则"反对"物之法则"，重视人性发展，强调理性，提倡"节制"和"适当性"（即反对"过"与"不及"），要求继承古代传统。胡先骕对白璧德的主张"心悦诚服"，翻译了他的著作。吴宓为译文写了序，推崇他为"今日美国文学批评家之山斗"，说"其讲学立说之大旨，略以西洋近世，物质之学大昌，而人生之道理遂晦，科学实业日益兴盛，而宗教道德之势力衰微，人不知所以为人之道，于是众惟趋于功利一途""社会之中是非善恶之观念将绝""此其受病之根，由于群众昧于为人之道"。[2]可见新人文主义是以批判资本主义的姿态出现的。但其批判资本主义时采取了保守立场，对于"受病之根"，不是从资本主义制度去寻找，而认为是"由于群众昧于为人之道"，解决办法是恢复旧的道德传统，这就表现了其历史唯心主义倾向。异域的新人文主义和本土的儒家思想有相通处（白璧德很赞赏孔子），因此易为胡先骕所接受。他也有过长期的教育实践，在南京高等师范学校任教。于是在教育实践的基础上，他把新人文主义和儒家思想结合在一起，形成了自己的教育观。

胡先骕以这种"中西合璧"的教育观为指导，提出了其"教育改革"主张——改"畸形教育"为"全面教育"。其主张针对两个方面：一方面，他批判"旧式教育"，认为"旧式教育"缺乏"物质教育"，即缺乏现代科学技术教育；另一方面，他批判"新式教育"，认为"新式教育"缺乏人文主义教育，他称之为"畸形教育"。其批判重点是在后者。胡先骕说，"夫教育之陶冶人才，尝有二义。一为养成其治事治学之能力，一为养成其修身之志趣与习惯。"前者由现代科技教育来"养成"，后者由人文主义教育来"养成"。二者缺一，则为畸形之发达。"[3]他认为中国教育目前的"危机"，正由于忽视人文主义教育造成。"畸形教育"培养的学生一进入社会，"其弊乃立见"。他们无高尚之人生目的，"无坚毅之道德观念，故每易堕入悲观，进退失据。若不得志，固不免怨天尤人。即处境较佳，则又因物质欲望之满足，而转觉人生之无目的""若遇一二拂逆之事，精神将益委顿，结果则惟抱混世主义，其下者，乃浸为社会恶习所软化。否则抱厌世观念，甚或至于风魔与自杀矣。其次者则纯为功利主义之奴隶，其目的惟在致富，苟能达此目的，不惜牺牲一切以赴之，对于家庭、社会、事业之责任，咸视为不足轻重"。他慨叹道："此皆畸形教育之害也。"[4]笔者认为其批判击中了当时教育的要害。这里牵涉到物与人、功利主义与人文主义的关系如何处理的问题。笔者觉得功利主义不应该反对，但片面强调功利主义而无视人文主义，则贻害无穷。胡先骕分析了"畸形教育"产生的根源，有历史根源，也有思想根源。从历史根源来讲，它和洋务运动相伴而来。早期洋务派奕䜣等就提出了"洋务教育"，以为掌握了"西艺"，中国就可"自强"。洋务派在国力日衰的形势下，"以为吾国所缺者物质科学耳，造枪炮、建战舰耳"。功利主义是洋务运动酿成的主要思想，反映在教育上即张扬功利主义教育，忽略人文主义教育。从思想根源来讲，和当时教育改革的主持者（大都是留学西方的学者）之思想方法有关。其思想方法是形而上学的。胡先骕说，"教育常包有治事治学与修身之二义，今试以西方之教育而论，二者亦并不偏废也。"[5]当时教育改革的主持者却片面地学习西方，只取其前一"义"，忽略其后一"义"，"生西学即物质科学之缪解，浸而使国人趋于功利主义之一途"。[6]胡先骕讥之为"买椟还珠"。

他在新人文主义教育观的指导下，胡先骕反复论述了教育的本质和目的，提出了"尽人之性"的"全面教育"论。他说："人民之生活，非仅包括狭义之衣食住行物质生活而已。若仅限于物质生活，则人类异于禽兽几希。""教育之目的，即在如何提倡与训练个人，使人人皆能在生活之各方面尽量发展其潜能，以达到尽善尽美之域，如中庸所谓能尽其性与尽人之性者"。[7]当然，他还不能以教育作为上层建筑与经济基础之关系来深刻揭示教育之本质和目的，未免有历史唯心主义之嫌。不过，他所谈及的人性并非抽象的。他说，发展人性是为了适应社会生活的需要。其教育观从当时的历史环境来看，是有进步意义的。中国的教育，从汉武帝"立五经博士"以来是"利禄"教育，"人们皆为利禄而求学"；洋务运动以来，则片面张扬功利主义，重物轻人，对物质"崇奉逾度"，只顾及物质文明，只讲物质教育，无视人文主义教育，忽略精神文明的发展，使中国教育文化产生了偏颇。正像鲁迅所说："林林众生，物欲来蔽，社会憔悴，进步以停，于是一切诈伪罪恶，蔑弗乘之而萌，使性灵之光，愈益就以暗淡。"[8]胡先骕提出教育要全面发展人性，使人们"不致为功利主义浪漫主义（指行为毫无节制）之奴隶，庶几物质文明与精神文明，得以同时发达，则新旧文化咸能稳固，社会之进步，政治之修明，虽目前未能实现，二三十年后，终能成也。"[9]为"救国"而重视教育，当然是对的；但是在当时社会条件下，谈"救国"而不谈群众革命，不谈社会制度的改革，这种"教育救国"

论确有历史唯心主义之嫌。不过，它在当时则有进步意义。胡先骕大声疾呼：大学的"危机"在于忽视人文主义教育，缺乏精神追求。这在今天仍有警醒作用。当历史进入 21 世纪，物质（科技）教育愈发达，要求人文主义教育愈加强，仍不失落精神的追求。

高等教育论

胡先骕的一生，主要是从事高等教育的一生。他运用中西比较的方法研究教育，视野广阔，借鉴了外国高等教育的经验教训，又总结了自己一生的教育实践，对高等教育提出了一整套的见解。

在其新人文主义教育观的指导下，胡先骕主张高等教育要"修身"重于"治事治学"。他说："每一大学生，于入大学时，即当立任天下之志，存以先知觉后知之心，斯之谓立德，至于术则次要之事耳。"[10] 因为大学不仅要培养具有"专门之学"的专家，更要培养"有教育之人"，即思想品格高尚之人。胡先骕认为："欧陆大学制度，极为自由，学生生活极为放荡，荡检逾闲，视为故常。大学教授除授课外，对学生仅依考试之成绩以定品评。此种精神之弊，在舍造成学问家外，毫不影响于高等社会之人格，甚非吾国所宜效法者也。"[11] 与其新人文主义教育观相联系，胡先骕注重在大学（包括理工专业）开设文史哲等课程，认为大学如果缺乏人文主义精神，没有思想道德修养，不了解本国历史和文化，不能写"清顺纯洁之国文"，是高等教育之失误。

提倡教学与科研并重。胡先骕认为大学固然是教书育人的场所，但也应该在学术上对国家有所贡献。当时大学处于初创时期，由于受"述而不作"的传统影响，不重创新，忽视科研，大学极少有设置研究院（所）与研究教授的，这就影响了大学办学水平之提高。针对中国大学存在的这一问题，胡先骕提出："大学教授之职责，可分为教授与研究二种：有喜于教授者，有喜于研究者，二者皆属要事，自无容有轩轾。"应该鼓励有的教授专职从事研究（特别是"综合研究"），"则庶乎吾国学术可露头角于世矣"。[12] 他特别推荐说："英国大学则有所谓'Fellow'者，膏火极厚，终身享之，但使从事学问，并不须任教职。""此种制度，实奖励学问之良法，吾国所宜仿效者也。"[13] "教授不教"问题，在当前依然还是一个有争议的问题，但胡先骕认为英国的办法可充分发挥教授的潜力，人尽其才，有助于科学的发展。至于"喜于教授"者，也应兼顾研究工作。胡先骕任教于各大学时，就一方面教书，一方面从事科研，发表了《江西植物名录》等著作。他体会到教学与科研可相互促进。他批评"某教育家乃以所授科目与学生之多寡，为测量教授之成绩之标准，真不知高等教育之意义矣"。[14] 为了充分体现"高等教育之意义"，办出高水平的大学，胡先骕借鉴西欧（特别是英国）大学的办学经验，倡议在中国大学设立研究院（所）和研究教授，这在当时属于首倡。此后，中国各大学将这一倡议逐渐付诸实施，对于提高中国大学的办学水平、推动中国科学的发展，起了积极的作用。

主张精与通结合，更重视通。胡先骕说："大学教育，既贵专精，尤贵宏通。"[15] 而目前极其重视"专精"，这固然不错，但弊端在于忽视"宏通"。他指出，中国教育受美国教育影响较大，"美国教育精神之另一恶影响，在吾国已渐见端倪者，厥为但求精专，不求广博，抑若各种学问毫不相关然"。[16] 求"精专"是对的，但不求"广博"不对。如果"精专"是"求"的目的，"广博"则是"求"的基础，无"广博"作基础，"精专"亦不能达到。因各种学问都是相关的；如胡先骕所治之生物学，就与数学、地史学、地质学、有机化学、物理化学等有关，治生物学而不过问这种种学科，"焉有大成之望乎"？他由此总结一条规律："欲造成第一流之专家，亦须有广博之学问矣。"[17] 第一流专家总是能打通各种学问，融为一体。因此，在宏观的高等教育结构上，他主张多设综合大学，少设专科学院。中国大学后来受苏联的影响，多设专科学院，愈分愈细，影响了办学水平，由此更可看出胡先骕的意见可贵。他还在大学课程设置上提出两条措施：第一，针对中国大学片面重视专业课之弊端，提出既要重视专业课，也要重视基础课；第二，针对片面重视必修课之弊，提出既要重视必修课，又要重视选修课。对学生（尤其高才生）不能限制他只学一门专业，有愿学两三门专业者，不宜阻止，而宜鼓励。他认为，"淹贯宏通之人士，为国家社会所急需"，而第一流专家也会从中产生。他觉得中国大学"尚有一种不良趋势"，即"过于重视博士学位，但求为专门之研究，而牺牲广博之学问是也"。为奖励学术计，他同意设立学位制，但"过于重视学位，则有学位万能之误解"。[18] 他所说的是一篇论文定身价的偏颇。为了达到精与通结合，他认为最重要的是要养成好读书、喜广泛涉猎的学风。他特别提倡"希腊爱智之精神"与宋儒"一物不知儒者之耻"的精神。

提倡理论与实验、实习并重。胡先骕分析了世界各国大学之长短，认为日本"大学课程过重理论，而实验、实习尚嫌不足"。故留日学生"返国之后，以无实地经验，每每坐而言不能起而行也""多数不能为独立之研究"。而"美国教育之佳处，在注重实习与实验"，缺点是"大学之程度则非甚高"。[19] 本与美国的大学，各执一端，失之片面，从而影响了办学水平。科学是在理论与实践（包括调查）结合中求得不断发展，大学生也是在这种结合中求得长足的进步。轻视实验与实习，学生动手能力差，一走上社会，往往不知所措；轻视理论，则在专业上根底浅，没有后劲。

推崇"名师"，重视资料。所谓"名师"，包括两方面，一是"学术宏通"，一是"品德高尚"。胡先骕认为："大学教授亦必须学术宏通品德高尚，可为青年表率者始得充任。"[20] 有"名师"，教育才有高质量。他说："得聆名师一点钟之言论，其益恐远较二三流教师之反复解释为大也。"[21] 针对当时滥聘外籍教师之弊，胡先骕指出，必须"多聘世界有名学者"，不要"滥聘西人"[22]。有了"名师"，才有"高徒"，有了"名师"与"高徒"，大学才能成为名牌的。因此，他致函江西教育界某前辈，提出了"名人名校"之构想。他说，如果江西要办大学，"必须办一模范大学"，要办"模范大学"，必须"广延人才"。"名校"者，有"名人"之谓也。胡先骕还认为办好大学必须有丰富的图书资料。如果学生不读参考书，则不能开阔视野，启发思维，提高独立研究能力，影响出人才、出成果。他觉得当时中国大学存在图书资料（尤其是外国的）不足的局限，"故今日大学之知识，仍不外得之于教授之讲义与口授""其所得之寡可知矣"。[23] 他分析学生不读参考书的原因，一是外语不行，读不懂外语材料；二是图书不备，无参考书可读。他把"图书不备"看作"吾国大学最大之短处""故每每教授与学生皆有为高深研究之程度，而缺乏图书以供参考。是诚俗所谓没足蟹者矣[24]"。他创办中正大学时，便竭力聘请"名师"和购置图书。据该校首届毕业生回忆："胡校长很理解要办好大学，首先要有大师，要有知名学者。"胡先骕克服了校址偏僻的困难，"延聘了大批专家学者来校任教"；同时，他克服抗战时期经济拮据的困难，购置了大量图书，"学校有一座还算不错的图书馆，藏书比较丰富，各种中英文书、刊物不少"，还有很多"影印的外文书"。[25] 当时一些学者推荐胡先骕出任江西师大首任校长，不仅是因为他是著名的科学家，还因为他是有自己的教育思想的教育家。

基础教育论

由于有着"教育救国"的思想，胡先骕全面关注中国教育事业，当然也关注中国的基础教育。他对中外基础教育做过许多调查研究，针对中国基础教育之弊，提出过很多宝贵意见。

基础教育的学制，当时政府规定义务教育为六年制。胡先骕根据中国当时国情和以后建国的需要发表了不同意见，提出了一种弹性的、"多元"的学制。他认为，抗战时期实行六年制，固无不可，但抗战结束、建国开始时，则可暂定为九年，为了以后建国需要，"中国之义务教育，应以十二年为目标"。[26] 对于中等教育，胡先骕提出"以多元为原则"[27]。多元的原则，才能给青少年以更大的发展空间。所谓"多元"，即不拘一格，既有各种普通中学，也有各种职业中学。普通中学与职业中学的比例，应以能升大专学校与不能升学之学生人数比例为准，既然不能升学者多于能升学者，则职业学校应多于普通中学。当时提倡男女平等，蔡元培任教育总长时，全国风行男女同校。胡先骕则从男女不同素质，力主男女分校。笔者觉得他这些意见，有的切实可行，有的不一定可行，如果机械地分割为各种学校，定出比例，有偏狭之嫌。

关于基础教育方针，胡先骕提出了"广义的生活教育"。"广义"者，全面也。生活是各方面的，基础教育就应使"人人皆能在生活之各方面尽量发展其潜能"，使学生在某种程度上了解"全部生活有关之知识技能"。[28] 他提出了"人格商"这一新概念，认为基础教育要"发达个人之德性或人格，亦即如何增进个人之人格商"。[29] 胡先骕认为，学校还要教授政治、经济、法律等方面的知识，使"每一生徒，皆认识国民之政治责任"。从其新人文主义指导思想来看，胡先骕固然反对片面追求功利，但并不反对"物质教育"，他知道"物质教育"是很重要的。正是为了人的生存和发展，胡先骕还主张学校要传授各种生活知识，进行劳动教育，使学生掌握谋生技能；要传授各种医药卫生知识，甚至在当时人们讳言"性"的保守情况下，传授性的知识，发展健康教育。胡先骕也提倡美育，认为美育可增强人生信念，甚至可以"改变其人生观"。这些都是与"旧式教育"不同之处。胡先骕所提出的这种种方面的教育，有其内在联系，连接点在人，以人为本位，追求人生的需要和人性的发展。综上所述可知，胡先骕心目中的基础教育，乃是一种以人为本位的贴近生活的全面发展的教育，这当然是一种现代性的教育。他批判了片面追求"利禄"或"升学"教育，认为此种教育非以人为本位，不利于人们全面发展，而且"与日常广义生活无关"。全面发展的教育思想，本来是滥觞于孔子的思想，孔子提出"礼乐射御书数"的"六艺"教育，就是一种原始的全面发展教育。不过，孔子的全面教育要求，并非以人为本位，也不切合现代生活的需要。近代则有蔡元培提出"道德教育""实利教育""军国民教育""美感教育"和"世界观教育（与现在所说的辩证唯物主义教育不同）"；王国维提出"智育""德育""美育""体育"，以培养"完全之人物"。此二人研究过德国的文化教育，多以德国为参照系，胡先骕则研究过美国的文化教育，多以美国为参照系。他在继承前人教育思想的基础上有新发展，其全面发展的教育思想，与时俱进，有新内涵，更全面，更切合现代社会生活的要求。其特点是更注重"尽量"发展人的"潜能"，并把发展人的"潜能"与适应社会生活要求统一起来。从其新人文主义教育观看来，办基础教育首重"择师"，"择师"则首重"师德"。他说："择师尤须注重德行。""为人师者，其德性人格即无足称，而其所行所为，每招生徒之鄙视，如此焉能启迪生徒使之上达乎？"[30] 孔子说过"己立立人""己达达人"，也是此意。由于胡先骕重视教师配备，故重视师范教育，提出"师范教育为教育之基本"[31] 的思想，力主办好师范（尤其是师范大学）的教育。他提出过这样的设想："小学教员亦以专治小学教育之师范大学毕业生充任之。"[32] 他还认为要办好基础教育，须给教师以优厚待遇，社会政治各方面给他们以尊重，因为他们使命重大，维系着国家的命脉。

胡先骕强调对学生要"因材而教"。他说："人类赋性不齐，才能各异。长于此者，或短于彼，是宜因材而教，使各尽其性。"[33] 为此，胡先骕提出可分为普通生班与高才生班进行教学，"不可强低能之人以上企天才，尤不可降低标准，使隽才以迁就驽劣也"。[34] 这和他"一方面教育须普及，一方面教育须培植特殊之天才"的思想是一致的。"因材而教"还有另一层意思："通常长于文艺美术之人每短于数理，长于综合者每短于分析，同为天才，亦有长于直觉与长于思考之分。"[35] 因此，胡先骕提出对学生亦可分为文理不同的班进行教学。他从环境的复杂性和人类遗传的复杂性分析了人类个性的复杂性，认为教学必须适应学生的个性，提倡个性教育，反对"过于标准化"。"各级学校之课程，一面固须各科具备，以求广开探讨之门，然同时亦必须有其大伸缩性，以求生徒能各尽其性。"[36] "因材施教"本是孔子提出的教育原则，胡先骕在分析人之个性的复杂性基础上进行了科学的阐释，并提出了许多具体的实施意见。

胡先骕的教育思想有自己的体系与特色，其论著发表后在社会上产生了影响；他创办了中正大学以实践其教育思想，对中国的教育事业影响弥深。经过近一个世纪的实践检验，他的许多见解是正确的。研究其教育思想，不仅可丰富中国教育史的内容，有一定的学术价值，而且对我们今天搞好教育工作也有参考价值。

（原载于《江西师范大学学报》哲学社会科学版，2003年第2期）

注释

1. 张大为，等. 胡先骕文存 [C]. 南昌：江西高校出版社，1995：301
2. 鲁迅. 鲁迅全集（第7卷）[C]. 北京：人民文学出版社，1981：72
3. 张大为，等. 胡先骕·文存 [C]. 南昌：江西高校出版社，1995：84
4. 张大为，等. 胡先骕文存 [C]. 南昌：江西高校出版社，1995：85-86
5. 张大为，等. 胡先骕文存 [C]. 南昌：江西高校出版社，1995：85
6. 张大为，等. 胡先骕文存 [C]. 南昌：江西高校出版社，1995：84
7. 颜长青，等. 穿过历史的烟云——纪念江西师范大学建校六十周年 [C]. 南昌：江西高校出版社，2000：406
8. 鲁迅. 鲁迅全集 [C]. 北京：人民文学出版社，1981：53
9. 张大为，等. 胡先骕文存 [C]. 南昌：江西高校出版社，1995：90
10. 张大为，等. 胡先骕存 [C]. 南昌：江西高校出版社，1995：409
11. 张大为，等. 胡先骕存 [C]. 南昌：江西高校出版社，1995：292
12. 张大为，等. 胡先骕文存 [C]. 南昌：江西高校出版社，1995：298
13. 张大为，等. 胡先骕文存 [C]. 南昌：江西高校出版社，1995：297
14. 张大为，等. 胡先骕文存 [C]. 南昌：江西高校出版社，1995：298
15. 张大为，等. 胡先骕文存 [C]. 南昌：江西高校出版社，1995：423
16. 张大为，等. 胡先骕文存 [C]. 南昌：江西高校出版社，1995：293-294
17. 张大为，等. 胡先骕文存 [C]. 南昌：江西高校出版社，1995：294
18. 张大为，等. 胡先骕文存 [C]. 南昌：江西高校出版社，1995：296
19. 张大为，等. 胡先骕文存 [C]. 南昌：江西高校出版社，1995：285-286
20. 张大为，等. 胡先骕文存 [C]. 南昌：江西高校出版社，1995：423
21. 张大为，等. 胡先骕文存 [C]. 南昌：江西高校出版社，1995：292
22. 张大为，等. 胡先骕文存 [J]. 南昌：江西高校出版社，1995：297
23. 张大为，等. 胡先骕文存 [C]. 南昌：江西高校出版社，1995：295
24. 张大为，等. 胡先骕文存 [C]. 南昌：江西高校出版社，1995：296
25. 颜长青，等. 穿过历史的烟云——纪念江西师范大学建校六十周年 [C]. 南昌：江西高校出版社，2000：97-100
26. 张大为，等. 胡先骕文存 [C]. 南昌：江西高校出版社，1995：420
27. 张大为，等. 胡先骕文存 [C]. 南昌：江西高校出版社，1995：421
28. 张大为，等. 胡先骕文存 [C]. 南昌：江西高校出版社，1995：406
29. 张大为，等. 胡先骕文存 [C]. 南昌：江西高校出版社，1995：411
30. 张大为，等. 胡先骕文存 [C]. 南昌：江西高校出版社，1995：411
31. 张大为，等. 胡先骕文存 [C]. 南昌：江西高校出版社，1995：418
32. 张大为，等. 胡先骕文存 [C]. 南昌：江西高校出版社，1995：418
33. 张大为，等. 胡先骕文存 [C]. 南昌：江西高校出版社，1995：410
34. 张大为，等. 胡先骕文存 [C]. 南昌：江西高校出版社，1995：411
35. 张大为，等. 胡先骕文存 [C]. 南昌：江西高校出版社，1995：410
36. 张大为，等. 胡先骕文存 [C]. 南昌：江西高校出版社，1995：410

建设特色鲜明的高水平教学研究型师范大学

——江西师范大学的办学定位与发展思路

傅修延

在党中央、国务院召开全国教育工作会议和颁布《国家中长期教育改革和发展规划纲要（2010—2020 年）》（以下简称《教育规划纲要》）的大好形势下，在 21 世纪第二个十年到来之际，江西师范大学迎来了 70 周年华诞。回顾过去，展望未来，江西师范大学要在科学发展观指导下，重新审视办学定位和发展思路，深入思考和回答"办什么大学、怎样办大学"的战略问题。

一、进位赶超：新时期工作方针

办学定位是学校办学指导思想的核心内容，对学校发展具有统领和引导作用，是一所学校发展的方向标。江西师范大学在谋划改革发展的历程中走过了一条不同寻常的轨迹。1994 年 1 月，学校第五次党代会提出了"立足江西、面向全国、走向世界"的战略构想以及"成为一所多科类、多层次、多功能、多形式的师范大学，以跻身于全国同类学校的先进行列"的总体目标。2003 年 3 月，学校五届三次教代会确定了"建设成为一所综合性、有特色、高水平的教学研究型大学"的发展定位，提出了"三步走"发展战略。21 世纪的头十年是江西师范大学非常重要而不平凡的时期，学校经历了申报博士点、建设新校区、迎接本科评估"三大战役"，办学层次得到提升，办学条件得到改善，办学水平得到提高，办学规模、结构和整体实力都有明显变化，学校面貌日新月异，发展又站在一个新的起点上。

提出新的工作方针，必须对形势做出准确判断，对校情有深刻认识。

高等教育和师范院校的发展环境发生了重大变化，全国教育工作会议和《教育规划纲要》提出了到 2020 年基本实现教育现代化、基本形成学习型社会、进入人力资源强国行列的战略目标，并对未来十年教育改革和发展的主要任务和重大政策措施做出了明确部署。从全国高等教育情况看，国家今后将更加重视对"211""985"大学和部属院校的重点支持，各地政府政策扶持和财政投入的院校差异越来越明显，大学之间的竞争日趋激烈，高等教育内部层级分化日益加剧，驶入快车道，进入加速期，大学地位面临一次"重新洗牌"。从江西高等教育情况看，由于历史原因，江西高等教育在全国处于弱势区位，学科专业结构与经济社会发展相关度、衔接性和贡献率较低，难以全力支撑"科教兴赣""人才强省"战略。江西师大是省内除"211"高校以外唯一学科覆盖面宽、综合性强的学校，发展江西高等教育，优化全省高校结构、层次布局，建设良性平衡的江西高教生态体系，给学校创造了很大空间。

江西师范大学虽然有悠久的办学历史，近些年发展比较快；但是从现实情况看，发展的基本面并没有改变，仍然属于一所发展中大学。跳出师大看师大，站在全国看师大，还存在不小差距。在学科建设方面，如果按一级学科博士点排名，学校在全国和地方师范院校分别排在第 22 位和第16 位；如果按一级学科硕士点排名，学校在全国和地方师范院校分别排在第 16 位和第 10 位。在人才培养方面，按教学质量工程项目数量排名，学校在全省排在第 7 位。在科学研究方面，如果按近 7 年国家自然科学和社会科学基金立项数排名，学校在全省高校均排在第 3 位。这种状况既与江西省在中部地区所处的位置不相符，也与江西省委、省政府和江西人民对学校的期待有差距。江西师范大学的办学目标要与我省"努力实现在中部崛起的新跨越"的目标一致，通过努力获得与我省在全国位次相称甚至更靠前的地位，江西在全国有怎样的地位，江西师范大学就要在全国高校有怎样的地位，甚至超过这样的地位。

在这种形势和背景下，学校提出今后一个时期的总体目标：通过 10 年努力，到建校 80 周年时，把江西师范大学建成一所特色鲜明的高水平教学研究型师范大学，综合实力与总体水平居于省内高校前列、地方师范大学前 10 位，牢牢占据省内一流、地方师范大学先进的地位。全校上下要紧紧围绕这一总体目标，凝聚人心，振奋精神，光大传统，再创辉煌。

要以时不我待、只争朝夕的精神，从变化的形势中捕捉和把握难得机遇，在逆境中发现和培育有利因素，快人一步，抢占先机，迎头赶上。

二、传统立校：师范性大学定位

中国高等教育已经从精英教育步入大众教育，重点已经转移到调整内在结构和提高质量上，高等学校已经逐步走出单一化模式，评价高等教育的质量标准逐步走向多样化。提升学校生命力，必须坚持特色立校、特色兴校、特色强校，把特色做成"学校名片"。国内一些师范大学走过"普通高校——综合性大学——研究型大学"的路子，普遍都遭遇了综合化对教师教育虚化、弱化的阵痛，教师教育开放性带来的教师职业认同感、理想信念和师德等问题，必须引起深刻反思。中央把师范教育提升到与国家民族前途紧密相连的高度。胡锦涛总书记指出，要加大对师范教育支持力度，积极推进教师教育创新。温家宝总理指出，师范教育可以兴邦，重视师范教育就是重视国家和民族的前途。他说："师范教育的目标绝不是造就'教书匠'，而是要造就堪为人师的教育家。师范教育不能仅注重让学生在知识、能力和专业素质方面得到应有的发展，更要注重未来教师气质的培养，最重要的是文化熏陶。"

真正意义上的综合性大学往往以强大的工科为基础，而江西师范大学的传统是师范，优势是师范，特色是师范，工科专业比重很小，在目前不可能大规模发展工科专业的情况下，如果忽视或者放弃已经形成的传统、优势和特色，盲目追求综合化，必然会出现非师范专业没有发展起来、师范专业却受影响的情况，最终必将是舍本逐末、得不偿失。培养优秀教师人才的主体必须是师范大学，师范大学必须重新定位办学思路和特色，继续保持教师职业养成教育的优良传统，发挥师德教育和师能培养的优势，加速师范大学向现代师范大学转型。过去十年，江西师范大学在教师教育改革方面先行一步，特别是"红土地支教实习工程"已经形成成熟的经验。为了成功实现向现代师范大学转型，学校要继续实施教师教育创新工程，构建市场经济条件下培养优秀教师和教育家的教师教育新体系，探索和实施初等教育、中等教育、高等教育与职业教育一体化，职前职中职后一体化的教师教育体制。要全力做好、做实、做强"为基础教育服务"的文章，积极关注并主动参与基础教育改革，积极从教育理念、培养模式、管理机制以及专业设置、课程体系、教学内容等方面开展研究，优化人才培养模式，强化实践技能培养，推进教师教育专业化发展，着力培养特色师资和高水平师资。要以实施"国家培训计划"为契机，通过"1 + 100"共同体和教师教育创新实验区的形式，围绕师范生定向培养、中小学教师和管理队伍建设与培训、县域基础教育研究与服务、县域基础教育改革与发展等方面开展多方合作，通过行政主导、项目推动、校县合作、学术支持，把实验区所在县打造成全省乃至全国职前职后教师教育一体化示范区、基于校－县合作教师教育人才培养创新实验区、师范院校引领服务基础教育中心和县域教育综合改革典型，全面带动基础教育的发展。这样做强、做优教师教育，学校才能真正成为基础教育教师人才培养的摇篮、教师骨干人才培训的基地和引领江西基础教育改革发展的动力源。

教师是学校的第一资源，尊师重教是师大最好的传统。江西师范大学建校 70 年，铸就了百折不挠、艰苦创业、尊师重教、立德树人的精神传统，这种精神传统成为师大人的特有品质，成为学校的强大力量，是全体师大人的宝贵财富。校园文化建设要大力倡导尊师重教的主流价值观，让官本位回归于教师本位、教学本位和学术本位，要广泛颂扬教师的伟大、教育的光荣和师范的精神，在校园内处处体现以教师为尊、以教学为重、以服务教师和教学为光荣的鲜明导向，让教师对自己的事业怀有庄严感和神圣感，让全校体会到教师对讲台的敬畏、对职业的尊重和对学生的热爱。立德树人是为师之本、为学之基，要把师德建设放在教师教育第一位，让广大教师塑师德、正师风、强师能、铸师魂，坚持为人、为师、为学高度统一，在思想和行动上实践"学为人师，行为世范"的为师之道。要大力弘扬优秀的学术传统和教学传统，积极探索完善学术自律与学术监督相结合、学术自由与学术责任相结合的有效机制，教育广大教师坚守操守，以追求真理为科学使命，树立"嚼得草根，做得大事""板凳须坐十年冷"的精神，端正学术态度，摒弃学术浮躁，坚决抵制和严惩学术腐败。

三、学科引领：内涵式发展道路

学科是一所大学发挥人才培养、科学研究和社会服务三大功能的基本平台，学科水平是一所大学办学水平和综合实力的主要体现，是判断大学办学水平高低的主要标准。高水平的大学是以高水平的学科建设为基础的，其基本标准体现在三大功能上，就是能够培养高水平的人才，创造高水平的科研成果，提供高水平的社会服务，一流大学必须要建设一批一流的学科，世界一流大学之所以著名，就是因为其拥有一批一流的学科。正因为如此，学科建设是大学建设的核心和龙头已成为共识，加强学科建设已成为绝大多数大学的办学重点。学科建设是一项系统工程，既包括学术队伍、教学和研究设备、资金投入、后勤服务设施等硬件，也包括学科发展方向、领导观念、组织管理体制、激励机制、运行环境等软件。作为知识体系基本单元的学科建设，必须为发展知识生产力服务，通过资源的合理配置和科学的组织协调，在知识创新、知识传播和知识应用方面取得高水平成果。作为大学基本元素的学科建设，必须在专业设置、组织体制和运行机制等方面反映学科发展的内在要求，建设良好的学科生态，推动学科结构优化升级，能动地促进学科水平的提高。

学科发展的重点在培育。江西师范大学必须以国家及江西省中长期发展规划和政策为导向，结合学校办学目标定位，对学科结构布局进行顶层设计和战略性调整，根据学术发展规律重组学科资源，根据学科交叉综合和资源集约共享的原则，改变重复建设和分散发展状况，围绕核心优势建设优势学科集群，促进教学与研究的交叉综合，加强新学科点的生长和建设，推动重点学科向更高层次升级。文理基础学科中，一些学科办学历史长，形成了较强的实力，在这些特色学科领域可以试行"学科特区"制度，实行特殊的管理体制和运行机制，朝着国家重点学科或重点实验室的方向，建设有可持续发展能力、有强大学术竞争力的优势学科群。教育学科是全校点最多、面最大的传统基础学科，要牢牢把握师范教育的学科优势，依托专业教育，提升教师教育质量和水平，促进教师教育和专业教育互动融合。在江西高等教育结构中，并无独立设置的音乐、体育和美术等学科的专科院校，江西师范大学音乐、体育、美术等学科担负着为全省基础教育和社会各界培养高水平人才的重任，其学科建设水平代表着全省最高水平，学校要从繁荣江西文化艺术、发展江西体育事业的使命出发，加强音乐、体育、美术等学科的建设。

学科发展的关键在人才。人才是学科生长和发展的第一资源，有人才就能带动学科团队，孵化学术成果，衍生全校各方面资源。学校要充分利用全国人才工作会议召开和《国家中长期人才发展规划纲要（2010 –

2020）》颁布后带来的重大机遇，充分利用人才引进价值洼地的比较优势，建立引进与培养"双轮驱动"新模式，加大高层次拔尖创新人才的引进力度，努力承接海外和国内发达地区、重点大学、大型企业人才梯度转移，优化人才层次结构，激发人才队伍活力。要坚持党管人才原则，强化人才意识，加强学校和学院两级党委对人才工作的支持，实行人才引进院长责任制和学科带头人负责制，坚持特殊人才特别引进、重点岗位重点引进、顶级团队成建制引进，严格限制可替代性一般人才的引进。要加大青年教师骨干培养力度，建立青年教师导师制，实施青年科研育苗项目，分批选送到国内外一流大学、科研院所访问研究和进修培训，储备一批有潜力、有后劲的教学名师、科研能手后备队和生力军。

学科发展的体现在学术。要整合科研资源，完善科研管理体制，建立多种类型机构并存、跨学科研究人员相互支持的学术组织系统，设立若干跨学院、跨学科、原创性、集成性科研创新平台，统筹学科、团队、平台协调发展，增强科研平台对科研创新的支撑能力。要加强对学校科研机构的全程管理，重点是加强现有省级科研创新平台建设，集中力量重点建设鄱阳湖湿地与流域生态环境安全创新平台，汇聚人才队伍、承担重大项目、产出重大成果，为鄱阳湖生态经济区建设提供决策支持和信息服务，为开展鄱阳湖跨学科交叉研究服务，为生态环境安全教育提供范例，力争实现国家重点科研基地"零"的突破。要加强与政府部门的密切联系，加强与国外科研组织的友好合作，与企业、市场良性互动，把学校建设成为政府提供决策支持和信息服务的"智库"，开发利用学校资源，加快发展文化产业，精心打造文化产业知名品牌，发挥哲学社会科学集成优势，提高创新能力和争取重大项目的竞争能力，形成有利于出高水平研究人才、出精品研究成果的良性机制。

四、面向社会：开放型合作理念

改革开放为高等教育的发展注入了思想动力，一方面带来了改革创新精神，另一方面带来了开放合作精神。开放合作，既包括学校与学校、政府、社会组织的开放合作，也包括对国外的开放合作，通过开放合作吸收先进经验，利用各种资源，促进学校自身发展。现代高等教育已经从社会的边缘走向社会的中心，成为社会的轴心机构，高等教育不仅是个人实现人生目标和理想的途径，还是经济发展、社会进步、国家富强、文明提升的重要推动力，提升学校竞争力和影响力，必须在改革开放背景下谋划发展，坚持在贡献中求发展，在服务中求支持。

教育、科技、文化事业是社会建设极其重要的方面，教育与经济从来都是联系在一起的，高等教育发展与区域经济建设往往结合得非常紧密。在现代社会，人才、科技、信息正在取代自然资源和物质资本，科技创新和人才素质正在成为经济发展的最重要因素，以高校作为知识经济原动力，带动区域经济的升级发展，成为一些经济实力雄厚地区的共同特点。当前，全国区域发展格局呈现千帆竞发、百舸争流的态势，全国的教育资源也出现重新配置的局面。国务院批准建设天津滨海新区、长株潭城市群、皖江城市带等规划以后，天津、湖南、安徽等省市都推出了一系列鼓励支持教育、科技和人才发展的重大举措。

2009 年 12 月 12 日，国务院正式批复了鄱阳湖生态经济区规划。这一引领江西长远发展的大战略，提升和突破了江西原有的区域发展战略，为江西发展争取到了在全国区域发展格局中的应有地位，是实现江西科学发展、进位赶超和绿色崛起的大机遇，同时也对江西高等教育的发展提出了更高要求，为江西高等教育的发展展现了广阔的前景和发展空间。高等学校作为人才培养的战略高地、知识创新的重要基地，在建设鄱阳湖生态经济区和实施江西在中部崛起新跨越战略中具有重要作用。江西师范大学作为省属重点大学，服务于鄱阳湖生态经济区建设是学校义不容辞的职责。学校要推动教育发展方式和人才培养模式转变，充分发挥学科优势、人才优势、科技优势和创新创造优势，为鄱阳湖生态经济区建设培养输送迫切需要的高层次人才，开辟科技成果顺利转化的新路，促进产学研结合，全面服务鄱阳湖生态经济区建设，为江西科学发展、进位赶超和绿色崛起提供强大的科技、智力以及人才支撑。

现代高等教育是在开放的环境中发展的，任何一所大学都不可能像过去的象牙塔一样关门办学、关门教学，而是要源源不断地向社会输送大学的产品——人才，向社会输送科研成果，向社会输送社会服务，才能争取发展资源，拓展发展空间，在社会上站稳脚跟、赢得地位、获得支持。江西师范大学地处中部欠发达地区，学科专业建设水平亟待提高，必须及时跟踪国内外高等教育发展的脉搏，借鉴和吸收先进的教育理论和有益的实践经验，引进和合理利用重点高校的资源办学。因此，要与重点大学、科研机构、地方政府、企事业单位和中小学携手，打造校政合作、校企合作、校地合作、校校合作等办学模式，建立相互开放、彼此合作、优势互补、资源共享的互动关系。在师资队伍方面，要更多地招聘有重点大学和海外大学背景的老师，同时派出老师去访学和进修；在科研活动方面，要更多地与重点大学和海外大学联合组织校际合作团队，扩大研究人员之间的交流与合作、信息资料交换，共建研究中心、申请国家重大科学研究项目等。在人才培养方面，要更多地与海内外重点大学合作办学、交换学生，进一步加强和全省基地的联系，建设大学、县级政府和中小学校合作的区域教师教育网络和教师教育的利益责任共同体，努力构建大学－中小学的伙伴联盟关系；在教学改革方面，要更多地参考重点大学的人才培养方案，借鉴重点大学的课程资源；等等。这样，通过打开校门，广泛交流，才能铺设开放化、国际化的"高速路"和"立交桥"，构建全方位开放的发展格局。

（原载于《江西师范大学学报》哲学社会科学版，2010年第5期）

对高校教学档案管理工作的几点思考

谢芳薇

　　高校档案是在教学和科研工作中逐渐形成的重要材料，它真实地反映了学校建设和发展的历史进程。高校档案管理是一项繁琐而又复杂的工作，它凝结着广大教师和档案管理人员的辛勤劳动，是学校工作的重要环节，是各项评估工作的中心内容。高等学校是培养高层次人才的基地，高校工作以教学为主，因而教学档案管理也就成了学校档案管理工作的重心。

　　教学档案指的是在教学管理和教师教学实践活动中直接形成的，对学校起参考和凭证作用的具有保留价值的文字、图表、音像等多种不同形式的文件材料的总称。它包括学校职能部门下发的指令性文件、各教学单位的规章制度、工作计划、工作总结、会议纪要、专业设置、培养方案、教学大纲、教材、试题库、招生工作、实践教学、学籍管理、学生奖惩、毕业论文（设计）和教学研究等各方面的文字材料以及在教学活动中拍摄的有价值的照片、录像、制作的光盘等声像载体。教学档案的归档和管理水平是衡量一个学校教学管理水平和管理效率的重要指标之一。教学档案的归档和整理是教学管理工作的重要组成部分，也是教学管理人员的重要职责，必须高度重视。教学档案能如实、完整地记录教学管理的全过程，为教师的教学活动服务，反映教学活动的客观规律，对提高教学质量、加强教学管理及深化教学改革等都具有至关重要的作用。

　　第一，教学档案为提高教学质量提供经验参考。教学质量是评价一所学校的重要标志，提高教学质量便是学校办学的首要目标。教学质量的高低与教学档案密切相关，只有在充分吸收已有教学经验的基础上进行必要的补充与完善，才能更有效地提高教学质量。

第二，**教学档案为强化教学管理提供详尽的材料。**教学档案中记录了历年的教学管理工作，这可作为目前教学管理工作的依据。根据教学档案中的相关内容进行总结和分析，制定出新的工作规划、规章制度、培养方案，更合理地安排教学和师资，及时更新教材和试题库，做好实践教学和学生的毕业论文、毕业设计等管理工作，保证广大师生的教与学得以顺利进行。

第三，**教学档案为深化教学改革提供凭证。**教学改革主要是教学方法的革新，好的教学方法必然使教学质量得到提高。教师通过对教学档案中以往教学方法的研究，可以继承其长处，摒弃其弊端，探索出更新、更好的教学方法为教学所用，让学生享受到更加适合的教学特色，能够较快地完善教与学的过程。

此外，教学档案还可以为领导制定新政策、研究新方案提供依据；为学生的学习、生活及开展活动提供服务；为学校档案馆的进一步建设提供基本素材等。

目前，高校教学档案管理工作较之以往已取得不小的进展，但随着时代的发展，仍然存在许多问题，这难免给管理工作带来一定的消极影响。

1. **教学档案管理制度不健全。**目前档案管理现状表明，很多高校都存在着管理制度不健全的问题，缺乏有效的制约机制。

2. **领导重视程度不够。**高校领导大多都把注意力更多地放在学校的发展上，认为高校的中心工作应该是教学，对教学档案的管理工作却很少顾及。

3. **档案资料收集困难。**有的教职工对档案管理工作认识不足，对归档工作不支持，甚至有些抵触情绪；有的管理人员在平时不主动收集并整理好文件材料，最终导致档案资料收集不齐全。

4. **档案管理方式还不够先进，信息化水平较低。**目前计算机教学档案管理还存在一定局限，利用率不高，尽管电子文档并不能完全替代原始手写档案和纸质文档，但教学档案管理的数字信息化无疑将大大提高大家管理和利用教学档案的效率。

5. **管理工作队伍不稳定。**许多高校的教学档案管理人员结构不合理，主要体现在年龄、学历和专业结构方面，而且更换频繁，或身兼数职，没有配备专职的档案管理人员，因此他们往往忽视档案管理，工作责任感淡薄，工作热情不高；甚至有些档案管理人员思想守旧，观念陈腐，缺乏改革和创新的动力。这给档案管理工作带来极大的不利。

要解决好上述问题，充分发挥教学档案的作用，提高教学质量，必须在实际工作中加强对教学档案的管理，做好教学档案的归档工作。

1. 建立、健全教学档案管理制度

教学档案管理工作需要建立一套规范、科学的管理规章制度，健全专职档案管理人员的岗位责任制，明确职责，对档案实行统一管理，做到有章可循、有据可依；严格考核制度，制定考核办法，定期进行考核，将考核结果与奖金挂钩；纳入奖惩机制，定期开展评估检查工作，并设立"档案管理先进工作者"等奖项与相应的惩罚措施。只有奖惩分明才能充分调动管理人员的工作积极性，提高他们的工作效率。

2. 更新思想观念，增强档案意识

随着教育事业的不断发展，人们对各类信息的需求越来越多，教学档案对于高校的长远发展及教师个人的发展起着关键的作用，因此，教学档案管理工作者必须转变思想、更新观念，尤其是领导者的思想观念应首先得到更新。领导是管理工作的决策者和组织者，如果他们率先创新观念，那么必然会力图改变以往旧的档案管理模式，积极探索更为合理的现代管理模式，也会更加重视教学档案所能发挥的作用，从而把教学档案的归档和管理工作纳入工作人员的职责范围，并列入本单位的议事日程。这将大大提高档案管理工作的地位，同时也能增强工作人员的信心，使档案工作更为广大教职员工所重视。其次，教学档案管理工作人员也需要更新观念。作为档案工作的直接管理者，必须破除原有的保守观念，放胆开创新观念，变被动整理为主动收集，变传统的经验管理方式为现代的科学管理方式，树立全新的服务意识，按照学校的有关规定，对需要归档的文件资料的内容及时汇总、及时整理，不发生缺失或者遗漏，这是做好档案管理工作的前提。

教学档案的归档工作在很大程度上需要广大教职工的大力支持，因此，档案管理工作者要积极做好各类文档的宣传工作，让教职工更了解档案、多利用档案，使大家真正感受到教学档案的作用，从而增强其档案意识，提高他们对这项工作的重视程度。

3. 注重教学档案材料在平时的收集和整理

教学档案管理工作中必不可少的一个环节便是教学文件材料在平时的收集。这是一项需要长期积累和极大耐心的工作。要把四处散落的文件材

料完整无缺地收集齐全，并做到认真保存、定期归档，绝非易事。如果对要归档的材料在平时不注意收集，到检查时才临时"抱佛脚"、七拼八凑，不仅容易造成材料缺漏，而且浪费时间，更难以保证档案的质量。这就要求教学管理人员必须加强档案意识，随时收集和整理教学档案。一是要加强各方面的沟通，保证收集渠道的畅通；二是要遵循教学档案的自然形成规律，对学校下发的文件及任一教学环节产生的原始材料都要及时分类归档，要养成对重大事件、重要活动以及重要进展的图片资料进行收集、整理、编目和装订的习惯，做到教学档案管理与日常教学管理工作同步进行，这样才能有效保证教学档案的完整性和准确性。

教学档案材料的整理就是通过分类、组合以及编目等工作程序，以"件"为单位，将杂乱无章的材料进行条理化、系统化，组成有序体系的过程。它是教学档案管理工作的重点，它不仅是一项复杂细致的工作，也是一项专业性较强的工作。做好这项工作，一方面要对教学管理制度、教学活动流程等情况有全面、准确的认识，了解其形成规律，明确归档范围，从而确保教学档案材料能够客观真实地反映教学活动的全过程；另一方面要熟练掌握教学档案的整理标准和质量要求，确保其系统性、真实性和完整性。教学档案材料只有经过严谨、规范、细心的整理，才能为教学管理提供高质量的服务。

4. 实施教学档案的电子化管理

随着社会的不断进步和高等学校档案信息量的日益增大，传统的教学档案管理工作方式已不再适应客观形势的需要，改革势在必行。目前，学生成绩管理系统、教务管理系统和学籍管理系统等信息系统的建立，不仅提高了工作效率，节约了人力物力，同时也建立起了网络服务平台，拓宽了教学档案的服务渠道，提高了教学档案的利用效率。高校教学管理模式的创新和发展，要求档案管理人员必须全面革新传统的手工管理方法和落后的技术设备，运用现代化管理理念和手段，引进现代化的管理设备，对平时收集的教学档案材料实施电子化和网络化管理，建立教学相关文件、数据库，以便于准确、快速地提供档案信息，促进高校教学档案事业的发展。

5. 提高教学档案管理人员的业务水平和综合素质

管理人员是教学档案工作的主体，其自身素质的高低将直接影响到档案管理工作的效果。当前，随着高等学校招生人数的不断增加，办学规模逐步扩大，教学活动也日渐增多，从而形成大量的教学档案材料。这就要求管理人员必须加强自身对档案专业知识和计算机、网络知识的学习，学会熟练运用电脑管理档案，抓住机遇充实自己，创新思维，开阔视野，努力提高管理技能。同时，学校也要积极创造条件，做好对专职人员的职业道德教育工作，可定期举办培训班、实行业务培训、学习优秀兄弟院校的管理经验等，增强他们对本职工作的责任感和服务意识，加强他们对国内外高校教学档案管理工作的了解，尽可能提高他们的业务水平和相关科研能力。只有管理人员的综合素质提高了，整个教学档案管理工作才能得到进一步的发展和完善。

总之，随着高等学校教学的快速发展，教学档案管理越来越显示出了它的重要性，这就要求教学档案管理人员要积极响应时代的发展，根据实际需求，不断创新教学档案管理的理论和实践，逐步实现教学档案管理的制度化、规范化和信息化，为利用者提供丰富鲜活的档案信息，切实提升教学档案的管理水平，为高校各项工作的发展提供强有力的支撑。

附录一：

江西师范大学文学理论课程教学团队荣升国家级 [1]

编者按：

2009 年 9 月下旬，教育部、财政部公布了 2009 年国家级教学团队评审结果，我校文学院申报的"文学理论课程教学团队"被确定为国家级教学团队，并获得 30 万元专项建设资金。这是我校在本科教学"质量工程"建设上所取得的又一重大突破，对学校实施教育部"本科教学质量与教学改革工程"，促进学校与学院教育教学改革和提高教学水平具有积极的意义。

本科教学团队建设是"本科教学质量与教学改革工程"的重要组成部分，通过教学团队的建设，能有力地推动教学内容和方法改革，开发教学资源，促进教学研究和教学经验交流，促进师资队伍建设，加强中青年教师培养和教学水平的提高。同时，通过教学团队的建设，能够探索教学团队在组织架构、运行机制、监督约束机制等方面的运行模式，为培训教师和课程建设提供可推广、借鉴的示范性经验。我校"文学理论课程教学团队"将在国家级教学团队的更高平台上，继续加强团队建设，努力提高团队综合实力，发挥团队的示范带动作用，为提高我校本科教学质量做出新的贡献。

一、团队基本情况简介

文学理论课程教学团队以中文专业的基础性课程文学理论课程（含专业主干课文学概论及马克思主义文论、西方文论、中国古代文论、文艺美学、文艺心理学和文学批评等相关的理论课程）为建设平台，在陈鼎如、熊大材、周崇坡等老一辈教师建设的基础上，20 世纪 90 年代，就形成了以陈良运、傅修延等为学科带头人，以赖大仁、陶水平等为中青年骨干教师的学术与教学团队。进入新世纪以来，赖大仁、傅修延、陶水平等承担起了团队建设带头人的责任，汪群红、詹艾斌、李舜臣、詹冬华等一批中青年博士成为本团队中的骨干教师，团队建设进入新的历史阶段。团队现有骨干教师7人，其中：教授4人，副教授3人；博士7人；博士生导师3人（赖大仁、傅修延、陶水平）；国家级教学名师1人；江西省高校中青年学科带头人3人；江西省"新世纪百千万人才工程"人选3人。团队具有比较合理的职称、学历、年龄结构和梯队层次，且成员中多数在中国人民大学、北京师范大学、北京大学、复旦大学、中国社会科学院等重点大学或科研单位接受过系统的文艺学专业教育，学术视野开阔，知识结构合理，创新意识强。

团队带头人赖大仁教授是国家级教学名师、"中央实施马克思主义理论研究和建设工程"规划教材《文学理论》编写专家组成员、江西师范大学文艺学专业博士生领衔导师、省级教学成果奖一等奖获得者、省级精品课程负责人，每年坚持为本科生授课。

团队成员在长期的本科教学过程中，努力探讨教学规律，积极开展教学研究和教材建设，重视更新教学内容与教学方法，并取得了较为突出的成绩和形成了一定的特色。近年来，该团队承担省级以上教改课题5项，在《光明日报》《中国大学教学》《学习与探索》等报刊发表了系列教学研究论文，教学改革成果在同行中产生了较大的影响，并获得包括省级教学成果奖一等奖在内的多种教学奖项；参编教材9部，其中《文学理论教程》获原国家教委优秀教材一等奖。（教材建设情况见表一）

团队注重以教学带科研，以科研促教学，实现教学与科研的同步发展和相互促进。近年来，该团队先后承担省级以上科研课题近30项，其中国家社科基金项目（含子课题）10项、教育部人文社科研究项目3项，出版学术专著16部，在核心刊物发表论文近百篇，获省级以上科研奖励20余项。

在学科建设方面，文艺学连续被评为省级"九五""十五""十一五"重点学科，当代形态文艺学研究中心为全省高校首批人文社科重点研究基地，2005年，文艺学通过评审被增列为博士学位授权学科，这标志着该团队的教学与人才培养达到了更高的层次。

二、团队成员情况

1. 带头人情况

赖大仁：国家级教学名师奖（2006年），江西省教学名师奖（2004年），江西省模范教师（2004年），江西省又红又专学科带头人（2001年），江西省教学成果一等奖（2005年），中国文联文艺评论二等奖（2003年）、三等奖（2004年），江西省社科成果一等奖（2002年）、二等奖3项（2000年、2005年、2007年）、三等奖3项（1991年、1995年、1998年），江西省文艺评论奖（2000年），江西省高校社科成果二等奖3项、三等奖4项。

2.主要成员（前三位为教授，后三位为副教授）

傅修延、陶水平、汪群红、詹艾斌、李舜臣、詹冬华

三、教学情况

2005年以来，文学理论课程教学团队讲授的课程主要有：文学概论、西方文论、马克思主义文论、文学批评学、西方现当代文学批评、中国现当代文学批评、美学、文艺心理学、文艺美学、西方美学史、中国美学史、中国古代文论、中国文学批评史、审美文化学等。

近年来，文学理论课程教学团队努力探讨教学规律，积极开展教学研究与教学改革，在课程建设和师资队伍建设、教学内容革新与教学方法改进等方面，进行了富有成效的探索，取得了较好的成绩并形成了一定的特色。

（1）按专业人才培养目标合理设置文学理论课程。在中文专业人才培养中，开设文学理论课程的目的是要让学生掌握比较系统的文学理论知识，培养较强的理论思维能力，为学习各门文学课程和认识、分析各种文学现象奠定良好的理论基础。为此，教学团队将文学理论课程划分为三个层次：一是基础性课程，即文学概论；二是拓展性课程，即马克思主义文论、中国古代文论、西方文论；三是深化提高性课程，如文艺心理学、文艺美学、文学批评等，由此形成从必修课到指定选修课再到任意选修课的课程序列，帮助学生形成循序渐进比较合理的文学理论知识结构及其相应的理论思维能力。

（2）按课程教学要求合理配置教学团队。文学概论作为基础性专业必修课程，一是特别重要，二是教学工作量大，因此，要求教学团队所有教师都能够承担这门课程。为合理配置教学力量和安排教学任务，同时也有利于培养青年教师，我们把团队教师按职称、年龄等均衡地分为两组，分

别由赖大仁、陶水平带领，轮换安排教学任务。对于第二个层次的拓展性课程，则在团队教师中进行分工，每门课程配备三四名教师重点负责建设和承担教学任务。对于第三层次的课程，则不作限定，教师彼此协调，自行选择作为任意选修课开设。这样，团队的师资力量配置既有计划性，又有一定的灵活性与自由度，比较有利于课程体系建设和教师的专业发展。

（3）加强课程教学目的研究，建立自觉的教学理念。在上述课程建设与师资队伍配置的基础上，团队组织教师开展教学研究，自觉探索文学理论课程的教学规律。本教学团队承担了江西省高校教学改革研究项目"文学理论课程改革与建设探讨"等课题，着重探讨文学理论课程的教学目的与教材建设等问题，相继发表《也谈现行文学理论教材问题》（《光明日报》2002年8月14日）、《文学理论教学何为》（《中国大学教学》2002年第2～3期）、《文学理论课程教学：理念与方法》（《中国大学教学》2007年第2期）等。通过联系教学实践进行研究，我们提出了这样的教学理念：即文学理论课程教学一要让学生掌握系统的文学理论知识；二要帮助学生建立正确的文学观念；三要注重培养学生的理论思维能力和运用理论评析文学作品与文学现象的能力；四要引导学生从"文学是人学"的理解中着力培养他们的人文关怀精神。这种教学理念现已成为教学团队教师的一种共识和自觉追求。

（4）吸纳当代文学理论研究成果，推进教学内容改革。为此，本教学团队承担了江西省高校教学改革项目"当代文论的创新发展与文艺理论课程建设研究"等课题，在研究基础上发表了《从文学理论教学看当代文论建设与创新》（《江西师范大学学报》哲学社会科学版2003年第5期）、《当代文学理论研究与教学：回归基本问题》（《学习与探索》2007年第1期）、《"教学质量与改革工程"背景下的文学理论课程改革探索》（《中国大学教学》2009年第3期）等教学研究论文，提出当今的文学理论研究与教学，既要关注当代文学理论的创新发展，革新教学内容，又应当紧扣文学理论的基本问题，保持文学理论知识系统的稳定性与稳妥性，尊重教学规律和学科发展的规律。这一基本理念也通过研究探讨成为大家的普遍共识。

（5）按现代教学理念，致力于教学方法改革。传统的教学方法往往习惯于"满堂灌"式的讲解与知识传授，现代教学理念则倡导开放式教学、讨论式教学以及研究性教学。本教学团队比较自觉地接受这种现代教学理念，在课程教学中除了对重点章节和重要知识点进行讲解外，还特别注重提出当前文学与文学理论发展中的新问题，引导学生研究思考，在充分准备的基础上安排课时进行课堂讨论，促使学生关注现实、思考问题，培养他们的现实关怀精神和思考分析问题的能力。另外，则是适度引入现代教育技术手段，如运用多媒体课件教学，通过网络课程平台与学生交流讨论等，也取得了一定的成效。

（6）注重理论与实践结合，强化对学生实践能力的培养锻炼。作为理论课程，一方面固然需要重视理论知识的学习与建构，以及理论思维分析能力的培养；另一方面则需要着力于理论联系实际，加强实践能力的培养。具体来说，就是要培养学生运用理论知识认识、分析文学现象和评析文学作品的能力。本团队的文学理论课程教学，一方面注重多联系文学实际进行分析讲解，另一方面则有计划地向学生布置理论联系实际评析作品的课程作业，教师认真阅批讲评，引导学生加强评论写作的实践锻炼。而且，在课程考试中也安排一定分量的论述题，要求联系相关理论评析作品，形成理论联系实际、注重能力培养的良好导向。与此同时，配合本科生导师制的实施，本团队教师注重引导学生阅读文学作品和撰写读书笔记，进一步提高其实践分析能力。

本教学团队通过持续的课程建设与教学研究，革新了教学理念，推进了教学内容与教学方法改革，在一些主要教学环节上取得了较好的成效，由此形成的教学研究与改革成果曾获江西省教学成果一等奖，文学概论课程也率先被评为省级优质课程。

（7）文学理论课程的教学改革成果，主要应用在基础理论课程"文学概论"课的教学之中。本教学团队带头人具有较长的教学经历和较丰富的教学经验，因而较早认识到文学理论课程教学存在的一些问题或薄弱环节，由此形成教学改革的思路，并领头承担了"文学理论课程改革与建设探讨""当代文论的创新发展与文艺理论课程建设研究"等省级教学研究课题，带领本团队中的中青年教师进行研究探讨，形成了如上所述的一些教学理念、教学内容与教学方法改革的思路和设想，并逐渐运用到文学概论课程的教学改革实践中，取得了一定的成效。近年来，随着一些青年教师补充进入本教学团队并逐渐成长，在共同进行教学实践和交流探讨的过程中，这些青年教师也逐渐理解、接受上述教学理念和教学改革方法，并使它们在教学实践中得到应用。

随着教学改革的推进，主要在"文学概论"课教学中应用的上述教学理念和教学改革方法，也正逐渐应用到如马克思主义文论等其他拓展性、提高性的文学理论课程的教学改革中，力求结合各门课程的具体特点，探索适合各门课程特点和规律的教学改革方式。同时，这一教学改革成果，对其他中文专业文学类课程的教学改革，也提供了一定的借鉴。

此外，本团队所取得的教学研究与改革的成果，作为论文在《光明日报》《中国大学教学》等报刊发表，也应当会给同类课程建设与教学改革提供一定的借鉴或产生一定的影响。

（主要教学改革论文见表二）

四、科研情况

1. 科研项目（限 5 项）（见表三）

2. 科研转化教学情况

本教学团队在建设发展过程中，逐渐形成这样一种理念：即教学与科研、专业课程建设与学科建设的良性互动和有机统一；以教学带科研，以科研促教学，实现教学与科研的同步发展和相互促进。学校的中心工作是教学育人。要提高课程教学质量，培养具有创新精神和实践能力的合格人才，首先要求教师自身具有研究创新能力，即能够对本学科的知识学问进行深入思考钻研，把握本学科的最新发展动态与趋向，对本学科的基本问题和前沿问题有清晰的了解和独到的思考研究；反过来说，教师对本学科知识学问的思考钻研及其所取得的研究成果，如果转化融入课程教学中去，会大大深化和丰富教学内容，从而提高教学质量和育人水平。在本团队所承担的"文学理论课程改革与建设探讨""当代文论的创新发展与文艺理论课程建设研究"等几个省级教学研究课题的研究及其发表的成果中，就重点探讨了这方面的问题及其实现这种转化、融合的可能性，这也形成了本教学团队的基本理念与共识。

将科研转化为教学的基本前提，是要求从教学出发，密切联系课程教学实际及其学科基本问题进行科研。较长时间以来，本教学团队所进行的科研与学科建设，一直较好地坚持了这一基本理念和根本原则。一段时期以来，本教学团队所承担的科研课题，除"表三"展示的项目外，还有一批国家社科基金一般项目与青年项目、国家社科基金重大项目子课题、教育部人文社会科学研究项目、江西省社会科学研究规划项目、江西省高校人文社会科学重点研究基地招标项目和江西省高校人文社会科学研究项目，如"20世纪中国文学批评转型研究""比较叙事学""中西文本主义文论系统研究""唯物史观与后现代文艺思潮研究""文化研究的学术逻辑与批评实践研究""文学批评形态研究""中国叙事学""西方马克思主义文论研究""当代文学观念的变革与重建""全球化语境与当代文学发展研究""马克思主义与中国当代文论发展""新时期以来文学批评创新发展研究""马克思主义文论中国化的理论形态及其创新研究""传媒变革与当代叙事研究""当代马克思主义文论研究""当代社会转型与文学理论批评转型研究""中国文学批评文体研究""全球化语境下的文艺学学科建设与创新研究""20世纪中外文化诗学比较研究""现代性价值的诉求：从主体性文论到主体间性文论""新时期以来的中国文学批评形态研究""中国古代诗学时间问题研究"等。这些科研课题都是从本学科的主要课程，即文学概论、马克思主义文论、西方文论、中国古代文论、文学批评等的教学实际出发，抓住这些课程中的主要问题，联系当代文学、文学理论与文学批评的创新发展，展开富有广度和深度的理论研究，取得了一批具有创新性的理论成果，其中获得省级以上奖励的科研成果20多项。这些科研成果，有些被吸纳到本团队教师主编或参编的教材中（如表一"教材建设情况"所列出的相关教材）；更多的是教师在相关课程的教学中，自觉地理论联系实际、教学联系科研，将科研中所关注和研究的新现象、新问题以及所获得的新成果，吸纳融入相关的教学内容中来，更新和充实课程教学内容。如在"文学概论"课程教学中，就把对文学本体论、文学价值论、文学主体论、文学文本论、文学接受论、文学批评论等问题的研究成果，吸纳融入有关章节的教学内容中，从而实现科研成果向教学内容的转化，不断更新教学内容和提高教学质量，取得了较好的成效。

教材名称	作者	出版社	出版年	入选计划或获奖情况
文学理论教程	童庆炳等主编 赖大仁为课题组成员参与编写	高等教育出版社	已定稿，2009年出版	"中央实施马克思主义理论研究和建设工程"规划教材
文学理论教程	童庆炳主编 陶水平参与编写	高等教育出版社	1992年出版 2008年第四版	获教育部优秀教材一等奖
马克思主义文艺学概论	陆贵山主编 赖大仁参与编写	中国人民大学出版社	2001年出版	国家"九五"重点教材
西方文论史	马新国主编 陶水平参与编写	高等教育出版社	1992年出版 2004年重版	
文学批评学教程	周忠厚主编 赖大仁参与编写	中国人民大学出版社	2002年出版 高等教育出版社 2009年重版	
中国古代文论教程	李壮鹰等主编 汪群红参与编写	高等教育出版社	2009年重版	

表一：教材建设情况

论文（著）题目	期刊名称、卷次	时间
文学理论教学何为	《中国大学教学》	2002 年第 2-3 期
文学理论课程教学：理念与方法	《中国大学教学》	2007 年第 2 期
"教学质量与改革工程"背景下的文学理论课程教学改革探索	《中国大学教学》	2009 年第 3 期
也谈现行文学理论教材问题	《光明日报》	2002 年 8 月 14 日
当代文学理论研究与教学：回归基本问题	《学习与探索》	2007 年第 1 期
关于当代文论建设与创新的一点思考	《文艺报》	2002 年 10 月 22 日
从文学理论教学看当代文论建设与创新	《江西师范大学学报》哲社版	2003 年第 5 期
语文学习与人文教育——关于语文与文学关系的现实思考	《山西师大学报》社科版	2005 年第 2 期
文学教育与语文功能	《文艺报》	2005 年 10 月 13 日

表二：教学改革论文

项目名称	经费（万元）	项目来源	起止时间
文学批评中的价值观问题研究	7	国家社科基金项目	2005 ~ 2008
明代诗歌辨体批评研究	6	国家社科基金项目	2005 ~ 2008
济慈诗歌与诗论的现代价值	8	国家社科基金项目	2006 ~ 2008
中国古代诗僧史	7.5	国家社科基金项目	2007 ~ 2010
近 30 年中国文学批评问题研究	8	国家社科基金项目	2008 ~ 2011

表三：科研项目

注释

1. 本文初载于《江西师大报》，2009 年 11 月 5 日，第 4 版；原题名为《我校文学院"文学理论课程教学团队"荣升国家级》，该文中的所有数据截止于 2009 年 10 月。

附录二：

卓越语文教师培养计划实验班举行开班仪式 [1]

在前期做了大量筹划和实施工作——项目酝酿申报与论证、学生选拔、培养方案的制订、中学实践指导教师与学院指导教师人选的确定等的基础上，2016年9月10日，江西师范大学文学院举行了卓越语文教师培养计划实验班开班仪式。开班仪式由牵头负责学院行政工作的副院长詹艾斌教授主持，学院党委书记曹泽华、副书记许靓静、导师代表江腊生教授和詹冬华教授出席，左剑峰博士、陈志华博士两位班主任和实验班全体同学参加了本次活动。

曹泽华书记希望各位同学学精专业，做到勤学、乐学、善学，严于自律，与同学和睦相处，保持良好心态，并拥有健康的体魄。

1.学精专业。各位同学进入实验班学习要有明确的学习目标和良好的学习态度，学精专业，做到乐学、勤学、善学。乐学指主动学习的心态，勤学指良好的学习习惯，善学指好的学习方法。

2.学会自律。在生活上，各位同学要管住自己，严于自律。积极主动做好时间规划，阶段性检验自己的学习效果。除了学习之外，大家还要注重情商发展，锻炼交际能力，处理好与同学、与老师乃至与陌生人之间的关系。

3.身心健康。希望大家有一个良好的心态、健康的心理、强健的体魄。各位同学需要培养内心的正能量，只有这样才能积极地追求事业的发展。大家要安排好锻炼的时间，"每天锻炼一小时，幸福生活一辈子"。

总之，各位同学要按照追求卓越的高标准，在优秀老师的指导下实现自己所追求的目标，给自己一个美好的未来。

江腊生教授从思维、定力和方法三个方面与同学们分享了他的学习与研究心得。

江腊生教授认为，做到卓越，首先应该从改变自身的思维视角开始。同学们在文本阅读以及文学理论基础知识的掌握方面还十分薄弱，这影响了大家的思维和视野。各位同学应与指导教师一道去进行思维的发掘、改变与发展。江老师还希望各位同学要多一点定力。在网络、微信充斥人们日常生活的当下，广大同学应潜心阅读名著经典，而不是去浏览无营养的、快餐式的图书。江老师特别提到，掌握有效的学习方法是十分重要的，希望同学们能够以探究性的眼光看待学习中的问题，改进原有的学习方法。

詹冬华教授从德性、情怀、知识、能力、愿力、方法等六个方面，阐述了他对卓越的理解。

詹冬华教授指出，"卓"，就是卓尔不群，出类拔萃；"越"，就是超越平凡，超越平庸，要打破"做一天和尚撞一天钟"的状态。詹老师认为，要做到卓越，可以从德性、情怀、知识、能力、愿力与方法等几个方面入手。在他看来，卓越教育是一种"高原"教育，当然，它也不是我们所说的"塔尖"教育，同学们应该以积极的态度吸纳和影响更多的人。最后，詹老师说："希望我们能在'高原'相遇、携手共进，创造美好的未来。"

实验班班长彭淼作为学生代表发言，她讲述了自己加入这个班级后的思想变化，担任班长后的压力与责任，并表达了个人对实验班未来发展的信心。

彭淼表示，通过与詹艾斌老师的多次交流，全班同学对"何为卓越教师"这一问题有了深刻的理解，并明确了实验班教育教学的具体思路与实践要求；从中学实践指导老师以及学院专业指导老师的配备、培养方案的制订和课程设计等方面来看，同学们感受到了学院对实验班所寄予的厚望；学院各位领导、任课老师、指导教师认真负责的工作，以及同学们积极热情的、高效率的学习，更是让她感受到实验班在逐渐进步，并预感到其将拥有一个美好的未来。彭淼还表示："被任命为实验班的班长，我觉得相当有压力，但也是一种动力。我有一颗热切的心，服务班级，服务同学，希望和大家一起在实验班不断成长，携手并进，向着卓越迈进。"

最后，詹艾斌教授针对实验班的开设、全班同学日后的发展以及实验班的"典范性"建设方向等问题提出了几点想法、希望、要求和期待。

第一，希望大家明白，卓越语文教师培养计划实验班的开设，是一种教育教学观念和行为的探索与创新。当前，在世界范围内，卓越教师的培养都具有一定的探索性。当然，它必须建立在确认合理的教育理念的的基础之上。既然是探索，自然要以创新发展为基本目标，其中也存在着基于顶层设计不断进行变动与调整的可能，这同时也就意味着，广大同学作为学习主体必须参与到这种探索和创新中来。

第二，希望同学们处理好一种关系，具有一种积极因应的能力。詹艾斌教授借用英国历史学家汤因比在《历史研究》的一个观点——人类文明之所以能够发展到今天的这样一个面貌，最根本的是因为，当世界对人类提出挑战的时候，人类能够积极地应对这种挑战——指出，学校和学院期望把大家培养成社会中坚力量、未来的卓越语文教师，甚至是教育家，但在目前这还是外界施与的压力或者说期待，各位同学需要敏锐地感受到这一点并自觉具备必要的因应能力，如此相互作用，才能构成二者间一种良性的关系。而这就需要大家积极地进行自我管理、自我设计、自我营构、自我成就。处理好这种关系，即处理好国家、社会、学校、学院的期望与个人自我塑造之间的关系，尤其是能主动地处理好这种关系，各位同学的认知和行为能力，将会有很大提高。

第三，要求各位同学在实践中明确方向，即在上述因应之中，逐步明确自己的发展道路。学院将组织教学指导委员会和相关导师代表制定学院指导教师工作条例，希望以这种方式，规范教师的指导工作。指导教师的工作中有一项重要内容就是教师需引导学生进行人生规划和专业发展规划。一个人没有方向，走路都有可能是歪歪扭扭的，更遑论今天能否看到明天的问题。一个理想和目标"悬"在前方，就会有一道光亮，有一个灯塔，这就是我们所说的"方向"。当然，大家还年轻，"方向"，允许也应该适时地进行调整，但它不应也不能"缺席"。

第四，期待而且需要确立一种"典范"。我们开展的是首次卓越语文教师培养的实践，虽然是"摸着石头过河"，但也不是茫无头绪，而是基于如上所说的某种必要的顶层设计。换句话即是说，不能讲"摸"到哪里就是哪里。大家很清楚，我们国家正处于一个创新型国家建立的关键阶段，从上到下，尤其是党的十八大新的中央领导集体确立之后，对于创新的要求已经是一天比一天明确了。所以，各个高校也必须顺应今天的社会发展，尤其是高等教育发展的基本要求。中国正在进行高等教育的"双一流"（"一流大学"和"一流学科"）建设，江西师范大学尽管受制于很多因素，短时间内不大容易甚至不大可能跨入"一流大学"的行列，但是有的学科也还是有希望进入"一流"的，其中就包括中国语言文学，最起码要在江西省高校处于"一流"水平。"十三五"时期，学校对文学院的要求是"四个必须"：第一，汉语言文学专业在全省高校同类专业中必须排名第一；第二，中国语言文学学科在全省高校同类学科中也必须排名第一；第三，"十三五"结束时，中国语言文学学科在排名上必须进入全国高校同类学科的前20%，同时进入全国师范类院校中国语言文学学科的第一方阵，即从目前的全国师范类院校的第22位前进到第13位；第四，文学院汉语言文学专业培养的本科生在全省高校同类专业学生中必须是最好的。因此，我们必须要把实验班作为一个"典范"来推进，或者说，必须将卓越语文教师的培养确立为一种人才培养的范型，使实验班的创设成为我们学院探索汉语言文学专业人才尤其是卓越专业人才培养模式改革的一块试验田，而且要逐步地把在实验班获得的经验运用到其他非实验班的教育教学改革工作中去，使之成为学院深化教育教学改革的重要借鉴。在这种发展形势和要求之下，各位同学必须要明确地意识到自己肩上的责任，和学院一道共同努力做好接下来的各方面的工作、共同完成这一光荣的使命。

部分学生的感想如下：

余佳敏：听了各位老师发言之后，我对于"卓越"一词的含义有了新的理解。如何提高自己，如何最大限度地利用现有的资源，如何让自己努力成为一名卓越的语文教师，这些问题的答案在心中已经逐渐地明晰起来。我会努力朝着前方进发！

杨逸凡：每次开完实验班的班会后我都觉得自己充满了干劲,动力满满。新学期！新集体！大家都要加油呢！

戴宵：听了老师和同学的发言，对实验班更加充满了信心和期待。

赖欢：实验班开班仪式上学院领导和各位老师的精彩发言，给我们上了生动而深刻的一课。作为实验班的学生，我们应该明确自己的人生规划与专业发展规划，拓宽视野，在学习的道路上不断探索与创新，在与外界的因应之中实现自我的发展与平衡。这不仅是我们自身成长、发展的需要，更是卓越语文教师培养计划顺利完成并且为此确立一种人才培养典范的需要。我们正当其时，我们同样也任重而道远！

注释

1. 本文由左剑峰、张玉等根据录音整理；原载于《读写月报》语文教育版，2016 年第 11 期。